高等院校财经专业系列教材

管 理 会 计 学

主　编　邱玉莲　窦　炜
副主编　李　绮　黎精明
　　　　黎玉柱

经 济 管 理 出 版 社

图书在版编目（CIP）数据

管理会计学/邱玉莲，窦炜主编．—北京：经济管理出版社，2006

ISBN 7－80207－745－1

Ⅰ.管…　Ⅱ.①邱…②窦…　Ⅲ.管理会计—高等学校—教材　Ⅳ.F234.3

中国版本图书馆 CIP 数据核字（2006）第127558号

出版发行：**经济管理出版社**

北京市海淀区北蜂窝8号中雅大厦11层

电话：（010）51915602　邮编：100038

印刷：北京晨旭印刷厂　经销：新华书店

选题策划：房宪鹏　责任编辑：孟书梅

技术编辑：蒋　方　责任校对：郭红生

787mm×1092mm/16　25.5印张　518千字

2006年11月第1版　2006年11月第1次印刷

印数：1—5000册　定价：38.00元

书号：ISBN 7－80207－745－1/F·620

前　言

管理会计是企业管理信息系统的一个子系统，是决策支持系统的重要组成部分。它是将现代化管理与会计融合在一起，以加强内部经营管理，提高企业经济效益为目的，运用灵活多样的方式方法，通过对财务会计提供的资料及其他有关资料进行整理、计算、对比和分析，为企业的领导者和管理人员提供管理信息的会计。20 世纪 70 年代末 80 年代初，我国开始向发达国家学习并引进有关管理会计的知识。随后，在会计学界多次掀起了学习和运用管理会计，并建立适合中国国情的管理会计体系的热潮。1993 年，“两则”的颁布和实施，为管理会计在中国的发展提供了契机；市场经济体制的形成，现代企业制度的建立和健全，使管理会计的重要性日趋突出。在我国，多年的实践证明，管理会计在加强企业内部管理，实现企业利润最大化等方面发挥了巨大的作用。在我国高校的会计学专业，管理会计课程早已被列为专业主干课程。为了适应管理会计理论和实践的发展，满足管理会计课程教学的需要，我们组织编写了本教材。

本书立足于中国的国情，从中国的实际出发，借鉴、继承并发展管理会计的实践和理论研究的最新成果，在系统阐述管理会计的基本原理和技术方法的基础上，理论联系实际，力图使决策性管理会计、执行性管理会计与新时代管理会计发展的新领域达到有机的结合。

本书由邱玉莲、窦炜担任主编，李绮、黎精明、黎玉柱担任副主编。主编负责拟定全书的编写大纲，并对全书的初稿进行修改和总纂。初稿各章及其思考题、练习题的执笔人如下：第一章由邱玉莲、黎玉柱编写；第二章、第三章、第四章由邱玉莲、朱琴编写；第六章、第七章由邱玉莲编写；第五章由朱新玲编写；第八章、第九章、第十四章由窦炜编写；第十章、第十二章由黎精明编写；第十一章、第十三章由李绮编写；第十五章由周莉编写；第十六章由胡高峰编写。

在本书的编写过程中，得到了武汉科技大学管理学院和经济管理出版社各位领导的大力支持，在此表示衷心的感谢。同时，对参与本书校对工作的项琳娜等人也表示感谢。

在编写中，参阅了国内外许多学者的最新研究成果，在此向这些会计学专家、学者深表感谢。

我们在编写过程中，尽管做了大量的工作，但由于水平有限，书中难免存在错误和疏漏之处，敬请读者批评指正。

编者

2006 年 8 月

目　录

第一部分　基础性管理会计

第二部分　决策会计

第三部分　执行会计

第四部分　管理会计的新发展

附　表

第一部分

基础性管理会计

第一章　管理会计总论

管理会计是管理科学和会计科学相结合的产物。与财务会计比较，管理会计是一门年轻的学科，是从传统的、单一的会计系统中分化出来，并与财务会计并列存在而又相对独立的一门新兴的综合性交叉学科。管理会计的形成和发展，受社会实践和经济理论与方法的影响。一方面，社会经济的发展，要求企业加强内部管理，这就需要会计为管理者的决策提供有价值的信息；另一方面，多种经济理论和方法的形成，使得会计为管理者提供相关信息成为可能。因此，管理会计是社会经济发展和多种方法与理论共同作用的结果。

本章旨在介绍管理会计的形成与发展，管理会计的定义，管理会计的对象、功能和目标，管理会计的内容和特点等内容。

第一节　管理会计的形成与发展

与其他学科一样，管理会计也经历了由简单到复杂、从低级阶段到高级阶段的历史发展过程。随着社会经济和科学技术的不断发展，管理会计还会继续处于不断发展、完善的过程中。管理会计的形成和发展过程大体上可分为孕育与形成期、发展期和反思期三个阶段。

一、管理会计的孕育与形成阶段（20 世纪初至 50 年代）

马克思曾经指出："过程越是按社会的规模进行，越是失去纯粹个人的性质，作为对过程的控制和观念总结的簿记就越是必要。"19 世纪末至 20 世纪早期，产业革命加速了资本主义经济的发展，促使企业生产规模迅速扩大，合伙经营和股份有限公司等企业组织形式相继出现，也为会计的发展提供了广阔的天地。由于所有权与经营权的分离，使向不参与经营的所有者呈报财务状况和经营成果成为会计的主要目标之一。曾经一度主要为管理当局提供的"财务信息"日益成为股东、投资者、信贷者和政府部门等各利益相关者的需求。于是，以复式记账法为基础，从填制和审核会计凭证、登记账簿到编制会计报表的近代会计形成了。

20世纪初，随着经济的发展，企业生产规模的扩大，市场竞争也开始激烈起来。企业家们开始意识到，企业的经营效益不仅取决于产量的增长和外部市场的交易价格，更重要的是取决于内部加工和交易的效率，即取决于成本的高低。要在激烈的市场竞争中处于有利地位，战胜对手，必须加强企业的内部管理，降低成本，获得最大限度的利润。于是，从内部管理需要的角度出发，企业效益衡量逐渐由单纯的外部因素确定转向内部成本的计算和控制，产生了关于直接材料成本、人工成本、制造费用等成本项目的分类以及具体的核算方法，成本会计日趋活跃。我们一般将此时的成本会计视为管理会计的前身。

在这一时期，由于股份公司的出现，所有权与经营权开始分离，从企业外界产生了对会计信息的极大需求，投资者对会计的处理程序和方法以及财务报表的要求有所增强，企业也意识到应向股东以及有关方面及时提供财务报表，以取得他们的信任。于是，从保护投资者的角度，美国率先开始了“公认会计原则”的研究和制定。公认会计原则的研究，把财务会计理论和实务的发展推到了一个新的高度，以财务报表为核心的会计理论研究成为这一时期会计研究的核心。1911年，西方管理理论中古典学派的代表人物泰罗出版了著名的《科学管理原理》，开创了企业管理的新纪元。泰罗在认真总结传统管理经验及教训的基础上，着重强调从时间、动作的合理配合上研究生产工人的实际操作，目的在于通过科学分析工人在劳动中的机械动作，省去多余的动作和改良笨拙的动作，并切实执行较为完善的计算与监督制度，以使工人的生产作业科学化，从而最大限度地提高生产效率。泰罗的这种科学管理思想受到当时社会上和企业界的极大重视，它给企业管理理论和实践带来了重要的影响和变革。

但是，泰罗的科学管理理论具有一些根本性缺陷，如只注重对生产过程中个别环节的高度标准化和高效化，忽视了企业管理的全局以及企业与外部的关系；把具有主动性和创造性的劳动者看做是机器的附属物来管理，势必引起广大劳动者的不满等。

伴随着泰罗企业管理理论在实践中的广泛应用，原有的会计体系也发生了相应的变化，与泰罗的科学管理理论直接相联系的“标准成本”、“预算控制”和“差异分析”等技术方法开始被引入会计领域中，从而充实了成本会计的内容，也为会计直接服务于企业管理开辟了一条新的途径。此时的企业会计已经突破了单纯的事后计算而开始进行事前的计算和分析，并有意识地将事前计算与事后分析相结合。标准成本、预算控制和差异分析在会计领域的应用，表明原有会计体系的具体内容与基本结构发生了一定的变化，意味着成本会计已经开始向管理会计逐步过渡，此时的成本会计实际上就是初期的管理会计。

在此阶段，以标准成本、预算控制和差异分析为主要内容的管理会计，其基本点就是在企业的战略、方向等重大方向问题已经确定的前提下，协助企业解决在执行过程中如何提高生产效率和生产经济效益的问题，但企业管理的全局、企业同外界关系的有关问题没有在会计体系中得到应有的反映，因此，有的学者称这个阶段为传统管理会计阶段。

20 世纪 40 ~ 50 年代，行为科学管理和数量管理理论在生产上得到了广泛应用，因此，需要有一种能为上述行为科学管理和数量管理服务的会计体系与之相配套。于是，专门以强化企业内部管理、提高经济效益为目的的现代管理会计体系就正式形成了，并于 1952 年在伦敦召开的国际会计师联合会（IFAC）年会上正式通过了“管理会计”（Management Accounting）这一专门术语，从此，企业会计分为财务会计和管理会计两大分支。

二、管理会计的发展期（20 世纪 50 年代至 80 年代）

第二次世界大战后，特别是 20 世纪 50 年代以后，西方国家的经济迅速发展，进入了所谓的战后期，其特点主要表现在：现代科学技术突飞猛进，并广泛应用于生产，推动了社会生产力的进步；资本进一步集中，企业规模日趋扩大，跨国公司大量涌现，企业的外部市场情况瞬息万变，市场竞争更加激烈，企业经营更趋复杂；生产经营的社会化程度空前提高，企业内部各部门乃至职工个人之间的联系普遍增强。这些新的环境和条件，对企业管理也提出了相应的新要求：一方面要求企业内部管理更加合理化、科学化；另一方面，要求企业要重视对企业外部经济环境与客观条件的研究，为企业正确地进行经营决策提供客观依据，使企业具有较高的灵活反应能力和适应能力，提高企业决策者所作决策的科学性及其主观判断同外界客观经济情况的适应程度。

第二次世界大战后经济的特点和要求，直接冲击了战前曾风靡一时的泰罗科学管理学说，而代之以西蒙为代表的现代管理科学。现代管理科学广泛吸收自然科学和管理科学的研究成果，形成了以运筹学、行为科学为主要支柱，且包括系统科学、电子计算机技术在内的一整套能较好适应战后经济特点与要求的方法和理论，从而有效地克服了泰罗学说的重要缺陷。

现代管理科学的发展及其在企业管理中成功的应用，为现代管理会计奠定了理论和方法基础，使早期的管理会计的技术方法得到了进一步的发展，并进一步拓展了会计的管理职能，即从解释过去转向控制现在和筹划未来。例如，借助于运筹学中的有关理论和技术，建立了经营决策会计、投资决策会计；以行为科学为指导思想，建立了责任会计的方法体系等，基本上形成了以预测决策会计为主，以规划控制会计和责任会计为辅的现代管理会计新体系。20 世纪 50 年代开始，英美等发达国家将管理会计课程列入了高等院校会计和其他相关专业的主干课程，西方的会计学者撰写了大量的管理会计教材、专著、论文等。一些发达国家及国际会计师联合会的组织里，还出现了单独的管理会计协会，这标志着早期的管理会计已产生了质的飞跃，并发展成为以现代管理科学为依据的“决策与计划会计”和以行为科学为指导思想的以“执行会计”为主体的现代管理会计结构体系。

三、管理会计的反思期（20 世纪 80 年代至今）

20 世纪 80 年代中期以来，社会经济环境发生了巨大的变化。其主要特征表现为：第一，生产顾客化。由于经济的高度发展，社会富裕程度的提高，消费者的需求逐渐变得更具选择性，从过去追求时尚转向标新立异、突出个性，即向多样化、个性化方向发展。这种社会需求的重大变化，相应地要求企业的生产组织要由传统的、以追求“规模经济”为目标的“大量生产”模式转向能对顾客多样化、个性化的需求迅速做出反应的“顾客化生产”模式——柔性制造系统（Flexible Manufacturing System，FMS）。社会经济环境的变化，使以传统的大批量和常规化生产为基础的管理会计的理论和方法难以适应。第二，科学技术的迅速发展。科学技术的发展直接和间接地对管理会计产生了影响。一方面，高新技术的发展使生产高度自动化，形成了新的生产管理系统，从而对管理会计也提出了新的要求。例如，在高新技术条件下，为了消除一切不必要的作业而提出的“适时生产系统”（Just – in – time Production System）、为了没有任何缺陷地执行各种作业而提出的“全面质量管理”（Total Quality Control）等都对管理会计提出了更高的要求。另一方面，科学技术的发展直接影响着管理会计的发展方向，计算机的使用，使一些较复杂的方法在管理会计中的应用成为可能，也使企业内部各部门之间以及企业与外部的信息交流发生了革命性的变化，从而为决策者做出科学、合理的决策及时提供信息。第三，竞争的国际化。在市场经济中，竞争无处不在。适应世界经济趋于一体化的发展，竞争已超出了国界日趋国际化。现在的竞争已经不仅是产品、能源、原料等生产要素的国际间的流动，而且还涉及企业的人力资源这一关键要素的全球性流动。竞争的国际化，也对传统管理会计的理论和方法提出了新的挑战。

社会经济环境的变化，使人们开始对原有的管理会计的理论和方法进行反思，认识到原有的管理会计的很多技术和方法已难以适应新形势下的经济发展，必须做出相应的变革。为了适应社会经济条件的重大变化和科学技术的迅速发展，人们开始研究新的环境的变化对管理会计所带来的影响，并对原有的管理会计的领域进行了扩展，从而产生了许多新的领域，例如，战略成本会计、国际管理会计、人力资源会计、作业成本计算与作业管理、质量成本会计等等，都是 20 世纪后期管理会计发展中形成的新领域，从而使管理会计从广度、深度和高度上提高到了一个新的水平。

第二节　管理会计的定义

1952 年，国际会计师联合会年会上正式通过了“管理会计”这个名词，但其后，对管理会计的定义则各不相同。

一、国外对管理会计的定义

尽管管理会计的理论和实践起源于西方国家，但至今西方还未形成一个统一的管理会计定义。国外对管理会计的定义先后经历了狭义管理会计和广义管理会计两个阶段。

狭义的管理会计又称微观管理会计。20 世纪 70 年代以前，西方会计学界一直是从狭义上来定义管理会计的。狭义的管理会计认为，管理会计是只向企业内部管理者提供进行规划和控制所需信息的内部会计。

1958 年，美国会计学会（American Accounting Association，AAA）管理会计委员会对管理会计提出了如下的定义：“管理会计是指在处理企业历史和未来的经济资料时，运用适当的技巧和概念来协助经营管理人员拟订能达到合理经营目的的计划，并做出能达到上述目标的明智的决策。”

1966 年，美国会计学会发布的《基本会计理论》认为，所谓管理会计，就是运用适当的技术和概念，对经济主体的实际经济数据和预计经济数据进行处理，以帮助管理人员制定合理的经济目标，并为实现该目标而进行合理决策。

很显然，上述对管理会计的定义将管理会计的活动领域限定在企业环境之内，属于微观的范畴。综合上述狭义的管理会计定义可知，其核心内容有：管理会计工作的主体是企业，即以企业为主体开展其管理活动；管理会计是为管理者实现管理目标提供服务的；管理会计的手段是运用专门的方法对财务信息等进行深加工和再利用；管理会计是一个信息系统。

1981 年，全美会计师协会（National Accounting Association，NAA）下设的管理会计实务委员会指出，管理会计是向管理当局提供用于企业内部计划、评价、控制，以及确保企业资源的合理使用和经营责任的履行所需财务信息的确认、计量、归集、分析、编报、解释和传递的过程。管理会计还包括编制供诸如股东、债权人、规章制定机构及税务当局等非管理集团使用的财务报表。并指出，管理会计同样适用于非营利的机关团体。从这个定义中可以看出，管理会计的活动领域不再仅限于“微观”，而是扩展到了“宏观”。

1982 年，英国成本与管理会计师协会（Institute of Cost and Management Accounting，ICMA）给管理会计下了一个更为广泛的定义，把管理会计的范围扩大到除审计以外的所有的会计分支，认为管理会计是“向管理当局提供所需要信息的那一部分会计工作，使管理当局得以确定方针政策；对企业的各项活动进行计划和控制，保护财产的安全；向企业外部人员反映财务状况；向职工反映财务状况；对各个行动的备选方案做出决策。为此，需要编制长期计划；确定短期经营计划；对实际业务进行记录；采取行动纠正偏差，将未来的实际业务纳入轨道；获取并控制各种资金”。在这个定义中，将财务会计也纳入了管理会计的范围，认为，财务会计的一切工作都是服务于管理需要的，对外报表也是决策的依据之一。

1988年，国际会计师联合会下设的财务和管理会计委员会在发表的《论管理会计概念（征求意见稿）》一文中明确表示：“管理会计可定义为：在一个组织中，管理部门用于计划、评价和控制的（财务和经营）信息的确认、计量、收集、分析、编报、解释和传输的过程，以确保其资源的合理使用并履行相应的经营责任。”

综合上述广义的管理会计的定义可知其核心内容为：是以企业为主体展开其管理活动；管理会计为管理者实现管理目标提供服务，同时也为股东、债权人、规章制度制定机构及税务部门等非管理集团服务；作为一个信息系统，它所提供的财务信息包括用来解释实际和计划所必需的货币性和非货币性信息；从内容上看，管理会计既包括财务会计，又包括成本会计和财务管理。

二、国内对管理会计的定义

20世纪70年代末，西方管理会计学的理论才开始传入我国。对什么是管理会计，也存在着不同的观点。

汪家佑教授认为：“管理会计是西方企业为了加强内部经营管理，实现最大利润的目的，灵活运用多种多样的方式方法，收集、加工和阐明管理当局合理地计划和有效地控制经济过程所需要的信息，围绕成本、利润、资本三个中心，分析过去，控制现在，规划未来的一个会计分支。”①

李天民教授认为：“管理会计主要是通过一系列专门方法，利用财务会计提供的资料及其他有关资料进行整理、计算、对比和分析，使企业各级管理人员能据此对日常发生的一切经济活动进行规划与控制，并帮助企业领导进行各种决策的一整套信息处理系统。”②

余绪缨教授认为：“管理会计是将现代化管理与会计融为一体，为企业的领导者和管理人员提供管理信息的会计，它是企业管理信息系统的一个子系统，是决策支持系统的重要组成部分。”③

---

① 汪家佑：《管理会计》，经济科学出版社，1987年版，第1页。

② 李天民：《管理会计学》，中央广播电视大学出版社，1984年版，第13页。

③ 余绪缨：《管理会计学》，中国人民大学出版社，1999年版。

由此可以看出，我国学者通常是从狭义上来定义管理会计的。

尽管国内外对管理会计的定义有多种，存在着一定的差异，但也有很多共同之处。上述这些定义对理解和研究管理会计是很重要的。

第三节　管理会计的对象、职能和目标

一、管理会计的对象

管理会计的对象是指管理会计观察和思考的客体或行为的目标，也就是管理会计系统作用的客体。对此问题，目前国内主要有以下几种不同的观点。

（一）现金流动论

持这种观点的学者认为，管理会计的对象是企业的现金流动，理由如下：

(1) 作为一门学科研究的对象，应该是该学科有关内容的集中和概括，因此应该贯穿于该学科的始终。从内容来看，现金流动贯穿于管理会计各章内容。

(2) 通过现金流动，可以把生产经营中的资金、成本、利润等几个方面联系起来，进行统一评价，为改善生产经营，提高经济效益提供重要的、综合性的信息。

(3) 现金流动具有最大的综合性和敏感性，可以在预测、决策、预算、控制、考核和评价等各个方面发挥能动作用。

（二）价值差量论

持该观点的学者认为，管理会计的对象是价值差量，理由是：

(1) 管理会计的基本内容包括成本性态分析、变动成本计算、盈亏临界点和本—量—利分析、经营决策的分析与评价、资本支出决策的分析与评价、责任会计等，价值差量是对这些内容进行研究的基本方法，并能贯穿始终。

(2) 价值差量具有很大的综合性，管理会计研究的"差量"既包括了价值差量，又包括了实物差量和劳动差量。其中，实物差量和劳动差量是价值差量的基础，而价值差量又是实物差量和劳动差量的综合表现。

(3) 现金流动不能作为管理会计的对象，因为现金流动仅在经营决策和资本支出决策的分析和评价中涉及，其他内容并不直接涉及现金流动。

（三）资金总运动论

持该种观点的学者认为，管理会计的对象是企业及所属各级机构过去、现在和

将来的资金总运动，因为：

（1）管理会计作为与财务会计并列的分支，两者同属会计的范畴，因而具有共同的研究对象——资金运动。资金的运动具有空间和时间范围。从资金运动的空间范围来看，可分为企业一级的资金运动和其所属的各级机构的资金运动；从资金运动的时间范围来看，可分为企业过去的资金运动和企业现在以及将来的资金运动。时空交错，便构成了一个网络状结构的资金运动系统。在这个资金运动的系统中，财务会计的研究对象只涉及过去的资金运动，而管理会计的对象涵盖了所有时空的资金运动。

（2）把资金运动作为管理会计的对象与管理会计的实践及历史发展相吻合。

二、管理会计的职能

职能是指事物内在的、固有的、客观的功能或属性，是不以人的主观意志为转移的。管理会计的职能是指由管理会计实践本身所固有的、客观存在的内在功能。对于现代管理会计的职能，目前人们还没有统一的认识。我们认为，管理会计具有以下主要职能：

（一）预测企业经营

预测是指采用科学的方法预计和推测客观事物未来某种发展的必然性或可能性的行为。管理会计发挥预测经济前景的职能，就是按照企业规划的未来发展的总目标和经营方针，充分考虑经济规律的作用和经济条件的约束，有目的地预计和推测未来企业销售、利润、成本及资金的变动趋势和水平，为企业经营决策提供信息。

（二）参与企业决策

决策是在充分考虑各种可能的前提下，按照客观规律的要求，通过一定程序对未来实践的方向、目标、原则和方法做出决定的过程。决策既是企业经营管理的核心，也是各级各类管理人员的主要工作。由于决策工作贯穿企业管理的各个方面和整个过程的始终，因而管理会计作为管理的有机组成部分，必然具有决策职能。企业的重大决策，都应该有会计部门参与。

管理会计的决策职能主要体现在根据企业决策目标收集、整理有关信息资料，选择科学的方法计算有关长短期决策方案的评价指标，并做出正确的财务评价，最终筛选出最优的行动方案。

（三）规划经营目标

管理会计的规划职能是通过编制各种计划和预算来实现的。在选取的最终决策方案的基础上，管理会计主要是利用财务会计提供的历史资料和其他有关信息，对企业计划期间的各项主要经济指标进行科学的预测分析，并帮助管理当局对未来的生产经营和长期投资项目中的一些重大经济问题做出专门的决策分析，然后在上述基础上，将有关经济目标分解到各有关的项目、部门和环节上去，编制针对企业的全面预算和各个责任单位的责任预算，用来指导和监督未来的经营活动。

（四）控制经营过程

管理会计的控制职能的发挥，主要是根据规划职能所确定的各项目标，通过对执行过程中的实际发生与计划发生的各种有关信息进行收集、比较，分析产生偏差的原因，以便及时采取措施，对各项经营活动进行调整、控制，确保既定目标的实现。

（五）考评经营业绩

考评经营业绩职能主要是通过建立责任会计制度来实现的。以责任预算为基础，以责任报告为依据，分析、评价和考核各责任中心责任预算的实际执行情况，找出差距，查明原因，从而为实施奖罚和改进今后的工作提供必要的依据，以保证经济责任制的贯彻执行。

三、管理会计的目标

管理会计是为了适应企业加强内部的经营管理，提高企业的竞争力的需要而产生和发展起来的。因此，管理会计的最终目标是提高企业的经济效益。为实现这一最终目标，管理会计活动应完成以下五个主要目标：

（一）为企业管理者制定决策和计划提供信息，并作为管理队伍的成员参与制定决策和计划过程

目前，管理会计分析在企业管理中的重要性日趋突出，管理会计不再只是被动的信息提供者，而是在战略和日常的决策中都起着重要的、积极的作用，管理会计人员在制定决策和管理企业的业务活动中成为具有战略性地位的成员。

（二）协助管理者指导和控制经营活动

对企业日常经营活动的指导和控制，需要各种有关反映日常经营活动执行情况的资料。尽管管理会计很少能解决决策问题，但它所提供的信息能够反映经营过程中存在的问题，并引起管理者们对这一问题的注意，以便采取措施来解决这一问题。管理会计就是通过其“引导注意力”的功能来协助管理。

（三）激励管理者和其他员工为实现企业的目标而努力

管理会计的一个重要目标就是激励管理者和其他员工努力完成企业的目标，调动他们的工作积极性，采取措施，以改善经营，降低成本，提高产品质量，提高经

济效益。

（四）计量和评价企业的业务活动、部门、管理者和其他员工的业绩

通过计量和评价企业的业务活动、部门、管理者和其他员工的业绩，作为表扬、升职、加薪等绩效奖励的基础，可以激励人们努力工作，达到实现企业目标的目的。

（五）评价企业的竞争位置，并与其他员工一同努力，保证企业在行业中的长期竞争力

当今的经济环境变化很快，主要表现在全球性竞争、迅速发展的科技和诸如互联网之类的更高级的信息交流系统，致使企业在经营中所面临的竞争更加激烈，未来经营中的不确定因素大大增加。管理会计的一项重要工作就是要不断评价本企业在竞争中所处的位置，如何在竞争中获胜，并在同行业中保持长期的竞争力。

第四节 管理会计的基本内容和特点

一、管理会计的基本内容

管理会计作为为管理者规划、控制企业未来生产经营活动提供信息服务的会计系统，它的内容几乎涉及企业生产经营的各个领域和企业内部管理的各个环节。由于每个具体企业的实际生产经营活动是错综复杂的，企业内部经营管理水平与状况也是千差万别，所以，管理会计究竟应该包括哪些内容，至今仍难以定论。但一般认为，管理会计的基本内容大致可分为以对企业生产经营决策的预期效果进行综合分析评价为主体内容的“决策会计”和以对企业生产经营的整个过程和各个方面进行严格控制考核为主体内容的“执行会计”两大部分。

（一）决策会计

决策会计也称为预测决策会计，主要是以现代管理科学中的运筹学原理为基础，运用一系列现代管理技术与方法，对企业未来一定期间的生产经营活动进行预测和决策，为企业管理者科学地筹划企业的未来而确立理想的经营目标，制定最佳的经营决策，拟订有效的实现措施。它是管理会计系统中侧重于发挥预测经济前景和实施经营决策职能的最具有能动作用的会计子系统，处于现代管理会计的核心地位。其主要内容包括：

1. 经营预测

经营预测是指企业根据现有的经济条件和掌握的历史资料以及客观事物的内在联系，对生产经营活动的未来发展趋势和状况进行的预计和测算。通过经营预测，可以确定企业未来一定期间的各项具体经营目标。

2. 短期经营决策

短期经营决策是指决策的结果只会影响或决定企业一年或一个经营周期经营实践的方向、方法和策略，它是通过对有关可行性方案的经济性进行计量、分析和比较，为最大限度地改善经营管理，提高经济效益而选取的最优决策行动方案。短期经营决策以尽可能取得最大的经济效益为直接目标。

3. 长期投资决策

长期投资决策是指那些需要企业投入大量资金，获取报酬或收益的持续时间超过一年，能在今后相当长的一段时间内影响企业经营能力的投资决策。进行正确的企业长期投资决策，对企业的生产经营具有长远的意义。它从总体上确定了企业未来年份的经营方向、规模大小、人员配备、资本总量以及企业的经营目标等重大问题。

（二）执行会计

执行会计主要是以现代管理科学中行为科学原理为基础，运用一系列特定的工具与手段，通过编制计划、制定标准、划分责任、考评业绩等，为执行既定的决策方案而卓有成效地实施决策、执行计划、评价工作成绩，以确保预期目标顺利实现的管理会计子系统。其主要内容包括预算管理和责任会计等内容。

1. 预算管理

预算是企业经营目标的具体化，它是从“决策会计”到“执行会计”的桥梁。它既是对已经选定的各个决策方案统一以货币形式进行综合和概括，借以总括地反映企业总体在一定期间内所应实现的目标和完成的任务；同时它又是进一步分解、落实企业的总体目标，使总体目标具体化到企业内部各部门、各单位，以此作为它们开展日常生产经营活动和进行业绩评价的依据。

2. 责任会计

责任会计是以强化企业内部控制为目的，将经济责任同会计数据相结合，全面评价和考核各责任单位的工作业绩的内部会计控制制度。通过实施责任会计，可以明确有关责任单位的权利和责任，并借助于有关指标的计算和分析，来评价各责任单位的工作业绩，以便进一步改善未来的经营管理工作。

二、管理会计的特点

管理会计是从传统会计体系中分离出来的，同财务会计相并列而存在着的会计信息子系统，两者之间既有联系又有区别。它们之间的联系主要表现在：①它们是同源而分流的。管理会计和财务会计都是在传统会计中孕育、发展起来并最终相分离的，都是会计管理的重要组成部分。②目标相同。它们的最终目标都是帮助企业的相关人员做出决策，使企业能够获得最大利润，提高企业的经济效益。③基本信息同源。管理会计所使用的信息很广泛，既有财务信息，也有非财务信息，但基本的信息来源仍然是财务会计所提供的信息，有些是财务会计信息的直接使用，有些则需要对财务会计信息进行加工、调整后使用。④服务对象交叉。虽然管理会计与财务会计的服务对象有内外之分，但它们同时作为经济管理的组成部分，所提供的财务报告信息和管理会计信息都可用来服务于有关方面的决策分析。例如，外部利益集团可使用企业的管理会计信息（如销售预测、利润预测等），内部管理者在作决策时要切合企业的实际经济情况，当然也会用到财务会计信息等等。

管理会计的特点就是相对于财务会计而言，管理会计所独具的某些特色或显著的区别。管理会计的主要特点如下：

（一）侧重于为企业内部管理者提供信息服务

财务会计主要是通过对企业日常经营业务进行确认、计量、记录和报告，定期向信息使用者（如股东、潜在投资人、债权人、税务机关等）提供信息，使外部各利益关系人能准确地了解企业的财务状况、经营成果和现金的流动状况，以保障有关各方的利益；而管理会计则是运用一系列特定的理论概念和专门的技术方法，对有关数据资料进行加工整理，然后向企业内部各级管理人员提供有效经营和做出最优决策所需要的信息。

由此可见，管理会计与财务会计服务对象的侧重点不同，财务会计侧重于为企业外部关系人提供信息服务，而管理会计则侧重于为企业内部的管理者提供信息服务。也正因为如此，有人将管理会计称为内部会计，而将财务会计称为外部会计。但这里需要强调的是，无论是管理会计还是财务会计，都同为企业内部、外部有关方面的信息使用者提供信息服务，只是服务的侧重点不同。

（二）面向未来，控制现在

财务会计主要是对企业已经发生的经济业务进行事后的记录和总结，负责提供历史性财务信息。而管理会计为了有效地服务于企业内部的经营管理，一方面要运用其特有的理论和方法，对企业未来的生产经营活动将要采取的各种方案进行科学的预测分析，并以此作为决策分析和编制预算的客观依据，即对未来将要发生的经济活动进行事前核算；而另一方面，为确保规划的经营目标能得以实现，还必须切实地控制现在，即进行事中核算。虽然管理会计在进行事前和事中核算时也要使用到一些历史资料，但其目的并不是为了反映企业已经发生的经济活动的情况，而是为了从过去入手，将企业的过去、现在和未来有机地联系起来，从而更好地筹划企业的未来。

由此可见，管理会计要求管理会计人员及时地向企业内部各级管理者决策提供多种信息，不仅分析过去已经发生的经济业务，而且要预测和规划未来将要发生的经济业务，控制现在的经济活动，从而横跨过去、现在和将来三个时态；而财务会计主要是反映过去，单纯地提供和解释会计信息。

（三）兼顾生产经营的全局与局部

财务会计对生产经营过程进行反映和监督都是立足于企业生产经营的全局，把整个企业作为一个整体，提供企业全局的综合经济信息，从而能够适应财务会计所特别强调的完整地反映和监督整个经营过程。而管理会计所涉及的内容和需要解决的问题，既有全局性的，也有局部性的，而且要求二者紧密结合。如企业经营目标的制定、经营计划的编制等，都是立足于某一个公司、一个工厂，带有明显的综合性或整体性；而目标的分解、方案的实施等，则要立足于某一个部门、环节等，带有明显的局部性或个体性。管理会计的这一特点是同其服务对象的侧重点相联系的，因为管理会计要有效地服务于企业内部经营管理，就必须做到从全局出发，综合考虑，以实现局部与整体的统一。

（四）方法、程序灵活

为了准确地反映企业的财务状况、经营成果和现金流动状况，财务会计必须以有关的会计法规为依据，按照固有的会计程序来对日常的经济业务进行会计核算和监督，具有严密而稳定的结构，整个处理过程带有明显的强制性。而管理会计不受会计法规的制约，结构比较松散，无论是核算程序的确定，数据资料的来源，还是核算的具体方法等，都不受某种固定模式的限制，只要能满足企业内部管理的需要，就可以认为是“有效”的，方式和方法灵活多样。

思考与练习

思考题

1. 管理会计是如何形成和发展的？
2. 试述管理会计的基本职能。
3. 管理会计与财务会计有何区别和联系？

第二章　成本性态分析

第一节　成本及其分类

所谓成本，一般可理解为为取得某种特定的目的而发生或可能发生的各种经济资源的价值牺牲或付出的代价，是以货币表现的、对象化了的费用。由于不同的成本概念反映不同的对象，因而为了满足企业管理的不同需要，应当将成本按照不同的标准进行分类。以下为几种主要的分类。

一、按经济用途进行分类

按照经济用途的不同，可将企业的有关成本划分为制造成本和非制造成本。

（一）制造成本

制造成本也叫生产成本，是指企业为制造产品或提供劳务而发生的成本。主要包括直接材料、直接人工和制造费用三部分。

1. 直接材料

直接材料是指在产品生产上直接耗用的材料，包括构成产品实体的各种原材料，以及虽不构成产品实体，但有助于产品形成的各种辅助材料。

2. 直接人工

直接人工是指直接参加产品生产的生产工人的工资以及按生产工人工资的一定百分比计提的职工福利费。

3. 制造费用

制造费用是指企业为了生产产品而发生的各项间接费用，包括工资和福利费、折旧费、修理费、非企业行政管理部门的办公费、水电费、机物料耗费、劳动保护费等。

在制造成本中，直接材料与直接人工之和通称为主要成本，而直接人工与制造费用之和又通称为加工成本。

（二）非制造成本

非制造成本也叫非生产成本，是指生产成本以外的成本。在西方财务会计中，非制造成本通常包括推销成本和一般及行政管理成本，二者通称为推销及行政管理成本。

1. 推销成本

推销成本是指在流通领域，为推销产品而发生的费用，如销售费、广告费、送货费等。

2. 一般及行政管理成本

一般及行政管理成本是指制造成本和推销成本以外的所有管理和办公费用，如办公费、管理人员工资等。

在财务会计中，推销成本和一般及行政管理成本一般是作为期间成本来处理的。

二、按成本性态进行分类

成本按其性态分类，就是按照成本与业务量之间的依存关系进行的分类。按照成本性态，可将成本划分为固定成本、变动成本和混合成本三类。

（一）固定成本

固定成本是指在相关范围内，成本总额不随业务量的变化而变化的成本。

（二）变动成本

变动成本是指在相关范围内，成本总额将随业务量的变化而发生正比例变化的成本。

（三）混合成本

混合成本也叫半变动成本，其总额随业务量的变动而发生变动，但并不保持正比例关系变动的成本。

三、按成本的可控性进行分类

成本的可控性是指责任单位负责该项成本管理的人员能够合理控制成本的性质。以此为标准，可将成本划分为可控成本和不可控成本。

（一）可控成本

可控成本是指责任单位负责该项成本管理的人员能够合理控制的那一部分成本。

（二）不可控成本

不可控成本是指责任单位负责该项成本管理的人员不能够合理控制的那一部分成本。

四、按成本的可盘存性进行分类

成本的可盘存性是指企业在一定期间发生的成本是否可能构成资产的价值，在期末进行盘点时能否结转到相邻的下一期的性质。按照成本的可盘存性，可将成本划分为可盘存成本和不可盘存成本。

（一）可盘存成本

可盘存成本又称产品成本，是指在产品的生产过程中直接发生，并随产品生产量的变动而发生变动的有关成本。作为产品的生产成本，当期末产品尚未制造完成或已经完工但还没有实现销售时，该在产品或完工产品的价值就以“存货”的名义结转到相邻的下一期。

（二）不可盘存成本

不可盘存成本又称期间成本，是指同生产经营持续期相联系，而不随产品实体的流转而流动的成本，其效益随期间的推移而消逝，不具有递延性，在发生的当期就将其金额计入当期的损益，从当期收入中扣减，不计入存货的成本。

第二节 成本性态分析

成本性态（Cost Behavior），也译为成本习性、成本特性，它是指成本与业务量之间的依存关系，即成本如何随着业务量的变动而产生不同的变动。因为这种依存关系是客观存在的，具有固有的性质，所以称为“性态”或“习性”、“特性”。成本性态是管理会计学中最基本和最重要的成本分类标志之一。

这里的成本，是指企业为取得营业收入而付出的制造成本和非制造成本，它不仅包括产品的全部生产成本，还包括企业的销售费用和管理费用等所构成的期间成本。

这里的业务量，是指企业在一定的生产经营期内投入或完成的经营工作量的通称，可用多种计量单位来表示，包括绝对量和相对量两大类。其中绝对量又可细分为实物量、价值量和时间量三种形式；相对量可以用百分比和比率等形式来反映。具体使用什么计量单位应视管理要求和实现可能而定。业务量可以是产品产量、人工小时、机器工作小时、销售量等。在研究成本性态时，应选择与所考察的成本存在着最直接联系的业务量。

当企业的业务量水平提高或降低时，一项特定的成本可能随之提高、降低或者不变。这就是不同成本所表现出的不同的成本性态。研究成本与业务量的依存性，进行成本性态分析，可以从定性和定量两方面掌握成本与业务量之间的变动规律，这不仅有利于事先控制成本和挖掘降低成本的潜力，提高生产经营的经济效果，而且有助于进行科学的预测、规划、决策和控制。

成本按其性态，可分为固定成本（Fixed Cost）、变动成本（Variable Cost）和混合成本（Mixed Cost）三类。

一、固定成本

固定成本是指在相关范围内，成本总额不受业务量增减变动的影响而保持固定不变的成本项目。

（一）固定成本的特征

固定成本具有两个主要特征：

（1）固定成本总额不变性。也就是在相关范围内，成本总额不随业务量的变动而变动，其成本模型是 $y=a$（a 表示固定成本）。

（2）单位固定成本的反比率变动性。即在相关范围内，单位产品固定成本额随业务量的增加而相应地减少，其成本模型为 $y=\frac{a}{x}$（x 表示业务量）。

一般来说，成本费用中不随业务量变动的成本包括固定性制造费用、固定性销售费用和固定性管理费用三个部分，如租金、管理人员工资、财产税、财产保险、保证金、按直线法计提的固定资产折旧、贷款利息、办公费、差旅费、产品研究开发费、科研实验费、职工培训费、广告费和公共事业费及其他与业务量无关的成本费用等都属于固定成本范畴。

【例2-1】南方公司由于拓展业务的需要，从租赁公司租赁一条手机生产线，租金每年6000000元，其最大生产能力为每年50000部。显然，当南方公司每年生产的手机在50000部时，不管其业务量（产量）如何变化，生产线的租金总成本是不变的。所以，对南方公司来说，生产线的租金就是生产手机的一项固定成本。那么，其生产线的租金总成本 a、业务量（产量）x 和每部手机所负担的租金成本 $\frac{a}{x}$ 之间的关系如表 2－1 所示。

表 2-1　　不同产量下租金的总成本及单位成本　　单位：元

手机产量（部）（业务量 x）	租金总成本（固定成本总额 a）	每部手机所负担的租金成本（单位固定成本 a/x）
10000	6000000	600
20000	6000000	300
30000	6000000	200
40000	6000000	150
50000	6000000	120

从表 2-1 可以看出，在一定业务量（此处为 50000 部）范围内，固定成本总额 a（此处为 6000000 元）不随业务量水平的变化而变化，即总是保持固定不变；而单位固定成本 a/x 则随业务量的增加而减少。

单位固定成本和固定成本总额的性态模型如图 2-1 所示。

（二）固定成本分类

固定成本按其支出数额是否能改变，可进一步分为约束性固定成本和酌量性固定成本两类。

（1）约束性固定成本又称为拘束性固定成本，属于经营能力成本，它是和整个企业经营能力的形成及其正常维护直接相联系，其数额不受管理当局决策行动改变影响的固定成本，主要包括厂房、机器设备的折旧费、保险费、财产税、租赁费、不动产税金、管理人员的工资等。这部分成本是与管理部门的长期决策密切相关，即企业的经营能力一经形成，在短期内难以有重大改变。如稍加增减，必将影响企业的盈利能力和长远目标。即使业务中断，该项成本仍需保持不变，一般生产能力的水平没有变动时，这部分成本不可能有实质性的降低。只有在细致分析长期的销货预测及未来所需的生产能力预测后，才能决定约束性固定成本的变动。因此，与此相联系的成本也将在较长期间内继续存在。要想降低约束性固定成本，只有从经济合理地利用企业的生产能力，提高产品的产量，相对降低单位成本方面着手。

（2）酌量性固定成本又称为选择性固定成本，是企业根据经营方针由高层领导确定一定期间的预算额而形成的固定成本，主要包括新产品研究开发费、科研试验费、广告宣传费和职工培训费等。这些成本对提高企业经济效益起着良好的促进作用，如拓宽产品销路、提高产品的质量和增强企业的核心竞争力等。这类费用的支出与管理部门的短期决策密切相关。因此，在编制计划时，由管理部门根据工作需要和本企业的财务负担能力决定其开支额度大小。而在计划执行期，一旦发生则固定不变。因此，要降低这部分成本的管理，应在保证产品质量，不影响正常生产经营活动条件下，通过认真决策、精打细算、厉行节约，减少绝对额来实现。

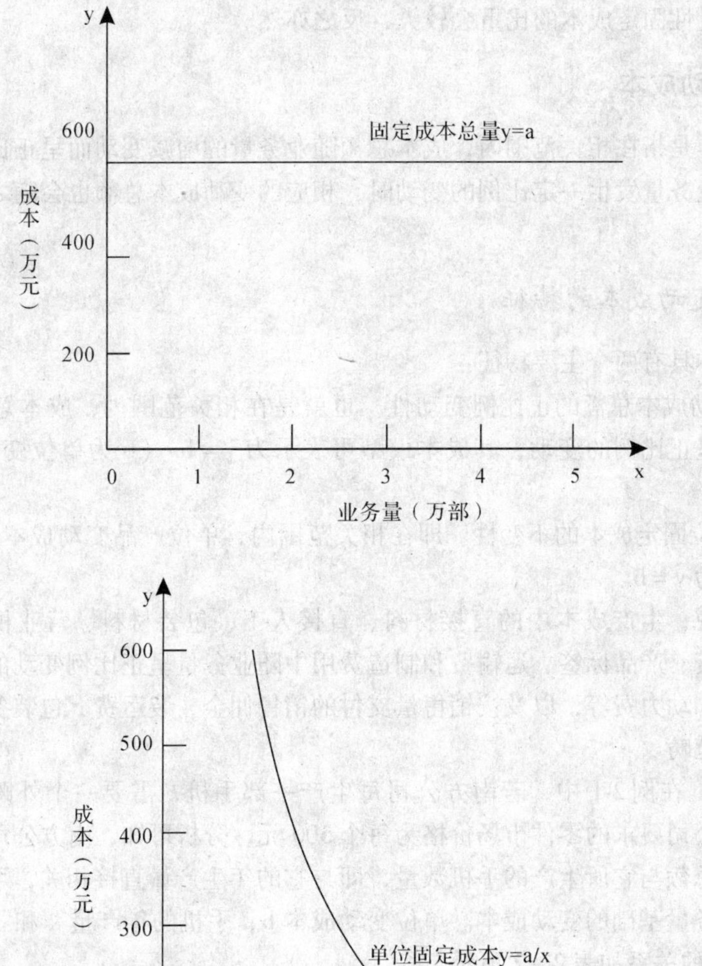

图2－1　固定成本的性态模型

应该注意的是，约束性固定成本与酌量性固定成本之间并没有绝对的界限，一项具体的固定成本究竟应该归属于哪一类，取决于企业管理部门特定的管理方式。若该企业的管理部门倾向于经常性地分析大多数固定成本项目的可行性，则其固定成本中的酌量性固定成本的比重会较大，反之亦然。

二、变动成本

变动成本是指在相关范围内，成本总额随业务量的增减变动而呈正比例变动的成本。即当业务量发生一定比例的变动时，相应的变动成本总额也会随之发生相同比例的变动。

（一）变动成本的特征

变动成本具有两个主要特征：

（1）变动成本总额的正比例变动性。也就是在相关范围内，成本总额随业务量的变动而呈正比例的变动，其成本模型可表示为 $y=bx$（b 为单位变动成本，x 为业务量）。

（2）单位固定成本的不变性。即在相关范围内，单位产品变动成本始终不变，其成本模型为 $y=b$。

一般来说，生产成本中的直接材料、直接人工、包装材料、营业税、销售佣金、加班工资、产品标签、运输费和制造费用中随业务量呈正比例变动的间接材料费、燃料费和动力费等，以及按销售量支付的销售佣金、装运费、包装费等都属于变动成本的范畴。

【例2-2】在例2-1中，若南方公司每生产一部手机，需要一个外购零件。目前，符合该公司要求的零件市场价格为每个500元。分析可知，南方公司每年外购零件的成本总额与它所生产的手机数量，即与它的年生产量直接相关，可视为一项以产量为业务量基础的变动成本。单位变动成本 b、手机的年产量 x 和零件的成本总额 bx 之间的关系如表2－2所示。

表2－2　　不同产量水平下零件的外购单价及成本总额

手机产量（部）（业务量 x）	手机零件的外购单价（元）（单位变动成本 b）	外购零件的成本总额（元）（变动成本总额 bx）
10000	500	5000000
20000	500	10000000
30000	500	15000000
40000	500	20000000
50000	500	25000000

从表2－2可以看出，在一定的范围之内，变动成本总额（bx）随业务量水平（x）的变动而呈正比例变动；而单位变动成本（b）则不随业务量水平（x）的变

化而变化，即总是保持固定不变。

单位变动成本和变动成本总额的性态模型如图 2－2 所示。

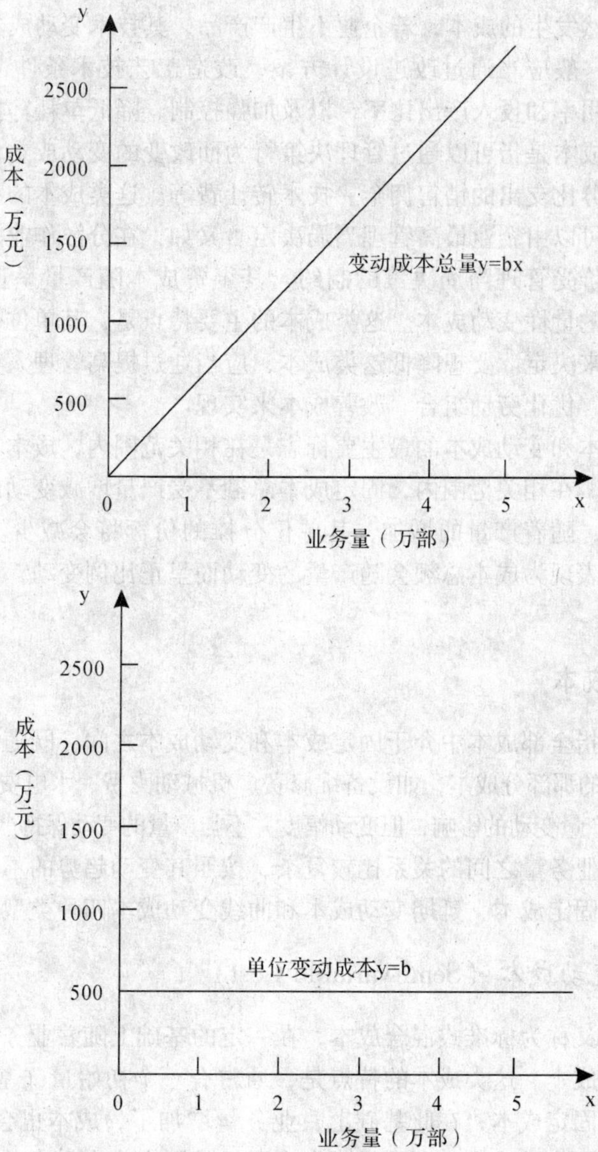

图 2－2 变动成本性态模型

（二）变动成本分类

企业在一定期间内的变动成本还可以进一步划分为技术性变动成本和酌量性变

动成本两大类。

技术性变动成本是指与产量有明确的技术或实物关系的变动成本。如我们生产一台电脑要用到一块主板、一块硬盘和一台显示器。这类成本的实质是利用生产能力进行生产所必然发生的成本，若企业不生产产品，其技术变动成本就是零。要想降低这类成本，一般应当通过改进设计方案，改造工艺技术条件，提高劳动生产率、材料综合利用率和投入产出比率，以及加强控制、降低单耗等措施来实现。

酌量性变动成本是指可以通过管理决策行为而改变的变动成本，比如按主营业务收入的一定百分比支出的销售佣金、技术转让费等。这类成本的特点是其单位变动成本的发生额可以由企业最高管理当局决定。又如，在分散作业的计件工资制度下，由于计件单价受管理当局决策的制约，其工资成本随产量呈正比例变动，所以，它也是一种酌量性变动成本。这类成本的主要特点是，其单位变动成本的发生额可由管理阶层来决定。要想降低这类成本，应当通过提高管理人员的素质、进行合理的经营决策，优化劳动组合、改善成本来实现。

区分固定成本和变动成本的最主要标志是在相关范围内，成本总额是否随着产量的变动而变动。在相关范围内，固定成本总额不受产量增减变动的影响，而从产品单位成本来看，随着产量的增加，其单位分摊的份额将会减少。从变动成本来看，其基本特征表现为成本总额会随产量的变动而呈正比例变动，而单位成本不受产量变动的影响。

三、混合成本

混合成本是指全部成本中介于固定成本和变动成本之间，既随着业务量变动又不与其呈正比例的那部分成本，如设备维修费、机械动力费、水电费等。其基本特征是，发生额虽受产量变动的影响，但变动幅度并不与产量的变动保持严格的线性关系。

混合成本与业务量之间的关系比较复杂，按照其变动趋势的不同特点，可分为半变动成本、半固定成本、延期变动成本和曲线变动成本四种类型。

（一）半变动成本（Semi-variable Cost）

半变动成本又称为标准式混合成本，在一定的基础上随着业务量的变化而呈正比例关系变动的成本。这类成本的特点是，通常有一个初始量（基数），其初始量一般不变，类似固定成本；在此基础上，业务量增加了，成本也会呈正比例增长，这部分成本又类似变动成本。即这类成本由明显的固定成本和变动成本组成。如每月的电话费有座机费（属固定成本）和通话费（属变动成本）。还有公用事业费，如水电费、燃气费等费用，生产设备的维修费、租赁费。这些费用中的一部分是基数，不管企业是否使用或是否有业务发生，都需要支付，属于固定成本的性质；另一部分则根据企业耗用量的多少或业务的多少来计算，属于变动成本的性质。如图2－3所示。

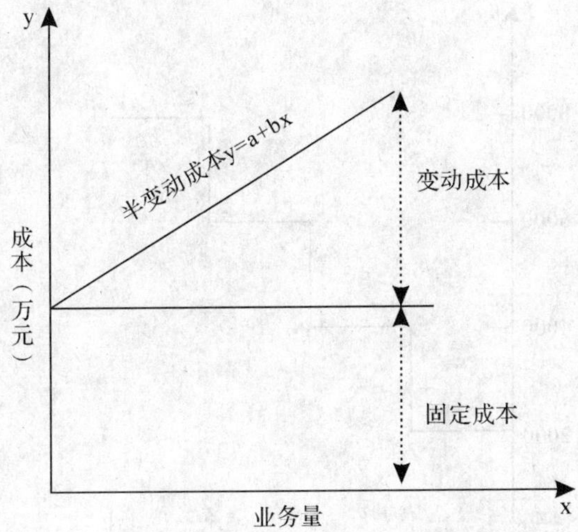

图 2－3　半变动成本性态模型

（二）半固定成本（Semi-fixed Cost）

半固定成本又称为阶梯式混合成本，这类成本在一定业务量范围内的发生额是固定的，但当业务量增长到一定限度时，成本总额就会发生跳跃式的变化，然后在业务量增长的一定限度内，其发生额又会保持不变，直到下一个跳跃为止，所以半固定成本又称为阶梯式成本。如图 2－4 所示。如南方公司有 4 名质检员，每人月薪 2000 元，每人每月可质检 600 件产品，每增加 600 件产品，就需要增加一名质检员，人工成本呈阶梯式上升。

（三）延期变动成本（Delayed-variable Cost）

延期变动成本又称低坡型混合成本，这类成本在一定的业务量范围内，其总额保持固定不变，一旦超出这个范围，其成本随业务量变动而呈线性变动。例如，企业在正常情况下，对职工所支付的工资是固定不变的，当工作时间超过规定水准，则需按加班时间的长短呈比例地支付加班费。其性态模型如图 2－5 所示。

（四）曲线变动成本

曲线变动成本又称为曲线成本，这类成本通常有一个初始量固定不变，相当于固定成本。在这个初始量上，成本随着业务量的变动而变动，但两者之间并不像变动成本那样保持严格的正比例直线关系，而是在坐标上表现为一条曲线。这类成本中，有的最初阶段不随业务量的增加而增加，只是当业务量增加到一定限度时才开始逐渐增加，但其增长速度却低于业务量增加速度，变化率呈递减状态，曲线表现为向下开口的曲线，称之为递减曲线成本。例如电炉设备热处理电耗等。其性态模

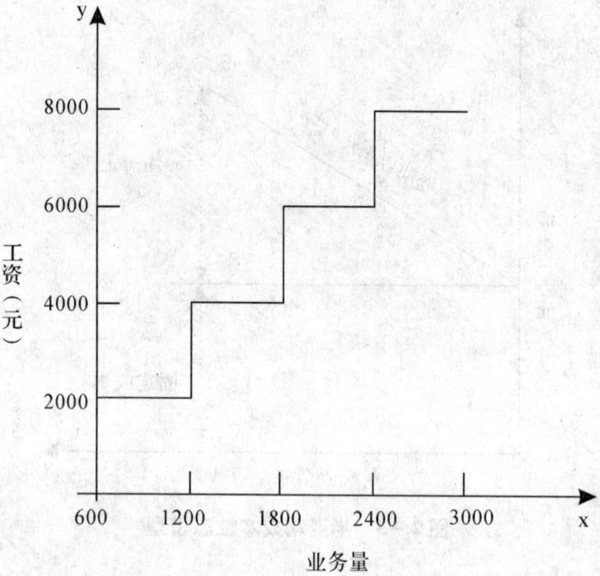

图 2-4　半固定成本性态模型

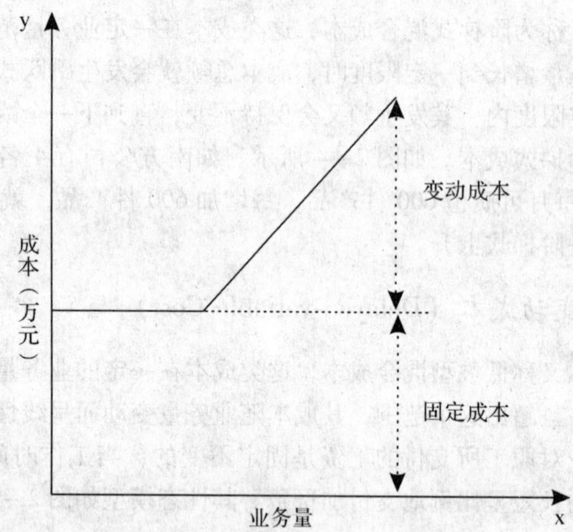

图 2-5　延期变动成本的性态模型

型如图 2-6（a）所示。有的随业务量的增加而增加，且其增加率高于业务量的增加率，曲线表现为向上开口的曲线，称之为递增曲线成本。例如，累进计件工资、各种违约金与罚金等。其性态模型如图2-6（b)所示。

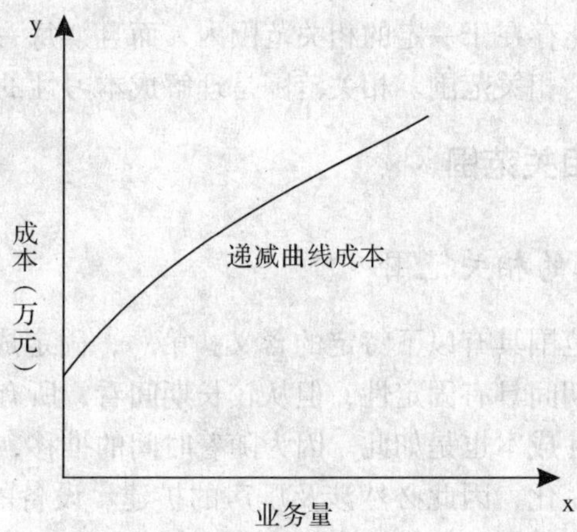

图 2-6（a）　递减曲线成本

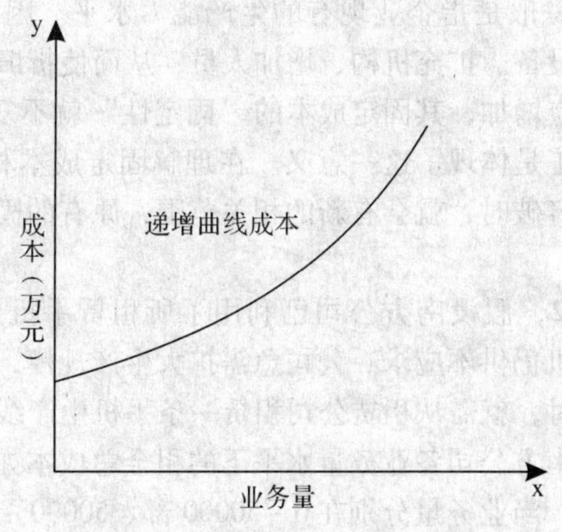

图 2-6（b）　递增曲线成本

第三节　相关范围的假设

一、相关范围的概念

对固定成本和变动成本的分类，都是建立在一定的假设基础上的。在管理会计中，广义的相关范围是指能够使固定成本和变动成本习性保持稳定不变的特定变动范围。这些条件包括：业务量的相关范围、相关时期及大环境。狭义的相关范围是指业务量的特定变动范围。如果超出相关范围，就不能保持成本特性不变。不仅固定成本和变动成本只能存在于一定的相关范围内，而且，每一类成本中的不同成本项目都可能有其不同的相关范围。相关范围是理解成本习性的一个重要概念。

二、业务量的相关范围

（一）固定成本的相关范围

固定成本的相关范围具有以下特定的含义：第一，固定成本总额的“固定性”表现为在某一特定的期间具有固定性，但从较长期间看，所有成本都是可变的。即使约束性很强的约束性成本也是如此。因为随着时间的推移，企业生产经营能力的规模和质量都将发生变化，因此必然涉及厂房的扩建、设备的更新、员工的增减，这些都会引起折旧费、大修理费及工资等支出额的改变。第二，就空间范围而言，固定成本总额的“固定性”表现为在某一特定业务量水平内具有固定性。这里所说的“业务量水平”一般是指企业现有的生产能力水平。因为业务量一旦超过这一水平，势必要增添设备、扩充机构、增加人员，从而使折旧费、修理费、管理人员工资等固定成本相应增加，其固定成本的“固定性”就不复存在。

成本按性态区分正是体现了这一意义。在理解固定成本相关范围时也要注意，当原有的相关范围被打破时，就会有新的相关范围，原有的固定成本变化了，也自然又有新的固定成本。

【例2-3】承例2-2，假设南方公司已利用了所租赁手机生产线的最大生产能力，此时所生产的手机仍供不应求，公司急需扩大生产规模，那么每当其生产量超过50000台的整数倍时，就需从租赁公司租赁一条手机生产线。

在这种情况下，南方公司各业务量水平下的租金总成本如图2－7所示。

从图中可以看出，当业务量分别在0～50000部、50000～100000部、100000～150000部的范围之内变化时，租金这一固定成本的总额不发生突变，使得各业务量水平下的固定成本呈现出一种阶梯状的变化，我们通常称使固定成本总额保持稳定不变的业务量范围为固定成本的相关范围。

该例中，租金总成本为6000000元的业务量相关范围是0～50000部；租金总成本为12000000元的业务量相关范围是50000～100000部；以此类推。

（二）变动成本的相关范围

与固定成本一样，变动成本总额和业务量之间的依存关系，也存在着一定的相关范围。在前面的分析中，我们均假定变动成本总额与业务量之间呈严格的正比例关系，即完全的线性关系，但这种说法的假定条件是“在一定的业务量范围之内”。因为一旦超出了一定的业务量范围，它们之间就可能表现出非线性关系或者另一种线性关系，也就是说，单位变动成本并非在任何情况下都是一个常数。

【例2-4】某公司消耗甲材料，销售公司为鼓励客户成批购买其产品，给予优

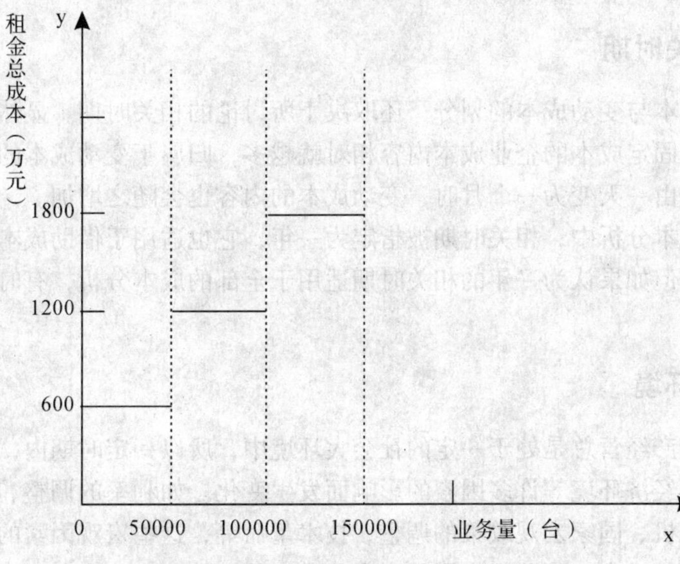

图 2－7 各业务量水平下的租金总成本

惠条件，如该材料单价为 100 元，一次购买 100 件以上者，优惠 2%，每件按 98 元计；一次购买 1000 件以上者，优惠 4%，每件按 96 元计。在这种情况下，该材料单位变动成本就是 100 元、98 元、96 元，其对应的相关范围分别是 0～100 件、100～1000 件、1000 件以上。

在这种情况下，材料消耗量与变动成本的关系如图 2－8 所示。

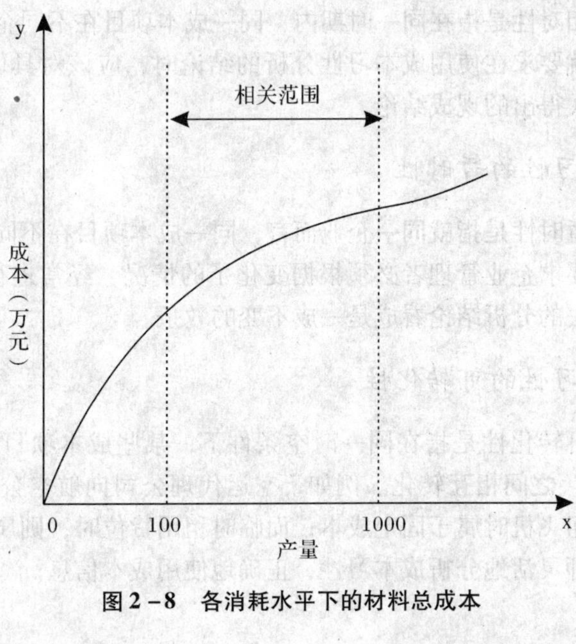

图 2－8 各消耗水平下的材料总成本

三、相关时期

对固定成本与变动成本的划分，还取决于所讨论的相关时期。显然，相关时期越短，归属于固定成本的企业成本内容相对就越多，归属于变动成本的就越少。比如，相关时期由一天变为一个月时，变动成本的内容也会随之增加。

在许多成本分析中，相关时期被指定为一年，它也适用于借助成本习性进行决策的案例中。但如果认为一年的相关时期适用于全部的成本分析，有时则会导致错误的结论。

四、大环境

企业的生产经营总是处于一定的社会大环境中，所以一定时期内，企业的成本还会由于受到经济环境等许多因素的影响而发生变化。如利率的调整、价格政策的变化、金融危机、国家宏观政策的调整、技术革命等，这些宏观因素的变化无疑都会影响到企业的成本，由此也会影响到企业成本的习性。

五、相关范围的意义

由于固定成本和变动成本相关范围的存在，使得各项成本的习性具有相对性、暂时性和可转化性的特点，了解这些特点有助于正确地分析成本习性，合理地使用成本信息，以适应企业管理与决策对成本信息的需要。

（一）成本习性的相对性

成本习性的相对性是指在同一时期内，同一成本项目在不同企业之间可能具有不同的习性。这就要求在使用成本习性分析的结论时，应该对具体事物具体分析，不能盲目套用别人得出的现成结论。

（二）成本习性的暂时性

成本习性的暂时性是指就同一企业而言，同一成本项目在不同时期可能具有不同的习性。这就要求企业管理者必须根据变化了的情况，经常进行成本习性分析，不能机械地把过去的分析结论看成是一成不变的教条。

（三）成本习性的可转化性

成本习性的可转化性是指在同一时空条件下，某些成本项目可以在其“固定性”和“变动性”之间相互转化。例如，空运代理公司向航空公司所支付的空运租金，在长期包租飞机时属于固定成本；而临时租用货位时，则属于变动成本。这就要求管理会计师灵活地分析成本习性，正确地使用成本信息。

第四节　混合成本的分解

混合成本是既含有不受业务量变动影响而保持相对稳定的成本因素，又含有随着业务量增减而相应增减的成本因素，是一种同时具有固定成本和变动成本双重特性的“中间”成本。这种既固定又不完全固定，既变动又不完全变动的双重性成本，同业务量之间的关系不甚清楚，人们无法据以对成本与业务量之间的依存做出正确的分析和判断，因而也就不能满足企业内部管理的需要，不能为企业管理者规划、控制企业的生产经营活动提供有价值的材料。为此，管理会计首先就要将全部成本按其性态划分为固定成本和变动成本两大类。

混合成本的分解方法很多，通常有历史成本法、账户分析法和技术测定法。

一、历史成本法

历史成本法的基本做法就是根据以往若干时期（若干月或若干年）的数据所表现出来的实际成本与业务量之间的依存关系来描述成本的性态，并以此来确定决策所需要的未来成本数据。历史成本法认为，在既定的生产流程和工艺设计条件下，历史数据可以比较准确地表达成本与业务量之间的依存关系，而且只要生产流程和工艺不变，这种相互变动关系还可以应用到现在或将来的决策当中。

历史成本法通常又分为高低点法、散布图法和回归直线法三种。

（一）高低点法

高低点法是历史成本法中最简便的一种分解方法。其基本做法是以某一期间内最高业务量（即高点）的混合成本与最低业务量（即低点）的混合成本的差数，除以最高与最低业务量的差数，其商数即为业务量的成本变量（即单位业务量的变动成本额），进而可以确定混合成本中的变动成本部分和固定成本部分。

如前所述，混合成本是混合了固定成本与变动成本的成本，在一定的相关范围内，我们总可以用 $y = a + bx$ 这样一个数学模型来近似地描述它，这也是高低点法的基本原理。在这个相关范围内，固定成本（a）既然不变，那么总成本随业务量的变动而产生的变量就全部为变动成本。高点和低点的选择，完全是出于尽可能覆盖相关范围的考虑。

高低点法分解混合成本的运算过程如下：

设：高点的成本性态为 $y_1 = a + bx_1$　　(2-1)

　　低点的成本性态为 $y_2 = a + bx_2$　　(2-2)

　　用式（2-1）-式（2-2）有 $y_1 - y_2 = b(x_1 - x_2)$　　(2-3)

式（2－3）表明总成本的差量是业务量的差量与单位变动成本的乘积，即全部为变动成本。

移项后则有 $b=\frac{y_1-y_2}{x_1-x_2}$ （2－4）

即，单位变动成本 $=\frac{\text{最高业务量的成本}-\text{最低业务量的成本}}{\text{最高业务量}-\text{最低业务量}}$

将式（2－4）代入式（2－1）则有 $a`=y_1-bx_1$

即，固定成本＝最高业务量成本－单位变动成本×最高业务量

将式（2－4）代入式（2－2）则有 $a=y_2-bx_2$

即，固定成本＝最低业务量成本－单位变动成本×最低业务量

其成本性态模型计算公式为：

成本总额＝固定成本总额＋单位变动成本×业务量

【例2-5】 假定某企业去年12个月的产量和水费支出的有关数据如表2－3所示。

表2－3

月份	产量（台）	水费（元）
1	1000	2520
2	600	1700
3	900	2250
4	1000	2550
5	800	2150
6	1050	2690
7	1000	2460
8	800	2000
9	900	2320
10	700	1950
11	1100	2650
12	1200	2900

去年产量最高在12月份，为1200台，相应水费为2900元；产量最低在2月份，为600台，相应水费为1700元。按前面的运算过程进行计算：

$b=\frac{2900-1700}{1200-600}=2$（元/台）

$a=2900-2\times1200=500$（元）

或 $a=1700-2\times600=500$（元）

以上计算表明，该企业水费这项混合成本中，固定成本为500元；单位变动成

本为每台 2 元。以数学模型来描述这项混合成本即为：

$y = 500 + 2x$

运用高低点法分解混合成本应注意以下几个问题：

（1）高点和低点的业务量（即本例中的 1200 台和 600 台）为该项混合成本相关范围的两个极点，超出这个范围则不一定适用所得出的数学模型（即本例中的 $y = 500 + 2x$）。之所以说“不一定”，是因为如果假设在上例中只需延长设备的运转时间（水费当然也随之增加），而设备又可以延长运转时间时，产量即可超过 1200 台，则上述数学模型的适用范围也就延伸了。

（2）高低点法根据高点和低点的数据来描述成本性态，其结果会带有一定的偶然性（事实上高低两点的偶然性较之其他各点一般要大），根据这种带有一定偶然性的成本性态模型进行决策，势必会造成一些不必要的偏差，因此，我们在使用高低点法描述成本性态的时候，往往会对其模型进行一些修正。

（3）当高点或低点业务量不止一个（即有多个期间的业务量相同且同属高点或低点）而成本相异时，则只需按高低点法的原理，高点取成本大者，低点取成本小者。

高低点法的优点在于简单易行，缺点是只能使用两个端点的值来建立成本函数，不能代表所有的数据，准确性较低。它适用于所用资料代表正常业务活动时，不能包括任何不正常情况，否则计算结果不具有代表性。另外，通过此方法获得的直线方程式，只适用于相关范围的情况，超出相关范围则失效。

（二）散布图法

散布图法的基本原理与高低点法一样，也认为混合成本的性态可以被近似地描述为 $y = a + bx$。区别在于 a 和 b 是通过图即可得到，而非通过方程式计算得到。散布图法的基本做法就是在坐标图中，以横轴代表业务量 x，以纵轴代表混合成本 y，将各种业务量水平下的混合成本逐一标明在坐标图上，然后通过目测，画一条尽可能接近所有坐标点的直线（理论上这条直线距各成本点之间的离差平方和最小）。这条直线与纵轴的交点就是固定成本，斜率则是单位变动成本。

仍以例 2-2 中表 2－3 的有关数据为依据，采用散布图法对该企业的水费进行分解如下：

第一步，在平面直角坐标系中标出水费成本的散布点。就本题来说，就是以横轴代表产量、以纵轴代表水费成本，标出该企业 12 个月不同产量下的水费成本点（见图 2－9）。

第二步，通过目测，在坐标图中画出一条能反映水费成本平均变动趋势的直线。这样，水费这项混合成本的性态就可以通过坐标图的方式来表达。

第三步，确定固定成本 a，即所画直线与纵轴的交点，本图为 600 元。

第四步，计算单位变动成本，即所画直线的斜率。根据所画直线，选择相关范围内任一产量，即可得出相应的水费成本，反之亦然。若选产量为1000台，水费成本按坐标图查得为2790元，则单位变动成本为：

$$b=\frac{y-a}{x}=\frac{2790-1000}{1000}=1.79\text{（元/台）}$$

根据散布图法得到a和b的值后，水费这项混合成本用数学模型来表示就是：

$$y=1000+1.79x$$

散布图法与高低点法原理相同，但两者除基本做法相异之外还有两点差别：一是高低点法先有b值而后有a值，散布图法则正好相反；二是虽然散布图法通过目测得到的结果不免带有一定程度的主观臆断性，但由于该法是将全部成本数据作为描述混合成本性态的依据，因而较之高低点法还是要准确一些。

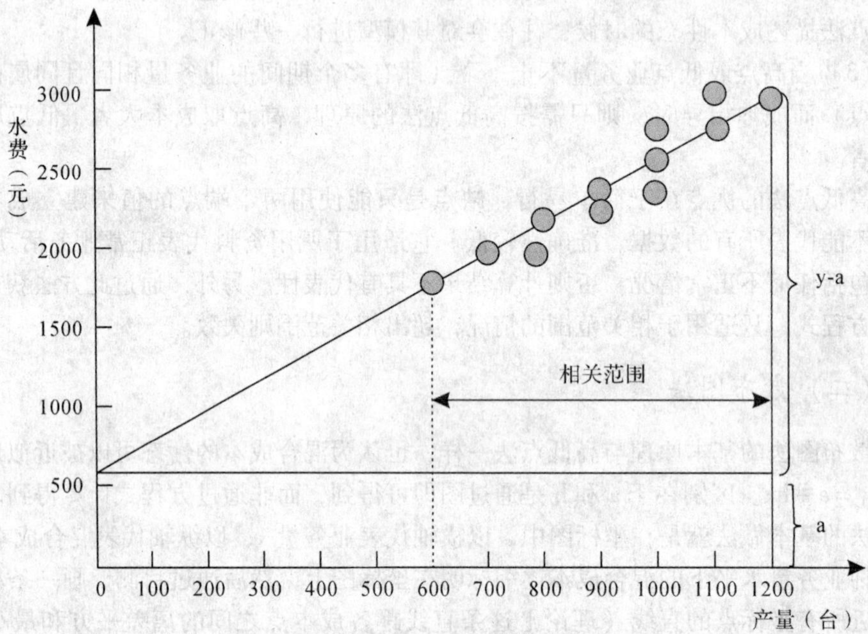

图2-9

（三）回归直线法

回归直线法是根据过去一定期间业务量（x）和成本（y）的历史资料，应用最小平方法原理，算出最能代表x和y关系的回归直线，借以确定混合成本中的固定成本和变动成本的方法。其原理是：先按散布图法把过去某一定期间的混合成本历史数据，逐一在坐标图上标明；然后通过目测，可以画出许多反映x与y关系的直线。其中，有些直线距离图中大多数点近一些，用这些直线表示x与y的内在关系与实际情况比较符合；有些直线距离图中大多数点较远，用这些直线则不能准确地表示 x 与 y 的内在关系。其中必有一条能反映 x 和 y 关系的平均变动趋势直线。从数学观点来看，画这种直线时，应选用全部观测数据（即成本点）的误差平方和最小的直线最为准确。这条直线在数理统计中称为“回归直线”。因为这种方法要使所有成本点的误差的平方和达到最小值，所以这种方法又叫“最小平方法”。

根据成本的基本方程式 y = a + bx，可以采用一组 n 个观测值来建立回归直线方程式：

$$y = n\sum a + b\sum x \quad (2-5)$$

将式（2－5）的两边分别用 x 来加权，得

$$\sum xy = a\sum x + b\sum x^2 \quad (2-6)$$

对式（2－5）移项，得

$$a = (\sum y - b\sum x)/n \quad (2-7)$$

将式（2－7）代入式（2－6），得

$$b = (n\sum xy - \sum x\sum y)/[n\sum x^2 - (\sum x)^2] \quad (2-8)$$

即可得到所需分解的混合成本的方程式。

【例2-6】 资料同例2-2，有关数据如表2－4所示。

表2－4

月份 n	产量（台）x_i	水费（元）y_i	$x_i y_i$	x_i^2
1	800	2520	2520000	1000000
2	600	1700	1020000	360000
3	900	2250	2025000	810000
4	1000	2550	2550000	1000000
5	800	2150	1720000	640000
6	1050	2690	2824500	1102500
7	1000	2460	2460000	1000000
8	800	2000	1600000	640000
9	900	2320	2088000	810000
10	700	1950	1365000	490000
11	1100	2650	2782500	1102500
12	1200	2900	3480000	1440000
$\sum$	11050	28140	26567500	10502500

将表2－4中的最后一行数据分别代入式（2－8）和式（2－7），得

$$b = \frac{n \times \sum xy - \sum x \times \sum y}{n \times \sum x^2 - (\sum x)^2}$$

$$= \frac{12 \times 26567500 - 11050 \times 28140}{12 \times 10502500 - 122102500} = 2.00 \text{（元/台）}$$

$$a = \frac{\sum y - b\sum x}{n} = -\frac{28140 - 2.00 \times 11050}{12} = 503.33 \text{（元）}$$

由此可得混合成本（水费）的直线方程为：

$y = 503.33 + 2x$

回归直线法使用了误差平方和最小的原理，相对高低点法和散布图法，结果最为精确。但计算过程较烦琐，适用于计算机操作。

二、账户分析法

账户分析法是根据各个成本、费用账户（包括明细账户）的内容，直接判断其与业务量之间的相互变动关系，从而确定其成本性态的一种成本分解方法。

账户分析法的基本做法是，根据各个成本项目及明细项目的账户性质，通过经验判断其特征是更接近于固定成本，还是更接近于变动成本，进而直接将其确定为固定成本或变动成本。至于不易简单地划入变动成本或固定成本的项目，则可通过一定比例将它们分解为变动和固定两部分。例如，制造费用中的间接材料费，虽不与业务量呈正比例关系，但其变动与业务量的关系较大，可视为变动成本处理；如果"管理费用"账户内发生额的大小在正常产量范围内与产量变动没有关系，或没有明显关系，那么就将管理费用全部视为固定成本。

账户分析法虽然粗糙一些，但简便易行，是一种有效的分解方法。但实际分析的工作量太大，不适合于规模较大的企业的成本性态分析。

【例2-7】某企业有关制造费用的明细项目及分解情况如表2－5所示。

表2－5 **制造费用明细表** 单位：元

费用项目	固定成本	变动成本	混合成本	合计
电费	20000	40000		60000
电费管理人员工资	60000			60000
折旧费	100000			100000
物料消耗	40000	120000	40000	200000
制造费用合计	220000	160000	40000	420000

假设表中物料消耗的成本性态分类无法再进行，则可将混合成本40000元按其固定成本部分和变动成本部分的比例划分。

$$物料消耗混合成本中的固定成本 = 40000 \times \frac{40000}{40000 + 120000} = 10000（元）$$

$$物料消耗混合成本中的变动成本 = 40000 - 10000 = 30000（元）$$

通过分解，制造费用中的变动成本为170000元，固定成本为250000元。

三、技术测定法

技术测定法又称为工程法，它是根据生产过程中各种材料和人工成本消耗量的技术测定来划分固定成本和变动成本的方法。其特点就是把材料、工时的投入量和产量进行对比分析，用来确定单位产量的消耗定额，并把与产量有关的部分汇集为单位变动成本，与产量无关的部分汇集成固定成本。例如，热处理的电炉设备在预热过程中的耗电成本（初始量），可通过技术测定划归为固定成本；至于预热后对零部件进行热处理的耗电成本则可划归为变动成本。

这种方法是根据生产过程中客观存在的投入与产出关系来进行成本分解的，结果比较准确。该方法通常适用于没有历史数据可供参考或有现成的消耗定额可以利用的企业。其缺点在于，它只能应用于成本的发生和业务量有直接联系，并且消耗过程能单独观察的成本项目分析。

思考与练习

一、思考题

1. 什么是成本性态？成本按照成本性态可以分为几大类？

2. 什么是约束性固定成本和酌量性固定成本？它们各自有何特点？

3. 什么是技术性变动成本和选择性变动成本？它们各自有何特点？

4. 变动成本和固定成本之间可以相互转化吗？请举出实际生活中的一个固定成本和变动成本相互转化的例子。

5. 混合成本分解的基本方法有哪些？并简述历史成本法的基本原理是什么？

二、练习题

1. 某企业本年1~12月份有关耗费和人工工时的有关资料如下表所示。

月份	耗费（元）	人工工时（小时）
1月	1190	700
2月	1150	850
3月	1500	1000
4月	1195	890

续表

月份	耗费（元）	人工工时（小时）
5月	1205	860
6月	1165	760
7月	1045	650
8月	1280	820
9月	1425	940
10月	1210	760
11月	1080	600
12月	1230	800

要求：(1) 采用高低点法确定该企业本年度的固定性耗费和单位人工工时变动性耗费分别为多少。

(2) 绘制上述相关资料的散布图，并分别确定其固定成本和单位人工工时变动性成本。

2. 某企业本年1~10月份现有机器设备的维修费用和机器工作小时资料如下：

月份	机器工作小时（万小时）	设备维修费用（万元）
1月	50	120
2月	30	110
3月	10	60
4月	50	150
5月	40	100
6月	30	80
7月	20	70
8月	60	150
9月	40	110
10月	20	50

要求：根据上述相关资料，应用回归分析法进行成本分解。

第三章　变动成本法和完全成本法

第一节　变动成本法的基本内容

一、变动成本计算法的含义

变动成本计算法也叫直接成本计算法，它是将生产过程中所消耗的直接材料、直接人工和变动性制造费用计入产品成本，而将固定制造费用和非生产成本作为期间成本，直接由当期收益予以补偿的一种成本计算方法。它是在20世纪30年代起源于美国，到了50年代，随着企业经营环境的改变，竞争的加剧，企业的管理者为了加强内部管理和经济活动的事前规划和日常控制，而使变动成本法成为管理会计的一项重要内容。

变动成本法产生以后，人们就把传统的成本计算模式称为“完全成本法”，即在计算产品成本和存货成本时，把一定期间内在生产过程中所消耗的直接材料、直接人工、变动制造费用和固定制造费用的全部成本都包括在内，将非生产成本作为期间成本，按传统式损益确定程序计量损益。

二、完全成本法和变动成本法的特点

从前面完全成本法和变动成本法的概念中不难发现，两种成本计算方法的根本区别或者说分歧在于如何看待固定性制造费用。换句话说，固定性制造费用到底是一种可以在将来换取收益的资产，还是为取得收益而已然丧失的资产？这一区别也决定了两种不同成本计算方法各自的特点。

（一）完全成本法的特点

1. 符合公认会计准则的要求

公认会计准则认为会计分期是对持续经营的人为分割，应该加深这种人为因素对企业经营成果的影响，尽量保证持续经营假设下经营的均衡性。完全成本法强调

持续经营假设下经营的“均衡性”，认为会计分期是对持续性经营的人为分割，这种分割决定于企业内部和外部多种因素的共同影响。因此，固定性制造费用转销的时间选择并不十分重要，它应该是一种可以在将来换取收益的资产。

2. 强调固定制造费用和变动制造费用在成本补偿方式上的一致性

完全成本法认为，只要是与产品生产有关的耗费，均应从产品销售收入中得到补偿，固定性制造费用也不例外。因为从成本补偿的角度讲，用于直接材料的成本与用于固定性制造费用的支出并无区别。所以，固定性制造费用应与直接材料、直接人工和变动性制造费用一起共同构成产品的成本，而不能人为地将它们割裂开来。

3. 强调生产环节对企业利润的贡献

由于完全成本法下固定性制造费用也被归集于产品的成本而随产品流动，因此本期已销产品和期末未销产品在成本构成上是完全一致的。在一定销售量的条件下，产量大则利润高，所以，客观上完全成本法有刺激生产的作用。这也就是说，从一定意义上讲，完全成本法强调了固定制造费用对企业利润的影响。

（二）变动成本法的特点

变动成本法的特点是基于其与完全成本法的对比，主要有以下几个方面的特点：

1. 以成本性态分析为基础计算产品成本

变动成本法将产品的制造费用按成本性态划分为变动性制造费用和固定性制造费用两部分，认为只有变动性制造费用才构成产品成本，而固定性制造费用应作为期间成本处理。换句话说，变动成本法认为固定性制造费用转销的时间选择十分重要，它应该属于为取得收益而已然丧失的成本。

2. 强调不同的制造费用在补偿方式上存在着差异性

变动成本法认为，产品的成本应该在其销售的收入中获得补偿，而固定性制造费用与产品的销量无关，只与企业是否经营有关，所以应该在其发生的同期收入中获得补偿，这与特定的产品销售行为无关。

3. 强调销售环节对企业利润的贡献

在贡献式收益表中，利润的计算公式如下：

销售收入

减：销售产品的变动成本

贡献毛益

减：期间成本

税前净利

从公式中可以看出，变动成本法将固定性制造费用作为期间成本，所以在一定产量条件下，本期间发生的固定性制造费用全部计入当期成本，导致损益对销量的变化更为直接、敏感，这在客观上有刺激销售的作用。

因此，不难看出，变动成本法强调的是变动成本对企业利润的影响。

三、变动成本法的理论依据

变动成本法区别于完全成本法，将固定制造费用作为期间成本来处理，是基于以下理由：

（一）产品成本应该只包括变动生产成本

管理会计中，产品成本应是那些随产品实体的流转而流转，只有当产品销售出去时才能与相关的收入实现配比，并得以补偿的成本。按照变动成本计算的解释，产品成本必然与产品产量密切相关。在生产工艺没有发生实质性的变化，成本消耗水平不变的情况下，所发生的产品成本总额应当随着完成的产品产量呈正比例变动。如果不存在产品这个物质承担者，就不应当有产品成本存在。因此，在变动成本法下，只有生产成本中的变动部分才构成产品成本的内容。

（二）固定制造费用应当作期间成本处理

期间成本是指那些不随产品实体的流转而流转，而是随企业生产经营持续期间长短而增减，其效益随时间的推移而消逝，不能递延到下期，只能于发生的当期计入损益表，由当期收入补偿的成本。期间成本于发生当期直接转作本期费用，不能直接计入期末存货并随产品实体的流转而递延至下期。

与完全成本法不同的是，变动成本法下的产品成本不包括固定性制造费用，而是将其作为期间成本，直接计入当期损益。因为，固定制造费用主要是为企业提供一定的生产经营条件而发生的，这些条件一经形成，不管实际利用程度如何，有关费用照样发生，与产品的实际生产没有直接联系，并不随产量的增减而增减。也就是说这部分费用所联系的是会计期间而非产品，其效益随着时间的推移而逐渐丧失，不能递延到下一会计期间。因此，固定制造费用应当与非生产成本同样作为期间成本来处理。

现举例说明变动成本法下的损益计算方法。

【例3-1】某企业本年经营甲产品，生产量和销售量均为50000件。该产品单位售价20元，单位直接材料费5元，单位直接人工费4元，单位变动性制造费用3元，单位变动性销售及管理费用2元。全年固定性制造费用120000元，全年固定销售及管理费用100000元。

要求：采用变动成本计算法计算该企业本年的利润总额。

在变动成本法计算下，该企业本年的损益计算结果如表3－1所示。

表 3－1 单位：元

项目	金额
销售收入	1000000
销售产品生产成本	
期初存货	0
本期产品生产成本	600000
期末存货	0
小计	400000
变动性销售及管理费用	100000
边际贡献	300000
固定成本	
固定性制造费用	120000
固定性销售及管理费用	100000
税前利润	80000

第二节 变动成本法与完全成本法的比较

变动成本法与完全成本法对固定性制造费用的不同处理，导致了两种方法的一系列差异。这主要表现在产品成本的构成内容不同、存货成本的构成内容不同以及各期损益有所不同三个方面。

一、产品成本的构成内容不同

在变动成本法下，先将制造费用按成本性态划分为变动性制造费用和固定性制造费用两类，其中计入产品成本的只有变动性制造费用，它认为在产品生产过程中发生的固定制造费用只是与生产经营持续期直接相关，不应纳入产品成本，而应作为期间成本处理。完全成本法则认为，在生产过程中发生的固定性制造费用也是生产或形成产品不可缺少的先决条件，因此将所有的制造费用全部计入产品成本。两种成本计算方法下产品成本的构成如表 3－2 所示。

表 3－2

完全成本法下的产品成本	变动成本法下的产品成本
直接材料	直接材料
直接人工	直接人工
变动性制造费用	变动性制造费用
固定性制造费用	

现举例说明两种成本计算方法下产品成本的计算方法。

【例 3-2】某企业本年只经营一种产品，有关资料如下：

年产销量　5000 件

单位直接材料费　7 元

单位直接人工费　6 元

单位变动性制造费用　3 元

固定性制造费用总额　27000 元

分别采用变动成本法和完全成本法计算的单位产品成本如表 3－3 所示。

表 3－3　单位：元

项目	变动成本法	完全成本法
直接材料	7	7
直接人工	6	6
变动性制造费用	3	3
固定性制造费用	—	5.4
单位成本	16	21.4

从表 3－3 计算结果可以看出，完全成本法比变动成本法计算的单位产品成本多 5.4 元，其原因是前者每件产品“吸收”了固定性制造费用 5.4 元所致。

二、存货成本的构成内容不同

由于变动成本法与完全成本法下产品成本构成内容的不同，所以产成品和在产品存货的成本构成内容也就不同。采用变动成本法，不论是库存产成品、在产品还是已销产品，其成本均只包括变动成本部分，期末存货计价也只是这一部分。因此，期末存货是按变动成本计价的，并不包括固定成本。而采用完全成本法时，不论是库存产成品、在产品还是已销产品，其成本中均包括了一定份额的固定性制造费用，也即会计期末的产成品和在产品都是按全部成本计价，既包括变动成本，也包括一部分的固定制造费用。

在例3-2中，假定该企业本年生产的5000件产品中，已销售4000件，尚有1000件的期末存货。则

变动成本法下的期末存货成本 = 1000 × 16 = 16000（元）

完全成本法下的期末存货成本 = 1000 × 21.4 = 21400（元）

完全成本法下的期末存货成本比变动成本法下的期末存货成本多5400元（21400 − 16000），这是完全成本法下期末存货应负担的固定制造费用（1000 × 5.4 = 5400）。

很显然，变动成本法下的期末存货计价必然小于完全成本法下的期末存货计价。

变动成本法与完全成本法下“产品成本的构成内容不同”与“存货成本的构成内容不同”是相关联的两个问题，也可以说是同一问题的两个方面。产品成本的构成内容不同，自然存货成本的构成内容也就不同，而存货成本上的差异又会对损益的计算产生影响。

三、各期损益不同

如前所述，变动成本法下的产品成本只包括变动成本（变动性制造成本），而将固定成本（固定性制造费用）当做期间成本，也就是说对固定成本的补偿由当期销售的产品承担。而完全成本法下的产品成本既包括变动成本，又包括固定成本。也就是说，完全成本法下对固定成本的补偿是由当期所生产的产品承担，期末未销售的产品与已销售的产品承担着相同的份额。这个特点对两种成本计算方法下的损益计算产生影响，影响的程度取决于产量和销量的均衡程度。产销越均衡，两种成本计算法下所计算的损益相差就越小，反之则越大。只有当产成品实现所谓的“零存货”即产销绝对均衡时，损益计算上的差异才会消失。而事实上，产销绝对均衡只是个别的、相对的和理想化的，不均衡才是普遍的、绝对的和现实化的，这也是研究本问题的意义所在。下面举例具体说明这一问题。

【例3-3】某企业只生产一种甲产品，其有关资料如下：

本年生产量	3000件
期初存货量	0件
本年销售量	2700件
期末存货量	300件
直接材料	70000元

直接人工 40000 元

制造费用 40000 元

其中：变动性制造费用 10000 元

固定性制造费用 30000 元

销售费用 30000 元

其中：变动销售费用 10000 元

固定销售费用 20000 元

销售单价 100 元

管理费用 10000 元

变动成本法与完全成本法计算的损益如表 3－4 所示。

表 3－4 变动成本法与完全成本法计算的损益表 单位：元

项目	变动成本法	完全成本法
销售收入	270000	270000
销售成本		
期初存货成本	0	0
当期产品成本	120000	150000
期末存货成本	12000	15000
销售成本	108000	135000
贡献毛益（制造部分）	162000	135000
管理费用		10000
销售费用		30000
变动销售费用	10000	
贡献毛益（全部）	152000	
固定制造费用	30000	
固定性管理和销售费用	30000	
小计	60000	
税前净利	92000	95000

在本例中，完全成本法求得的税前净利，比变动成本法计算出来的结果要多 3000 元（95000－92000），这是因为完全成本法把期末存货 300 件包含的固定制造费用 10 元 ×300 = 3000 元转移到了下一期，并未从本期的损益中扣减。正是由于

它的销售成本少了3000元，于是销售毛利就多了3000元。而变动成本法把全部固定成本列入期间成本，作为当期的费用从销售收入中扣减掉了，故其期末存货只包含有变动成本，不存在固定制造费用转入下一个会计年度的问题。两者对比，按变动成本法算出的税前净利，当然就比按全部成本算出的税前净利少3000元。总之，两种方法计算出来的税前净利有差别，主要是因为它们从销售收入中扣除的固定成本金额不同，变动成本法不管产销量怎样，总是把本期发生的固定成本总额全部扣除。而全部成本法所扣除的固定成本，则是期初存货中的固定制造费用加上本期发生的固定成本总额再减去期末存货中的固定制造费用。

在例3-3中是假设企业期初没有存货的情况下两种方法在编制收益表方面的差别。但在实际中，销量和产量是很难做到统一的，所以很可能在某个或某段会计期间内，出现销量大于产量的情况（即销售了以前会计期间没有销售出去的存货）。为了全面地说明这个问题，再举以下两种情况进行分析：

1. 连续各期产量相同而销量不同

【例3-4】某企业最近3年只生产一种产品，资料如表3－5所示。

每件售价	12元
生产成本：	
单位变动成本	5元
固定成本总额	24000元
销售及管理费用	
单位变动成本	0元
固定成本总额	25000元

表3－5 单位：元

摘要	第1年	第2年	第3年	合计
期初存货量	500	500	1500	500
本期生产量	8000	8000	8000	24000
本期销售量	8000	7000	9000	24000
期末存货量	500	1500	500	500

据以上资料，按两种成本计算方法编制利润表，如表3－6所示。

表 3-6　**按两种成本计算方法编制利润表**　单位：元

项目	第1年		第2年		第3年	
	变动成本法	完全成本法	变动成本法	完全成本法	变动成本法	完全成本法
销售量（1）	8000	8000	7000	7000	9000	9000
销售收入（2）	96000	96000	84000	84000	108000	108000
销售成本（3）						
期初存货（4）	2500	4000	2500	4000	7500	12000
本期投入（5）						
变动制造成本（6）	40000	40000	40000	40000	40000	40000
固定制造成本（7）		24000		24000		24000
期末存货（8）	2500	4000	7500	12000	2500	4000
小计（9）	40000	64000	35000	56000	45000	72000
毛利（10）		32000		28000		36000
贡献毛益（11）	56000		49000		63000	
固定制造成本（12）	24000		24000		24000	
固定销售费用（13）	25000	25000	25000	25000	25000	25000
税前利润（14）	7000	7000	0	3000	14000	11000

第1年，由于产量等于销量，所以两种成本计算法下的税前利润是相同的。这是因为固定制造费用无论是在变动成本法还是完全成本法下，均被列为当期损益的减项，从收入中得到补偿。

第2年按完全成本法算出的税前净利较变动成本法高3000元。这里因为该年的生产量大于销售量，使期末存货增加1000件，每件存货成本按完全成本法要比变动成本法高3元，即单位固定生产成本的数额。因此，按完全成本法就必然要把期末存货1000件所包括的固定生产成本3000元转入下一年度，其销货成本就比变动成本法高3000元。依据计算结果，它的税前净利要比变动成本法高3000元。

第3年按完全成本法计算出的税前净利较变动成本法低3000元。这是因为该年的生产量小于销售量，使期末存货减少1000件。采用完全成本法就必须把第2年末转来的期初存货减少1000件中所包含的固定生产成本3000元，转入本期作为销货成本。这样一来，第3年按全部成本法计算的销货成本，不仅包括第3年的固定生产成本，而且还要加上第2年末转来的3000元固定生产成本。因此，它的销售成本比变动成本法的销售成本多3000元，其税前净利也就必然要比变动成本法少3000元。

但是如果我们从较长的时期看，由各期产量与销量之间的关系所决定的两种成本法下的税前净利的差异可以相互抵消，如本例中由于连续三个会计年度生产量和销量的总和相同。因此，两种方法计算出来的税前净利的总数也是相等的。

2. 销售数量稳定，产量变动

【**例3-5**】甲企业最近3年只生产一种产品，资料如表3-7所示。

每件售价	10元
生产成本	
单位变动成本	4元
固定成本总额	24000元
销售及管理费用	
单位变动成本	0元
固定成本总额	6000元

表3-7 单位：件

项目	第1年	第2年	第3年	合计
期初存货量	0	0	2000	0
本期生产量	6000	8000	4000	18000
本期销售量	6000	6000	6000	18000
期末存货量	0	2000	0	0

根据表3-7所列资料，仍按两种成本计算法编制利润表如表3-8所示。

表3-8 **按两种成本计算法编制利润表** 单位：元

项目	第1年		第2年		第3年		3年合计	
	变动成本法	完全成本法	变动成本法	完全成本法	变动成本法	完全成本法	变动成本法	完全成本法
销售量（件）	6000	6000	6000	6000	6000	6000	18000	18000
生产量（件）	6000	6000	8000	8000	4000	4000	18000	18000
销售收入	60000	60000	60000	60000	60000	60000	180000	180000
销售成本								
期初存货	0	0	0	0	8000	6000		
本期投入								
变动制造成本	24000	24000	32000	24000	16000	24000	72000	72000
固定制造成本		24000		24000		24000		72000
期末存货	0	0	8000	6000	0	0		
小计	24000	48000	24000	42000	24000	54000	72000	144000
毛利		12000		18000		6000		36000
贡献毛益	36000		36000		36000		108000	

续表

项目	第1年		第2年		第3年		3年合计	
	变动成本法	完全成本法	变动成本法	完全成本法	变动成本法	完全成本法	变动成本法	完全成本法
固定制造费用	24000		24000		24000		72000	
固定销售及管理费用	6000	6000	6000	6000	6000	6000	18000	18000
税前利润	6000	6000	6000	12000	6000	0	18000	18000

第1年生产量等于销售量，本期发生的固定制造费用无论是作为变动成本法下的固定成本还是作为完全成本法下的产品成本，均被列为当期损益的减项，从收入中得到补偿，故两种方法算出的税前净利相同。

第2年按完全成本法计算出的税前净利，较变动成本法高出6000元。这是因为该年的生产量大于销售量，使期末存货增加了2000件，而每件存货的成本按完全成本法要比变动成本法高3元。因此，按完全成本法就必然要把期末存货2000件所包含的固定生产成本6000元转入第3年，其第2年的销售成本就要比变动成本法减少6000元，故计算结果按完全成本法算出的税前净利要比变动成本法多6000元。

第3年按完全成本法求得的税前净利，比变动成本法少6000元，这是因为该年的生产量比销售量少2000件，使期末存货减少2000件。采用完全成本法就必须把第2年末转来的期初存货2000件中所包含的固定成本6000元，转入本期作为销售成本。这样，第3年按完全成本法计算的销售成本中不仅包含第3年的固定成本，而且还要加上第2年末转来的6000元固定生产成本。因此，它的销售成本就要比采用变动成本计算的销售成本多6000元，它的税前净利也就必然要比变动成本法减少6000元。

由于各年的销量相同，所以在变动成本法下计算出的各年的税前净利润相等。这是因为尽管各年的产量不同，但各年的固定制造费用全部计入当期损益，所以当其他条件不变时，税前净利也不会变。也就是说，当我们采用了变动成本法后，产量高低与存货增减对税前净利毫无影响，决定税前净利大小的主要因素就是销量。

综上所述，变动成本法与完全成本法对各期损益计算的影响，依照产量与销量之间的相互联系，可以归纳为以下三种情况：

（1）当产量等于销量时，两种成本法下计算的损益完全相同。表3-6与表3-8中的第1年就属于这种情况。在这种情况下，固定制造费用是作为固定成本还是作为产品成本，对损益计算来说并不重要，重要的是它以全额列为收入的减项而计入了损益。

（2）当产量大于销量时，按变动成本法计算的损益小于按完全成本法所计算的损益。这是因为固定性制造费用在变动成本法下被如数列作了当年的成本；而完全成本法下，相应份额的固定性制造费用被列作了当年的资产。表3－6与表3－8中的第2年就属于这种情况。

（3）当产量小于销量时，按变动成本法计算的损益大于按完全成本法所计算的损益。表3－6与表3－8中的第3年就属于这种情况。

第三节 对变动成本法与完全成本法的评价

一、变动成本法的优缺点

变动成本法从无到有、从一开始的不为人们所认识到被普遍重视并且被广泛应用，根本原因在于其本身所具有的突出的优点，而这恰恰是传统的成本计算法所不具备的。它突破了传统的、狭隘的成本观点，为强化企业的内部管理，提高经济效益开创了新路。

（一）变动成本法的优点

1. 变动成本法增强了成本信息的有用性

变动成本法所提供的信息，对企业的决策更为有用，它有利于企业的短期决策和加强经营控制。企业的短期决策一般是不考虑生产经营能力即固定资产方面的因素，而是关注成本、产量、利润之间的依存和消长关系。在完全成本法下，多生产即可多得利润，这是有悖于逻辑的。完全成本法下由于产量波动而导致的利润波动，有时会达到令人无法忍受的程度，即当期增加销售以前生产的亏损产品时，不仅不会提高利润，反而会使利润下降。这也就是说，完全成本法下提供的成本信息不仅无助于进行正确的决策，有时还可能是有害的。而采用变动成本法求得的单位变动成本，能够找出生产、销售、成本和利润的依存关系，提供各种产品的盈利能力、经营风险等重要信息。所有这些，能帮助管理部门进行深入的本—量—利分析和贡献毛益的分析，用来预测前景、规划未来，有利于正确地进行短期经营决策。

2. 变动成本法更符合“费用与收入相配比”中的“期间配比”

所谓费用与收入相配比的原则，就是要求会计所记录的在一定期间所发生的收益和费用，必须属于这一会计期间。也就是说，在一定的会计期间内，应当以产生的收益为根据，把有关的费用同产生的收益配合起来。变动成本法的基本原理就是将当期所确认的费用，按照成本性态分为两大部分：一部分是与产品生产数量直接相关的成本，即变动成本，包括直接材料、直接人工和变动性制造费用。这部分成本中由已销售产品负担的相应部分（即当期销售成本）需要与销售收入（即当期收益）相配比；未销售产品负担的相应部分（即期末存货成本）则需要与未来收益相配比。从本期收入中扣除的这部分成本既可满足因果配比又可满足期间配比。在完全成本法中也是如此。另一部分则是与产品生产数量无直接联系的成本，它们与生产能力的利用程度无关，既不会因为产量的提高而增加，也不会因为产量的下降而减少，只会随着时间的推迟而丧失，所以是一种为取得收益而已然丧失的成本，当然应全部列为期间成本而与当期的收益相配比，故而较符合期间配比。

3. 变动成本法有利于进行成本控制和业绩评价

变动成本法便于分清各部门的经营责任，变动成本的高低最能反映出企业生产部门和供应部门的工作成绩，工作完成得好坏由他们负责。制定标准成本和费用预算、考核执行情况、兑现奖罚是加强企业管理的一种有效的做法，变动成本法为这一做法提供了正确的思路和恰当的操作方法。

（1）关于供应部门。供应部门的业绩如何，通常可以从以下两个方面来评价：一是供应总成本即供应资金的占用情况。在不影响产品生产需要的前提下，成本包括采购成本和保管成本。采购成本包括买价、包装费、运输费、途中损耗、入库前的挑选整理费、差旅费等；保管成本主要包括保险费、财产税等。至于供应部门的其他费用，要么可控程度不高，如空调费、取暖费等，基本上属于固定成本而与存货的供应数量没有关系，对供应部门的业绩评价基本上不包括上述内容。

（2）关于生产部门。变动成本法便于业绩评价这一优点在生产部门表现最为突出。生产部门应该只为生产产品的物耗水平负责，直接材料、直接人工和变动性制造费用诸方面如有节约或超支，会立即从产品的变动生产成本指标上反映出来。至于固定性制造费用，如按期计提的厂房和设备折旧费，其高低通常由管理部门而不是由生产部门负责，对生产部门的业绩评价当然不应该包括这部分内容。

（3）关于销售部门。变动成本法便于业绩评价这一优点在销售部门表现最为直接。销售部门只为销售数量负责，销售越多则业绩越好。生产数量与销售数量之间只是简单到生产数量是销售数量的上限这样一种关系，销售部门业绩的好与差只能根据特定时期销售数量的高低独立进行评价，当然不能根据前述的“销量相同而产量不同时各期损益不同”这一不符合逻辑的情况来评价。

另外，变动成本所提供的信息还能将由于产量的变动所引起的成本的升降，与由于成本控制工作的好坏而造成的成本的升降，清楚地区别开来。这不仅有利于我们进行科学的分析，以及采用正确的方法进行成本的控制，还能对各种责任单位履行经管责任的工作实绩做出恰当的、实事求是的评价。

4. 变动成本法能够促进企业管理部门重视销售，防止盲目生产

扩大产品销售从而增加企业利润是一种常识，但是在完全成本法下，却会出现“销售量下降而只是由于产量大幅度上升所导致的利润不减反增”这样一种极不正常的现象。这样一种信息必然会导致企业盲目生产，其结果是造成产品积压。而产品积压不仅会导致资金长期占压和保管成本上升，还可能会导致产品的永久损失，如折价、毁损、报废等。

采用变动成本法后，由于产量的高低与存货的增减对企业的利润均无影响，所以当销售品种构成、销售价格、单位变动成本不变时，企业利润将只随销售数量的变化而变化，销售量大则利润高。这样一种信息必然会使管理部门更加重视销售环节，把注意力更多地集中在分析市场动态、开拓销售渠道、以销定产、搞好售后服务这些方面，也就可以防止盲目生产这一情况的出现。否则，如采用完全成本法，由于产品的生产会对企业的利润产生影响，很可能出现销量增加，利润反而减少，甚至销量下降，净利润反而增加的反常现象，结果必然是企业盲目生产，仓库产品积压。

而且，随着生产力水平的不断提高，资本有机构成不断上升，设备折旧费这项重要的固定性制造费用在两种成本法下的“杠杆作用”也就越来越大。换句话说，它会使人们在完全成本法下更重视生产，而在变动成本法下更重视销售。

5. 变动成本法既简化了成本计算工作，又在一定程度上增强了会计信息的客观性

在变动成本法下，固定性制造费用列作期间成本，从贡献毛益总额中一笔减除，可以省掉许多间接费用的分摊。这样做不仅大大简化了产品成本的计算工作，而且避免了各种固定性制造费用分摊中的主观随意性，增强了会计信息的准确性和客观性，而且使会计人员从繁重的计算工作中解脱出来，集中精力于日常管理的深度和广度。

6. 变动成本法为管理会计系统方法的运用奠定了良好的基础

变动成本法所提供的成本与收益资料侧重为管理决策服务，有利于现代管理方法的应用。变动成本法将成本按性态分类，提供了变动成本、固定成本、贡献毛益的资料，揭示了成本与业务量之间的关系，反映了各种产品的盈利能力，有利于帮助企业管理人员采用科学的方法预测前景，进行短期经营决策以及加强控制。

（二）变动成本法的缺点

与完全成本法相比，应该说变动成本法的优点还是比较突出的，正因为如此，不少人认为变动成本法不仅适用于提供与短期决策相关的成本信息，也适用于对外报告。当然，变动成本法也不可避免存在一定的局限性，这主要表现在：

1. 局限性之一

按变动成本法计算的产品成本至少目前不合乎税法的有关要求。

2. 局限性之二

按成本性态将成本划分为固定成本与变动成本本身具有局限性，即这种划分在很大程度上是假设的结果。同时，以变动成本法提供的成本资料为基础的各项预测、决策和控制方法的准确与否，也很大程度上取决于混合成本分解的准确性。

3. 局限性之三

当面临长期决策的时候，变动成本法的作用会随决策期的延长而降低。长期决

策不同于短期决策，它所解决的是诸如增加还是减少生产能力，扩大还是缩小经营等方面的问题。而这种决策是需要能提出若干年后也相对准确的预测数据作为依据的。因为从长期来看，由于技术进步和通货膨胀等因素的影响，销售单价、单位变动成本和固定成本的总额很难固定不变，甚至可能发生重大变化。而变动成本法下假定的成本与业务量之间的规律性联系只能保持在一定时期和一定业务量范围内。所以，尽管变动成本法所提供的信息在短期决策中能作为确定最优方案的重要依据，但对长期投资来说，它难以胜任。

4. 局限性之四

完全成本法过渡到变动成本法时，会影响有关方面的利益。由于变动成本法与完全成本法对损益的计算结果往往不同（在产量大于销量这种通常情况下，变动成本法下计算的利润小于完全成本法），所以当由完全成本法改为变动成本法时，往往会减少企业的当期利润。这就会使企业延迟支付当期的所得税和股利，从而影响当期税务机关和投资者的收入，自然也就不是一种简单的方法的变更。

二、完全成本法的优缺点

（一）完全成本法的优点

企业采用完全成本法进行成本计算，主要是对完全成本法的两个优点的考虑。

1. 被企业外部各界接受

完全成本法计算是在事后将间接成本分配给各产品，反映了生产产品发生的全部耗费，以此确定产品实际成本和损益，满足对外提供报表的需要。由于它提供的成本信息可以揭示外界公认的成本与产品在质的方面的归属关系，因而广泛地被外界所接受。

2. 有助于刺激企业加速生产发展的积极性

因为按完全成本法计算，产量越大，则单位固定成本就越低，从而整个单位产品的成本也随之降低，超额利润也就越大。在利润的驱使下，企业的生产积极性得到了大大的刺激。

另外，完全成本法计算下的成本资料也是企业产品定价的重要基础。

（二）完全成本法的缺点

完全成本法也存在着一定的局限性，主要表现在：

1. 局限性之一

用完全成本法计算出来的单位产品成本不仅不能反映生产部门的真实业绩，却反而容易掩盖或夸大了他们的生产实绩。

2. 局限性之二

采用完全成本法所确定的分期损益，其结果往往难以为管理部门所理解，甚至会鼓励企业片面追求产量，盲目生产，造成积压和浪费。

此外，变动成本法与完全成本法还有共同的局限性：决策是面向未来的，而不论是完全成本法还是变动成本法，都是面向过去的，都是有关过去经济活动的反映。所以，除非能协助决策，否则它们所提供的成本信息的价值就不存在了。

三、变动成本法与完全成本法的结合应用

从以上的论述中可以看出，完全成本法与变动成本法，各有其适用性和局限性。同时，从某种意义上说，两者的优缺点正好又是互相转化的。比如完全成本法适用于编制对外财务报表，而变动成本法却又不适合。完全成本法无法提供企业经营管理需要的各种有用的信息，不利于企业的短期决策，而变动成本法正好可以提供这样的信息，有利于短期决策。因此，两者不是互相排斥，也不可能是互相取代，而应互相结合，互相补充。

完全成本法就是传统的成本计算方法，那么，如何在这个基础上应用变动成本法呢？显然不能搞两套平行的成本计算系统，而只能以一种成本计算方法为基础来建立统一的成本计算系统。那么，应该以哪一种成本计算方法为基础呢？这就需要根据其对管理的重要性来确定。既然企业内部的工作量是大量的、经常的，并且满足内部经营管理的需要又占据首位，而对外编制财务报表通常只有一年一次，这就理所当然地应以变动成本法为基础，同时对它做适当的调整和变通，以满足外部的需要。这样做还有一个好处，就是可以大大简化核算的手续和工作量，节约时间和精力，使会计人员有更多的时间和主要精力投入到更为重要的工作中去。

以变动成本法为基础建立统一的成本计算系统，其具体做法是：

（1）日常核算以变动成本法为基础，“在产品”、“产成品”账户均登记变动成本。

（2）设置“变动制造费用”账户，借方用以核算生产过程中发生的变动费用，期末则将其发生额转入“在产品”账户。也可以将“变动制造费用”账户作为“在产品”账户的二级账处理，这样做更符合传统的成本计算习惯。

（3）设置“固定制造费用”账户，借方用以归集当期发生的固定性制造费用，期末则将应由已销产品负担的部分自贷方转入“销售成本”账户的借方而列入损益表；该账户的期末余额则为期末在产品和产成品所应负担的固定性制造费用，期末与“在产品”和“产成品”账户的余额一起合计列入资产负债表的“存货”项下。

（4）设置“变动非制造费用”和“固定非制造费用”账户，借方用以分别归集销售费用和管理费用中的变动部分和固定部分，期末则全部由贷方转入“本年利润”账户。

【例3-6】设某企业为单一产品生产企业，且期末无在产品，其他有关资料如下：

期初存货	0 件
当期产量	5000 件

当期销量	4000 件
期末存货	1000 件
单位变动成本	
直接材料	10 元
直接人工	6 元
变动性制造费用	4 元
固定性制造费用	30000 元
变动性非制造费用（设随销量变动）4 元/件	16000 元
固定性非制造费用	50000 元
单位产品售价	45 元

以变动成本法为基础的成本计算系统账务处理程序可以用 T 形账户反映，如图 3－1 所示。

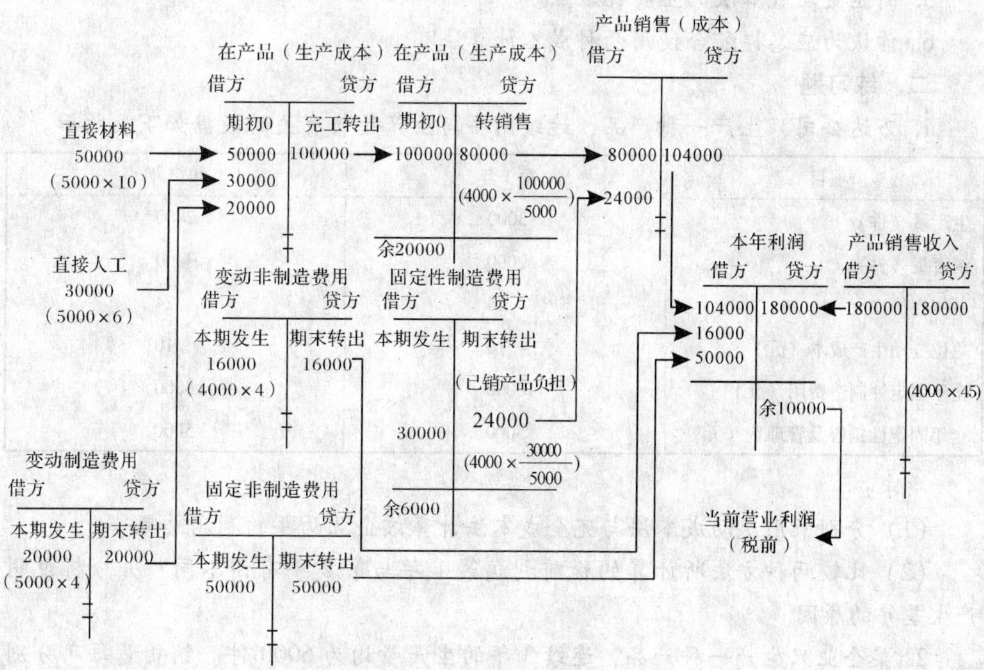

图 3－1 变动成本法账务处理 T 形账户图

按照上述账务处理程序计算结果，列入损益表的产品销售成本为 104000 元（变动制造费用 80000 元＋由已销产品负担的固定制造费用 24000 元），与完全成本法下计算的结果［4000 ×（10＋6＋4＋30000/5000）＝104000］完全一致；而“固定制造费用”的期末存货成本的一部分，与“产成品”期末余额一起列入了资产负债表。

思考与练习

一、思考题

1. 什么叫变动成本法？其产生的理论基础是什么？

2. 什么叫完全成本法？这种成本计算方法同变动成本法有哪些主要区别？这两种成本计算方法的根本区别是什么？

3. 采用变动成本法和完全成本法所确定的某会计期间的利润是否会产生差异？为什么？

4. 简述完全成本法的主要优缺点。

5. 简述变动成本法的主要优缺点。

6. 你认为应怎样配合使用两种成本计算法？

二、练习题

1. 万达公司只生产一种产品，连续两年与生产销售有关的数据如下表所示。

项目	第1年	第2年
生产量（件）	3000	2400
销售量（件）	2000	3400
单位售价（元）	24	24
单位变动生产成本（元）	10	10
全年固定性制造费用（元）	18000	18000
全年固定性销售及管理费（元）	5000	5000

要求：

（1）分别采用变动成本法与完全成本法计算该企业两年的利润总额。

（2）比较两种方法所计算的税前利润第 1 年与第 2 年有何不同？并分析说明产生差异的原因。

2. 某企业只生产一种产品，连续 3 年的生产量均为 6000 件。销售量每年分别为 6000 件、5000 件和 7000 件。产品的单位售价为 25 元。每件产品的变动性生产成本（包括直接材料、直接人工和变动性制造费用）为 12 元，全年固定性制造费用为 18000 元。变动性销售与管理费用为销售收入的 4%，固定性销售与管理费用每年发生额均为 12000 元。

要求：

（1）根据上述资料，分别采用变动成本法和完全成本法计算产品成本。

（2）比较两种方法下税前利润的差别，并说明原因。

3. 某企业只生产一种产品，连续 3 年的销售量均为 8000 件，生产量则分别为 8000 件、10000 件和 6000 件。产品的单位售价为 30 元，单位变动性生产成本为 18 元，全年固定性制造费用为 24000 元，销售与管理费用每年发生额均为 15000 元，假设全部为固定费用。

要求：

(1) 分别采用变动成本法和完全成本法计算各年的税前利润。

(2) 分析两种方法下税前利润产生差异的原因。

4. 某企业生产销售 A 产品，有关资料如下：

(1) 产销存情况：

项目	1 月份	2 月份	3 月份	4 月份
期初存货（件）	—	—	20000	5000
生产数量（件）	50000	60000	40000	50000
销售数量（件）	50000	40000	55000	55000
期末存货（件）	—	20000	5000	—

(2) 成本及价格情况：

单位产品直接材料费	2.00 元
单位产品直接人工费	1.00 元
单位产品变动性制造费用	0.50 元
单位产品固定性制造费用	1.50 元
单位产品变动性销售及管理费用	1.00 元
固定性销售及管理费用总额	1000000.00 元
单位产品销售价格	10.00 元

(3) 其他情况：

A 产品正常生产能力	50000 件
固定性制造费用总额	75000 元

要求：分别采用变动成本法和完全成本法计算 A 产品各个月份的利润总额。

第四章　本—量—利分析

第一节　本—量—利分析概述

一、本—量—利分析的含义

本—量—利分析，即 CVP 分析，全称“成本—业务量—利润依存关系分析”(Cost - Volume - Profit Relationship Analysis)，是在按成本性态将成本分为变动成本和固定成本的基础上，运用数量化的模型揭示企业一定时期内的成本、业务量和利润之间的相互影响、相互制约关系的一种定量分析方法。它能使管理人员对企业的获利状况一目了然，从而帮助管理者在生产规模、产品结构和成本等方面做出经济合理的决策，因而是一种很有用的分析方法。

从狭义上讲，本—量—利分析是指盈亏临界点分析，它是研究在一定期间内销售收入与销售成本相平衡，也就是利润为零时的销售量或销售额。把成本、业务量和利润三者之间的依存关系用方程式来描述，可得到本—量—利分析的基本公式，即

销售单价 × 销售量 - （固定成本总额 + 单位变动成本 × 销售量） = 利润

从广义上讲，本—量—利分析是研究产品的销售价格、数量、成本等因素的变动对利润的影响。具体讲是研究企业销售一定数量的产品所能获取的利润；或要求获得一定的利润所必须销售产品的数量、成本和价格水平。

因此，本—量—利分析不仅可以用来测定盈亏临界点，而且能够更多地应用于寻求最大限度的目标利润，作为企业经营预测、决策和目标管理的重要手段。

二、本—量—利分析的基本假设

本—量—利分析所建立的有关数学模型和图式，对企业进行经营预测、经营决策和经营控制有着重要的意义，但它是以一定的基本假设为前提条件的。它们包括：

(1) 成本性态的假定。即假定所有成本均按其性态划分为固定成本和变动成

本两大部分。

（2）业务量假定。假定所有成本均以某一业务量为自变量，收入也是该业务量的函数。这种假定也叫一元函数假定。

（3）相关范围的假定。假定在一定时期内，业务量总是在保持成本水平和售价水平所能允许的范围内变化，并且在相关范围内固定成本总额保持不变，变动成本总额随业务量的增减呈正比例变动，成本函数表现为线性方程，同时，在相关范围内，单价也不因产销业务量变化而改变，销售收入也是直线方程。这一假定排除了在时间和业务量变动的情况下，各生产要素的价格（原材料、工资率等）、技术条件、工资效率和劳动生产率以及市场条件变化的可能性。

（4）品种的假定。即假定只安排一种产品生产，生产出来的产品均可找到市场；若生产销售多种产品时，也假定销售产品的品种结构不变，即各种产品的销售量占企业产品销售总量的比重不变。

（5）产销的假定。即当期生产出来的产品均能销售出去，不考虑存货水平变动对利润的影响。

（6）利润的假定。在本—量—利分析中，总是假定利润是事先可以预计，或是可能实现（应该实现）的目标利润。

上述种种假定，可以十分便利地揭示成本、业务量和利润等诸因素之间的规律性联系，易于突出某些重要的结论。同时，了解上述假定也为在实际工作中应用本—量—利分析原理指出了努力方向，即不能盲目照搬本—量—利分析的现成结论，必须从动态的角度去研究企业经营条件、市场与价格、生产要素、品种结构与技术条件等诸因素的实际变动，去调整修正现有的结论，克服本—量—利分析的局限性，积极应用动态分析、风险性分析和敏感性分析等技术；同时还应考虑如何在完全成本模式下应用本—量—利分析的问题。

第二节　盈亏临界点分析

盈亏临界点（Break even Point）分析是本—量—利分析方法的具体应用，它是建立在本—量—利分析所遵循的假定之上的。它是在19世纪90年代后期，由德国的经营学者提出，后来在美国的实际应用中得到发展。

盈亏临界点也称为保本点、盈亏平衡点，是指企业处于销售收入等于销售成本，即利润为零的平衡状态时的销售量（实物量）或销售额（价值量）。

对企业来说，盈亏临界点是其经营活动中一项十分重要的管理信息，它是企业盈利的基础，只有超过盈亏临界点再增加销售量才有可能获得利润。企业管理部门可以利用这一指标了解企业应当销售多少产品才不至于发生亏损，掌握在特定产销量条件下的盈亏情况；规划目标利润；估计营业风险程度；预测单位产品售价、销售量、成本水平的变动对利润的影响；为某些类型的短期经营决策提供必要的数据资料。因此，计算和分析该指标，对企业合理计划和有效的控制经济活动有重要的作用。

一、单一产品盈亏临界点的计算

单一产品的盈亏临界点的计算是在企业只生产销售单一产品的条件下进行的，通常有以下三种方法可以选择：

（一）本—量—利分析法

根据盈亏临界点的定义，运用本—量—利分析的基本公式：

销售单价×销售量－（固定成本总额＋单位变动成本×销售量）＝利润

令利润＝0，并对上式进行移项、整理，可得：

$$盈亏临界点销售量=\frac{固定成本总额}{销售单价-单位变动成本}=\frac{固定成本总额}{单位边际贡献}$$

盈亏临界点销售额＝盈亏临界点销售量×销售单价

【例4-1】 假设某企业只生产甲产品一种产品，甲产品单位售价为50元，单位变动成本为20元，生产该产品的固定成本总额为6000元。

要求：计算该公司的盈亏临界点销售量和盈亏临界点的销售额。

将相关数据代入上述公式，则有：

单位边际贡献＝50－20＝30（元）

$$盈亏临界点销售量=\frac{6000}{30}=200（件）$$

盈亏临界点的销售额＝200×50＝10000（元）

（二）边际贡献法

企业的销售收入扣减变动成本的余额，称为边际贡献。产品所提供的边际贡献总额必须首先补偿固定成本总额，若仍有余额，才能成为企业的利润；而如果边际贡献总额不足以补偿固定成本总额，则形成企业的亏损。那么，当企业处于盈亏临界点时，显然边际贡献总额和固定成本总额是相等的。

因此，盈亏临界点就是边际贡献总额与固定成本总额相等时的销售量或销售额，所以，在盈亏临界点有：

边际贡献总额＝固定成本总额

进一步推导得：

盈亏临界点销售量×单位边际贡献=固定成本总额

所以有：

$$盈亏临界点销售量=\frac{固定成本总额}{单位边际贡献}$$

$$盈亏临界点销售额=盈亏临界点销售量×销售单价$$

$$=\frac{固定成本总额}{单位边际贡献率}$$

所以通过对比可以看出，按以上两种方法计算保本销售量和保本销售额，并没有实质上的差别，只不过边际贡献法在计算过程中使用了边际贡献的概念。

（三）图示法

预测盈亏临界点，也可采用绘制盈亏临界图来反映企业盈亏临界点的情况。盈亏临界图是围绕着盈亏点，将影响企业利润的各有关因素及其相互关系，集中在坐标图上形象而具体地表现出来。具体做法是：①在直角坐标系中，以横轴代表销售量，纵轴代表总成本或销售收入。②分别画出销售总成本和销售总收入递增的两条直线。③确定盈亏临界点，即销售总成本直线与销售总收入直线的交点。

【例4-2】 仍用例4-1的资料。

根据题意，总成本（TC）直线的方程为：

$TC=6000+20x$

总收入（TR）线的方程为：

$TR=50x$

如图4-1所示。

在图4-1中，销售总收入线和销售总成本线的交点A就是生产该产品的盈亏临界点。盈亏临界点A的坐标为（200，10000），表示只有当产品的销售量达到200件或销售收入达到10000元时，企业才能处于盈亏平衡状态。而在盈亏临界点A的左方，总成本线位于总收入线上方，表明销售量低于盈亏临界点销售量，企业的销售收入不能补偿其总成本，即出现了亏损，而且越往左，亏损区的面积越大，表明亏损额越高。在盈亏临界点A的右方，总收入线在总成本线上方，表明销售量高于盈亏临界点销售量，企业的销售收入补偿了全部成本后还有余额，即为企业带来了利润，而且越往右，盈利区的面积越大，表明盈利额越高。

由于上述盈亏临界图的绘制基础是本—量—利分析的基本公式，所以它也被称为本量利式临界图。此外，还有另外一种盈亏临界图，即单位式盈亏临界图。由于这种盈亏临界图的绘制是将单位产品的售价、单位产品的成本和单位产品的利润这三者之间的相互关系以及这三者与销售总量之间的关系借助直角坐标系方式来描述，因此称之为单位式盈亏临界图。仍用例4-1的资料，其单位式盈亏临界图见图4-2所示。

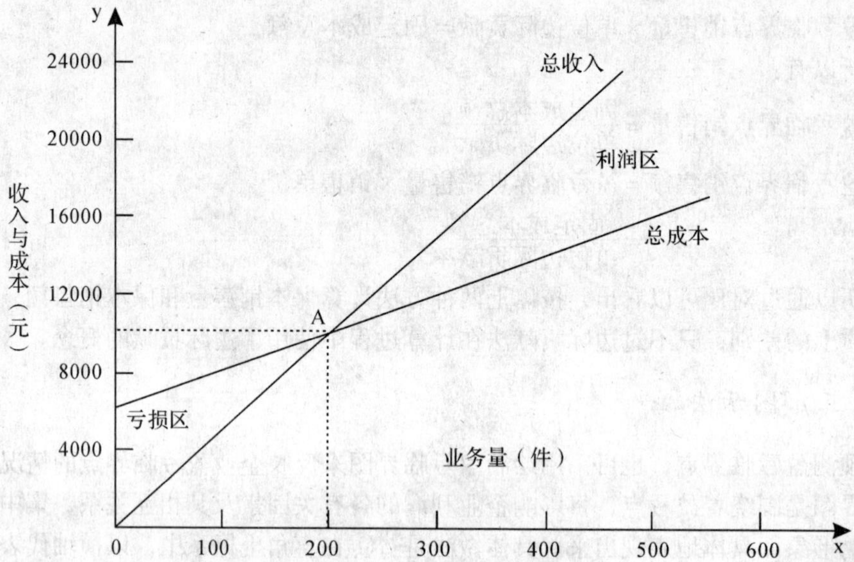

图4-1 本量利式临界图

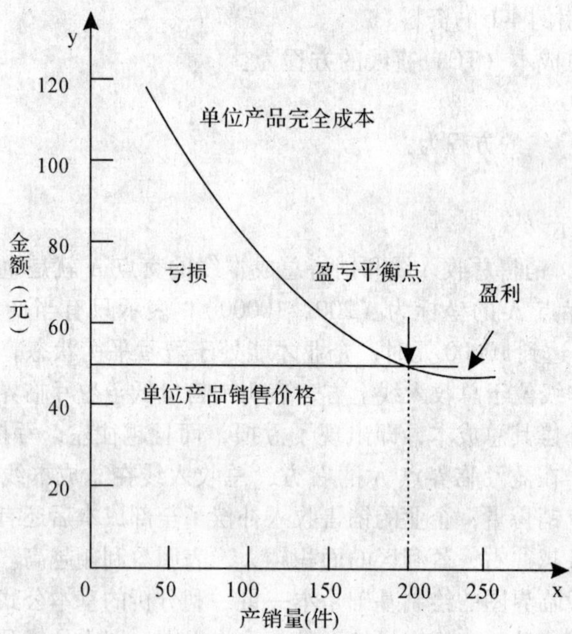

图4-2 单位式盈亏临界图

在图4-2中，单位产品销售价格线同单位产品完全成本线的交点也就是甲产品的盈亏临界点。该图表明，当甲产品的产销数量不足200件时，即单位产品完全成本始终高于单位售价时，整个经营呈亏损状态。而当该产品产销数量超过200件时，其单位产品完全成本低于单位售价，经营活动处于盈利状态。

从上述两种基本形式的盈亏临界图可以看出，它们从不同角度集中而形象地反映了有关因素之间的相互关系，揭示了销售量、成本和利润之间的规律性联系：

（1）盈亏临界点不变，销售量或销售额越大，能实现的利润越多，或亏损越少；销售量或销售额越小，能实现的利润越少，或亏损越多。

（2）销售量或销售额不变，盈亏临界点越低，能实现的利润越多，或亏损越少；盈亏临界点越高，能实现的利润越少，或亏损越多。

（3）在销售总成本既定的条件下，盈亏临界点的高低受产品的单位售价变动影响。产品的单位售价越高，表现为销售总收入线的斜率越大，盈亏临界点越低；反之，盈亏临界点越高。

（4）在销售总收入既定的条件下，盈亏临界点的高低取决于固定成本总额和单位变动成本的大小。固定成本总额越高，或单位变动成本越大，盈亏临界点越高；反之，盈亏临界点越低。

二、多种产品盈亏临界点的计算

当企业生产并销售多种产品或劳务时，由于各种产品的实物形态、单位售价、单位变动成本、边际贡献等不尽相同，因此，其盈亏临界点的预测就无法用盈亏临界点销售量来表示，而只能用盈亏临界点销售额来反映。常用的计算多种产品盈亏临界点的方法主要有综合边际贡献率法、加权综合边际贡献率法、分算法、联合单位法。

（一）综合边际贡献率法

综合边际贡献率法是根据企业的综合边际贡献率计算多种产品盈亏临界点的方法。该方法将各种产品的边际贡献率和销售收入分别汇总，计算综合边际贡献率，然后据此计算综合盈亏临界点销售额。

$$综合边际贡献率=\frac{各种产品边际贡献之和}{各种产品销售收入之和}\times 100\%$$

$$综合盈亏临界点销售额=\frac{固定成本总额}{综合边际贡献率}$$

$$某产品的盈亏临界点销售额=综合盈亏临界点销售额\times 该产品的销售比重$$

$$某产品的盈亏临界点销售量=\frac{该产品的盈亏临界点销售额}{该产品的单位售价}$$

【例4-3】假设海通公司的固定成本总额为33300元，同时生产和销售甲、乙、丙三种产品，有关资料如表4－1所示。

表 4－1

项 目	甲	乙	丙
产销量（件）	3320	8300	2000
销售单价（元）	20	10	8.3
单位变动成本（元）	10	7	6.64

根据上述有关公式，有关计算如表 4－2 所示。

表 4－2

项 目	甲	乙	丙	合计
单位边际贡献（元）	10	3	1.66	—
边际贡献总额（元）	33200	24900	3320	61420
边际贡献率（%）	50	30	20	—
销售收入（元）	66400	83000	16600	166000
占总销售收入比重（%）	40	50	10	100

全部产品销售收入＝3320×20＋8300×10＋2000×8.3＝166000（元）

全部产品变动成本＝3320×10＋8300×7＋2000×6.64＝104580（元）

边际贡献总额＝166000－104580＝61420（元）

综合边际贡献率＝61420/166000＝37%

综合盈亏临界点销售额＝33300/37%＝90000（元）

甲产品盈亏临界点销售额＝90000×40%＝36000（元）

乙产品盈亏临界点销售额＝90000×50%＝45000（元）

丙产品盈亏临界点销售额＝90000×10%＝9000（元）

（二）加权平均边际贡献率法

加权综合边际贡献率法是先计算各种产品的边际贡献率，并以各产品的销售比重为权数计算加权边际贡献率，然后根据加权边际贡献率计算综合盈亏临界点销售额，最后再分别计算各种产品的盈亏临界点销售额的方法。

全部产品的总销售额＝$\sum$（各产品销售量×该种产品销售单价）

$$各种产品占销售额的比重=\frac{各种产品的销售额}{全部产品的总销售额}$$

加权平均边际贡献率＝$\sum$（各种产品的边际贡献率×该种产品的销售额占总销售额的比重）

$$综合盈亏临界点销售额=\frac{固定成本总额}{加权平均边际贡献率}$$

【例4-4】 仍以例4-3的资料为基础，计算如下：

加权平均边际贡献率 = 50% × 40% + 30% × 50% + 20% × 10%
= 20% + 15% + 2%
= 37%

$$综合盈亏临界点销售额=\frac{33300}{37\%}$$
= 90000（元）

甲产品盈亏临界点销售额 = 90000 × 40% = 36000（元）

乙产品盈亏临界点销售额 = 90000 × 50% = 45000（元）

丙产品盈亏临界点销售额 = 90000 × 10% = 9000（元）

上述两种方法其实质是一样的，只是它们分别适用于掌握资料详细程度的不同情况。综合边际贡献率法可以只需要掌握或预计整个企业总的销售收入和边际贡献水平，就可以计算综合盈亏临界点销售额，而不必了解每种产品的资料，因此，比较简单。加权边际贡献率法则需要了解各种产品的详细资料，同时它也能提供各种产品的盈亏临界点销售额，因而相对来说，该法更为具体实用。

（三）分算法

分算法是指在一定条件下，将整个企业的固定成本总额按一定标准在各种产品之间进行分配，分别确定各产品的固定成本数额，计算各种产品的盈亏临界点销售额，然后再将各种产品的盈亏临界点销售额汇总，求得综合盈亏临界点销售额。

在确定产品固定成本时，对于专属于某种产品生产时发生的固定成本即专属固定成本，如生产某种产品的专用设备的折旧费及基本维修费，应由该产品负担；对于应由多种产品共同负担的固定成本即共同固定成本，则应选择合适的分配标准进行分配。常用的分配标准有销售额、产品重量、长度、体积、工时、边际贡献或材料耗用量等。

【例4-5】 仍以例4-3资料为基础，要求采用分算法进行盈亏临界点分析，对固定成本的分配以边际贡献为标准。

固定成本分配率 = 33300/61420 ≈ 0.542

甲产品应负担的固定成本 = （20 − 10）× 3320 × 0.542 = 18000（元）

乙产品应负担的固定成本 = 8300 × (10 − 7) × 0.542 = 13500（元）

丙产品应负担的固定成本 = 2000 × (8.3 − 6.64) × 0.542 = 1800（元）

甲产品盈亏临界点销售量 = 18000/(20 − 10) = 1800（件）

乙产品盈亏临界点销售量 = 13500/(10 − 7) = 4500（件）

丙产品盈亏临界点销售量 = 1800/(8.3 − 6.64) = 1084（件）

甲产品盈亏临界点销售额 = 1800 × 20 = 36000（元）

乙产品盈亏临界点销售额 = 4500 × 10 = 45000（元）

丙产品盈亏临界点销售额 = 1084 × 8.3 = 9000（元）

（四）联合单位法

联合单位法是指在事先掌握多种产品之间客观存在的、相对稳定的产销实物量比例的基础上，将多种产品组合成单一的联合单位产品，确定每一联合单位的单价和单位变动成本，计算联合单位产品的盈亏临界点销售额和销售量，最后再确定每种产品的盈亏临界点销售量和销售额的方法。

如果企业生产的多种产品的实物量之间存在着较稳定的数量关系，而且其产品的销路都有保障，就可以用联合单位代表按实际实物量比例构成的一组产品。

例如 A、B、C 三种产品的销量比为 4∶1∶3，一个联合单位就相当于 4 个 A 产品、1 个 B 产品和 3 个 C 产品的集合。其中 B 产品为标准产品，以联合单位和各种产品的单价及单位变动成本来计算联合单价和联合单位变动成本，以此计算整个企业的联合盈亏临界点销售量以及各产品盈亏临界点销售量。

$$联合单价 = \sum 某产品单位售价 \times 该产品产销量比$$

$$联合单位变动成本 = \sum 某产品单位变动成本 \times 该产品产销量比$$

$$联合盈亏临界点销售量 = \frac{固定成本总额}{联合单价 - 联合单位变动成本}$$

某产品盈亏临界点销售量 = 联合盈亏临界点销售量 × 该产品的产销量比

【例 4-6】 仍以例 4-3 资料为基础，计算如下：

表 4 – 1 中甲、乙、丙三种产品的实际销量为 3320 元、8300 元、2000 元，则甲、乙、丙三种产品的销量比为 0.4∶1∶0.241。

联合单价 = 20 × 0.4 + 10 × 1 + 8.3 × 0.241 = 20（元）

联合单位变动成本 = 10 × 0.4 + 7 × 1 + 6.64 × 0.241 = 12.6（元）

$$综合盈亏临界点销售量 = \frac{33300}{20 - 12.6}$$

$$= 4500（联合单位）$$

综合盈亏临界点销售额 = 4500 × 20 = 90000（元）

甲产品盈亏临界点销售量 = 4500 × 0.4 = 1800（件）

乙产品盈亏临界点销售量 = 4500 × 1 = 4500（件）

丙产品盈亏临界点销售量 = 4500 × 0.241 = 1085（件）

甲产品盈亏临界点销售额 = 1800 × 20 = 36000（元）

乙产品盈亏临界点销售额 = 4500 × 10 = 45000（元）

丙产品盈亏临界点销售额 = 1085 × 8.3 = 9000（元）

（五）"联合"单位的量利图

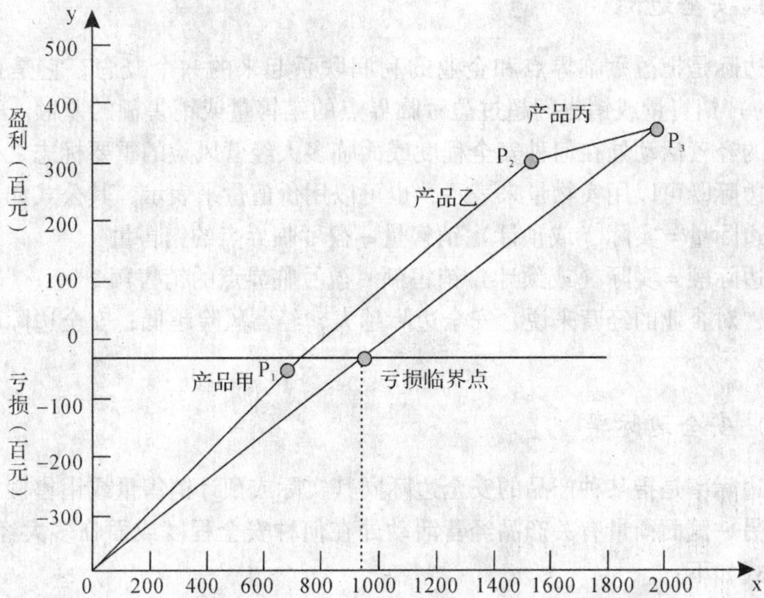

图 4-3　联合收入

从图 4-3 中可以看出，其基本的绘图方法与单一产品情况下量利图大体上一致，所不同的是需将各种产品的边际贡献率按预定次序逐步累计，逐步计算固定成本的补偿和利润的形成，并在图中按各种产品不同的边际贡献率依次绘出不同的线段。具体说，在例中可以先假设企业只销售产品甲，销售收入 66400 元，边际贡献为 33200 元（补偿固定成本后还亏损 100 元）。据此可确定利润点，连接纵轴上的固定成本点与 P_1 点即可画出产品甲的利润线。假设企业又销售产品乙，累计销售收入为 149400 元，累计边际贡献额为 58100 元，同理可再确定利润点 P_2，连接 P_1、P_2 两点可画出产品乙的利润线。以此类推，最后确定产品丙的利润线。最后，以纵轴上的固定成本点为起点，以 P_3（累计边际贡献额与累计销售收入的坐标点）为终点，画出一条直线即企业的总利润线。它与损益两平线的交点即为盈亏临界点 190000。值得注意的是，该条利润线是唯一的，与绘图时各产品的先后顺序无关；其斜率反映企业加权的边际贡献率，图中各段虚线则反映各种产品不同的边际贡献率，其斜率各不相同，表明各种产品的盈利能力有所不同。

三、盈亏临界点计算中的相关指标

在计算盈亏临界点的过程中，除了单位产品边际贡献、边际贡献率和盈亏临界点等基本指标外，还涉及若干与之相关的、有助于企业内部管理的重要指标。这些指标包括：

（一）安全边际

安全边际是把盈亏临界点和企业的利润联系起来的一个概念，它是指实际的（或预计的）销售量或销售额超过盈亏临界点的销售量或销售额的差额。它是衡量有关产品的经营活动处在何种安全程度或面临多大经营风险的重要标志之一。

安全边际既可以用实物量来表示，也可以用价值量来表示，其公式如下：

安全边际量 = 实际（或预计）销售量 - 盈亏临界点的销售量

安全边际额 = 实际（或预计）销售额 - 盈亏临界点的销售额

显然，对企业的经营来说，安全边际越大，经营风险越低；安全边际越小，其风险越高。

（二）安全边际率

安全边际率是指某种产品的安全边际同其实际或预计销售量或销售额之间的比率。它从另一侧面衡量有关产品经营活动处在何种安全程度或面临多大经营风险。其计算公式如下：

$$安全边际率 = \frac{安全边际量}{实际（或预计）销售量} \times 100\%$$

$$= \frac{安全边际量}{实际（或预计）销售额} \times 100\%$$

可以看出，安全边际率越大，企业的经营就越安全。一般来说，我们可以用表4-3所示的经验性数字大致衡量企业经营的安全程度。

表4-3 企业经营安全性标准

安全边际率	10%	10% ~20%	20% ~30%	30% ~40%	40%
安全程度	危险	值得注意	比较安全	安全	非常安全

此外，由于安全边际表示企业在完全补偿固定成本后仍可实现的销售量或销售额，所以在安全边际大于零的情况下，有：

利润 = 安全边际量 × 单位边际贡献

或

利润 = 安全边际额 × 边际贡献率

上式两边同除以“销售收入”，得：

销售利润率 = 安全边际率 × 边际贡献率

（三）保本作业率

保本作业率又叫保本销售率，是指盈亏临界点销售量（额）与企业正常销售量（额）或应达到的销售量（额）的比率。借助于该指标，可以从另一侧面衡量企业经营的安全（或风险）程度。某产品的保本作业率的计算公式如下：

$$保本作业率=\frac{某产品盈亏临界点销售量（额）}{该产品正常销售量（额）}\times 100\%$$

该项比率表明盈亏临界点占正常业务量的比重，比例越低，企业经营越安全，越有利。也就是说，盈亏临界点作业率表明了企业在保本状态下对生产经营能力的利用程度。

如果企业的正常生产经营能力与现有或预计销售量相当，则保本作业率与安全边际率具有如下关系：

安全边际率 + 盈亏临界点作业率 = 1

【例4-7】 某企业盈亏临界点销售额为63000元，现有销售额95000元，正常销售额95000元。

安全边际额 = 95000 − 63000 = 32000（元）

$$安全边际率=\frac{32000}{95000}\times 100\%$$
$$=33.68\%$$

$$盈亏临界点作业率=\frac{63000}{95000}\times 100\%$$
$$=66.32\%$$
$$=1-33.68\%$$

上述计算结果表明，该企业经营安全。

（四）销售利润率

从以上有关指标的分析说明中可知，只有超过盈亏临界点销售量或销售额的安全边际才能为企业提供利润。安全边际部分的销售收入减去其变动成本后的差额，既是安全边际提供的边际贡献，也是企业的利润。因为安全边际部分的销售收入已无须负担任何固定成本，只要从中扣除变动成本之后还有剩余，虽然仍然可称其为边际贡献，但它实际上就是利润。即有：

利润 = 安全边际销售量 × 单位产品边际贡献

　　= 安全边际销售额 × 边际贡献率

销售利润率 = 安全边际率 × 边际贡献率

【例4-8】 某企业生产A产品，年正常销售量6000件，单位售价60元，单位变动成本30元，固定成本总额60000元。此时：

单位边际贡献 = 60 - 30 = 30（元）

$$边际贡献率 = \frac{60-30}{60} \times 100\% = 50\%$$

$$盈亏临界点销售量 = \frac{60000}{60-30} = 2000（件）$$

安全边际销售量 = 6000 - 2000 = 4000（件）

$$安全边际率 = \frac{4000}{6000} \times 100\% = 66.67\%$$

保本作业率 = 1 - 66.67% = 33.33%

利润 = 4000 × 30 = 120000（元）

销售利润率 = 66.67% × 50% = 33.34%

四、基本因素变动对盈亏临界点的影响

如前所述，盈亏临界点就是能使企业达到不盈不亏状态的产品销售数量或销售金额。在计算盈亏临界点时，都是在有关产品的销售价格、单位变动成本、固定成本总额、产品产销结构等基本因素始终保持不变的条件下进行的。而事实上，上述因素在企业经营过程中是经常变动的，并由此引起盈亏临界点的升降变动。为了借助盈亏临界点分析对企业管理当局提供有用的会计信息，有必要对有关因素发生变动对盈亏临界点产生的影响加以适当的说明。

（一）产品销售价格的变动

产品销售价格的上升和下降，是影响企业盈亏临界点的一个重要因素，它的影响最为直接和明显。在其他因素保持不变的条件下，单位产品的销售价格越高，产品单位边际贡献增加，则盈亏临界点越小，同样销售量下实现的利润也就越高；反之，则盈亏临界点越大，利润也就越低。

【例4-9】某企业经营B产品，预计单位售价20元，单位变动成本10元，固定成本总额15000元，盈亏临界点为1500件。现假定产品单位售价因故提高2%，其他资料保持不变，则：

$$单位售价提高后的盈亏临界点 = \frac{15000}{20 \times (1+2\%) - 10} \approx 1442（件）$$

计算结果表明，当B产品销售价格提高2%时，盈亏临界点销售量比原来减少了58件（1500 - 1442）。

产品销售价格变动对盈亏临界点的影响如图4-4所示。

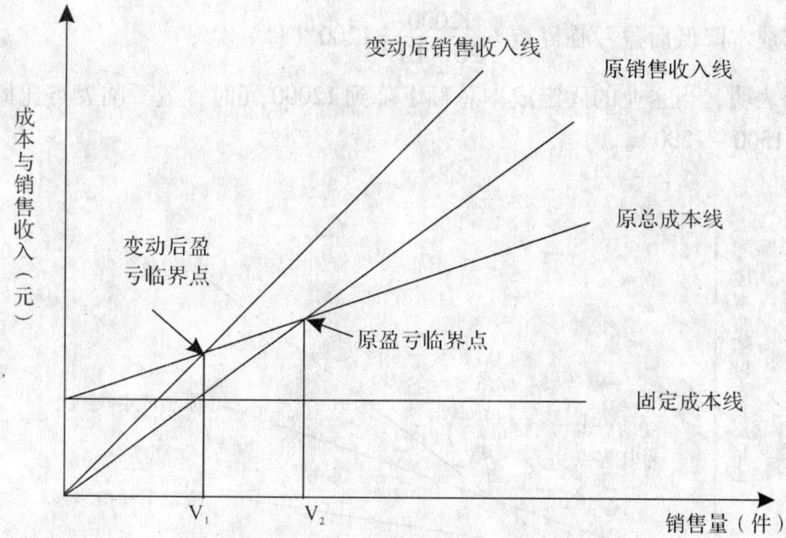

图 4－4　单位销售价格变动的盈亏临界图

在图 4－4 中，单位产品销售价格的提高表现为销售收入线的斜率变大，致使盈亏临界点左移，即由 V_1 至 V_2 这一段也由原来的亏损区域变成了盈利区域。

（二）单位产品变动成本的变动

单位产品变动成本的上升或下降，也是影响企业盈亏临界点的一个重要因素。

【例 4-10】 如例 4-9 中的其他条件不变，只是单位变动成本由原来的 10 元下降到了 8 元。则：

$$单位变动成本降低后的盈亏临界点销售量 = \frac{15000}{20-8}$$

$$= 1250\text{（件）}$$

上述单位变动成本变动对盈亏临界点的影响在图示法中如图 4－5 所示。

图 4－5 显示，由于单位变动成本的下降，导致了变动后总成本线的斜率减少，盈亏临界点左移了，亏损区域减小而利润区域扩大。

（三）固定成本总额的变动

固定成本虽然不随业务量的变动而变动，但企业经营能力的变化和管理决策都会导致固定成本的升降。固定成本总额的增加或减少，对盈亏临界点也有重要的影响。

【例 4-11】 如例 4-9 中，假设该企业的固定成本总额因故下降到 12000 元，其余资料保持不变。则：

$$固定成本降低后盈亏临界点=\frac{12000}{20-10}=1200（件）$$

结果表明，当企业的固定成本总额下降到12000元时，盈亏临界点比原来减少300件（1500－1200）。

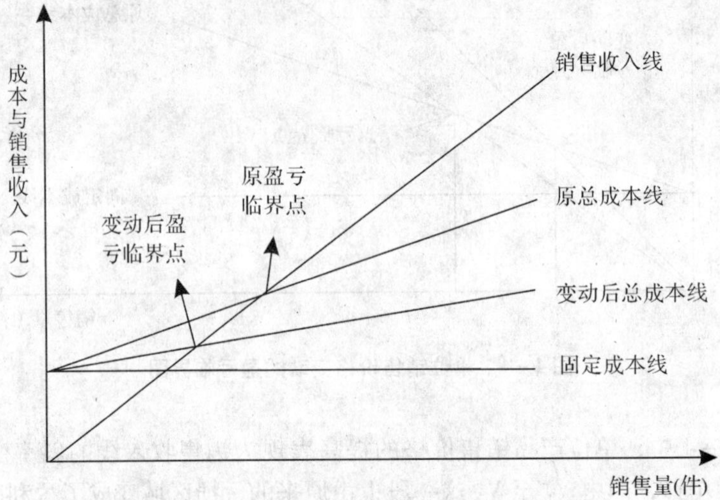

图4－5　单位变动成本变动的盈亏临界图

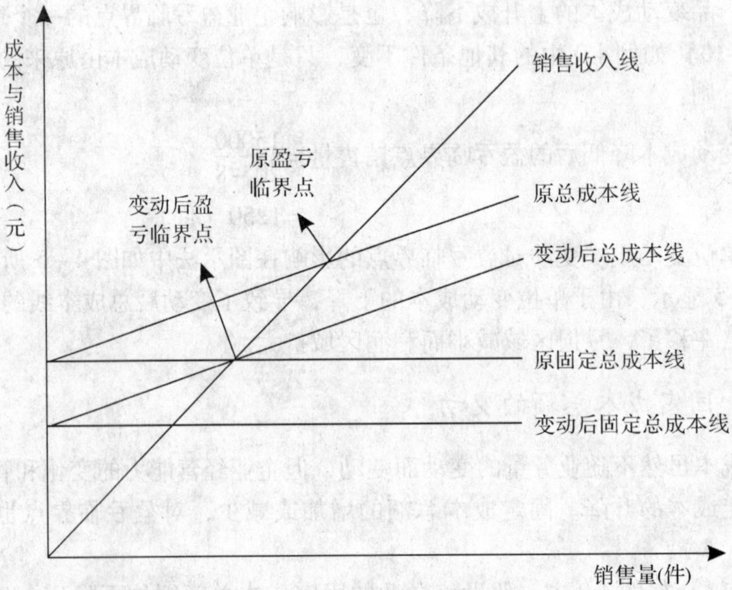

图4－6　固定成本变动的盈亏临界图

图4－6显示，由于固定成本的下降，导致了总成本线的下移和盈亏临界点的左移，亏损区域变小而盈利区域扩大了。

（四）产品产销结构的变动

在同时经营多种产品的企业中，有关产品之间的产销结构如何，直接影响到企业综合的盈利水平。一旦某种产品销售比重扩大或缩小，那么，就会引起整个企业的综合边际贡献率发生相应的变动，整个企业的盈亏临界点也会随之发生相应的变动。

【例4-12】 假设某企业固定成本总额为72000元，该企业计划同时经营A、B、C三种产品，有关资料如表4－4所示。

该企业实际生产经营情况为：A产品的销售数量为4800件，B产品的销售数量为2400件，C产品的销售数量为6300件。

表4－4

项　目	A	B	C
计划产销量	5600	4200	2800
单位价格	25	20	20
单位变动成本	20	14	8

现根据以上资料，计算该企业预计和实际的盈亏临界点。

表4－5

项　目	A	B	C
销售量	5600	4200	2800
单位销售价格	25	20	20
单位变动成本	20	14	8
销售收入	140000	84000	56000
占总收入的百分比（%）	50	30	20
边际贡献	28000	25200	33600
边际贡献率（%）	20	30	60

（1）计算该企业预计的盈亏临界点。

该企业A、B、C三种产品预计的产销结构分别为44.44%、33.33%、22.23%。

$$该企业预计加权平均边际贡献率 = 44.44\% \times 20\% + 33.33\% \times 30\% + 22.23\% \times 60\% = 32.23\%$$

$$该企业预计的盈亏临界点 = \frac{72000}{32.23\%}$$

$$\approx 223394.35\text{（元）}$$

（2）计算该企业实际的盈亏临界点。

该企业A、B、C三种产品实际的产销结构分别为35.56%、17.78%、46.66%。

$$\text{该企业实际加权平均边际贡献率}=35.56\%\times20\%+17.78\%\times30\%+46.66\%\times60\%=40.44\%$$

$$\text{该企业实际的盈亏临界点}=\frac{72000}{40.44\%}\approx178032.74\text{（元）}$$

计算结果表明，该企业由于这三种产品的实际产销结构发生了变动，即边际贡献率较高的C产品的产销比重大幅度提高，相应地，边际贡献率较低的A、B产品的产销比重有所降低，因而，整个企业的实际综合边际贡献率提高，实际盈亏临界点相应降低。

第三节 本—量—利三因素依存关系的分析

本—量—利依存关系的分析主要是研究在不同销售水平下，可以取得多少利润。而要取得一定数额的利润，需要销售量达到多少。

计算利润的基本公式为：

利润＝销售量×（单价－单位变动成本）－固定成本

很明显，销售量、单价、单位变动成本和固定成本的变动均会对利润产生影响。

为了分析和预测目标利润，需建立实现目标利润的有关模型。

一、实现目标利润销售额的模型

目标利润＝销售量×（单价－单位变动成本）－固定成本

$$\text{销售量}=\frac{\text{固定成本}+\text{目标利润}}{\text{单位边际贡献}}$$

$$\text{销售额}=\frac{\text{固定成本}+\text{目标利润}}{\text{边际贡献率}}$$

【例4-13】 假设某企业生产和销售一种产品，产品单价为40元，单位变动成本为20元，固定成本为40000元。如目标利润定为50000元，则有

$$\text{实现目标利润的销售量}=\frac{40000+50000}{40-20}=4500\text{（件）}$$

$$\text{实现目标利润的销售额}=\frac{40000+50000}{50\%}=180000\text{（元）}$$

二、相关因素的变动对利润的影响

实现目标利润的模型是盈亏临界点模型的拓展和延伸，导致盈亏临界点变化的各个因素都可能对实现目标利润产生影响。下面分别具体说明。

（一）相关因素变动对利润的影响

【例4-14】设某厂目前年产某种产品50000件，每件售价25元，单位变动成本15元，全年固定成本400000元，则全年可实现利润：

$50000\times25-50000\times15-400000=100000$（元）

在这基础上，如要求利润增加50%，达到150000元，可以从以下几方面着手，并采取相应的措施：

（1）减少固定成本

$$50000=\frac{\text{固定成本}+150000}{25-15}$$

固定成本 =35000元，即在其他条件不变，固定成本从400000元减少到350000元，（降低12.5%），可使目标利润实现。

（2）减少变动成本

$$50000=\frac{400000+150000}{25-\text{单位变动成本}}$$

单位变动成本 =14元，如其他条件不变，单位变动成本从15元降到14元（降低7%），可保证目前利润实现。

（3）提高售价

$$50000=\frac{400000+150000}{\text{单位售价}-15}$$

单位售价 =26元，即单位售价从25元提高到26元，可保证目标利润的实现。

（4）提高销售量

$$\frac{400000+150000}{25-15}=55000\text{（件）}$$

将销售量提高到55000件，就能实现目标利润。

（二）综合计算各有关因素变动对利润的影响

根据上面所列的基本公式，可确定在多种因素的影响下，实现目标利润的销售额为：

$$\text{销售额}=\frac{\text{原固定成本}\pm\text{固定成本变动额}+\text{目标利润}}{1-\dfrac{\text{原单位变动成本（}1\pm\text{变动成本变动率）}}{\text{原单价（}1\pm\text{单价变动率）}}}$$

1. 降低售价，扩大销售

【例 4-15】某企业生产 A 种产品 5000 件，每件单位售价 20 元，单位变动成本 16 元，全年固定成本 20000 元。企业拟降低售价 10%，并争取实现利润 10000 元，销售额要提高到多少，才能实现这一目标？

有两种计算方法可求得。

方法一：

$$销售额=\frac{20000+10000}{1-\dfrac{16}{20\times（1-10\%）}}=270000（元）$$

也就是销售额要达到 270000 元，其销售产品 15000 件（$\frac{270000}{18}$）才能实现目标利润 10000 元。

方法二：

可分两步计算：

（1）计算售价降低 10% 以后，达到盈亏临界点的销售额：

$$销售额=\frac{固定成本}{1-\left(\dfrac{1-边际贡献率}{1-售价降低率}\right)}=\frac{20000}{0.1111}=180000（元）$$

上式中的 $1-\left(\dfrac{1-边际贡献率}{1-售价降低率}\right)$ 的经济意义是，降价后的边际利润率，其推导过程为：

边际贡献 = 销售收入 − 变动成本

边际贡献 + 变动成本 = 销售收入

$$\frac{边际贡献}{销售收入}+\frac{变动成本}{销售收入}=1$$

$$边际贡献率+\frac{变动成本}{销售收入}=1$$

$$\frac{变动成本}{销售收入}=1-边际贡献率$$

销售价格变动后，重新计算边际利润率：

$$1-\frac{变动成本}{（1-销售降低率）\times 销售收入}=1-\frac{1-边际贡献率}{1-售价降低率}$$

（2）售价降低 10% 以后，要实现目标利润 10000 元，销售额要达到多少？

设 x 为边际安全，则：

x × 新的边际贡献率 = 目标利润

$x\times 0.1111=10000$

$x=90000$（元）

安全边际 90000 元再加上临界点销售额 180000 元，即为所需的销售额 270000 元。

2. 降低售价，扩大销售，同时降低单位产品的变动成本

【例 4-16】在例 4-14 的资料中，设降价 10% 后，只能使销售量增加 1 倍达到 10000 件，在这种情况下，要实现目标利润 10000 元，拟进一步从降低变动成本上挖掘潜力，单位变动成本要降低多少？

$$10000=\frac{20000+10000}{20\ (1-10\%)\ -\text{单位变动成本}}$$

单位变动成本 = 15（元）

单位变动成本要从原来的 16 元降到 15 元（降低$\frac{16-15}{16}=6.25\%$），可实现目标利润。

第四节　本—量—利分析的扩展

前述内容是在若干假设条件下进行本—量—利分析，如相关范围假设、线性模型假设等；在盈亏临界点和实现目标利润分析时，也往往假设某些因素变动而其他因素不变。但在实际工作中由于多种因素的综合影响，上述假设条件并不一定成立。如收入、成本与业务量之间为不完全线性关系、非线性关系；有些因素在未来期间的状况不能确定等。以下我们研究的就是在这些条件下，运用本—量—利分析的基本原理和方法去解决诸如盈亏临界点、确定目标利润的问题。

一、不确定条件下的本—量—利分析

前述的本—量—利分析都是建立在变动成本、固定成本、销售价格、销售量等基本因素完全确定的基础上的。但在实际工作中，由于企业的内外部或主客观条件的影响，这些因素往往难以事先完全确定，它们的变动都会引起利润的变动。如果这些因素在计划期间的变动情况可以确定，比如销售数量由现在的多少件增加或减少到多少件，单位变动成本会上升或下降到某种水平，那么由此引起的利润变动也就可以确定。

在进行本—量—利分析时，如果不确定性较大或有多种可能性，就应该采用概率分析法以提高分析结果的可靠性。具体来说，就是首先确定各个因素在不同概率条件下的预计数值，然后计算各种组合情况下的盈亏临界点或目标利润，再根据各种组合下的组合概率计算组合期望值，最后以各组合期望值的合计数作为最终的预测值。下面举例说明不确定情况下的盈亏临界点分析和目标利润预测。

【例 4-17】设某企业为生产和销售单一产品的企业，经过全面分析与研究，预计未来年度产品的单位售价、单位变动成本和固定成本的估计值及相应的概率如表 4－6所示。

表 4－6

项目	单价（元）		单位变动成本（元）			固定成本（元）	
估计值	15	14	10	9	8	60000	50000
概率（P）	0.8	0.2	0.7	0.2	0.1	0.3	0.7

根据表 4－6 资料预测盈亏临界点的过程如表 4－7 所示。

表 4－7

单价	单位变动成本	固定成本	组合	盈亏临界点	组合概率 P	期望值
①	②	③	④	⑤＝③/①－②	⑥＝①×②×③	⑦＝⑤×⑥
15 P＝0.8	10 P＝0.7	50000 P＝0.7	1	1000	0.392	3920
		60000 P＝0.3	2	12000	0.168	2.016
	9 P＝0.2	50000 P＝0.7	3	8333	0.112	933
		60000 P＝0.3	4	10000	0.048	480
	8 P＝0.1	50000 P＝0.7	5	7143	0.056	400
		60000 P＝0.3	6	8571	0.024	206
14 P＝0.2	10 P＝0.7	50000 P＝0.7	7	12500	0.098	1225
		60000 P＝0.3	8	15000	0.042	630
	9 P＝0.2	50000 P＝0.7	9	10000	0.028	280
		60000 P＝0.3	10	12000	0.012	144
	8 P＝0.1	50000 P＝0.7	11	8333	0.014	117
		60000 P＝0.3	12	10000	0.006	60
预测盈亏临界销售量 ∑				10411		

从表4－7中可以看出，由单价、单位变动成本和固定成本三个因素所决定的盈亏临界点有12种可能出现的结果，而每一种结果都是这三个因素在各自出现的可能性情况下进行组合计算所得。而12种结果的期望值的合计数就是盈亏临界点销售量的预测数，即10411件。

本章前面的盈亏临界点分析均是在确定条件下进行的，也就是说假定未来情况就属于上述12种组合之一，而概率分析法则是将各种可以预测到的可能性都考虑进去了，所以预测的结果会更加接近未来的实际情况。

二、非线性条件下的本—量—利分析

前述在线性条件下，某个企业在某个会计期间或在某种产品的一定产销量范围内，销售收入总额和销售成本总额通常同产销数量保持着按比例增长的相互关系。不过，这种特殊比例关系是在一定条件下存在的。一旦这种条件被改变，如为超额完成任务使产量得到较大幅度增长，为弥补生产用原材料供应不足而从非正常供货渠道购买价格较高的原材料，为扩大产品销售量而采取适当的降价措施等。在这些条件下，有关产品总收入和总成本的变动同其产销数量之间的变动就不再保持特定比例，它们之间的线性关系就不复存在，而是一种非线性关系。非线性条件下的本—量—利分析通常分为不完全线性和完全非线性两种情形。

（一）不完全线性关系下的本—量—利分析

不完全线性是指在整个业务量范围内，收入、成本与产销量不呈线性关系，但是把整个业务量划分为若干区间以后，在每个区间内，收入、成本与产销数量之间的变化情况又大体符合线性关系。若将这种关系描绘在坐标图上，总收入线和总成本线会表现为一条折线，两条折线的交点有多个，亏损区域与盈利区域也有多个。

一般来说，“不完全线性”关系可分为两种不同情况：

（1）总收入同产销数量线性相关，而总成本却同产销数量非线性相关；或者总成本同产销数量线性相关，而总收入则同产销数量非线性相关。在这种情况下，总收入线和总成本线只有一方出现折点。

（2）总收入和总成本都同产销数量非线性相关。在这种情况下，总收入线和总成本线双方都出现折点。

不完全线性的基本情况如图4－7所示。

从图4－7中可以看出，以各条线的转折点作为起点的虚线，将企业的产销数量划分为若干个大小不等的区间。如该产品的产销数量在区间［0，D］内时，总收入和总成本都与产销数量非线性相关。而当该产品的产销数量在区间［0，C］内时，总收入与产销数量线性相关；而总成本与产销数量分别在产销量区间［0，A］，［A，B］，［B，D］内与产销数量线性相关。至于固定成本，只是相应地在几个较小的“相关范围”内保持不变。

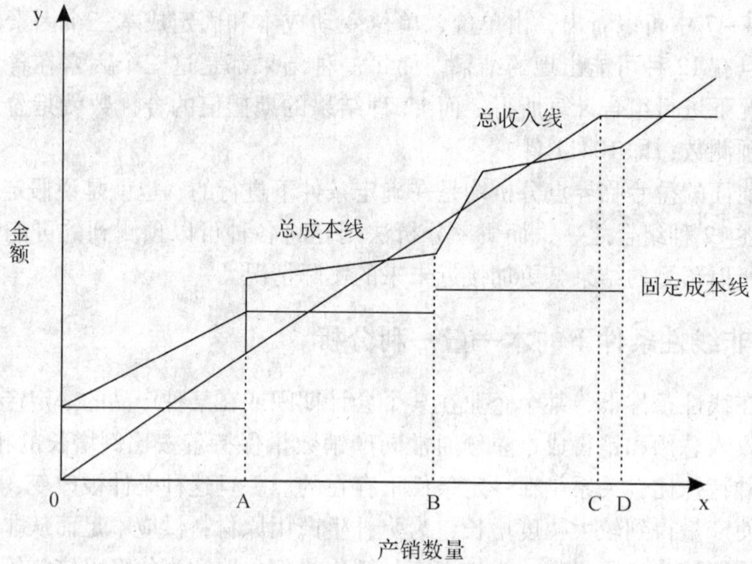

图 4-7　不完全线性关系图

在实际工作中，产生不完全线性关系的原因是多方面的。从销售收入来看，当某种产品的销售量达到一定数量以后，为扩大销路，需要给客户较多的数量折扣或降低产品的价格。在成本方面，当产品的生产数量达到一定程度时，生产工人的工作效率将有所提高，这样可以更有效地利用人力资源，使人工成本耗费相应降低。不仅如此，当生产量扩大时，还有可能在增加原材料消耗的同时，使有关材料的采购成本得到一定程度的下降。不过，由于生产量的进一步增加，却有可能导致人工和材料供应的紧张，因而使人工成本和材料成本相应增加。即使是固定成本，也有可能因产量剧增或突破原有相关范围而发生跳跃式上升。

针对总收入、总成本同销售数量之间的这种不完全线性关系，其本—量—利分析通常“分段”进行。这就是说，按照总收入、总成本同产销数量之间的具体关联情况，划分若干产销数量区间，然后建立若干相应的本—量—利分析模型，并据以确定若干个盈亏平衡点。

下面举一个例子，对它进行本—量—利分析。

【**例 4-18**】某企业经营某产品，有关资料如表 4-8 所示。

表 4-8

产量 项目	1000	1001~2000	2001~3000	3001~4000
单位变动成本	10	8	8	12
固定成本总额	10000	15000	20000	30000
单位售价	20	20	20	16

（1）该产品产销量在 1000 件以内时：

总收入 = 产销数量 ×20

总成本 = 产销数量 ×10 + 10000

$$盈亏平衡点 = \frac{10000}{20-10}$$

$$= 1000（件）$$

则该区间的本—量—利分析模型为：

利润或亏损总额 = 产销数量 ×（20 - 10） - 10000

= 产销数量 ×10 - 10000

由于该区间小于 1000 件，所以该区间全部为亏损区。

（2）该产品产销量在 1001 ~2000 件这一区间内时：

总收入 = 产销数量 ×20

总成本 = 1000 ×10 +（产销数量 - 1000） ×8 + 15000

= 产销数量 ×8 + 17000

$$盈亏临界点 = \frac{17000}{20-8}$$

$$\approx 1417（件）$$

则该区间的本—量—利分析模型为：

利润或亏损总额 = 产销数量 ×（20 - 8） - 17000

= 产销数量 ×12 - 17000

在这一产销数量区间，该产品的生产经营既有亏损也有盈利。当企业的产销数量达到 1417 件时，会第一次出现不盈不亏状态。

（3）该产品产销量在 2001 ~3000 件这一区间时：

总收入 = 产销数量 ×20

总成本 = ［1000 ×10 +（2000 - 1000） ×8 +（产销数量 - 2000）］ ×8 + 20000

= 产销数量 ×8 + 22000

该区间的本—量—利分析模型为：

利润或亏损总额 = 产销数量 ×（20 - 8） - 22000

= 产销数量 ×12 - 22000

在这一产销数量区间内，该产品的生产经营始终处于盈利状态，并不存在盈亏临界点。

（4）该产品产销量在 3000 以上这一区间时：

总收入 = 3000 ×20 +（产销数量 - 3000） ×16 = 产销数量 ×16 - 12000

总成本 = 1000 ×10 +（3000 - 1000） ×8 +（产销数量 - 4000） ×12 + 30000

= 产销数量 ×12 + 8000

$$盈亏临界点 = \frac{20000}{4}$$

=5000（件）

本—量—利分析模型为：

利润或亏损总额=产销数量×（16-12）-12000-8000

=产销数量×4-20000

这表明当企业的产销数量达到5000件时，将再次出现不盈不亏的状态。

（二）完全非线性本—量—利分析

如前所述，不完全线性关系是将整个业务量划分为若干个区间，每个区间内收入、成本与业务量之间要么已是完全线性关系，要么比较接近完全线性关系。但是如果在划分区间后，收入、成本与业务量之间不仅不是完全线性关系，甚至不能比较接近完全线性关系，或者区间必须划分得非常细。显然，在这种情况下，就不能采用前面划分区间的方法，而要采用曲线分析方法。也就是先用曲线方程公式来描述收入与成本，再建立利润方程式，进而进行本—量—利的有关分析。由于产品价格和成本等因素的变动，在收入和成本的变动上，有可能双方都是曲线；也有可能一方是曲线，另一方是直线。

当收入或成本随业务量的增长表现为一条直线时，其线性方程为 $y=a+bx$；而当收入或成本随业务量的增长表现为沿曲线而不是直线散布时，就可用一元二次方程来表示：

$y=a+bx+cx^2$

现举例说明在完全非线性关系下进行本—量—利分析。

【例4-19】假设某企业经营某种产品，该产品单位售价200元，其余有关资料如表4-9所示。确定该产品的盈亏临界点。

首先根据表4-9作图，如图4-8所示。

表4-9

产（销）量（件）	总收入	总成本	利润（亏损）
0	0	50000	(50000)
100	20000	56500	(36500)
200	40000	64000	(24000)
300	60000	72500	(125000)
400	80000	82000	(2000)
500	100000	92500	7500
600	120000	104000	16000
700	140000	116500	23500
…	…	…	…

续表

产（销）量（件）	总收入	总成本	利润（亏损）
1300	260000	212500	47500
1400	280000	232000	48000
1500	300000	252500	47500
…	…	…	…
2200	440000	424000	16000
2300	460000	452500	7500
2400	480000	482000	(2000)
2500	500000	512500	(12500)

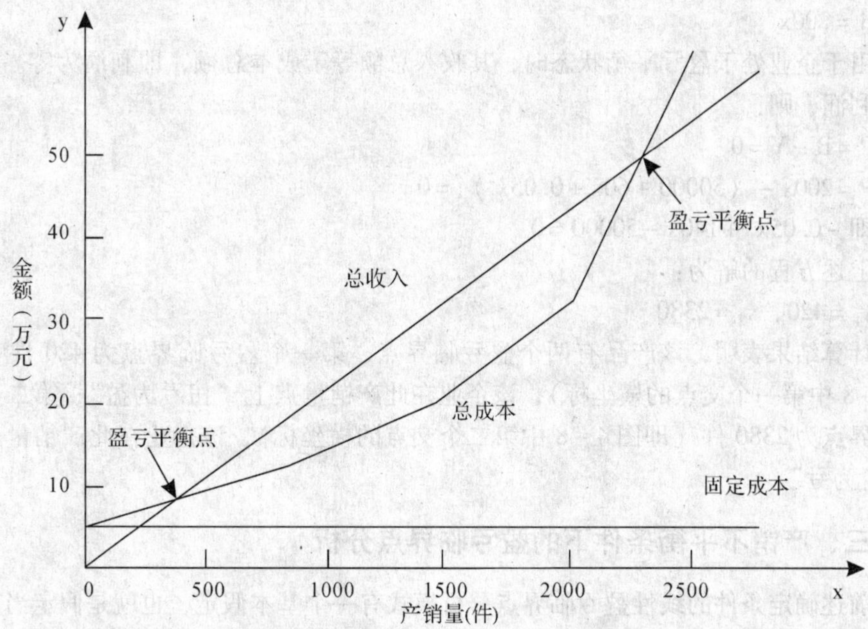

图 4－8　某产品完全非线性关系分析图

对表 4－9 中的有关资料进行抽样测量后，选定如下三对数据：

产销总量（件）$x_1=200$，$x_2=1300$，$x_3=2400$

成本总额（元）$y_1=64000$，$y_2=212500$，$y_3=482000$

此时，可得到方程组：

$$\begin{cases} y_1 = a + bx_1 + cx_1^2 \\ y_2 = a + bx_2 + cx_2^2 \\ y_3 = a + bx_3 + cx_3^2 \end{cases}$$

将选定的有关数据代入方程组得：

$$\begin{cases}64000 = a + 200b + 40000c \\ 212500 = a + 1300b + 1690000c \\ 482000 = a + 2400b + 5760000c\end{cases}$$

解此方程组得：

$$\begin{cases}a = 50000 \\ b = 60 \\ c = 0.05\end{cases}$$

所以 $y = 50000 + 60x + 0.05x^2$

再确定该产品销售收入函数模型。

设销售收入为 R，销售数量为 x，则：

$R = 200x$

由于企业处于盈亏平衡状态时，其收入总额等于成本总额，即利润为零。设 P 代表利润，则：

$P = R - Y = 0$

$P = 200x - (50000 + 60x + 0.05x^2) = 0$

即 $-0.05x^2 + 140x - 50000 = 0$

上述方程的解为：

$x_1 = 420$，$x_2 = 2380$

计算结果表明，该产品有两个盈亏临界点，第一个盈亏临界点为 420 件（即图 4-8 中第一个交点的横坐标），该企业在此产销量点上“扭亏为盈”；第二个盈亏临界点为 2380 件（即图 4-8 中第二个交点的横坐标），该企业在此产销量点上“转盈为亏”。

三、产销不平衡条件下的盈亏临界点分析

前述确定条件的线性盈亏临界点分析模式有一个基本假定，也就是假定当期的生产量与销售量相等，产成品库存没有变动，不需考虑期初、期末存货数量变动的影响。但实际情况并非如此。那么，产销不平衡对盈亏平衡点的计算有没有影响？这个问题同第三章论述的变动成本法与完全成本法有着直接的联系。在变动成本法下，不管当期的生产量是大于还是小于当期的销售量，当期发生的全部固定成本（包括固定性制造费用与固定性销售及管理费用）均作为期间成本，均由当期已销产品负担，产、销是否平衡对盈亏临界点的计算没有任何影响，依旧可按前述有关方法计算有关产品的盈亏临界点。但在完全成本计算法下，当期发生的全部固定成本并不全部计入当期的产品销售成本，而是应由当期已销产品和期末存货共同负担。此时，产、销是否平衡，就会对盈亏临界点的计算产生一定的影响。

这就是说，当企业采用完全成本计算法时，应根据当期已销产品应负担的固定

成本总额而不是当期发生的全部固定成本来计算盈亏临界点。当期已销产品应负担的固定成本总额可按下式计算：

$$\text{当期已销产品应负担的固定成本总额}=\text{期初存货负担的固定性制造费用}+\text{当期发生的全部固定性制造费用}-\text{期末存货负担的固定性制造费用}+\text{当期发生的全部固定性销售及管理费用}$$

$$\text{盈亏临界销售量}=\frac{\text{当期已销产品应负担的固定成本总额}}{\text{当期单位产品边际贡献}}$$

$$\text{盈亏临界销售额}=\frac{\text{当期已销产品应负担的固定成本总额}}{\text{边际贡献率}}=\frac{\text{当期已销产品应负担的固定成本总额}}{1-\text{变动成本率}}$$

按上述方法所确定的盈亏临界销售量或销售额和利润表上的有关数字是完全吻合的。

现举例说明产销不平衡时盈亏临界点的计算。

【例4-20】 假设某企业只生产和销售甲产品，并以完全成本计算法为基础编制利润表。甲产品的有关资料如下：期初存货量600件，单位变动性生产成本10元。单位固定性制造费用6元。本期甲产品生产量8000件，销售量7200件，单位销售价格20元，单位变动性生产成本10元，单位变动性销售及管理费用2元。本期固定性制造费用40000元，固定性销售及管理费用21000元。假定存货发出采用先进先出法。

$$\text{已销产品应负担的固定成本总额}=600\times6+40000-1400\times\frac{40000}{8000}+21000=57600\text{（元）}$$

$$\text{盈亏临界销售量}=\frac{57600}{20-10-2}=7200\text{（件）}$$

$$\text{盈亏临界销售额}=\frac{57600}{40\%}=144000\text{（元）}$$

思考与练习

一、思考题

1. 什么是本—量—利分析？它有何用途？
2. 什么是盈亏临界点分析？其计算模型有哪些？

3. 什么是安全边际？它有何意义？如何利用它计算销售利润率？

4. 产品单价、变动成本、固定成本和销售品种结构变动对盈亏临界点及利润有何影响？

5. 本—量—利分析的基本假设包括哪些内容？

6. 产销不平衡对盈亏临界点有何影响？

二、练习题

1. 某企业经营甲产品，预计全年产销量5000件，单位产品售价5元，单位产品变动成本3元。全年固定成本6000元。

要求：

(1) 计算甲产品盈亏临界点销售量。

(2) 计算甲产品的安全边际。

(3) 计算甲产品的预期利润。

(4) 绘制甲产品的盈亏临界点。

2. 某企业经营甲、乙两种产品，全年固定成本63000元，其他有关资料如下：

项目	甲产品	乙产品
单位产品售价（元）	4	2
产品预计产销量（件）	30000	40000
产品边际贡献率（%）	30	20

要求：

(1) 计算该企业综合的盈亏临界点销售额。

(2) 分别计算甲、乙两种产品的盈亏临界点销售量。

(3) 计算该企业的安全边际和预期利润。

3. 甲企业只生产和销售一种产品，本年度产品的单位变动成本为6元/件，变动成本总额为84000元，企业利润为18000元，若企业计划下一年度的销售单价不变，变动成本率仍维持今年的40%。

要求：

(1) 预测计划年度的盈亏临界点；

(2) 若计划年度将销售量提高15%，则可获得多少利润？

4. 某企业经营A产品，上年度的有关资料为：

销售收入	600000元
变动成本	400000元
固定成本	320000元
经营亏损	90000元

要求：

(1) 计算在现有条件下使甲产品扭转经营亏损至少需要增加的销售额。

（2）计算当固定成本增加8万元时，甲产品的盈亏临界点销售额。

（3）计算当固定成本增加8万元，边际贡献率提高10%时，甲产品的盈亏临界点销售额。

5. 新丰企业经营甲、乙两种产品，经测算，取得下列预计性资料：

项目	甲产品	乙产品
单位销售价格（元）	40	50
单位变动成本（元）	25	30
盈亏临界点产销量（件）	600	700
最大产销量（件）	800	1000

要求：

（1）计算确定该企业经营甲、乙两种产品的固定成本总额。

（2）计算确定企业下年度预期利润。

6. 甲企业生产A产品，售价40元，预计销售量5000件，单位变动成本15元，固定成本总额65000元，预计利润60000元。如果售价不变，单位变动成本变化为14元、15元、16元的概率分别为0.2、0.5和0.3，销售量变化为4000件、5000件、6000件的概率分别为0.1、0.6和0.3。

要求：计算企业利润期望值。

第二部分

决策会计

第五章　经营预测

本章介绍经营预测的相关内容。首先介绍经营预测的基本原理，然后按照预测内容将经营预测分为销售预测、利润预测和成本预测，并分别对销售预测、利润预测和成本预测的方法做详细的介绍。学习本章后，应主要掌握三类预测的基本方法。

第一节　经营预测的基本原理

预测是指用科学的方法预计、推断事物发展的必然性或可能性的行为，即根据过去和现在预计未来，由已知推断未知的过程。预测与猜测不同，它是建立在一定的理论基础之上，并运用科学的手段和方法，推断未来发展趋势。本节讨论预测的理论依据及其基本方法。

一、预测的理论依据

众所周知，任何事物的发展趋势总是有一定规律可循。在一定条件下，人们可以认识和掌握这个规律，企业生产经营活动自然也不例外。企业在其生产经营过程中，各种因素的变化相互影响，也必然存在一些可以为人们认识和掌握的规律。对企业经营活动的预测正是建立在这些规律的基础之上，它们是预测的理论根据。

（一）可知性原理（Knowability Principle）

可知性原理也称为规律性原理，它属于认识论方面的理论研究。辩证唯物主义认为，世界是物质的，事物的发展尽管千姿百态，但还是有其自身固有的变化规律，并且这些规律可以为人们认识和掌握。这就意味着，任何预测对象的未来发展趋势和状况都是可以预知的，只要人们掌握了事物的发展变化规律，就可以预测事物的未来发展状况。由此可见，可知性原理是人们自觉主动地从事预测活动的重要理论基础之一，一切预测活动都基于可知性原理。

（二）可能性原理（Possibility Principle）

任何事物的发生、发展都受其内外因的支配与影响，内因是事物发展变化的根据，外因是事物发展变化的条件。内因对事物未来发展方向起决定性作用，外因则在不同程度上对其施加影响。这种影响可能使事物内部矛盾发生变化，当然，也可能不会发生变化。如果事物内部矛盾发生了变化，就有可能引起质变，从而改变其运动方向。作为预测对象的任何事物，其未来发展趋势和状况，也必然在内外因共同作用下出现。因此，它可能具有多种可能性，而不是只存在单一的可能性，这就是预测活动的可能性原理。下述的因果预测法（Causation Forecast Approach）就基于可能性原理。

（三）连续性原理（Continuity Principle）

俗话说"冰冻三尺，非一日之寒"。任何事物的发生、发展都不是突变的，而是连续性的，它或多或少地与过去和现在存在一定的联系。如果没有预测对象发展变化的过去和现在，就不可能存在发展变化的未来。从这个意义上说，未来是过去和现在的延伸。因此，连续性原理认为，了解过去和现在是预测未来的基础和出发点。下述的趋势预测法（Tendency Forecast Approach）就基于连续性原理。

（四）可控性原理（Controllability Principle）

如前所述，预测对象未来的发展变化是在内外因的共同作用下产生的，它有着自身的发展规律。人们在掌握其规律性的情况下，可以发挥自己的主观能动性和创造性，使事物朝着符合人们愿望的方向发展，这就是可控性原理。如果人们对事物未来的发展变化都只能听之任之，无法对它施加任何影响，那么人们所进行的预测活动就没有什么实际意义了。

在实践中，全面掌握和运用上述基本原理，就可以使预测工作建立在科学而可信的基础上。

二、预测的基本方法

预测分析的具体方法有很多，其选择受预测分析的对象、目的、时间以及精确度等因素的影响。但概括来说，其分析方法可以分为两大类：定性分析方法和定量分析方法。

（一）定性分析方法

定性分析方法又称为非数量分析方法，是指由有关方面的专业人员根据个人经验和知识，结合预测对象的特点进行综合分析，对事物的状况和发展趋势作出推测的一种分析方法。它一般不需要进行复杂的定量分析，主要适用于缺乏完备的历史资料或有关变量之间缺乏明确的数量关系等情况下的预测。

（二）定量分析方法

定量分析方法又称为数量分析方法，是指在完全掌握预测对象相关资料的基础上，运用数学方法进行数据处理，据以建立反映变量之间规律性的各种预测模型，来对预测对象未来的发展趋势进行推测的一种分析方法。定量预测方法能够避免预测者的主观随意性，精确度较高，适用于有系统完备的历史资料，或影响未来事物发展变化的有关因素可以量化的预测对象。

第二节 销售预测

一、定性销售预测

（一）判断分析法

判断分析法是指销售人员根据直觉判断进行预估，然后由销售经理加以综合，从而得出企业总体销售预测的一种方法。销售人员由于接近和了解市场，熟悉自己所负责区域的情况，因此，用这种方法得出的预测数据比较接近实际。另外，采用这种方法，便于确定分配给各销售人员的销售任务，发挥其积极性，激励他们努力完成各自的销售任务。但是，由于受各种因素的影响，销售人员的预测也会出现偏差，对销售人员的预测往往需要进行修正。

（二）调查分析法

调查分析法是指通过对有代表性顾客的消费意向进行调查，在了解市场需求的变化趋势的基础之上进行销售预测的一种方法。企业的销售取决于顾客的购买，顾客的消费意向是销售预测中最有价值的信息。如果通过调查，可以了解到顾客明年的购买量、顾客的财务状况和经营成果、顾客的爱好、习惯和购买力的变化、顾客购买本公司产品占其总需要量的比重和选择供应商的标准等相关资料，这些对销售预测将有很大的帮助。但在对顾客的消费意向进行调查的时候，应该注意以下三个方面的问题：

（1）选择的调查对象要具有普遍性和代表性，调查对象应能反映市场中不同阶层或行业的需求及购买需要。

（2）调查的方法一定要简便易行，使被调查对象乐于接受调查。

（3）对调查所取得的数据与资料要进行科学的分析，特别要注意去伪存真、去粗取精。只有这样，所获得的资料才具有真实性、代表性，才能作为预测的依据。

凡是顾客数量有限，调查费用不高，每户顾客意向明确又不会轻易改变的，均可以采用调查分析法进行预测。

二、定量销售预测

（一）趋势预测分析法

1. 算术平均法

采用算术平均法进行销售预测，就是把若干历史时期的销售量或销售额作为观察值，求出其简单平均数，并将平均数作为下期销售的预测值。这种方法的假设前提是过去怎样，将来也会怎样发展，即将来的发展是过去的延续。因此，如果产品的销售额或销售量在选定的历史时期中呈现某种上升或下降的趋势，就不能简单地采用这种方法。当各历史时期的销售量呈现增减趋势时，采用算术平均法进行预测销售就不妥当了，因为算术平均法把每个观察值看成同等重要，不能体现这种增减趋势。算术平均法的计算公式如下：

$$Y_t = \frac{X_{t-1} + \cdots + X_{t-n+1}}{n}$$

式中：Y_t——第（t+1）期的预测值；

X_t——第 t 期的实际销售量；

n——期数。

【例5-1】 某企业经营某种产品，过去 5 年的实际销售资料如表 5-1 所示。

表 5-1　　过去 5 年实际销售量　　单位：万元

年度	实际销售量
第 1 年	25
第 2 年	28
第 3 年	33
第 4 年	36
第 5 年	32

要求：根据以上资料，采用算术平均法预测该产品第 6 年的销售量。

根据计算公式，第 6 年销售量的预测值为：

$$Y_6 = \frac{25+28+33+36+32}{5} = 30.8 \text{（万元）}$$

即第 6 年的销售量的预测值为 30.8 万元。

2. 加权平均法

采用加权平均法进行销售预测，同样是将若干历史时期的销售量或销售额作为观察值，将各个观察值与各自的权数相乘之积加总，然后除以权数之和，求出其加权平均数，并将加权平均数作为销售量的预测值。按照各个观察值与预测值之间不同的相关程度分别规定适当的权数，是运用加权平均法进行销售预测的关键。当各历史时期的销售量呈现增减趋势时，为了体现这种增减趋势，有必要将近期的观察值的权数规定得大一些，远期的观察值的权数规定得小一些，使预测值更接近近期的观察值。加权平均法的计算公式如下：

$$Y_t=\frac{nX_t+(n-1)X_{t-1}\cdots+X_{t-n+1}}{n+(n-1)+\cdots+1}$$

【例5-2】 以例5-1为例，假设从第1年到第5年的权数分别为1、2、3、4、5，要求采用加权平均法预测第6年的销售量。

$$Y_6=\frac{5\times32+4\times36+3\times33+2\times28+1\times25}{5+4+3+2+1}=34.57\text{（万元）}$$

即第6年的销售量的预测值为34.57万元。

3. 指数平滑法

指数平滑法是利用加权因子（平滑系数）对过去不同期间的实际销售量进行加权计算，以显示远期和近期实际销售量对未来期间销售量预测值不同影响的作用的一种销售量预测方法。

采用指数平滑法进行预测时，先要由远而近地按照一定的平滑系数计算各期的平滑值，然后，直接以最后一期的平滑值作为下一期的预测值，或在进行趋势修正的基础上确定预测值。指数平滑法的计算公式为：

$$S_t=\alpha X_{t-1}+(1-\alpha)S_{t-1}$$

式中：S_t——第t期的销售预测值；

S_{t-1}——第（t-1）期的销售预测值；

X_{t-1}——第（t-1）期的销售实际值；

α——平滑系数。

从计算公式可见，指数平滑法实际上是以α和（1-α）为权数的一种特殊的加权平均法，只要知道上期的预测销售量和上期的实际销售量，就可以预测本期的销售量。

在用指数平滑法预测销售量时，平滑系数的值通常由预测者根据过去销售实际值和预测值之间差异的大小而定，一般在0~1之间。这里，如果平滑系数的取值越大，则近期实际销售量对预测结果的影响越大；如果平滑系数的取值越小，则近期实际销售量对预测结果的影响也越小。

与加权平均法相比，指数平滑法具有以下两个优点：一是α的值可以任意设定，比较灵活；二是在不同程度上考虑了以往各期的观测值，比较全面。

下面举例说明指数平滑法的运用。

【例5-3】 假设某企业1～6月实际销售量资料如表5－2所示，且知1月份销售量的预测值为2520件。要求：用指数平滑法预测此产品7月份的销售量（$\alpha=0.3$）。

利用指数平滑法的计算公式，可得2月份的销售量为：

$S_2=0.3\times2500+(1-0.3)\times2520=2514$（万元）

同理可得其他月份的销售量，具体的计算结果如表5－2所示。

表5－2 单位：万元

月份	X_{t-1}	$0.3X_{t-1}$	$(1-0.3)S_{t-1}$	S_t
1	2500	—	—	2520
2	2700	750	1764	2514
3	2540	810	1759.8	2569.8
4	2800	762	1798.86	2560.86
5	2850	840	1792.602	2632.602
6	2810	855	1842.8214	2697.8214
7	—	843	1888.47498	2731.47498

即该产品7月份的销售量预测值为2731.47498万元。

（二）因果预测法

影响产品销售的因素是多方面的，既有企业外部因素，也有企业内部因素；既有客观因素，又有主观因素。但是，在这些因素中，有些因素对产品销售起着决定性的作用或与产品销售存在某种函数关系，只要找到与产品销售（因变量）相关的因素（自变量）以及它们之间的函数关系，就可以利用这种函数关系进行产品的销售预测，这种销售预测方法就是因果预测分析法。

因果预测分析法最常用的方法是回归分析法。回归分析法具体包括直线趋势法、曲线趋势法和指数曲线趋势法等。

1. 直线趋势法

直线趋势法是根据过去若干期的销售量的实际资料，确定可以反映销售量增减变动趋势的直线方程（$y=a+bx$），并将此直线延伸，进而求出某产品未来销售量预测值的一种预测方法。在直线趋势方程$y=a+bx$中，y表示销售量的预测值，x表示预测期的序数，a表示截距，b表示某时期内y的变化率。利用最小二乘法可以求得a和b的计算公式，具体推导如下：

最小二乘法的基本思想就是求一条回归直线，使得此回归直线的预测值与实际值的残差平方和达到最小，也即 $G = \min \sum (y - a - bx)^2$，要求此函数的最小值，可利用微积分知识，先对函数 G 求偏导，然后令其一阶导数为零求解：

$$\frac{\partial G}{\partial a} = 2\sum (y - a - bx)(-1) = 0$$

$$\frac{\partial G}{\partial b} = 2\sum (y - a - bx)(-x) = 0$$

将上面两式展开整理，可得正规方程组：

$$\begin{cases} \sum y = na + b\sum x \\ \sum xy = a\sum x + b\sum x^2 \end{cases}$$

解此正规方程组，可得 a 和 b 的计算公式为：

$$a = \frac{\sum y - b\sum x}{n}$$

$$b = \frac{n\sum xy - \sum x\sum y}{n\sum x^2 - (\sum x)^2}$$

【例 5-4】某企业经营某种产品，过去 9 年的实际销售量如表 5－3 所示。

表 5－3　　单位：万元

年度	实际销售量	年度	实际销售量
第 1 年	30	第 6 年	51
第 2 年	32	第 7 年	55
第 3 年	34	第 8 年	58
第 4 年	41	第 9 年	62
第 5 年	46		

要求：用直线趋势法预测某产品第 10 年的销售量。

（1）按直线趋势法的基本要求，对以上有关资料进行加工，其结果如表 5－4 所示。

表 5－4

年度	x	y	xy	x^2
第 1 年	1	30	30	1
第 2 年	2	32	64	4
第 3 年	3	34	102	9
第 4 年	4	41	164	16

续表

年度	x	y	xy	x^2
第5年	5	46	230	25
第6年	6	51	306	36
第7年	7	55	385	49
第8年	8	58	464	64
第9年	9	62	558	81
$\sum$	45	409	2303	285

（2）将表5－4中的有关数据代入a、b的计算公式得：

$$b=\frac{9\times2303-45\times409}{9\times285-45^2}=4.3$$

$$a=\frac{409-4.3\times45}{9}=23.94$$

据此，可求得本例中的直线趋势方程为：

$y=23.94+4.3x$

（3）根据上述方程，计算某产品第10年的销售量预测值，其结果为：

$y_{10}=23.94+4.3\times10=66.94$

由于此趋势方程中，x代表时间，是没有实际经济含义的变量，在分析中只起一个符号的作用，因此，在实际工作中，为简化计算，可将前述标准方程组中公共项加以适当的处理，即令 $\sum x=0$（当资料期为奇数项时，中间一项取0，中间期以前各项依次取－1、－2、－3…，中间期以后各项依次取1、2、3…；当资料期为偶数项时，中间两项分别1、－1，中间期以前各项依次取－3、－5、－7…，中间期以后各项依次取3、5、7…）。这样a、b的计算公式可以简化为：

$$a=\frac{\sum y-b\sum x}{n}=\frac{\sum y}{n}$$

$$b=\frac{n\sum xy-\sum x\sum y}{n\sum x^2-(\sum x)^2}=\frac{\sum y}{n}$$

【例5-5】仍用例5-4的资料，运用简便方法进行计算。

按简化方法的要求，对已知资料有关数据进行加工，其结果如表5－5所示。

表 5－5

年度	x	y	xy	x^2
第 1 年	－4	30	－120	16
第 2 年	－3	32	－96	9
第 3 年	－2	34	－68	4
第 4 年	－1	41	－41	1
第 5 年	0	46	0	0
第 6 年	1	51	51	1
第 7 年	2	55	110	4
第 8 年	3	58	174	9
第 9 年	4	62	248	16
$\sum$	0	409	258	60

将表中的有关数据代入简化公式，其结果为：

$$b=\frac{\sum xy}{\sum x^2}=\frac{258}{60}=4.3$$

$$a=\bar{y}=\frac{409}{9}=45.44$$

$$y=45.44+4.3x$$

按简化后所求的直线趋势方程，计算某产品第 10 年的销售量的预测值为：

$$y_{10}=45.44+4.3\times5=66.94$$

2. 曲线趋势法

曲线趋势法是根据过去若干期的销售量的实际资料，确定可以反映销售量增减变动趋势的二次曲线（$y=a+bx+cx^2$），并将此曲线延伸，进而求出某产品未来销售量预测值的一种预测方法。

根据曲线方程 $y=a+bx+cx^2$，利用最小二乘法可以求得标准方程组：

$$\begin{cases}\sum y=na+b\sum x+c\sum x^2\\ \sum xy=a\sum x+b\sum x^2+c\sum x^3\\ \sum x^2y=a\sum x^2+b\sum x^3+c\sum x^4\end{cases}$$

根据以上标准方程组，可确定曲线趋势方程中 a、b、c 的值。

为了简化计算，可将上述标准方程组中公共项加以适当的处理，即令 $\sum x=0$，$\sum x^3=0$（当资料期为奇数项时，中间一项取 0，中间期以前各项依次取 －1、－2、－3…，中间期以后各项依次取 1、2、3…；当资料期为偶数项时，中间两项分别取 1、-1，中间期以前各项依次取 -3、-5、-7…，中间期以后各项依次取 3、5、7…）。

这样上述标准方程可以简化为：

$$\begin{cases}\sum y = na + c\sum x^2 \\ \sum xy = b\sum x^2 \\ \sum x^2y = a\sum x^2 + c\sum x^4\end{cases}$$

可得 a、b、c 的计算公式为：

$$a = \frac{\sum y\sum x^4 - \sum x^2\sum x^2y}{n\sum x^4 - (\sum x^2)^2}$$

$$b = \frac{\sum xy}{\sum x^2}$$

$$c = \frac{n\sum x^2y - \sum y\sum x^2}{n\sum x^4 - (\sum x^2)^2}$$

【例 5-6】 假设某企业经营某种产品，连续 9 年的实际销售资料如表 5-6 所示。

表 5-6

年度	实际销售量（万元）	年度	实际销售量（万元）
第 1 年	187	第 6 年	349
第 2 年	204	第 7 年	404
第 3 年	229	第 8 年	468
第 4 年	261	第 9 年	540
第 5 年	302		

要求：用曲线趋势法预测某产品第 10 年的销售量。

首先，按曲线趋势法的基本要求，对以上有关资料进行加工，其结果如表5-7所示。

表 5-7

年度	y	x	x^2	x^3	x^4	xy	x^2y
第 1 年	187	-4	16	-64	256	-748	2992
第 2 年	204	-3	9	-27	81	-612	1836

续表

年度	y	x	x^2	x^3	x^4	xy	x^2y
第3年	229	-2	4	-8	16	-458	916
第4年	261	-1	1	-1	1	-216	261
第5年	302	0	0	0	0	0	0
第6年	349	1	1	1	1	349	349
第7年	404	2	4	8	16	808	1616
第8年	468	3	9	27	81	1404	4212
第9年	540	4	16	64	256	2106	8640
$\sum$	2944	0	60	0	708	2642	20822

根据上述计算公式可求得 a、b、c 的值及曲线方程：

$$a=\frac{2944\times708-60\times20822}{9\times708-60^2}=301.238$$

$$b=\frac{2462}{60}=40.033$$

$$c=\frac{9\times20822-2944\times60}{9\times708-60^2}=3.881$$

$$y=301.238+40.033x+3.881x^2$$

因此，某产品第 10 年的销售量的预测值为：

$y_{10}=301.238+40.033\times5+3.881\times5^2=598.428$（万元）

3. 指数曲线趋势法

指数曲线趋势法是根据过去若干期的销售量的实际资料，确定可以反映销售量增减变动趋势的指数曲线（$y=ab^x$），并将此曲线延伸，进而求出某产品未来销售量预测值的一种预测方法。

使用该方法时，先将指数方程两边同时取对数，转化为对数直线方程 $\lg y=\lg a+\lg b^x$，然后采用与直线趋势相同的方法，求出常数，确定对数直线方程。

根据对数直线方程 $\lg y=\lg a+\lg b^x$，利用最小二乘法，可得标准方程为：

$$\begin{cases}\sum \lg y=n\lg a+\lg b\sum x\\ \sum(x\lg y)=\lg a\sum x+\lg b\sum x^2\end{cases}$$

同前，若对 x 进行适当取值，使 $\sum x=0$，则上述标准方程可以简化为：

$$\begin{cases}\sum \lg y=n\lg a\\ \sum(x\lg y)=\lg b\sum x^2\end{cases}$$

解方程组，可得：

$$\lg a = \frac{\sum \lg y}{n}$$

$$\lg b = \frac{\sum (x\lg y)}{\sum x^2}$$

【例5-7】某企业经营某种商品，连续9年的实际销售量资料如表5－8所示。

表5－8

年度	实际销售量（万元）	年度	实际销售量（万元）
第1年	30	第6年	51
第2年	32	第7年	55
第3年	34	第8年	58
第4年	46	第9年	62
第5年	41		

要求：用指数趋势法预测某产品第10年的销售量。

按指数趋势法的基本要求，对以上有关资料进行加工，其结果如表5－9所示。

表5－9

年度	y	lg y	x	xlgy	x^2
第1年	30	1.4771	－4	－5.9085	16
第2年	32	1.5051	－3	－4.5154	9
第3年	34	1.5315	－2	－3.0630	4
第4年	46	1.6628	－1	－1.6628	1
第5年	41	1.6128	0	0	0
第6年	51	1.7076	1	1.7076	1
第7年	55	1.7404	2	3.4807	4
第8年	58	1.7634	3	5.2903	9
第9年	62	1.7924	4	7.1696	16
$\sum$	409	14.7930	0	2.4985	60

$$\lg a = \frac{\sum \lg y}{n} = \frac{14.793}{9} = 1.6437$$

$$\lg b = \frac{\sum x\lg y}{\sum x^2} = \frac{2.4985}{60} = 0.04163$$

$\lg y = 1.6437 + 0.04163x$

则此产品第10年的销售预测值为：

$\lg y_{10} = 1.6437 + 0.04163 \times 5 = 1.852$

$y_{10} \approx 71.121351$（万元）

由于因果预测法的模型形式较多，有直线、曲线和指数曲线等形式，在实际应用中，我们究竟选择哪种模型进行分析，主要根据资料而定。一般我们可以在建立模型之前，先将历史资料描绘散点图，然后根据散点图的大致走向，来选择合适的模型。

第三节　利润预测

一、利润预测的意义

利润是企业在一定会计期间进行经营活动的结果，是营业收入减去与之相配比的费用后的余额。利润预测是按照企业经营目标的要求，通过对影响利润变化的成本、产销量等因素的综合分析，对未来一定时间内可能达到的利润水平和变化趋势所进行的科学预计和推测。利润预测是在销售预测和成本预测的基础上进行的。

二、影响利润变动的因素

根据本量利方程"利润 = 销售量 ×（单价 - 单位变动成本）- 固定成本"可知，影响利润的因素主要有：

（一）产销数量

产销数量是销售收入的重要构成部分，它的增减变动是企业利润数额发生变动的重要因素。在其他因素保持不变的情况下，产销数量增加，利润数额随之增加；反之，利润数额随之减少。也即利润与产销数量呈正方向变动。

（二）产品单价

产品单价是销售收入的另一重要构成部分，在其他因素保持不变的情况下，产品单价提高，利润数额随之增加；反之，利润数额随之减少。也即利润与产品单价呈正方向变动。

（三）单位变动成本

单位变动成本是销售成本的重要构成因素，在其他因素保持不变的情况下，单位变动成本提高，利润数额随之降低；反之，利润数额随之增加。也即利润与产品单价呈反方向变动。

(四) 固定成本

固定成本是销售成本的另一重要构成因素，在其他因素保持不变的情况下，固定成本提高，利润数额随之降低；反之，利润数额随之增加。也即利润与固定成本呈反方向变动。

(五) 产销结构

除了上述四个利润影响因素外，产销结构也是影响利润变动的重要因素。在其他因素保持不变的情况下，企业提高边际贡献率高的产品的产销比重或者降低边际贡献率低的产品的产销比重，利润数额会随之增加；反之，利润数额会随之减少。

三、利润预测的内容

(一) 利润增长趋势预测

在实际的生产经营条件下，一般随着企业有关产品产销数量或销售收入的增减，企业在一定时期的销售利润也相应发生增减变动。因此，可以建立利润与销售之间的数学模型来描述两者的变动趋势，并据此来预测利润增长趋势的变动。现举例说明利润与产销同步增减条件下的利润增长趋势预测。

【**例5-8**】某企业近7年的利润和销售收入的资料如表5－10。

表5－10 单位：万元

年度	实际销售额	利润总额
第1年	350	40
第2年	380	45
第3年	460	50
第4年	490	55
第5年	550	67
第6年	620	72
第7年	700	78

要求：当第8年和第9年的产量分别为750和800时，预测该企业第8年和第9年的利润增长趋势和结果。

(1) 对已知数据进行加工，其结果见表5－11。

表 5 – 11

年度	x	y	xy	x^2
第 1 年	350	40	14000	122500
第 2 年	380	45	17100	144400
第 3 年	460	50	23000	211600
第 4 年	490	55	26950	240100
第 5 年	550	67	36850	302500
第 6 年	620	72	44640	384400
第 7 年	700	78	54600	490000
$\sum$	3550	407	217140	1895500

（2）确定销售收入同利润额的关系模型。根据前述最小二乘法下 a、b 的计算公式有：

$$a=\frac{407-0.1128\times 3550}{7}=0.937$$

$$b=\frac{7\times 217140-3550\times 407}{7\times 1895500-3550^2}=0.1128$$

则一元回归方程为：

$y=0.937+0.1128x$

当第 8 年和第 9 年的产量分别为 750 和 800 时的总利润为：

$y_8=0.937+0.1128\times 750=85.537$

$y_9=0.937+0.1128\times 800=91.177$

（二）利润变动率预测

在实际生产经营条件下，人们发现，虽然企业在一定期间的利润总额随着销售收入总额的增加而相应增加，但是销售利润率却随着销售收入总额的增加呈下降趋势，销售利润率随销售额的增长而逐渐下降的变动趋势可以用双曲线方程或倒数方程进行描述（$y=a+b\frac{1}{x}$）

对于双曲线方程，可通过变量代换改写成线性形式，其具体过程如下：

令 $x'=\frac{1}{x}$，则 $y=a+b\frac{1}{x}$可以转化为：

$y=a+bx'$

利用最小二乘法，得 a、b 的计算公式为：

$$b=\frac{n\sum x'y-\sum x'\sum y}{n\sum (x')^2-(\sum x')^2}$$

$$a = \frac{\sum y - b\sum x'}{n}$$

现举例说明利润变动率的预测方法。

【例5-9】某企业近5年的销售利润率和销售收入的资料如表5－12所示。

表5－12

年度	销售收入（万元）	销售利润率（%）
第1年	35	15
第2年	38	12
第3年	46	10
第4年	49	9
第5年	55	7

要求：当第6年的销售收入为60万元时，预测该企业第6年的销售利润率。

对已知数据进行加工，其结果见表5－13。

表5－13

年度	x	y	$x' = \frac{1}{x}$	$x'y$	$(x')^2$
第1年	35	15	0.028571	0.428571	0.000816
第2年	38	12	0.026316	0.315789	0.000693
第3年	46	10	0.021739	0.217391	0.000473
第4年	49	9	0.020408	0.183673	0.000416
第5年	55	7	0.018182	0.1272273	0.000331
$\sum$	223	53	0.115216	1.272698	0.002729

将整理加工的资料代入公式：

$$b = \frac{5 \times 1.272698 - 0.115216 \times 53}{5 \times 0.002729 - 0.115216^2} = 694.2$$

$$a = \frac{53 - 694.2 \times 0.115216}{5} = -5.397$$

即：$y = -5.397 + 694.2x'$

$$y = -5.397 + 694.2\frac{1}{x}$$

当第6年的销售收入为60万元，则企业第6年的销售利润率为：

$$y_6 = -5.397 + 694.2 \times \frac{1}{60} = 6.173\%$$

第四节　成本预测

一、成本预测的意义

成本预测是成本管理的重要环节。它是在编制成本预算之前，根据企业的经营总目标和预测期可能发生的各个影响因素，采用定量和定性分析方法，确定目标成本、预计成本水平和变动趋势的一种管理活动。

科学的预测是进行正确决策的依据。成本预测是企业进行产品设计方案选择、零件外购或自制、是否增加新设备、新产品是否投产等决策的基础。通过成本预测，可以掌握未来的成本水平及其变动的趋势，为编制成本计划、进行成本控制、成本分析和成本考核提供依据。为了保证成本预测达到预期的目标，成本预测应该服从企业总的经营目标，各部门、单位的成本预测应该以企业经营目标为基准进行协调，以保证整个企业的成本预测、决策系统的协调性、一致性。

二、成本预测的内容

（一）考虑单个因素的成本预测

考虑单个因素的成本预测，常采用一元线性回归分析方法，它是在影响成本变动只有一个产量因素的条件下，根据过去若干期的历史资料，确立成本随产量变动的回归直线，并将此直线延伸，进而预测未来一定期间对应于某一产量的成本数值的预测方法。

现举例说明单个因素的成本预测。

【例5-10】某企业生产某种产品，过去6年的产量和成本资料如表5－14所示。

表5－14

年度	总产量（件）	总成本（元）
第1年	3000	435000
第2年	4500	547500
第3年	6000	660000
第4年	7500	772500
第5年	9000	885000
第6年	10500	997500

要求：预测第 7 年此产品的产量为 11500 件的成本总额。

采用最小二乘法确定一元回归方程 $y=a+bx$ 中 a、b 的值。

表 5－15

年度	x	y	xy	x^2
第 1 年	3000	435000	1305000000	9000000
第 2 年	4500	547500	2463750000	20250000
第 3 年	6000	660000	3960000000	36000000
第 4 年	7500	772500	5793750000	56250000
第 5 年	9000	885000	7965000000	81000000
第 6 年	10500	997500	10493750000	110250000
$\sum$	40500	4297500	31961250000	312750000

根据 a、b 的计算公式可得：

$$b=\frac{6\times31961250000-40500\times4297500}{6\times312750000-40500^2}=75\text{（元）}$$

$$a=\frac{4297500-75\times40500}{6}=210000\text{（元）}$$

则一元回归方程为：

$y=210000+75x$

当第 7 年的产量为 11500 时的总成本为：

$y_7=210000+75\times11500=1072500$（元）

（二）考虑多个因素的成本预测

考虑多个因素的成本预测，常采用多元线性回归分析方法，它是指假定在影响成本变动有若干个产量因素的条件下，根据过去若干期的历史资料，确立成本随多个产量变动的多元回归直线，并将此直线延伸，进而预测未来一定期间对应于某一产量的成本数值的预测方法。

现举例说明多个因素的成本预测。

【例 5-11】某企业生产某种产品，生产成本与机时和人工工时的资料如表 5－16所示。

表 5－16

年度	生产成本（万元）	机时（万小时）	人工工时（万小时）
第 1 年	13	3	3
第 2 年	15	3	4
第 3 年	20	9	12
第 4 年	16	3	6
第 5 年	18	7	10
第 6 年	13	4	6
第 7 年	17	6	9
第 8 年	15	4	5
第 9 年	19	10	12
第 10 年	21	11	13

要求：采用多元线性回归法预测第 11 年当机时为 15，人工工时为 18 时的生产成本。

（1）确定回归直线方程中的 a、b_1、b_2。

由于本例中，影响生产成本的因素有机时和人工工时两个，故需要建立多元回归方程（$y = a + b_1x_1 + b_2x_2$），利用最小二乘法可确定标准方程组：

$$\begin{cases} \sum y = na + b_1 \sum x_1 + b_2 \sum x_2 \\ \sum x_1y = a \sum x_1 + b_1 \sum x_1^2 + b_2 \sum x_1x_2 \\ \sum x_2y = a \sum x_2 + b_1 \sum x_1x_2 + b_2 \sum x_2^2 \end{cases}$$

（2）按照标准方程组的要求，对已知数据进行加工整理，结果见表 5－17。

表 5－17

年度	x_1	x_2	y	x_1^2	x_2^2	x_1x_2	x_1y	x_2y
第 1 年	3	3	13	9	9	9	39	39
第 2 年	3	4	15	9	16	12	45	60
第 3 年	9	12	20	81	144	108	180	240
第 4 年	3	6	16	9	36	18	48	96
第 5 年	7	10	18	49	100	70	126	180
第 6 年	4	6	13	16	36	24	52	78
第 7 年	6	9	17	36	81	54	102	153
第 8 年	4	5	15	16	25	20	60	75
第 9 年	10	12	19	100	144	120	190	228

续表

年度	x_1	x_2	y	x_1^2	x_2^2	x_1x_2	x_1y	x_2y
第10年	11	13	21	121	169	143	231	273
$\sum$	60	80	167	446	760	578	1073	1422

将加工整理的数据代入方程组得：

$a = 11.036$

$b_1 = 0.128$

$b_2 = 0.612$

即，多元回归方程为：

$y = 11.036 + 0.128x_1 + 0.612x_2$

则，当第11年的机时为15，人工工时为18时的生产成本为：

$y = 11.036 + 0.128 \times 15 + 0.612 \times 18 = 23.972$

考虑多个因素的成本预测利用多元回归模型，计算相对复杂，但是相对于考虑单个因素的成本预测来说，预测的内容相对全面，而且从多元回归模型中的回归系数，可以清楚地看到哪个因素对成本的影响更大，从而便于管理者决策。比如在例5-11中机时的回归系数为0.128，人工工时的回归系数为0.612，这说明人工工时对生产成本的影响更大些。

思考与练习

一、思考题

1. 什么是经营预测？经营预测的基本原理有哪些？
2. 什么是销售预测？销售量预测的常用方法有哪些？
3. 影响利润变动的主要因素有哪些？它们各是如何影响利润变动的？
4. 什么是利润预测？利润预测的内容有哪些？
5. 什么是成本预测？成本预测的内容有哪些？

二、练习题

1. 某企业近10年的销售资料如下：

年份	1	2	3	4	5	6	7	8	9	10
销售量	11	13	14	17	20	24	27	31	29	32

要求：用算术平均法预测第11年的销售量。

2. 某企业近6年的销售资料如下：

年份	1	2	3	4	5	6
销售量	31	33	34	37	40	44

要求：用加权平均法确定该企业第 7 年的预计销售量。

3. 某企业 1 ~ 11 月份的实际销售资料如下：

月份	1	2	3	4	5	6	7	8	9	10	11
销售量	41	43	44	48	50	54	57	61	59	62	68

且知 1 月份的预计销售量为 42 万件。

要求：用指数平滑法预测该企业 12 月份的销售量（平滑系数取 0.2）。

4. 某企业经营某种产品，其近 9 年的销售资料如下：

年份	实际销售量（万元）	年份	实际销售量（万元）
第 1 年	510	第 6 年	750
第 2 年	560	第 7 年	803
第 3 年	608	第 8 年	850
第 4 年	659	第 9 年	898
第 5 年	704		

要求：用直线趋势法测定此产品第 10 年和第 11 年的销售量。

5. 某企业经营某种产品，近 3 年各季度的实际销售资料如下：

时间	实际销售量（万元）
第 1 年：第一季度	950
第二季度	590
第三季度	320
第四季度	860
第 2 年：第一季度	1020
第二季度	610
第三季度	360
第四季度	880
第 3 年：第一季度	1050
第二季度	650
第三季度	380
第四季度	910

要求：用曲线趋势法测算此产品第 4 年第一季度和第二季度的销售量。

6. 某企业近 8 年的销售和利润资料如下：

年份	销售量（万元）	利润（万元）
第1年	250	30
第2年	280	35
第3年	360	40
第4年	390	45
第5年	450	57
第6年	520	62
第7年	600	68
第8年	690	75

要求：预测该企业利润的增长趋势，且预算当第9年的销售量为750万元，第10年的销售量为800万元时的利润。

7. 某企业近6年的销售收入和销售利润率的资料如下：

年份	销售量（万元）	销售利润率（%）
第1年	150	25
第2年	180	23
第3年	260	20
第4年	290	17
第5年	350	15
第6年	420	12

要求：预测该企业销售利润率的变化趋势，且预测当第7年的销售量为480万元时的销售利润率。

8. 某企业近8年的总产量和总成本的资料如下：

年份	总产量（件）	总成本（万元）
第1年	2000	43
第2年	2500	48
第3年	2800	52
第4年	3600	65
第5年	3900	68
第6年	4300	72
第7年	4800	80
第8年	5300	86

要求：预测该企业成本的变化趋势，且预测当第9年的销售量为6000件时的总成本。

9. 某企业生产某种产品，其制造成本、工时和机时的资料如下：

年份	制造费用	工时	机时
第 1 年	33	5	4
第 2 年	35	6	6
第 3 年	50	12	15
第 4 年	36	7	8
第 5 年	38	9	10
第 6 年	32	4	3
第 7 年	37	8	9

要求：预测该产品制造费用的变化趋势，且预测第 8 年的机时为 10，工时为 13 时的制造费用。

第六章　短期经营决策基本方法

第一节　经营决策概述

一、短期经营决策的含义

所谓决策，通常是指人们为了实现一定的目标，借助于科学的理论和方法，进行必要的计算、分析和判断，进而从可供选择的诸方案中，选取最满意（可行）方案的过程。① 因此，从某种意义上来说，决策就是选择的过程，它是对未来各种可能的行动方案进行选择或作出的决定。

按照决策影响时间的长短，可将其划分为短期决策和长期决策两大类。短期决策也称短期经营决策或经营决策，一般是指在一个经营年度或一个经营周期内就能实现其经营目标的决策，如存货决策、产品的生产决策、产品的定价决策等，其主要特点是一般不涉及大量资金的投入，而且其决策目标在短期内就可以实现，决策会对较短时期的资金收益产生影响。因此，经营决策就是在企业现有的生产经营能力的条件下，为了实现未来一定期间的经营目标而寻求最佳的可行性方案的过程。对于这类决策，需要分析比较不同方案对成本利润的影响，以便从中选出最优方案。长期决策是指要在较长时期内（通常超过一年）才能实现其目标的决策，其主要特点是一般要投入大量资金，而且决策会对较长时期的资金收益产生影响，如固定资产的投资决策等。

二、短期经营决策的分类

短期经营决策可按不同的标志进行分类。

---

① 余绪缨：《管理会计》，辽宁人民出版社，1996 年版，第 215 页。

(一) 按照决策的内容不同进行分类

按照决策的内容不同，可将短期经营决策分为存货决策、生产决策与定价决策三种。

1. 存货决策

存货决策是企业在生产经营过程中为销售或耗用而储备的物资，包括材料、燃料、低值易耗品、在产品、半成品、产成品等。为了保证企业不间断的生产对原材料的需要，企业应有一定的存货的存储量。没有一定的存储量，可能会引起生产的中断，从而给企业带来损失。但是，储存存货必然会发生储存成本。因此，存货决策的目的在于既要满足生产需要，又能在不同情况下，通过合理的进货批量和进货时间，使存货的总成本降到最低。

2. 生产决策

生产决策是指在短期内（通常为一个经营年度或一个经营周期内），在生产领域中，决策者围绕是否生产、生产什么、怎样生产和生产多少等问题所进行的决策。如零件的取得方式决策、亏损产品的停产决策等。

3. 定价决策

定价决策是指在短期内，在销售领域中，决策者围绕如何确定销售产品的价格等问题所进行的决策。

(二) 按照决策者掌握的信息特点进行分类

按照决策者所掌握的信息特点的不同，可将短期经营决策分为确定型决策、不确定型决策和风险型决策三种。

1. 确定型决策

确定型决策是指与决策相关的未来的客观条件或自然状态是确定的，对所有的备选方案，决策者事先经计量、分析后均可得到一个确定结果的各种决策。在确定型决策条件下，决策者完全了解某一决策事项将要面临的客观环境和基本情况，对每一备选方案的预期效益都能够通过直接计量而确切地掌握。

2. 不确定型决策

不确定型决策是指与决策相关的未来的客观条件或自然状态不确定，决策者事先不知道决策可能出现的结果，或者虽然知道决策可能出现的结果，但不知道可能出现各种结果的概率的决策。

3. 风险型决策

风险型决策是指与决策相关的未来的客观条件或自然状态不能完全确定，但决策者事先可以知道决策可能出现的结果及可能出现各种结果的概率。在这种条件下，决策者无法确切掌握某一决策事项将要面临的客观环境和基本情况，但是，他们可以凭借自己的实践经验和一定的方法，大体上估计出有关情况可能出现的概率。

（三）按照决策项目之间的关系进行分类

按照决策项目之间的关系不同，可将短期经营决策分为独立方案决策、互斥方案决策和优化组合方案决策。

1. 独立方案决策

独立方案决策是指对各自独立存在，不受其他任何方案影响的不同方案的决策。在决策过程中，如果由于条件的限制，所有备选方案不能同时进行时，就要对这些备选方案按照优劣进行排序。独立方案决策只需判断方案本身的可行性就可以，而不必择优。

2. 互斥方案决策

互斥方案决策是指在决策过程中，同一项决策项目所涉及的所有备选方案之间存在着相互排斥的关系，选取某个方案必须以排除其他方案的选取为条件。互斥方案决策不仅要判断方案本身的可行性，而且还要对可行方案择优。

3. 优化组合方案决策

优化组合方案决策通常是指在决策过程中，同一项决策任务所涉及的所有备选方案之间存在着不同的搭配组合情况。在决策时，决策者要从所有的备选方案的组合中，选出最优的方案组合，或根据决策任务的不同条件，分别选择不同的最优组合，使其综合经济效益达到最优化。

（四）按照相同决策出现的重复程度进行分类

从实现企业内部管理科学化的要求出发，可将企业的经营活动划分为例行活动和非例行活动。所谓例行活动，是指企业内部管理中经常发生或反复发生、有章可循的各项活动，如材料的采购、产品加工等；非例行活动是指企业内部管理中不经常发生、无法照章办事的各项活动，如新产品的研发等。与企业的经营活动相对应，企业的经营决策可区分为程序性决策和非程序性决策，对例行活动应制定和实施程序性决策，而对非例行活动则要制定和实施非程序性决策。

1. 程序性决策

程序性决策是指呈现重复和例行状态，由于重复发生，以致人们可以为其制定出一套固定程序，当某一类决策问题重复发生时，不必重新再实施新的决策，而是可以按原有设立的一套例行程序来进行工作。

2. 非程序性决策

非程序性决策是指属于新规定的、非例行的、呈现非程序化的决策。这类决策活动，并不是经常重复出现的，当出现时，必须根据实际情况实施新的决策程序。

三、经营决策的一般程序

为了使决策与企业的内外部的客观环境相适应，经营决策必须按照科学的程序来进行。一般而言，经营决策程序可概括为以下几个步骤：

（一）确定决策分析目标

决策目标是进行决策的前提。在确定决策目标时，要根据企业所面临的内外部环境和条件，确定某项决策究竟要解决什么问题，达到什么目的。企业的经济活动是多方面的，对不同的经济活动的决策有不同的目标。但不管是哪一种决策，其决策目标应该力求明确具体，并充分揭示其约束条件；应尽可能地用定量的指标表达，力求数量化。

（二）收集与决策目标相关的信息

决策的目标确定以后，决策者就要针对决策目标，广泛收集与决策目标相关的信息，如与之有关的成本、收入及其他资料，为科学决策提供条件。由于经济业务的复杂性，决定了对其进行描述时也要定量和定性相结合，财务计量和非财务计量相结合。因此，在收集信息时，既要收集财务信息，也要收集非财务信息。为了给决策者提供尽可能齐全的相关信息，除了要收集各种实际的和历史的数据、资料外，还应当收集一些预计性的数据和资料，包括经济的、技术的、定量的和定性的以及内部的和外部的数据和资料等。

（三）设计各种备选方案

决策过程就是选择的过程。要进行决策，就必须有可供选择的备选方案。在经营决策目标确定以后，就要根据所确定的决策目标和所掌握的相关信息，提出实现决策目标的各种备选方案，以便进行比较，从各种可能的行动方案作出最优的选择。

（四）比较、评价备选方案的可行性

在设计出各种备选方案后，就要对这些方案加以比较、评价。为了便于比较和评价，要收集与方案有关的资料，然后根据所掌握的资料，采用定量和定性的方法对有关方案进行可行性研究论证，对其经济效益进行测算、评价，为决策者正确选择最优方案提供依据。

（五）选择最满意（可行）方案

这是整个决策过程中最关键的环节。决策者必须在综合比较、评价各方案的优缺点的基础上，全面权衡利弊得失，按照一定原则要求确定最终择优的标准及有关方法，筛选较为理想的相对最优的方案。

（六）最满意（可行）方案的组织实施和评价

方案选定以后，就要制定具体的实施措施和相应的各项具体政策，把决策目标落实到每一个执行单位，并明确具体责任。方案的实施才是决策的目的，方案的实施结果又是检验所做决策正确性的客观依据。因此，在方案的实施过程中，要对实施的具体情况进行检查和监督，将实施结果与决策目标进行比较，揭示实际偏离决策目标的程度及其原因，发现问题及时反馈，随时根据需要调整目标或修改方案乃至作出下一轮新的决策，使决策过程处于决策→实施→反馈→再决策→再实施的动态良性循环中，以保证决策目标的顺利实现。

第二节 经营决策常用的成本概念

在经营决策过程中，需要对不同备选方案的经济效益进行比较、评价，以选择最优方案。而影响方案经济效益的一个重要因素就是成本的高低。管理会计进行决策所使用的成本概念较之财务会计所使用的成本概念有很大的不同，它具有特定的经济含义，是用于评价可行性方案的经济性所必需的各种形式的未来成本。在经营决策分析中，经常使用的成本概念有：

一、差别成本（Differential Cost）

差别成本也称为差量成本，是指可供选择的不同备选方案之间预期成本总额的差额。差别成本是经营决策中广泛应用的一个重要的成本概念，诸如产品生产对象决策、零部件的自制或外购决策、应否接受特殊订货决策等，都要用到差别成本概念。例如，某企业有某种设备，既可用来生产甲产品，也可用来生产乙产品。如果用来生产甲产品，可以生产3000件；如果用来生产乙产品，则可生产3300件。经测算，生产甲产品的预计总成本为65000元，生产乙产品的预计总成本为63000元，则甲、乙两种产品的预计总成本之间的差额为2000元，此即为甲、乙两种产品生产方案之间的差别成本。

与差别成本相对应的是差别（量）收入，它是指可供选择的不同备选方案之间预计收入总额的差额。如上例，假设甲产品的预计收入为90000元，乙产品的预计收入为85000元，则二者之间的差额为5000元，此即为甲、乙两种产品产销方案的差别收入。

差别成本和差别（量）收入是进行差别分析的主要内容，由差别成本和差别收入而派生出来的差别利润，是衡量有关方案优劣程度的重要依据。由差别成本、差别收入和差别利润所构成的差别（量）分析法，可以广泛应用于许多短期经营决策和长期投资决策的方案优选中。

二、边际成本（Marginal Cost）

从理论上讲，边际成本是指产量（业务量）的微量变化所引起的成本的变动数额。但在实际经济生活中，产量（业务量）的微量变化是相对的，“微量”只能小到一个经济单位，如一批、一个、一件等，再小就失去了经济意义。因此，在管理会计中，边际成本就是产量（业务量）每增加或减少一个单位所引起的成本变动数额。例如，当某产品产量为100件时，生产成本总额为1000元；当产量为101件时，生产成本总额为1020元。在此，因产量增加一个单位而导致生产成本总额增加的20元即为边际成本。假设产量从100件到110件递增时，每增加一个单位产量的边际成本均为20元。但从110件到111件时，增加一个单位产量的边际成本上升为40元。接下来，从111件到120件时，每增加一个单位产量的边际成本又恢复为20元。这是因为：产量从100件增加到110件时，产量是在相关范围内变动，此时，固定成本是固定不变的，而变动成本则要随产量的变化而发生变化。而当产量由110件增加到111件时，边际成本上升为40元，这说明111件已超出了原来的相关范围，要达到这个产量，必须增加固定资产投入，从而增加固定成本。在111件以后，边际成本又以一个固定值20元在新的相关范围内随单位产量的增加而增加。

由此可以看出，边际成本和变动成本是有区别的。当产量在相关范围内变化时，边际成本等于单位变动成本。

边际成本可以用来判断增加或减少某种产品数量在经济上是否合算。一般来说，在现有生产能力没有得到充分利用的条件下，任何新增产量的单位售价只要略高于其边际成本，就会增加企业的利润或减少企业的亏损。

与边际成本相对应的是边际收入。所谓边际收入是指销售量每增加或减少一个单位时所引起的销售总收入的变动数额。如上例中的某产品，假设销售100件时，销售总收入为1800元；销售101件时，销售总收入为1900元，则总收入的变动额100元即为此时销售某产品的边际收入。

边际成本和边际收入是进行边际分析的主要内容，而且它们之间存在着一种非常重要的关系，即当边际成本等于边际收入时，企业生产经营某种产品将获得最大利润，此时某产品的生产（销售）数量为最佳生产（销售）数量。

三、机会成本（Opportunity Cost）

企业在进行决策时，要从多个备选方案中选择一个最优方案，从而放弃其他方案。此时，被放弃的次优方案可能获得的潜在收益就是已选定的最优方案的机会成本。由于经济资源的稀缺性和多种选择机会的存在，将有限的资源用在这一方面，就不可能同时用在另一方面。因此，以次优方案的可能收益作为最优方案的“损失”，作为在决策时要考虑的一个重要因素来分析、评价方案的经济性，可以全面评价决策方案的所得与所失的关系，并能真正对所选定的“机会”的预期经济效益进行全面、客观的评价。

例如，某公司有一台设备，既可用来生产 A 产品，也可用于出租。如果用来生产 A 产品，可获得收入 50000 元，相关的成本费用为 30000 元，从而可获净利 20000 元；如果用来出租，可获得租金收入 16000 元。在此项决策中，如果选择用来生产 A 产品，则必须放弃可以出租的方案，此时，出租设备可能获得的租金收入 16000 元就成为将设备用来生产 A 产品的机会成本，由 A 产品负担。因此，将设备用于生产 A 产品的全部成本由两部分构成：一部分是产品的生产成本 30000 元，另一部分是机会成本 16000 元。

值得注意的是，机会成本仅仅是被放弃方案的潜在收益，并没有构成企业的实际成本支出，因而在财务会计的实务中，不能将其在会计账簿中进行登记。但是，企业拥有的资源是有限的，为了使有限的资源得到充分的利用，在企业的经营决策中，机会成本应作为一个现实的重要因素予以考虑。

四、假计成本（Imputed Cost）

假计成本又叫估算成本（Estimated Cost），是一种特殊形式的机会成本，是需要经过假定推断才能确定的机会成本。假计成本的典型形式就是利息。例如，企业购置的生产设备所使用的资金，不论该项资金是借入的还是自有的，也不管其是否存入银行或进行某项投资，为了正确地分析、评价设备购置方案的经济性，均可将可能取得的存款利息或投资报酬视为该项资金的机会成本。

五、重置成本（Replacement Cost）

重置成本是指在当前的生产条件和市场供应情况下，从市场上重新取得某项现有的资产所需支付的成本。在短期经营决策的定价决策和长期投资决策的以新设备替换旧设备的决策中，需要考虑以重置成本作为相关成本。

六、现金支付成本（Out-of-Pocket Cost）

现金支付成本也称付现成本，是指选择某方案需要马上支付现金的有关成本。例如，某公司急需某设备，现在有甲、乙两个工厂可提供该设备。其中，甲工厂售价为 60000 元，要求货款一次付清；乙工厂售价为 75000 元，货款可分期偿付，先支付 15000 元，其余货款在半年内平均支付，即每月支付 10000 元。该企业目前资金紧缺，仅有现金 20000 元，而且再筹资有困难。在这种情况下应选择从乙工厂购买该设备。因为虽然乙工厂设备售价比甲工厂高 15000 元，但近期急需支付的现金比甲工厂低 45000 元，只有 15000 元，而且在企业目前的承受能力范围内，因此，这种选择是同企业目前的资金紧缺的现状相适应的。

在实际工作中，企业资金紧缺，付现能力不足，而且筹资又十分困难的情况下，对那些急需资金项目的选择，应以付现成本而不是以总成本作为方案取舍的标准。尽管付现成本较低方案的总成本较高，但能很快以较少的资金取得急需的资产，以便及时投入生产，掌握时机，取得收益，获得资金的时间价值，以抵偿多付的成本。而总成本较低方案的付现成本较高，企业不能及时筹集到相应的资金则无法取得所需资产，使方案无法实施。因此，在这种情况下，只有符合企业目前实际支付能力的有关方案，才是真正的最优方案。

七、特定成本（Specific Cost）

特定成本也称专属成本，是指那些能够明确归属于某一特定方案的相关成本。特定成本的确认与取得，往往与取得相应资产的方式有关。例如，取得用来生产某产品的专用设备，则其特定成本就是取得该项设备的全部成本；租入设备，其特定成本则是与此相关联的租金成本等。

与特定成本相对应的是共同成本（Common Cost）。所谓共同成本是指那些同时和若干种（或批）产品都有关联，不能明确归属于某种（或某批）产品的相关成本。共同成本没有具体的、明确的归属对象，通常应由几种（或几批）产品的成本共同分担。例如，某设备可对三种产品进行加工，该设备的年折旧额为500000元。则该折旧费用就是共同成本，应由这三种产品共同承担。

八、可避免成本（Avoidable Cost/Escapable Cost）

可避免成本是指同特定备选方案直接相关联的有关成本，其发生与否，完全取决于与之相联系的备选方案是否被选定。当方案被选定，则某项成本必然要发生；相反，当该方案没有被采纳，则某项成本就不会发生。此时，该项成本就是可避免成本。例如，某公司拟生产一种新产品，生产该产品需添置一台价值为30000元的专用设备。在这里，购置该设备的支出是否会发生，取决于生产新产品的方案是否被采纳。如果生产新产品，购置设备的成本就会发生；如果不生产该新产品，则购置设备的成本就不会发生，此项购置设备的成本30000元就是同生产新产品的方案直接相关联的可避免成本。

与可避免成本相对应的是不可避免成本（Unavoidable Cost）。所谓不可避免成本，是指不同某一特定备选方案直接相关联的成本，其发生与否，与有关方案是否被选定无关。也就是说，无论最后选取的是哪一个方案，某项成本照样发生。例如，某设备可用来生产甲产品或乙产品，采用年限折旧法计算的年折旧额为20000元。在这里，折旧费用20000元就是不可避免成本。因为不管是生产甲产品还是生产乙产品（或者是不生产任何产品），也不管生产这两种产品的产量是多少，折旧额20000元是不变的。

九、可延缓成本（Deferrable Cost）

可延缓成本是指与已选定但可延缓实施的某方案相关联的有关成本。该方案的延缓实施，不会对企业生产经营活动带来重大不利影响。当方案延缓实施时，与之相关联的成本则随之延迟发生。由于可延缓成本的发生时间具有一定的弹性，因此在决策中，特别是在资金不太充裕的情况下，应充分予以考虑。

与可延缓成本相对应的是不可延缓成本（Undeferrable Cost）。所谓不可延缓成本，是指与已经选定并马上实施的某方案相关联的有关成本。也就是说，该方案一经选定就马上要实施，否则，就会给企业的生产经营活动带来最大不利影响，此时，与该方案相关联的有关成本就是不可延缓成本。

区分可延缓成本和不可延缓成本的作用在于，当企业的资金不充裕时，可帮助决策者分清轻重缓急，根据企业的具体情况，有计划、有步骤地组织具体方案的实施。

十、相关成本（Relevant Cost）

相关成本是指与某一特定方案相联系的、能对决策产生重大影响的有关成本。在经营决策中，应着重考虑相关成本，并将其纳入相应的决策分析过程。上述的差别成本、边际成本、机会成本、假计成本、重置成本、现金支付成本、特定成本、可避免成本、可延缓成本等均属相关成本。

与相关成本相对应的是不相关成本（Irrelevant Cost）。所谓不相关成本，是指不与某一具体方案相联系，不会对决策产生重大影响的有关成本。既然该项成本不会对决策带来影响，因此，决策者在经营决策中，无须考虑不相关成本，也不必将其纳入决策的分析过程。不相关成本主要包括共同成本、不可避免成本、不可延缓成本、沉落成本等。沉落成本（Sunk Cost）也称为沉没成本，是指由过去的决策结果所引起的并已实际发生支付的成本，它具有已经发生，不为现时和未来的决策所改变的特征。例如，某企业 2005 年 2 月份买了一台价值为 50000 元的设备，货款已用银行存款支付。现在发现当时购买这台设备的选择是不明智的，但目前又改变不了原有的决策，购买设备所支付的 50000 元即为沉落成本。沉落成本与目前和未来的决策不存在相关性，因此在决策中可以不考虑这一因素。

第三节　经营决策的一般分析方法

一、确定型决策的分析方法

确定型决策所涉及的各种备选方案的各项条件都是已知的，而且每一个方案都有其相对应的、确定的结果。因此，对这种类型的决策，只需要对有关指标进行比较分析即可。

确定型决策的分析方法主要有以下几种：

（一）差量分析法

管理会计中，不同备选方案的有关指标之间的差额称为“差量”。差量分析法是指通过对两个备选方案的“差量收入”与“差量成本”的比较，来评价有关方案优劣的一种决策分析方法。差量分析法的基本原理通过表 6－1 可描述如下：

表 6－1

	方案 A	方案 B	差量（D）
R（预期收入）	R_A	R_B	$D_R = R_A - R_B$
C（预期成本）	C_A	C_B	$D_C = C_A - C_B$
P（预期利润）	$P_A = R_A - C_A$	$P_B = R_B - C_B$	$D_P = (R_A - R_B) - (C_A - C_B)$

如果 $D_R > D_C$，即 $D_P > 0$，则方案 A 为优；如果 $D_R < D_C$，即 $D_P < 0$，则方案 B 为优。

【例 6-1】假定企业的某设备既可用来生产 M 产品，也可用来生产 N 产品，经测算，其预计销售量分别为 2000 件和 1800 件，预计单位售价分别为 20 元/件和 19 元/件，单位变动成本分别为 10 元/件和 11 元/件。现在要求确定，从经济上考虑，该企业应该生产哪种产品。对此，可利用差量分析法进行如下分析：

差量收入 $= R_M - R_N = 2000 \times 20 - 1800 \times 19 = 5800$（元）

差量成本 $= C_M - C_N = 2000 \times 10 - 1800 \times 11 = 200$（元）

因为差量收入 > 差量成本，即差量利润 = 差量收入（5800）－差量成本（200）>0，所以生产 M 产品的方案为优，生产 M 产品比生产 N 产品多获利 5600 元。

在差量分析中，如果两个备选方案不涉及收入，或它们的相关预期收入相同，则只需要比较两个方案的相关成本，并注意尽量省去发生额相同且不影响“差量”的部分，以简化计算。而且在计算“差量收入”和“差量成本”时，要保持方案的前后排列秩序的一致，即在计算“差量收入”时，如果是用甲方案的预期收入减去乙方案的预期收入，则在计算“差量成本”时，也应该是用甲方案的预期成本减去乙方案的预期成本，而不是乙方案的预期成本减去甲方案的预期成本。

差量分析法是针对特定的两个方案进行的，只能回答特定的两个方案中哪个方案更好。如果存在两个以上的备选方案，要从中选取最优的方案，就需要分别两个、两个地进行比较分析，直至选出最优方案。

(二) 边际贡献分析法

边际贡献分析法是指通过对各备选方案所提供的边际贡献总额的大小的对比，来分析、评价有关方案优劣的一种决策分析方法。其基本程序是：计算各备选方案的边际贡献总额，其中边际贡献总额最大的方案为最优方案。可通过表 6－2 来表示。

表 6－2

方案 项目	方案 A	方案 B
R（预期收入）	R_A	R_B
V（预期变动成本）	V_A	V_B
M（预期边际贡献）	$M_A = R_A - V_A$	$M_B = R_B - V_B$
a（预期固定成本）	a	a
P（预期利润）	$P_A = M_A - a$	$P_B = M_B - a$

利用边际贡献分析法进行经营决策的理论前提是：一般不改变生产能力，固定成本总额通常保持不变。如果采用某方案需要购买专用设备，则需要对扣减了专用设备成本后的边际贡献总额的余额来进行比较。因此，在以利润作为决策分析的标准时，只需要比较各备选方案的边际贡献总额即可。在这里，“贡献”是指企业生产的产品或提供的劳务对实现企业利润目标所作的贡献。管理会计认为，固定成本在相关范围内不随业务量的变动而变动，因此，只要收入大于变动成本，就会形成贡献。而且，收入减去变动成本后的差额（边际贡献）越大，在减去固定成本后的余额（利润）也就越大。所以，边际贡献的大小，反映了备选方案对实现企业目标利润所作贡献的大小。

【例 6-2】某企业拟利用剩余的生产能力 40000 机时来开发新产品，可供选择的新产品有甲、乙、丙三种。新产品的有关资料如表 6－3 所示。

表 6－3

项　目＼产　品	甲	乙	丙
单位售价（元/件）	40	50	60
单位变动成本（元/件）	30	35	40
单位产品所需机时（小时）	2	4	5

假定这三种产品的市场销路都不存在问题，要求判断应开发哪种产品才能给企业带来最大利润。

由于本例中新产品是利用剩余生产能力开发的，没有涉及追加设备所增加的固定成本问题，因此，要判断应开发哪种产品能给企业带来最大利润，只需要比较三种备选方案所能提供的边际贡献总额的大小。其中，提供边际贡献总额最多的产品就是对实现企业利润目标贡献最大的产品。

根据已知的相关数据资料编制分析表，如表 6－4 所示。

表 6－4

项　目＼方　案	生产甲产品	生产乙产品	生产丙产品
最大产量（件）	$\frac{40000}{2}=20000$	$\frac{40000}{4}=10000$	$\frac{40000}{5}=8000$
单位售价（元/件）	40	50	60
单位变动成本（元/件）	30	35	40
单位边际贡献（元/件）	10	15	20
边际贡献总额（元）	200000	150000	160000
单位产品所需机时（小时）	2	4	5
单位机时边际贡献（元/机时）	5	3.75	4

由计算结果可知，生产甲产品对企业最为有利，因为其提供的边际贡献总额比生产乙产品多 50000 元，比生产丙产品多 40000 元。根据单位机时边际贡献来判断所得出的结论也是如此。

因此，在利用边际贡献分析法进行决策时，应该选取边际贡献总额最大的方案，而不能只根据单位边际贡献的大小来择优。因为单位边际贡献大的产品，由于其耗用资源等方面的限制，未必其提供的边际贡献总额也大。

（三）成本无差别点分析法

成本无差别点分析法也称为临界成本分析法或成本平衡分析法。所谓成本无差别点，也叫成本临界点，是指使有关备选方案的预期总成本恰好相等时所需要的业务量，即在这一业务量水平上，几个备选方案的总成本相等。但业务量高于或低于这一业务量水平时，不同的方案就有自己的优势区域。成本无差别点分析法就是根据不同方案的不同业务量优势区域进行最优化方案选择的一种决策分析方法。

设 a_1，a_2 分别为方案1和方案2的固定成本总额；b_1，b_2 分别为方案1和方案2的单位变动成本；x 为成本无差别点的业务量；y_1，y_2 分别为方案1和方案2的成本总额。

由于成本按成本性态进行分类，可将所有成本最终分为变动成本和固定成本两大类，所以，任何方案的总成本都可表述为：$y = a + bx$。则上述两个方案在成本无差别点的总成本可分别表述为：

$y_1 = a_1 + b_1 x$

$y_2 = a_2 + b_2 x$

令 $y_1 = y_2$，

则 $a_1 + b_1 x = a_2 + b_2 x$

移项整理，得

$$x = \frac{a_2 - a_1}{b_1 - b_2}$$

这时，整个业务量被分为两个区域，如图6-1所示。

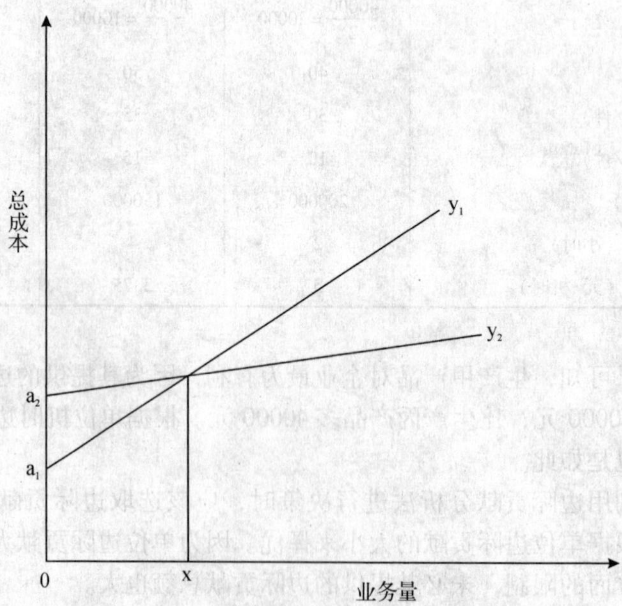

图6-1 成本无差别点分析图

从图6－1可得出成本无差别点分析法的决策规则为：

当预计业务量大于成本无差别点业务量时，应以固定成本总额较高而单位变动成本较低的方案为优；当预计业务量小于成本无差别点业务量时，应以固定成本总额较低而单位变动成本较高的方案为优。

【例6-3】某厂拟生产某产品，有新、旧两种生产方案可供选择，有关资料如表6－5所示。

表6－5　　单位：元

成本 方案	单位变动成本	固定成本总额
新方案	360	420000
旧方案	400	380000

现在要求确定，从经济上来考虑，该厂应该采用哪种方案来进行生产。

利用成本无差别点分析法计算、分析如下：

设新、旧方案的总成本分别为 y_1 和 y_2，则：

$y_1 = 420000 + 360x$

$y_2 = 380000 + 400x$

令　$y_1 = y_2$

则　$x = \dfrac{420000 - 380000}{400 - 360}$

$= 1000$（件）

即成本无差别点产量为1000件。

(1) 当产量为1000件时，新、旧两种方案的单位成本为：

新方案：$\dfrac{420000}{1000} + 360 = 780$（元）

旧方案：$\dfrac{380000}{1000} + 400 = 780$（元）

此时，两个方案均可取。

(2) 当产量大于1000件时，假定为1200件，新、旧两种方案的单位成本为：

新方案：$\dfrac{420000}{1200} + 360 = 710$（元）

旧方案：$\dfrac{380000}{1200} + 400 \approx 716.67$（元）

此时，新方案更可取。

(3) 当产量小于1000件时，假定为800件，新、旧两种方案的单位成本为：

新方案：$\frac{420000}{800}+360=885$（元）

旧方案：$\frac{380000}{1800}+400=875$（元）

此时，旧方案优于新方案。

二、不确定型决策的分析方法

不确定型决策的分析方法主要有以下三种：

（一）大中取大决策法

大中取大决策法是一种比较乐观的决策方法，因此也称为乐观决策法，它是指决策者在进行方案的优选时，以乐观的态度，从最好的客观环境条件出发，选择预期效果最好的方案。

这种决策方法的基本程序是：①分别确定各方案在不同自然状态下的最大预期收益值。②从已确定的各方案在不同自然状态下的“最大收益值”中再找出其中最大的“最大收益值”。③从各备选方案中选定“最大收益值”为最大的方案作为最优方案。

【例6-4】某企业生产的某产品预计未来在市场上的需求量状况有好、一般和差三种，经营此种产品有甲、乙、丙三种方案，这三种方案在不同的市场需求状况下的预期收益情况如表6－6所示。

表6－6　　单位：元

备选方案 / 预期收益 / 市场需求状况	甲方案	乙方案	丙方案
好	7000	9000	5000
一般	5000	4000	3000
较差	1000	1200	1300

现在要求采用大中取大决策法，确定经营该产品的最优方案。

表6－6中已经给出了各备选方案在不同市场需求状况下的最大预期收益值，要进行方案的优选：

（1）确定各方案在不同市场需求状态下的最大收益值。由表6－6中的数据可以看出，甲、乙、丙三种方案在不同市场需求状况下的最大收益值均出现在市场需求状况“好”的时候，它们的最大收益值分别是：7000元、9000元和5000元。

（2）从各备选方案中选定“最大收益值”为最大的方案为最优方案。甲、乙、丙三个方案的最大收益值分别是：7000 元、9000 元和 5000 元，其中最大的是乙方案提供的 9000 元，因此乙方案最优。

（二）大中取小决策法

大中取小决策法也称为最小最大后悔值决策法，是根据主观上所采取的方案的收益同客观上最优方案的收益之间的差额的大小来选择最优方案的一种决策方法。

这种决策方法的基本程序是：①分别确定不同自然状态下预期收益最大的方案及其收益值。②分别确定不同自然状态下各方案的后悔值。③分别确定各个备选方案在不同自然状态下的最大后悔值。④在已确定的最大后悔值中找出“最小”的最大后悔值，并以与之相对应的方案为最优方案。

【例 6-5】 仍用例 6-4 中的有关资料，运用大中取小决策法来选择最优方案，其具体程序如下：

第一步，确定不同市场需求状况下的预期收益最大的备选方案及其收益值。

当市场需求状况“好”时，乙方案的预期收益最大，数值为 9000 元；

当市场需求状况“一般”时，甲方案的预期收益最大，数值为 5000 元；

当市场需求状况“较差”时，丙方案的预期收益最大，数值为 1300 元。

第二步，确定各备选方案的后悔值。所谓后悔值，是指在给定的自然状态下，一个方案可能取得的收益值（或损失值）与该状态下的最大收益值（或损失值）的差距。在本例中，每一方案在不同市场需求状况下的后悔值计算如下：

当市场需求状况“好”时，甲、乙、丙方案的后悔值分别为 2000（9000 - 7000）元、0（9000 - 9000）元和 4000（9000 - 5000）元。

当市场需求状况“一般”时，甲、乙、丙方案的后悔值分别为 0（5000 - 5000）元、1000（5000 - 4000）元和 2000（5000 - 3000）元。

当市场需求状况“较差”时，甲、乙、丙方案的后悔值分别为 300（1300 - 1000）元、100（1300 - 1200）元和 0（1300 - 1300）元。

第三步，找出各备选方案在不同自然状态下的最大后悔值。

甲方案的最大后悔值为 2000 元；

乙方案的最大后悔值为 1000 元；

丙方案的最大后悔值为 4000 元。

第四步，确定最优方案。确定最小的“最大后悔值”，并以具有最小的“最大后悔值”的方案为最优方案。

由上述的计算可知，乙方案的最大后悔值最小，故乙方案为最优方案。

（三）小中取大决策法

小中取大决策法是一种比较悲观的决策方法，因此也称之为悲观决策法，它是指决策者在进行方案的优选时，以悲观的态度，从最坏的客观环境条件出发，选择预期效果最好的方案。

这种决策方法的基本程序是：①分别确定各方案在不同自然状态下的最小预期收益值。②确定一个最大的“最小收益值”，并以与之相对应的备选方案为最优方案。

【例6-6】仍用例6-4中的有关资料，运用小中取大决策法来选择最优方案，其具体程序如下：

第一步，分别确定甲、乙、丙方案的最小收益值。

甲方案的最小收益值为1000元；

乙方案的最小收益值为1200元；

丙方案的最小收益值为1300元。

第二步，确定最大的“最小收益值”，并确定最优方案。

根据上述计算的结果可知，最大的“最小收益值”是1300元，与之相对应的方案为丙方案，因此丙方案最优。

三、风险型决策的分析方法

风险型决策的分析方法主要是使用概率分析法。所谓概率分析法，是指对企业经营中的许多因素（如产品的销售价格、销售量、变动成本等）在一定范围内的变动程度作出估计，从而把影响决策的各种现象都考虑进来，使决策更接近于实际情况。

【例6-7】某企业为扩大某产品的生产量，需要提高设备的生产能力，现有两个备选方案，即购置新设备和对原有设备进行改造。有关资料如表6－7所示。

表6－7

销售状态	概率	改造旧设备			购置新设备		
		投资额	使用期	年均收益值	投资额	使用期	年均收益值
畅销	0.6	100万元	10年	60万元	200万元	10年	170万元
滞销	0.4			30万元			－10万元

现在要求采用“概率分析法”来选择最佳扩产方案。

按照概率分析法，两种方案未来预期收益的期望值可计算如下：

改造旧设备未来收益的期望值 $=0.6\times60\times10+0.4\times30\times10-100$

$=380$（万元）

购置新设备未来收益的期望值 $=0.6\times170\times10+0.4\times(-10)\times10-200$

$=780$（万元）

计算结果表明，购置新设备未来收益的期望值比改造旧设备未来收益的期望值多出了400万元，因此购置新设备的方案为优。

思考与练习

一、思考题

1. 什么是经营决策？经营决策按照其内容可以分为几种？

2. 经营决策的一般程序有哪些？

3. 什么是机会成本？在经营决策中需要考虑机会成本吗？为什么？

4. 什么是可避免成本？什么是不可避免成本？区分它们有何意义？

5. 什么是沉没成本？它和相关成本以及不可避免成本有什么联系与区别？

6. 确定性决策的基本方法有哪些？

7. 什么是不确定性决策？它与风险性决策有何区别与联系？不确定性决策的基本方法有哪些？

二、练习题

1. 某企业拟将市场销路不畅的A产品停产，转而生产新产品B或C。经测算得知：B产品和C产品的市场销售量分别为8000件和12000件，单位售价分别为108元/件和76元/件，单位变动性制造成本分别为60元/件和30元/件，单位变动性销售及管理费用分别为3元/件和4.5元/件。此外，该企业现有固定性制造费用95000元，固定性销售和管理费用为35000元。

要求：通过计算确定该企业应该生产哪种新产品？

2. 某企业拟经营一个新项目，该项目的产销数量因故尚未确定。其余有关资料如下：若采用甲方案进行生产，单位产品变动成本为18元，固定成本总额为60000元；若采用乙方案进行生产，单位产品变动成本为30元，固定成本总额为30000元。此外，两种方案生产出来的产品售价都是100元/件。

要求：通过计算确定，该企业应该采用哪种方案？

3. 某公司拟上一新项目，现有甲、乙、丙三种可供选择的方案。经过调查，可知每种方案分别在畅销、一般和滞销三种市场状况下的收益，具体数值见下表。

市场状态 / 方案	畅销	一般	滞销
甲方案	40000	29000	17000
乙方案	49000	28000	21500
丙方案	58500	33600	18600

要求：(1) 按大中取大法，该公司应采用哪种方案？

(2) 按小中取大法，该公司又应采用哪种方案？

(3) 按大中取小法，该公司应该采用哪种方案？

第七章　短期经营决策实务

第一节　存货决策

存货是指企业在生产经营过程中为销售或耗用而储备的物资。在制造企业，存货通常包括材料、燃料、低值易耗品、在产品、半成品、产成品等。

为了保证生产经营的不间断进行，避免或减少出现停工待料等事故，企业应储备存货；由于零购物资的价格往往较高，而整批购买在价格上常常有优惠，所以，为了获得价格方面的折扣，企业经常批量购进，这样也会形成一定量的存货存储量。因此，对于制造业来说，常常会储备一定量的存货。但过多的存货要占用较多的资金，并且会增加包括仓储费、保险费、维护费和管理人员工资在内的各项开支。存货占用资金是有成本的，占用过多会使利息支出增加并导致利润的减少。因此，作为企业经营决策组成部分的存货决策，其目的就是要恰当地控制存货水平，在保证生产经营正常进行的情况下，尽力在各种存货成本与存货效益之间作出权衡，达到两者的最佳结合，尽可能地节约资金，降低存货成本。

一、存货成本的构成

这里所说的存货成本，是指有关存货从订货、购入、储存，一直到出库的整个过程中所发生的各项费用，以及因缺货而造成的经济损失。存货成本一般包括取得成本、储存成本和缺货成本三部分。

（一）取得成本

取得成本是指为取得某种存货而支出的成本，通常用 TC_a 来表示。取得成本又可分为订货成本和购置成本。

1. 订货成本

订货成本是指为了订购货物而发生的成本，如办公费、水电费、差旅费、电报电话费等支出。订货成本中有一部分与订货次数无关，如常设采购机构的基本开支、折旧费等，称为订货的固定成本，用 F_1 来表示；另一部分与订货次数有关，如差旅费、检验费等，称为订货的变动成本。假设每次订货的变动成本用 K 表示，存货年需要量用 D 表示，每次订货量用 Q 表示，订货次数为 $\frac{D}{Q}$，则订货成本的计算公式为：

$$订货成本 = F_1 + \frac{D}{Q}K$$

2. 购置成本

购置成本是指存货本身的价值，通常用数量与单位价格的乘积来确定。假设单位价格用 U 表示，则年购置成本为 DU。

存货的取得成本为订货成本与购置成本之和。所以，存货的取得成本的计算公式为：

$$\begin{aligned}取得成本 &= 订货成本 + 购置成本 \\ &= F_1 + \frac{D}{Q}K + DU\end{aligned}$$

（二）储存成本

储存成本是指为保持存货而发生的成本，包括存货占用资金的机会成本、仓储费用、保险费用、年度检查费用、存货损耗等，通常用 TC_c 来表示。

储存成本也可分为固定成本和变动成本。固定成本与库存存货数量的多少无关，如仓库的折旧费等；假设用 F_2 表示，变动成本与库存存货数量的多少有关，如存货占用资金的应计利息、存货的保险费等；假设用 K_c 来表示，则存货的储存成本可用公式表示为：

$$\begin{aligned}储存成本 &= 储存固定成本 + 储存变动成本 \\ &= F_2 + \frac{Q}{2}K_c\end{aligned}$$

（三）缺货成本

缺货成本是指由于存货供应中断而造成的损失，主要包括由于材料供应中断造成的停工损失（如无法按期交货而支付的罚款、停工期间发生的固定资产折旧费用等）、产成品库存缺货造成的拖欠发货损失和丧失销售机会的损失等。如果生产企业以紧急采购代用材料解决库存材料中断之急，那么，缺货成本表现为紧急额外购入成本。缺货成本通常用 TC_s 表示。

如果用 TC 表示存货的总成本，则其计算公式为：

$$\begin{aligned}TC &= TC_a + TC_c + TC_s \\ &= F_1 + \frac{D}{Q}K + DU + F_2 + \frac{Q}{2}K_c + TC_s\end{aligned}$$

企业进行存货决策，就是要在保证生产经营正常进行的情况下，使 TC 值最小。

二、经济订货量的基本模型

存货决策涉及四个方面的内容，即决定进货的项目、选择供货的单位、决定进货的时间、决定进货的批量。决定进货项目和选择供货单位是由销售部门、采购部门和生产部门来完成的，而进货时间（T）和进货批量（Q）的决定则需要由企业的财务部门来完成。

存货决策的直接目的就是要通过制定合理的进货时间和进货批量，使存货的总成本最低。所谓经济订货量，是指能使年存货总成本处于最低水平的一次订货的数量。经济订货量确定以后，就可以根据有关的模型来求出最合适的进货时间。

（一）建立经济订货量基本模型的相关假设条件

经济订货量基本模型是建立在一定的假设条件之下的。①

（1）企业能够及时补充存货，即需要订货时便可立即取得存货。

（2）能集中到货，而不是陆续入库。

（3）不允许缺货，即无缺货成本，TC_s 为零，这是因为良好的存货管理不应该出现缺货成本。

（4）需求量稳定，并且能预测，即 D 为已知常量。

（5）存货单价不变，不考虑现金折扣，即 U 为已知常量。

（6）企业现金充足，不会因现金短缺而影响进货。

（7）所需存货市场供应充足，不会因买不到需要的存货而影响其他。

（二）经济订货量基本模型的建立

根据上述假设条件，存货的总成本计算公式可简化为：

$$TC = F_1 + \frac{D}{Q}K + DU + F_2 + \frac{Q}{2}K_c$$

由于 F_1、DU、F_2 均为常量，所以，与经济订货量相关联的存货总成本是由年订购变动成本和年储存变动成本两部分构成的，即其相关成本为：

$$TC = \frac{D}{Q}K + \frac{Q}{2}K_c$$

为了求出 TC 的极小值，从数学的角度，只要对上述公式求一阶导数并令其等于零，即可得下列经济订货量（Q^*）的计算公式：

$$Q^* = \sqrt{\frac{2KD}{K_c}}$$

① 财政部注册会计师考试委员会办公室：《财务成本管理》，经济科学出版社，2004 年版。

这一公式就是经济订货量的基本模型。按照所求出的每次订货量订货，可使存货总成本达到最小值。

根据经济订货量的基本模型，还可推导出其他的一些相关计算公式。

每年最佳订货次数 $N^*=\frac{D}{Q^*}=\frac{D}{\sqrt{\frac{2KD}{K_c}}}=\sqrt{\frac{DK_c}{2K}}$

与批量有关的存货总成本 $TC_{(Q^*)}=\frac{KD}{\sqrt{\frac{2KD}{K_c}}}+\frac{\sqrt{\frac{2KD}{K_c}}}{2}\times K_c=\sqrt{2KDK_c}$

最佳订货周期 $t^*=\frac{1}{N^*}=\frac{1}{\sqrt{\frac{DK_c}{2K}}}=\frac{\sqrt{2DKK_c}}{DK_c}$

经济订货量所占用资金 $I^*=\frac{Q^*}{2}\times U=\sqrt{\frac{DK}{2K_c}}\times U$

以下举例来说明经济订货量基本模型的运用。

【例7-1】 假设某企业全年需耗用某材料40000千克，材料单位成本为20元，单位存储成本为2元，一次订货成本为64元，则有关指标的计算如下：

$Q^*=\sqrt{\frac{2KD}{K_c}}=\sqrt{\frac{2\times64\times40000}{2}}=1600$（千克）

$N^*=\frac{D}{Q^*}=\frac{40000}{1600}=25$（次）

$TC_{(Q^*)}=\sqrt{2KDK_c}=\sqrt{2\times64\times40000\times2}=3200$（元）

$t^*=\frac{1}{N^*}=\frac{1}{25}=12\times0.04=0.48$（个月）

$I^*=\frac{Q^*}{2}\times U=\frac{1600}{2}\times20=16000$（元）

经济订货量计算公式也可以用图解法求得。

从存货成本的构成内容可以看出，F_1、DU、F_2 是常数，与经济订货量无关。因此，与经济订货量相关的存货成本由年订购成本（变动性部分）$\frac{D}{Q}K$ 和年储存成本（变动性部分）$\frac{Q}{2}K_c$ 两部分构成。在某种存货全年的需求量既定的情况下，降低订货批量，则增加订货次数，从而导致订购成本的增加，相应地，储存成本会下降；相反，增加订货批量，则减少订货次数，从而导致订购成本的下降，与此同时，储存成本会增加。即订购成本会随订货批量的增加而降低，而储存成本会随着订货批量的增加而增加。与经济订货量相关的年存货总成本、年储存成本和年订货成本之间的关系如图 7－1 所示。

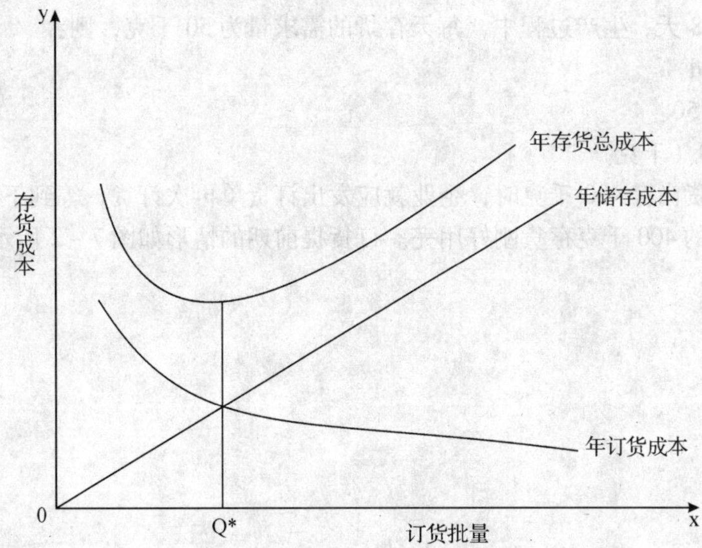

图 7－1　经济订货量模型图

从图中可以看出，当年储存成本与年订购成本相等时，存货的总成本最低，即：$\frac{D}{Q}K=\frac{Q}{2}K_c$

于是，$Q^2=\frac{2DK}{K_c}$

经济订货量 $Q^*=\sqrt{\frac{2DK}{K_c}}$

三、基本模型的扩展

在实际工作中，由于很多不确定性因素的存在，很难满足上述经济订货量基本模型建立的假设条件。为了使有关的模型更接近实际，使决策更具有实用价值，需要逐一放宽以上假设，并相应地对模型进行改进。

（一）订货期提前

一般情况下，企业很难做到在需要订货时便可立即取得存货。因此，为了保证生产经营活动的连续性，企业不能等到存货用完后再去订货，而应该在存货用完之前再一次订货。在提前订货的情况下，企业订购下一批货物时的存货库存量被称为再订货点，用 R 表示。其数量等于交货时间（t）与每日平均需用量（d）的乘积：

$R=t\times d$

即在存货库存量还有 t×d 个单位时，就要发出订货单再次订货。

【例7-2】仍以例7-1 的资料为例，假设该企业在购买存货时，其订货日至到货日的时间为8 天，生产过程中，每天存货的需求量为50 千克，则：

$$R = t \times d$$
$$= 8 \times 50$$
$$= 400（千克）$$

即在存货尚存400 千克时，企业就应发出订货单再次订货，等到下一批存货到货时，库存的400 千克存货刚好用完。订货提前期的情形如图7－2 所示。

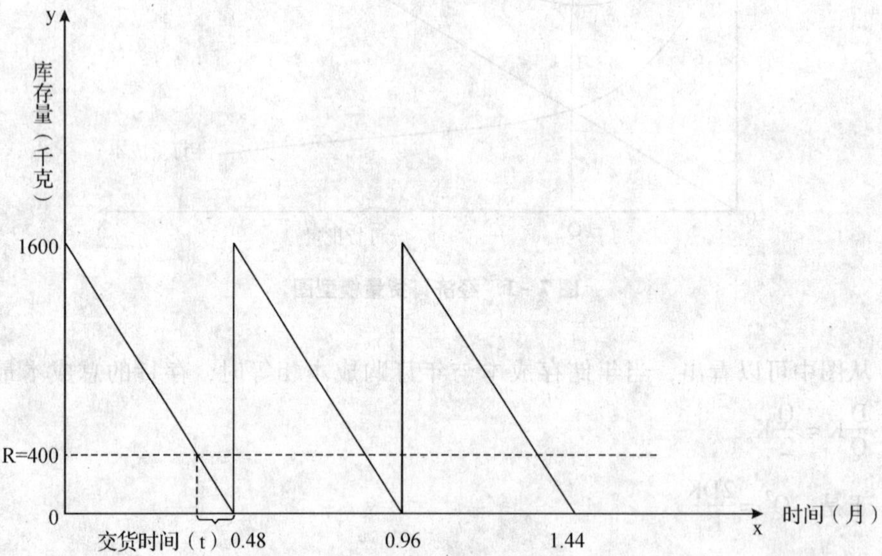

图7－2

从图7－2 中可以看出，订货提前期对经济订货量、最佳订货周期并无影响，也就对订货次数无影响，即每次的订货量仍为1600 千克，每0.48 个月订货一次，只不过在达到再订货点时，即库存还有400 千克时就要发出订单。

（二）一次订货，边进库，边消耗

在建立经济订货量的基本模型时，假设所订存货能集中到货，即在到货时存量变化表现为一条直线，如图7－2 所示中，当时间为0.48 个月时到货，库存存货量垂直上升到1600 千克，表现为一条直线。而在实际工作中，各批采购的存货，常常是边进库、边消耗，即每次所订购的货物不是一次全部到达，而是分批陆续到达入库；而企业因生产经营的需要，也不是等到全部货物运达仓库后才开始耗用，而是边入库，边耗用。因此，有必要对基本模型做一些修改。

【例 7-3】仍用例 7-1 和例 7-2 的资料，假设该企业年耗用某材料（D）40000 千克，每日送货量（P）为 70 千克，每日存货的消耗量（d）为 50 千克，单位买价（U）为 20 元，单位存储成本（K_c）为 2 元，一次订货成本（K）为 64 元，则存货数量的变动情况如图 7－3 所示。

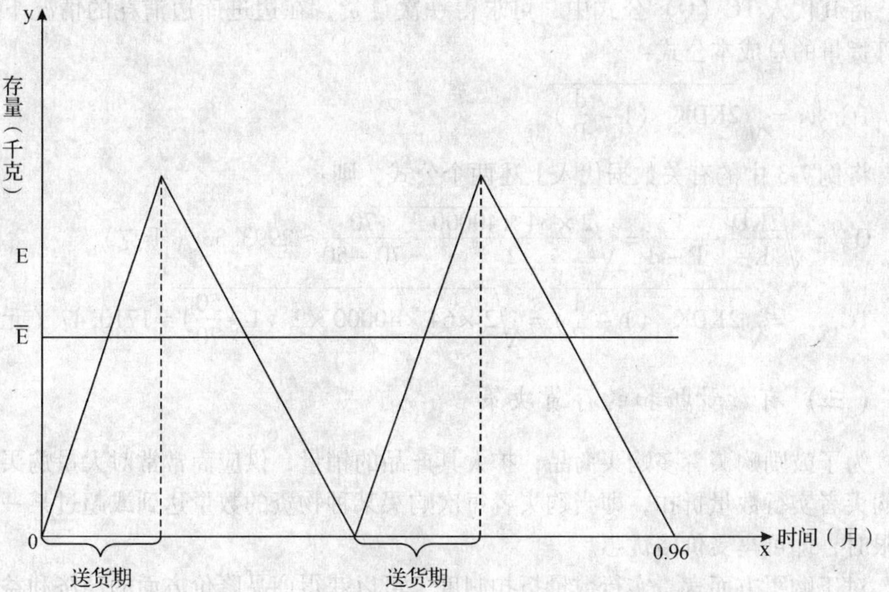

图 7－3

设每批订货量为 Q，每日送货量为 P，则该批材料全部送到所需时间为$\frac{Q}{P}$，$\frac{Q}{P}$即为送货期。

因材料每天的耗用量为 d，则送货期间材料的消耗量为$\frac{Q}{P}\times d$。

由于材料边送边耗用，则每批材料全部到达时，最高库存量（E）为：

$$Q-\frac{Q}{P}\times d$$

所以，平均库存量（$\overline{E}$）为：

$$\frac{1}{2}\left(Q-\frac{Q}{P}\times d\right)$$

所以，与批量有关的总成本为：

$$TC(Q)=\frac{D}{Q}\times K+\frac{1}{2}\left(Q-\frac{Q}{P}\times d\right)\times K_c$$

即与批量有关的成本由变动订货成本和变动储存成本构成。由图 7－1 的分析可知，在变动订货成本与变动储存成本相等时，与批量有关的总成本最小，由此可推得一次订货，边进库边消耗情况下的经济订货量计算公式：

$$\frac{D}{Q}\times K=\frac{1}{2}\left(Q-\frac{Q}{P}\times d\right)\times K_c$$

求解得：$Q^*=\sqrt{\frac{2KD}{K_c}\cdot\frac{P}{P-d}}$

将其代入TC（Q）公式中，可求得一次订货，在边进库边消耗的情况下，经济订货量的总成本公式：

$$TC_{(Q^*)}=\sqrt{2KDK_c\left(1-\frac{d}{P}\right)}$$

将例7-3中的有关数据代入上述两个公式，则：

$$Q^*=\sqrt{\frac{2KD}{K_c}\cdot\frac{P}{P-d}}=\sqrt{\frac{2\times64\times40000}{2}\cdot\frac{70}{70-50}}\approx2993.33\text{（千克）}$$

$$TC_{(Q^*)}=\sqrt{2KDK_c\left(1-\frac{d}{P}\right)}=\sqrt{2\times64\times40000\times2\left(1-\frac{50}{70}\right)}\approx1710.47\text{（元）}$$

（三）有数量折扣的存货决策

为了鼓励购买者多购买商品，扩大其产品的销量，供应商常常对大量购买商品的购买者实行数量折扣，即当购买者每次购买某种物资的数量达到或超过某一数量界限时，即可享受价格优惠。

对于购买方而言，实行数量折扣制度，可以获得商品降价方面的经济利益，但同时也存在着增加储存费用、积压资金和多支付利息等不利因素。因此，决策者应全面权衡接受数量折扣的利弊得失，制定正确的存货数量折扣决策。

在有数量折扣的存货决策中，订货成本、储存成本和采购成本都是订购批量决策中的相关成本。在决策中一般采用比较成本的方法，即通过对接受数量折扣条件下的存货总成本和不接受数量折扣，仅按经济订货量购货的存货总成本进行比较，从中选取存货总成本最低的方案。

【例7-4】假设某企业全年需用A零件5500个，每个零件的买价为20元，每次的订购成本为40元，每个零件的年储存成本为4元。零件供应商规定，凡每次订货量达到500个，可获得2%的价格优惠。

现在要求确定，要使存货总成本最低，该企业是否应该接受数量折扣。

（1）计算没有数量折扣时的经济订货量及此时的存货总成本。

$$Q^*=\sqrt{\frac{2DK}{K_c}}=\sqrt{\frac{2\times5500\times40}{4}}\approx332\text{（个）}$$

此时，零件的总成本应由买价、订购成本和储存成本构成，其中：

零件买价 $=5500\times20=110000$（元）

订购成本 $=\frac{5500}{332}\times40\approx662.65$（元）

储存成本 $=\frac{332}{2}\times4=664$（元）

所以，存货的总成本 $=110000+662.65+664=111326.65$（元）

（2）计算接受数量折扣时的年存货总成本。

零件买价 $=5500\times20\times(1-2\%)=107800$（元）

订购成本 $=\frac{5500}{500}\times40=440$（元）

储存成本 $=\frac{500}{2}\times4=1000$（元）

所以，存货的总成本 $=107800+440+1000=109240$（元）

计算结果表明，企业接受数量折扣时，购买的零件的总成本比不接受数量折扣时购买零件的总成本要低 2086.65（111326.65－109240）元，所以，企业应该接受数量折扣的方案。

在实际工作中，供货商常常就同种存货规定了若干种数量折扣，此时，购买者应通过对不同的“价格—订购数量”组合的存货总成本的比较，选择总成本最低的方案作为最优的数量折扣决策方案。

【例 7-5】假设某企业全年需用 B 零件 15000 件，每次的订购成本为 1000 元。该零件单位售价和年储存成本如表 7－1 所示。

表 7－1

每次订购数量（件）	每件零件买价（元）	每件零件年储存成本（元）
<5000	60	2
5000～10000	55	0.8
≥10000	53	0.25

现在要求确定，为了使零件的有关成本达到最低水平，该企业应接受哪一种数量折扣。

有关计算步骤如下：

（1）计算 B 零件在不同价格水平下的经济订货量。

当买价为 60 元时，其经济订货量：

$$Q^*=\sqrt{\frac{2DK}{K_c}}=\sqrt{\frac{2\times15000\times1000}{2}}\approx3873\text{（件）}$$

当买价为 55 元时，其经济订货量：

$$Q^*=\sqrt{\frac{2DK}{K_c}}=\sqrt{\frac{2\times15000\times1000}{0.8}}\approx6124\text{（件）}$$

当买价为 53 元时，其经济订货量：

$$Q^{*}=\sqrt{\frac{2DK}{K_{c}}}=\sqrt{\frac{2\times15000\times1000}{0.25}}\approx10954\text{（件）}$$

（2）拟订可行的价格—订购数量组合。

从以上计算结果可以看出，B 零件单价分别为 60 元、55 元和 53 元时，其对应的经济订货量分别为 3873 件、6124 件和 10954 件，均在规定的订购数量限度内，从而构成了三种可供选择的价格—订购数量组合，即：60 元—3873 件、55 元—6124 件和 53 元—10954 件。

（3）计算三种可行性价格—订购数量组合下的总成本。

60 元—3873 件组合下的零件总成本（TC_1）：

零件买价 = 15000 × 60 = 900000（元）

$$\text{订购成本}=\frac{15000}{3873}\times1000=3872.97\text{（元）}$$

$$\text{储存成本}=\frac{3873}{2}\times2=3873\text{（元）}$$

零件总成本 $TC_1=900000+3872.97+3873=907745.97$（元）

55 元—6124 件组合下的零件总成本（TC_2）：

零件买价 = 15000 × 55 = 825000（元）

$$\text{订购成本}=\frac{15000}{6124}\times1000=2449.38\text{（元）}$$

$$\text{储存成本}=\frac{6124}{2}\times0.8=2449.6\text{（元）}$$

零件总成本 $TC_2=825000+2449.38+2449.6=829898.98$（元）

53 元—10954 件组合下的零件总成本（TC_3）：

零件买价 = 15000 × 53 = 795000（元）

$$\text{订购成本}=\frac{15000}{10954}\times1000=1369.36\text{（元）}$$

$$\text{储存成本}=\frac{10954}{2}\times0.25=1369.25\text{（元）}$$

零件总成本 $TC_3=795000+1369.36+1369.25=797738.61$（元）

计算结果表明，53 元—10954 件组合下的零件总成本比 60 元—3873 件组合下的零件总成本和 55 元—6124 件组合下的零件总成本要低。因此，该企业应选择第三种数量折扣，即单价为 53 元，每次订货数量为 10954 件。

（四）建立保险储备

在实际的生产经营过程中，许多不确定因素的存在，会对经济订货量的计算带来不同的影响。一方面，在订购某种物资时，由于其实际订购期间大于预定订购期间，致使交货时间的不确定；另一方面，在生产经营过程中，对某物资的实际消耗量大于预定消耗量，以致出现需求的不确定。这些不确定因素的存在，都有可能造成缺货和供货中断。为了防止由此而造成的损失，必须根据不同情况多储备一些存货，以备应急之需，此即为保险储备或安全存量。这些存货在正常情况下一般不动用，只有当存货送货期推迟或过量消耗时才动用。保险储备可用图 7－4 来表示。

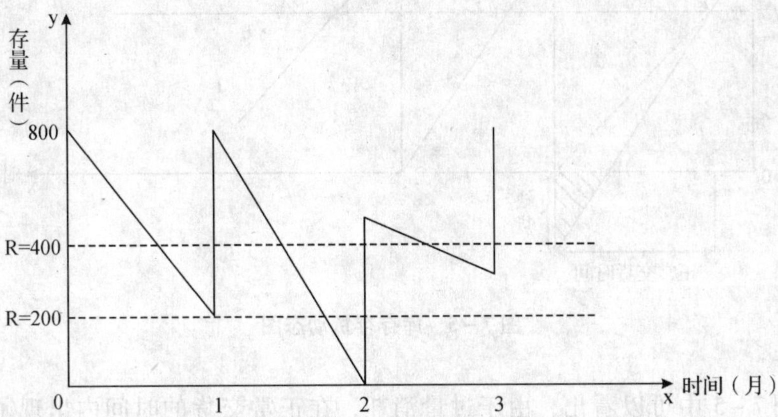

图 7－4　保险储备图

图 7－4 中，假设该存货年平均日耗用量（d）为 20 件，平均每次交货时间（t）为 10 天，每年订货 12 次。为防止需求变化而引起缺货损失，假设设有保险储备（B）为 200 件，则再订货点：

$$R = d \times t + B$$
$$= 20 \times 10 + 200$$
$$= 400\ (件)$$

在第一个订货周期里，$d = 20$ 件，不需要动用保险储备；在第二个订货周期里，$d > 20$ 件，需求量大于供给量，需要动用保险储备；在第三个订货周期里，$d < 20$件，需求量小于供给量，不需要动用保险储备，而且上次购进的存货还没有用完，下一批的存货已送到。

建立保险储备，可以使企业避免因缺货或供应中断而造成的损失，但存货平均储备量的加大会使储备成本升高。因此，研究保险储备的目的，就是寻求一个使缺货或供应中断损失和储备成本之和最小的保险储备量。

以下分别说明因素不确定条件下存货的库存动态和合理保险储备量的确定。

1. 因素不确定条件下存货的库存动态

在不确定条件下，存货的库存动态有以下两种情况：

（1）按期到货，过量耗用。这种情况下，存货的库存动态如图 7－5 所示。

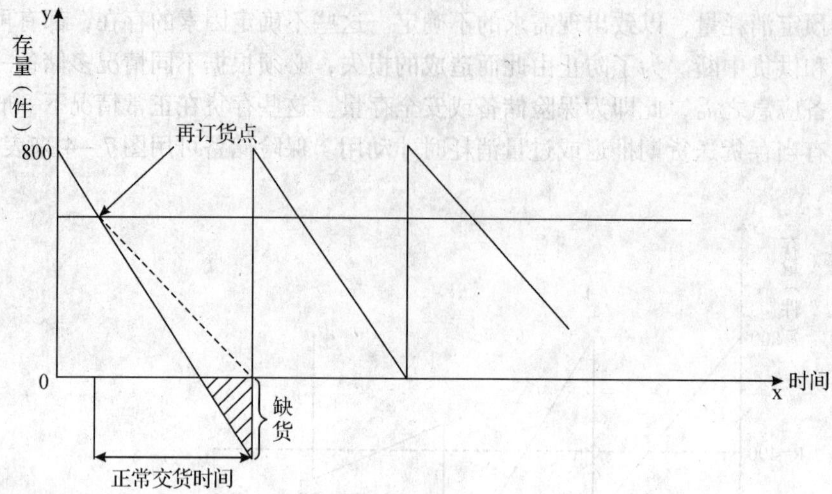

图 7－5 库存存货动态图

从图 7－5 中可以看出，由于过量消耗，在正常交货的时间内出现了缺货的情况。

（2）实际到货时间大于预定到货时间。在存货耗用正常，但实际到货时间大于预定到货时间时，库存存货的动态如图 7－6 所示。

图 7－6

从图 7－6 中可以看出，在正常消耗但交货期延误的情况下，也会造成缺货。

2. 合理保险储备量的确定

保险储备量的具体计算，通常是采用年存货总成本期望值法。具体程序是：先计算出不同保险储备量的总成本，然后再对总成本进行比较，以其中总成本最低的保险储备量为最优。

【例7-6】 假设某存货的年需要量为 D = 3600 件，每次订购成本为 K = 80 元，每件的储存变动成本 $K_c = 4$ 元，每件缺货成本 $K_s = 8$ 元，正常订购期间每天的正常消耗量为 10 件，正常交货期为 10 天。经测算，该存货在过去一段时间内的实际消耗情况如表 7 - 2 所示。

表 7 - 2

订货期间实际消耗量（件）	出现次数	概率	概率累计
40	2	0.04	0.04
50	4	0.08	0.12
60	5	0.10	0.22
70	8	0.16	0.38
80	25	0.50	0.88
90	6	0.12	1.00
合计	50	1.00	—

现在要求确定，为使存货成本最低，该企业应如何确定存货的最优保险储备量。

第一步，确定该存货的经济订货量（Q^*）和全年可能缺货的次数（N）。

$$Q^* = \sqrt{\frac{2DK}{K_c}} = \sqrt{\frac{2 \times 3600 \times 80}{4}} \approx 379 \text{（件）}$$

该存货全年的可能缺货次数：

$$N = \frac{3600}{379} \approx 9 \text{（次）}$$

第二步，确定该存货订购期间的实际平均消耗量 $\bar{d}$。

$$\bar{d} = \frac{40 \times 2 + 50 \times 4 + 60 \times 5 + 70 \times 8 + 80 \times 25 + 90 \times 6}{2 + 4 + 5 + 8 + 25 + 6} \approx 74 \text{（件）}$$

第三步，计算不同保险储备条件下的年存货总成本。

根据有关资料，在建立不同的保险储备时，该存货的可能缺货数量和与之相联系的年存货总成本如表 7 - 3 所示。

表 7-3

保险储备量（件）	可能缺货量（件）	缺货概率	年缺货成本（元） 分项	合计	年储存成本（元）	年存货总成本（元）
0	34	0.04	34×0.04×8×9=97.92	383.04	0	383.04
	24	0.08	24×0.08×8×9=138.24			
	14	0.1	14×0.1×8×9=100.8			
	4	0.16	4×0.16×8×9=46.08			
10	24	0.04	24×0.04×8×9=69.12	178.56	10×4=40	218.56
	14	0.08	14×0.08×8×9=80.64			
	4	0.1	4×0.1×8×9=28.8			
20	14	0.04	14×0.04×8×9=40.32	63.36	20×4=80	143.36
	4	0.08	4×0.08×8×9=23.04			
30	4	0.04	4×0.04×8×9=11.52	11.52	30×4=120	131.52
35	0	0	0	0	35×4=140	140

表 7-3 的计算结果表明，当该存货的保险储备量为 30 件时，其年存货总成本达到最低，成本为 131.52 元。所以，企业应将该存货的保险储备量确定为 30 件。这就是说，在不确定条件下，为了将由缺货而引起的有关存货成本控制在最低限度内，企业管理者在制定存货决策时，必须预先建立合理的保险储备，即在可使年存货总成本保持最低水平的保险储备量的基础上，再确定有关存货的经济订购数量。

第二节 生产决策

由于不确定型决策和风险型决策在第六章已作介绍，本节主要介绍确定条件下的生产决策。

一、生产对象决策

生产对象决策就是要解决生产什么的问题。在实际工作中，企业总是根据其现有的生产经营能力和当前的市场情况来安排有关产品的产销活动。为了使企业现有的生产经营能力得到充分合理的利用，同时又能给企业带来最大的经济效益，企业管理者就必须在若干种可生产的产品中做出正确的选择，科学地确定生产对象。

在生产对象决策中，通常以成本作为判断方案优劣的标准，但有时也以是否能提供最大边际贡献为判断标准。

（一）开发新产品决策

开发新产品往往涉及固定资产的投资，属于长期投资决策的内容。这里的新产品开发主要是指企业利用现有的剩余生产能力来生产新产品，不涉及长期资金的投入，而是以充分利用现有的生产能力来提高企业经济效益为目标。新产品开发决策有两种类型：一种是在开发过程中不涉及专属固定成本；另一种是涉及专属固定成本。对开发新产品进行决策，可选择成本最低，或提供边际贡献总额最大，或单位生产能力提供边际贡献额最大的方案作为最优方案，也可采用差量损益分析法进行决策。

1. 不追加专属固定成本条件下的生产对象决策

【例7-7】某企业现有剩余生产能力6000机器小时，既可用于生产甲产品，也可用来生产乙产品，但剩余生产能力有限，目前只能生产其中的一种产品。甲、乙产品的有关资料如表7－4所示。

表7－4

产品 / 数量 / 项目	甲产品	乙产品
单位产品销售价格（元）	35	45
单位产品变动成本（元）	15	20
单位产品耗用机时（机时/件）	6	10
固定成本总额（元）	10000	

现在要求确定，该企业生产哪种产品在经济上更合算。

本例中，不管企业是生产甲产品还是生产乙产品，固定成本总额10000元都会发生，属于不可避免成本，是此决策的非相关成本，因此，在决策过程中只需根据有关产品提供的边际贡献总额的大小或单位机时提供边际贡献额的大小来进行评价，而不考虑固定成本总额10000元。有关计算结果如表7－5所示。

表7－5

产品 / 数量 / 项目	甲产品	乙产品
单位产品耗用机时（机时/件）	6	10
产品产销数量（件）	1000	600

续表

项目 \ 数量 \ 产品	甲产品	乙产品
单位产品销售价格（元）	35	45
单位产品变动成本（元）	15	20
单位产品边际贡献（元）	20	25
产品边际贡献总额（元）	20000	15000
单位机时边际贡献（元/机时）	3.33	2.5

从上述计算结果可以看出，乙产品的单位边际贡献比甲产品多5元，但由于生产乙产品所耗机时比甲产品多，而企业的剩余生产能力（机时）有限，导致乙产品的产销量比甲产品少400件，最终甲产品的边际贡献总额高于乙产品5000元（20000－15000）。如果根据单位机时所提供边际贡献的大小作为判断标准，仍可得出相同的结论，即生产甲产品比生产乙产品在经济上更合算。所以，在现有条件下，该企业应选择生产甲产品。

本例还可用差量损益分析法来进行决策，其计算结果如表7－6所示。

表7－6 单位：元

	甲产品	乙产品	差量
预期收入	1000×35＝35000	600×45＝27000	8000
预期成本	1000×15＝15000	600×20＝12000	3000
差量收益			5000

差量收益（5000元）大于零，即生产甲产品可为企业多取得收益5000元，所以，企业应选择生产甲产品。

2. 追加专属固定成本条件下的品种决策

【例7-8】 开发甲产品和开发乙产品的相关产销量、单位售价和单位变动成本等资料同例7－7，但假设在开发过程中需要配备不同的专用设备，甲、乙产品分别需要追加专属固定成本8000元和4000元。要求确定在这种情况下，企业应选择开发哪一种产品。

当开发不同的产品将发生不同的专属固定成本的情况下，决策时可以“剩余边际贡献总额”作为方案优劣的判断标准。剩余边际贡献额就是边际贡献额减去专属固定成本的余额。剩余边际贡献额越大的方案越好。本例的有关分析如表7－7所示。

表 7 - 7

产品 项目	甲产品	乙产品
边际贡献总额	20000	15000
专属固定成本	8000	4000
剩余边际贡献	12000	11000

从表 7 - 7 的计算结果中可以看出，在发生了专属成本以后，甲产品的剩余边际贡献比乙产品多1000 元（12000 - 11000），因此，生产甲产品对企业更有利，企业应选择生产甲产品。

（二）亏损产品处置决策

由于多种因素的影响，企业同时经营的若干种产品中，可能有某些产品会出现经营亏损。这里所说的亏损，是指按照完全成本法组织成本核算时计算的损益结果，而不是按变动成本法计算的结果。

对于亏损产品，不能简单地予以停产，企业管理者必须对其进行科学的分析，以便作出正确的选择。对亏损产品的处置决策，主要涉及是否停产决策和是否转产决策。

1. 是否停产决策

是否停产决策又称是否继续生产亏损产品决策，是指企业管理者围绕亏损产品在未来一定时期是否还按原有的规模继续生产所作的决策。亏损产品是否停产，不能用有关产品的收入总额是否能补充全部成本，是否能给企业提供经营净利润作为判断的标准，而应看其能否带来边际贡献。能够带来边际贡献的产品在经济上都是有利的，因此，如果没有更好的替代方案，而该亏损产品又能带来边际贡献，则不应该停止该亏损产品的生产。

【例 7-9】某企业同时经营甲、乙、丙三种产品，其中，乙产品发生亏损，有关资料如表 7 - 8 所示。

表 7 - 8　　　　单位：元

项目	甲产品	乙产品	丙产品	合计
销售收入	55000	40000	62000	157000
变动成本	30000	30000	40000	100000
边际贡献	25000	10000	22000	57000
固定成本	12300	12000	15000	39300
利润	12700	-2000	7000	17700

现在要求确定，从经济上考虑，乙产品应否停产。

从表7－8的最终结果来看，乙产品亏损2000元，三种产品的利润总额为17700元（12700元－2000元＋7000元）。如果停产，将会使利润总额上升至19700元（12700元＋7000元），表面上看停产乙产品对企业有利。但通过对表7－8中的有关数据进行分析后不难发现，如果没有更好的替代方案，乙产品是不能停止生产的。因为乙产品能提供边际贡献，其数额为10000元，这说明该产品具有获利能力，可以补偿一部分固定成本，对企业来说在经济上是有利的。如果停止生产乙产品，将丧失这10000元边际贡献，而且，原来由乙产品负担的固定成本还将转嫁给甲产品和丙产品，从而使这两种产品的利润额减少，使整个企业的利润总额下降。

假设停止生产乙产品，原来由乙产品负担的固定成本按甲、丙产品的销售收入的比例进行分配，由甲、丙产品来承担，则有关损益的计算如表7－9所示。

表7－9 单位：元

	甲产品	丙产品	合计
销售收入	55000	62000	117000
变动成本	30000	40000	70000
边际贡献	25000	22000	47000
固定成本	17941.03	21358.97	39300
利润	7058.97	641.03	7700

表7－9中的计算结果表明，乙产品停产后，不仅没有使企业的利润总额增加，反而还减少了10000元，所减少的数额就是该停产产品所能提供的边际贡献额。

如果亏损产品本身不能提供边际贡献，而且又不属于国计民生必需的产品，就可以考虑停止生产。

2. 是否转产决策

如果原有用于生产亏损产品的生产能力能够转移，例如用来生产其他产品或将其出租等，那么，企业管理者应对亏损产品在未来一定时期要不要转产进行分析，并做出科学的选择。

对是否转产，其判断的标准是看转产后生产的产品提供的边际贡献总额（在有专属固定成本时，应计算剩余边际贡献总额）是否大于原亏损产品提供的边际贡献总额。

【例7-10】 在例7-9中，假设该企业在停产乙产品后将原来生产乙产品的生产能力转产丁产品，一年可产销500件，单位售价为150元，单位变动成本为110元。转产丁产品不需追加专属固定成本。现在要求通过分析，判断是否应转产。

具体计算、分析如下：

(1) 计算丁产品所能提供的边际贡献总额。

丁产品边际贡献总额＝500×（150－110）

＝20000（元）

(2) 比较乙产品与丁产品的边际贡献总额。

乙产品的边际贡献总额为10000元，而丁产品的边际贡献总额为20000元，丁产品比乙产品多提供边际贡献总额10000元，也就是为企业多提供利润10000元。因此，企业应转产丁产品。

转产丁产品后，企业的经营成果如表7－10所示。

表7－10　单位：元

项目	甲产品	丙产品	丁产品	合计
销售收入	55000	62000	75000	192000
变动成本	30000	40000	55000	125000
边际贡献	25000	22000	20000	67000
固定成本	12300	15000	12000	39300
利润	12700	7000	8000	27700

计算结果表明，转产以后，使企业的利润总额增加了10000元。

【例7-11】假设在例7-10中，转产丁产品须追加机器投资12000元，问是否应停产乙产品而转产丁产品。

在这种情况下，要考虑在转产过程中发生的专属固定成本，将丁产品提供的剩余边际贡献总额与乙产品提供的边际贡献总额进行比较，选取其中较大者。

丁产品剩余边际贡献总额的计算如下：

丁产品边际贡献总额＝20000（元）

丁产品专属固定成本＝12000（元）

丁产品剩余边际贡献总额＝20000－12000

＝8000（元）

从上述计算结果可知，生产丁产品所获的剩余边际贡献额比生产乙产品所获的边际贡献额小2000元（10000－8000），说明此时企业不能转产丁产品。

对亏损产品的处置过程中，要注意以下几点：

(1) 凡是能提供边际贡献的产品，在经济上对企业都是有利的。因此，当出现能提供边际贡献的亏损产品，在没有更好的替代产品或其他的更有利可图的机会时，一般不应停产，因为其提供的边际贡献可以弥补一部分作为沉落成本的固定成本。但是，如果亏损产品不能提供边际贡献，而且也不是关系国计民生的重要产品，一般应考虑停产。

(2) 不能提供边际贡献的亏损产品是否一定要停产，首先要考虑其成本有没有降低的可能性，其次要考虑根据市场情况有没有提高售价的可能性。降低成本和提高售价、增加收入都是扭亏为盈的重要途径。如果能够扭亏为盈，又没有更好的提高盈利能力的机会，则不应停产。另外，还要考虑是否属于关系国计民生的重要产品，如果是，即使亏损，也不能停产，但要在降低成本等方面下工夫。

(3) 对能提供边际贡献的亏损产品，在生产条件和市场销路较好的情况下，可扩大规模进行生产，提高产销量，这样可使企业利润增加。

(三) 产品深加工决策

对于企业生产的普通产品，往往既可以在经过初步加工后以半成品的形式立即对外销售，也可以在进一步加工成产成品后出售。同样，对于联产品，也可在联产过程结束时立即出售，也可在进一步的加工后再出售。一般来说，产品立即出售时的价格较低，但相应的成本也较低；进一步加工后再出售，其价格较高，但要追加一部分加工成本。因此，对是否深加工，要权衡立即出售和进一步加工后出售的利弊得失，做出合理的决策。

1. 半成品是否深加工决策

对普通产品而言，经过初步加工后的半成品是否要进行进一步的加工，只需考虑进一步加工后所能增加的销售收入是否超过增加的成本，即可以采用差量损益分析法来进行分析。如果前者大于后者，则应进一步加工；否则，则应作为半成品出售。此时，进一步加工前的收入和成本与此决策无关，是非相关成本，在决策时不必考虑。

【例7-12】某企业生产A产品，其年产销量为8000件。该产品可经初步加工后立即出售，单位销售价格为55元，单位变动成本为45元；该产品也可在进一步加工后出售，单位销售价格为75元，进一步加工过程中，单位产品追加变动成本8元，另外增加了一台设备，该设备年折旧额16000元。

要求：分析确定A产品应立即出售还是进一步加工后再出售。

差量（追加）收入 = 8000 × （75 − 55） = 160000（元）

差量（追加）成本 = 8000 × （45 + 8 − 45） + 16000 = 80000（元）

由于差量收入大于差量成本80000元（160000 − 80000），所以，进一步加工对企业是有利的，该企业应选择对半成品深加工的方案。

2. 联产品是否深加工决策

所谓联产品，是指一种原材料同时生产出来的几种价值较大的产品。有些联产品在分离出来以后可立即出售也可经过加工后再出售。分离前的成本属于联合成本，可按联产品的售价等标准分配给各种联产品。联合成本是沉落成本，与此决策无关。联产品在分离后进行深加工阶段所发生的变动成本和专属固定成本，通常称为可分成本，它是决策分析中的相关成本。

【例7-13】某企业在对同种原材料进行加工过程中，同时生产出A、B两种联产品，它们既可在分离后立即出售，也可在进一步加工后再出售。这两种联产品的有关资料如表7-11所示。

表7-11

项目 \ 数量 \ 产品	A产品	B产品
预计产品销售数量（件）	6000	8000
立即出售的单位销售价格（元）	8	5
联产阶段单位成本（元）	4	4
继续加工后销售价格（元）	12	8
继续加工追加单位变动成本（元）	2	1.5
继续加工追加固定成本（元）	—	1500

要求：分析确定该企业的A、B联产品是分离后立即出售还是在进一步加工后再出售。

（1）计算联产品进一步加工后的预期收入：

A产品进一步加工的预期收入 = 6000 × 12 = 72000（元）

B产品进一步加工的预期收入 = 8000 × 8 = 64000（元）

（2）计算联产品进一步加工的可分成本：

A产品可分成本 = 6000 × 2 = 12000（元）

B产品可分成本 = 8000 × 1.5 + 1500 = 13500（元）

（3）计算联产品进一步加工后预期收入与可分成本之差：

A产品进一步加工预期收入与可分成本之差 = 72000 - 12000 = 60000（元）

B产品进一步加工的预期收入 = 64000 - 13500 = 50500（元）

（4）计算A、B产品立即出售的收入，并将A、B产品进一步加工后的预期收入与可分成本之差同其立即出售的销售收入进行比较，最终做出决策。

A产品立即出售收入 = 6000 × 8 = 48000（元）

B产品立即出售收入 = 8000 × 5 = 40000（元）

上述计算结果表明，A产品进一步加工的收入与可分成本之差大于立即出售收入12000元（60000 - 48000）；B产品进一步加工的收入与可分成本之差大于立即出售收入10500元（50500 - 40000）。因此，联产品分离后，A、B产品都应进一步加工后再出售。

(四) 零部件取得决策

企业生产经营过程中所需要的某些零部件，有些既可以从市场上直接购买，也可以利用企业自己的技术和设备自行制造。从市场上购买，可以享用供应商规模化生产的成本优势和技术优势，可以减少企业的投资从而减少风险，但必须支付买价和有关的运杂费等；自制可以控制零部件的质量，保证及时供货等，但需要支付原材料、人工费和其他的一些相关费用。究竟采用什么方式取得所需的零部件在经济上更为有利？由于生产经营中所需的零部件，无论是自制还是外购，给企业带来的收益是相同的，因此，只需对外购和自制两种取得方式的预期成本进行计量和分析，以其预期成本的多少作为评价方案优劣的依据。

1. 需要量确定条件下的零部件取得决策

企业在一定时期内零部件的总需求量已经确定的条件下，可对自制和外购方案的相关成本进行比较，成本较低的方案为最优方案。自制方案的相关成本一般包括制造过程中发生的变动成本、可能发生的专属成本、相关的机会成本以及未来可避免的固定成本等；外购方案的相关成本包括支付的买价及相关的运杂费等。

【例 7-14】某企业生产某产品，全年需用某零件 3600 件，该零件既可自制，也可外购。自制单位成本为 26 元，有关资料如表 7－12 所示。

表 7－12 单位：元

项目 \ 成本	总成本（3600 件）	单位成本
直接材料	28800	8
直接人工	21600	6
变动性制造费用	10800	3
固定性制造费用	32400	9
总成本	93600	26

其中，固定性制造费用中，有 5000 元是生产该种零件主管人员的工资。

该零件如果外购，单价为 24 元。另外，企业还可将原来用于生产该种零件的设备对外出租，租金收入为 3600 元。

现在要求确定，为使取得该种零件的成本最低，企业究竟是自制还是外购。

表面上看，自制单位成本（26 元）比外购单位成本（24 元）高出 2 元，应该外购。其实并不是如此简单。在本例的分析中，要考虑的相关成本不仅仅是变动成本，在外购时，固定性制造费用中的生产主管人员的工资 5000 元是未来可避免的成本，也是相关成本。另外，设备的租金收入应该是自制该零件的机会成本。有关相关成本的计算如表 7－13 所示。

表 7－13　　单位：元

	自制		外购	
	总成本	单位成本	总成本	单位成本
直接材料	28800	8		
直接人工	21600	6		
变动性制造费用	10800	3		
外购时可避免的固定性制造费用	5000	1.39		
机会成本	3600	1		
购买成本			86400	24
相关成本总额	69800	19.39	86400	24
差量成本			16600	4.61

表 7－13 的计算结果表明，自制比外购节约成本 16600 元，所以企业应该选择自制该零件。

2. 需要量不确定情况下的零部件取得决策

按照本量利分析的基本原理，成本可按成本性态划分为固定成本和变动成本。在相关范围内，固定成本总额不随业务量的变化而变化，而变动成本总额则会随着业务量的变化而发生相应的变化。因此，在需要量不确定的情况下，不同的方案会有不同的成本构成，而且成本变化的规律也会有所不同，零部件的自制成本和外购成本都同其需要量相关。要正确选择取得零部件的方式，必须利用成本无差别点分析法来找出不同需要量情况下两种取得方式的成本平衡点，然后根据不同需要量所处的区域，选择最优的方案。

【例 7-15】某公司生产经营中需要一种零件，该零件可以自制，也可外购。若自制，单位变动性制造成本为 20 元，固定成本预计将增加 2000 元。若外购，在 300 个以内，单位销售价格为 30 元；超过 300 个，单位销售价格为 25 元。要求分析，为了使零件取得成本最低，究竟应该自制还是外购。

本例中，无论是自制还是外购，零件的取得成本都同需要量相关联。如果自制，自制成本中包含的固定成本会随着需要量的变化而使单位自制成本发生变化；外购成本中，买价也会随着需要量的变化而分段发生变化。根据这些特点，首先就要找出不同需要量情况下两种取得方式的成本平衡点，然后据以作出决策。

设 x 为该零件需要量在 300 个以内时自制和外购两种方式的成本平衡点；y 为该零件需要量在 300 个以上时自制和外购两种方式的成本平衡点，则：

$2000 + 20x = 30x$

$2000 + 20y = 25y$

解之，得

$x = 200$（个）

$y = 400$（个）

这两个成本平衡点如图7－7所示。

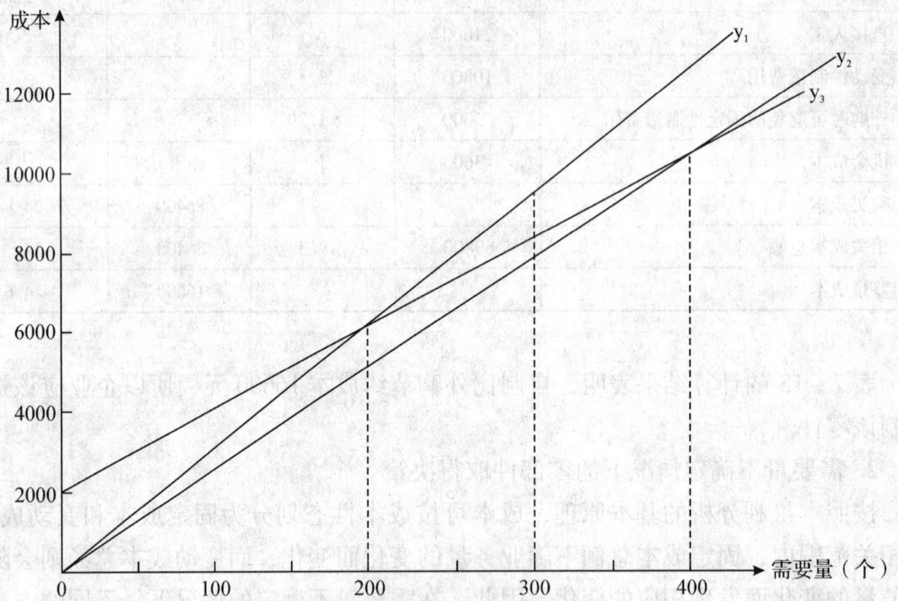

图7－7 成本平衡点

图7－7中，y_1为单价为30元时的外购成本线，y_2为单价为25元时的外购成本线，y_3为自制成本线。显然，当需要量在200个以内时，其外购成本低于自制成本，应采用外购方案；当需要量在200个以上、300个以下时，其外购成本线高于自制成本线，应选择自制方案；当需要量在300个以上、400个以下时，其外购成本线低于自制成本线，应选择外购方案；当需要量超过400个时，其外购成本线高于自制成本线，此时应选择自制方案。

二、生产工艺决策

生产工艺是指对某种产品或零件进行加工时所使用的机器、设备及加工方法的总称。对同一种产品或零件，往往可以按不同的生产工艺进行加工。为了便于对有关工艺方案进行经济评价，通常要将工艺总成本划分为变动性工艺成本和固定性工艺成本两部分。一般来说，生产工艺越先进，其固定成本越高，单位变动成本越低；相反，生产工艺越落后，其固定成本越低，单位变动成本越高。由于固定成本和变动成本之间的这种变动关系，使产量成为方案优劣的最佳的判断标准。因此，只要求出不同方案的成本临界点，就可以确定不同的产量选择不同的生产工艺方案。

（一）单个临界点情况下的工艺决策

【例7-16】某企业计划生产甲产品，共有A、B两个方案。其中，A方案的固定性工艺成本总额为30000元，单位产品变动性工艺成本为14元；B方案的固定性工艺成本总额为40000元，单位产品变动性工艺成本为12元。现在要求分析确定，应选择哪一个工艺方案，才能使其工艺成本总额最低。

对单个临界点的工艺决策，首先要确定工艺成本与产品产量之间的关系，然后计算两个方案的成本临界点，并据以选定最优工艺方案。

设A、B方案的工艺总成本分别为TC_1、TC_2；固定性工艺成本总额分别为a_1、a_2；单位变动性工艺成本为b_1、b_2；两个方案的成本临界点产量为Q_0。则在两个方案的成本临界点处有：

$$TC_1 = TC_2$$

即　$$a_1 + b_1 Q_0 = a_2 + b_2 Q_0$$

解得 $$Q_0 = \frac{a_2 - a_1}{b_1 - b_2}$$

将本例的有关数据代入上述公式，则A、B方案的成本临界点为：

$$Q_0 = \frac{a_2 - a_1}{b_1 - b_2} = \frac{40000 - 30000}{14 - 12} = 5000 \text{（件）}$$

这说明，当产量为5000件时，两种方案的工艺成本相等，即：

$$TC_1 = 30000 + 14 \times 5000 = 100000 \text{（元）}$$

$$TC_2 = 40000 + 12 \times 5000 = 100000 \text{（元）}$$

工艺成本与产量之间的关系如图7-8所示。

从图7-8中可以看出，当甲产品的预计产量小于5000件时，应采用A方案；当预计产量等于5000件时，两种方案都可以；当预计产量大于5000件时，应采用B方案。按照这一原则选择工艺方案，可使工艺总成本达到最低。

（二）多个临界点情况下的工艺决策

【例7-17】假设某企业生产A产品有三种不同的工艺方案，其有关资料如表7-14所示。

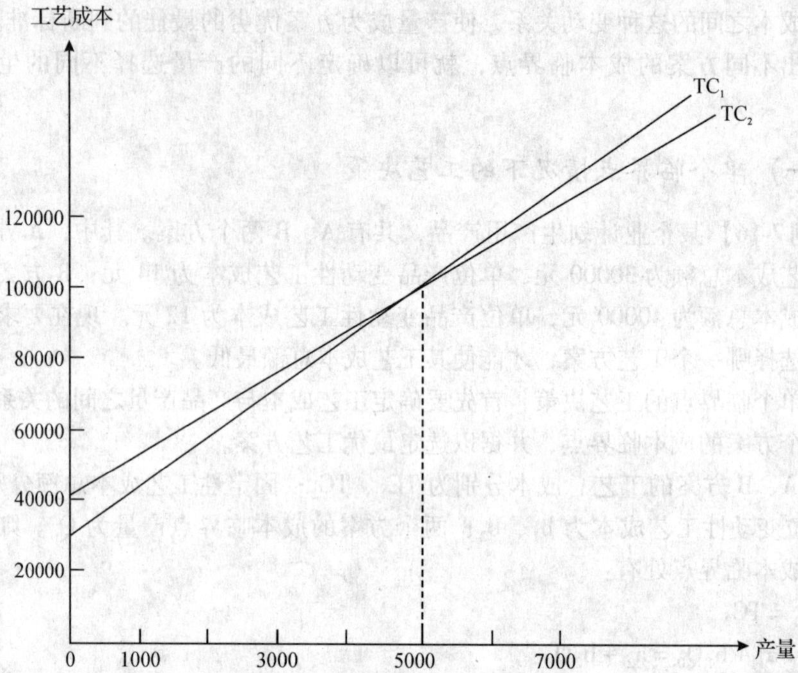

图 7-8 工艺成本与产量之间关系图

表 7-14

单位：元

成本 工艺方案	专属固定成本	单位变动成本
甲方案	700	4
乙方案	900	2
丙方案	600	6

现在要求计算确定，企业应选择哪种工艺方案，才能使其工艺成本总额达到最低。

设甲方案与乙方案、乙方案与丙方案、甲方案与丙方案的成本临界点处的产量分别为 x_1、x_2 和 x_3，则有：

$700+4x_1=900+2x_1$

$900+2x_2=600+6x_2$

$700+4x_3=600+6x_3$

解得 $x_1=100$（件），$x_2=75$（件），$x_3=50$（件）

根据资料的计算结果，如图 7-9 所示。

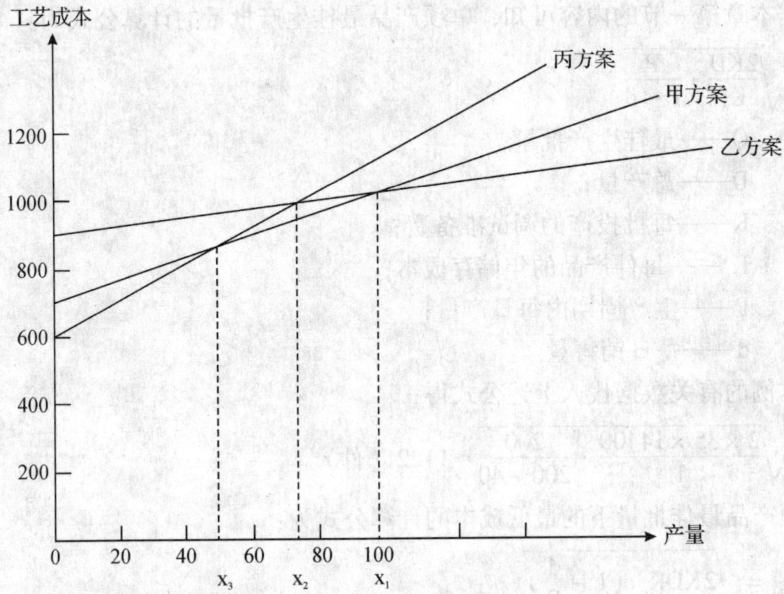

图 7－9　多个临界点的工艺决策图

由图 7－9 可知，为了使 A 产品的工艺总成本最低，应根据不同的生产数量分别选择不同的工艺方案。在产量为 50 件（x_3）时，可选用甲方案或丙方案；当产量在 50 件以内时，应选择丙方案；当产量大于 50 件而小于 100 件（x_3）时，应选择甲方案；当产量大于 100 件时，乙方案成本最低，为最优方案。

三、生产批量决策

在全年产品产量一定的情况下，企业往往要分期、分批地组织生产。在通常情况下，当每次投产批量较大时，可相应地减少生产设备的调试准备费等，可使产品的成本得到一定程度的降低，但大批量地生产产品，有可能会增加产品的库存量，从而增加产品的储存成本等。当每次投产批量较小时，可使产品的储存成本降低，但由于批次的增加，会导致生产设备的调试准备费用增加。由此可以看出，生产批量和生产批次与产品的生产准备成本、产品的储存成本有关。因此，在分批组织产品生产的企业，要正确处理有关费用之间的互为消长的关系，按照生产准备成本与储存成本之和最低时的生产批量组织生产。

（一）单项产品的生产批量决策

【例 7-18】 某企业生产甲产品，全年产量为 14400 件。该企业在其生产周期内，每日产量为 200 件，日销售量为 40 件。生产该产品的每批设备调试准备费为 35 元，每件完工产品的年储存成本为 1 元。要求确定该产品的经济生产批量。

根据本章第一节的内容可知，单项产品最佳生产批量的计算公式为：

$$Q=\sqrt{\frac{2KD}{K_c}\cdot\frac{P}{P-d}}$$

式中：Q——最佳生产批量；

D——总产量；

K——每批投产的调试准备费；

K_c——每件产品的年储存成本；

P——生产周期内每日产量；

d——每日销售量。

将本例的有关数据代入上述公式得：

$$Q=\sqrt{\frac{2\times35\times14400}{1}\cdot\frac{200}{200-40}}\approx1122\text{（件）}$$

单项产品最佳批量下的最低成本的计算公式为：

$$TC_{(Q)}=\sqrt{2KDK_c\left(1-\frac{d}{P}\right)}$$

将有关数据代入得：

$$TC_{(Q)}=\sqrt{2\times35\times14400\times1\times\left(1-\frac{40}{200}\right)}$$

$$\approx898\text{（元）}$$

计算结果表明，该企业为使产品的生产成本处于最低水平，其最佳生产批量应为1122件，此时的成本最低为898元。

（二）多种产品的生产批量决策

如果企业在相同的设备上同时生产多种产品时，为求得能使各种产品生产成本处于最低水平的每种产品的最佳生产批量，首先应根据各种产品的年准备成本之和与年储存成本之和相等时年总成本最低的原理，确定各种产品共同的最优生产批次，然后再据以分别计算各种产品各自的经济生产批量。其计算公式推导过程如下：

设：N——最优的共同生产批次；

n——生产产品的种数。

则 $N=\frac{D}{Q}$

$$Q=\frac{D}{N}$$

将 $Q=\frac{D}{N}$ 代入年储存成本计算公式 $\frac{1}{2}Q\left(1-\frac{d}{P}\right)\times K_c$ 得：

$$\text{一种产品年储存成本}=\frac{1}{2}\frac{D}{N}\left(1-\frac{d}{P}\right)\times K_c$$

又因为年生产准备成本 $=\frac{D}{Q}\times K$

所以，一种产品年调整准备成本 = NK

各种产品的年储存成本 $=\frac{1}{2N}\sum_{i=1}^{n}D_iK_{ci}\left(1-\frac{d_i}{P_i}\right)$

各种产品的年调整成本 $=N\sum_{i=1}^{n}K_i$

各种产品年总成本合计 $=\frac{1}{2N}\sum_{i=1}^{n}D_iK_{ci}\left(1-\frac{d_i}{P_i}\right)+N\sum_{i=1}^{n}K_i$

由于各种产品的年储存成本与年调整准备成本相等时其年成本合计最低，因此，令：

$$\frac{1}{2N}\sum_{i=1}^{n}D_iK_{ci}\left(1-\frac{d_i}{P_i}\right)=N\sum_{i=1}^{n}K_i$$

整理后得：

最优共同批次 $N^*=\sqrt{\frac{\sum_{i=1}^{n}D_iK_{ci}\left(1-\frac{d_i}{P_i}\right)}{2\sum_{i=1}^{n}K_i}}$

所以，某种产品的经济批量 $=\frac{D}{N^*}$

其中，D 为某产品全年产量。

【例 7-19】假设某企业准备在现有设备上分别替换生产甲产品和乙产品，有关资料如表 7－15 所示。

表 7－15

项目　　数量　　产品	甲产品	乙产品
全年总产量（件）	5600	16000
每次调整准备费（元）	300	400
每件产品年储存成本（元）	4	9
每日产量（件）	50	70
每日需用量（件）	25	35

现在要求计算确定，该企业生产甲产品和乙产品的最优生产批量。

(1) 计算甲、乙产品的共同最优生产批次。

$$最优共同批次 N^* = \sqrt{\frac{5600 \times 4 \times \left(1 - \frac{25}{50}\right) + 16000 \times 9 \times \left(1 - \frac{35}{70}\right)}{2 \times (300 + 400)}}$$

$$\approx 8（批）$$

（2）根据最优共同批次分别计算甲、乙产品的经济批量。

$$甲产品的经济批量 = \frac{5600}{8} = 700（件）$$

$$甲产品的经济批量 = \frac{16000}{8} = 2000（件）$$

四、产品生产组合决策

产品生产组合决策适用于生产多品种产品的企业。企业的生产经营活动都离不开一些必要的经济资源，如设备、原材料、人工等，其中，很多资源可用于不同产品的生产。由于不同的产品所消耗资源的数量不同，盈利能力不一样，而且，这些经济资源是有限的，当用有限的资源来生产多种产品时，就要科学合理地确定有关产品之间的数量结构。所谓产品生产组合决策，就是指通过计算、分析，对企业生产的各种产品应该生产多少才能既使现有的经济资源得到合理配置，又能获得最大利润的决策，即要确定最佳的产品数量结构。

确定多种产品最佳数量结构的常用方法主要有：逐次测试法、矩阵法、图解法和单纯形法等。

（一）逐次测试法

根据企业现有的各种限制因素的数据资料，分别计算单位限制因素所提供的边际贡献额并比较其大小，一般来说，根据这些资料便可判断产品生产的优先顺序。如果还不能确定生产的优先顺序，则需要通过逐步测试来解决。

【例 7-20】 某企业生产甲、乙两种产品，其市场最大的预计需求量分别为 1000 件和 2500 件，单位边际贡献分别为 6 元和 4 元。这两种产品的生产都要经过一、二两个生产车间才能完成。一、二两个生产车间现有的最大生产能力分别为 14000 机时和 22500 机时。单位产品所需机时如表 7－16 所示。

表 7－16 单位：机时

	一车间	二车间
甲产品	10	6
乙产品	5	9

现在要求分析确定企业最佳的产品组合。

（1）第一次测试：根据市场预计的最大需求量，优先安排生产甲产品1000件，并将各车间剩余的生产能力安排乙产品的生产。初次测试的结果如表7-17所示。

表7-17

产品	产量（件）	需用生产能力（机时）		边际贡献总额（元）
		一车间	二车间	
甲产品	1000	10000	6000	6000
乙产品	800	4000	7200	3200
合　计	1800	14000	13200	9200
现有最大生产能力		14000	22500	—
剩余生产能力		0	9300	—

表7-17的计算结果表明，优先安排生产甲产品1000件，然后安排生产乙产品800件，一车间现有生产能力可以完全用完，但二车间还有剩余生产能力9300机时没有得到充分利用，该方案不是最优方案，需要继续测试。

（2）第二次测试：根据市场预计的最大需求量优先安排乙产品2500件的生产，并将各车间剩余的生产能力安排甲产品的生产。再次测试的结果如表7-18所示。

表7-18

产品	产量（件）	需用生产能力（机时）		边际贡献总额（元）
		一车间	二车间	
乙产品	2500	12500	22500	10000
甲产品	0	0	0	0
合　计	2500	12500	22500	10000
现有最大生产能力		14000	22500	—
剩余生产能力		1500	0	—

表7-18的计算结果表明，优先安排生产乙产品2500件，可以为企业提供更多的边际贡献，这次测试的结果比第一次测试的结果要好（剩余生产能力从9300机时下降为1500机时，边际贡献总额从9200元上升到10000元），但第一车间还有剩余生产能力1500机时没有得到充分利用，还存在增加盈利的潜力，因此，应在第二次测试的基础上作适当的调整。

（3）调整测试：调整测试要达到的目的，就是充分利用一车间的剩余生产能力，同时要尽量避免二车间再度出现剩余生产能力。

从已知条件可知，二车间加工乙产品，每件需用 9 机时，加工甲产品，每件需用 6 机时。这就意味着二车间减少生产 1 件乙产品，就可以增加生产 1.5 件甲产品，净增边际贡献 5（1.5×6－1×4）元，因此，适当调减生产乙产品是合算的。现在就要对乙产品与甲产品之间严格按照 1∶1.5 的比例重新安排两种产品的生产量，同时，对一车间也应按照 1∶1.5 的比例重新安排两种产品的生产量，即减少乙产品 1 件，增加甲产品 1.5 件。每调整一次，一车间剩余生产能力可多利用：

减少乙产品 1 件　　　　　少耗 5 机时
增加甲产品 1.5 件　　　　需用 15 机时
两者相抵后净利用生产能力　　10 机时

根据第二次测试的结果，一车间有剩余生产能力 1500 机时。因此，为了充分利用剩余生产能力，需要调整 150（1500÷10＝150）次。通过调整测试，甲、乙产品的具体调整数量为：

甲产品：150×1.5＝225（件）

乙产品：150×1＝150（件）

这就是说，经过调整测试，甲产品从原来的 0 件增加到 225 件，乙产品从原来的 2500 件减少到 2350 件（2500－150）。调整测试的结果如表 7－19 所示。

表 7－19

产品	产量（件）	需用生产能力（机时）		边际贡献总额（元）
		一车间	二车间	
甲产品	225	2250	1350	1350
乙产品	2350	11750	21150	9400
合　计	2575	14000	22500	10750
现有最大生产能力		14000	22500	—
剩余生产能力		0	0	—

上述计算结果表明，企业为使现有生产能力得到充分利用，并获得最多的边际贡献，应生产甲产品 225 件，乙产品 2350 件。

（二）图解法

我们仍以例 7-20 中的资料用图解法求最大边际贡献额。

设 x_1、x_2 分别代表甲、乙产品的最佳产量，S 代表这种最佳产品组合可提供的边际贡献总额，则：

目标函数：$S=6x_1+4x_2$

约束条件：$10x_1+5x_2\leqslant 14000$ ………L_1

$6x_1+9x_2 \leqslant 22500$ ………L_2

$0 \leqslant x_1 \leqslant 1000$ ………L_3

$0 \leqslant x_2 \leqslant 2500$ ………L_4

该决策事实上是要求在同时满足以上四个约束条件的前提下，求 S 的最大值及与其相对应的最优的产量组合，即 x_1 和 x_2。

（1）将上述四个约束条件反映在坐标图上，如图 7－10 所示。

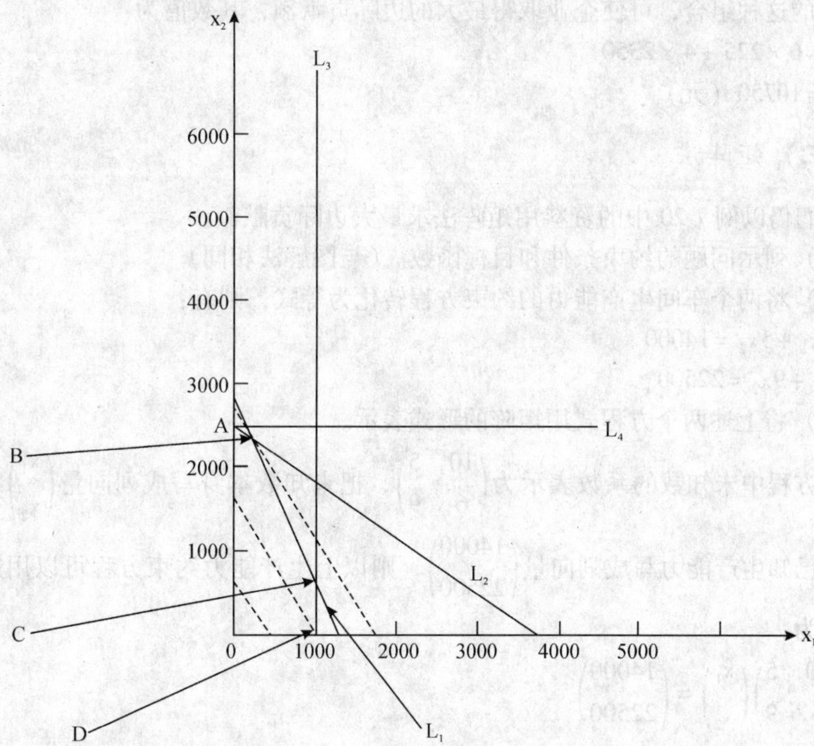

图 7－10

（2）确定同时满足上述四个约束条件的变量的取值范围是可行解区域。在图 7－10中，0ABCD 为可行解区域，满足上述约束条件的可行解，一定位于此区域内。

（3）根据目标函数 $S=6x_1+4x_2$ 绘出等利润线，并在可行解区域内求得最优解。

因为　$S=6x_1+4x_2$

所以　$x_2=-\frac{3}{2}x_1+\frac{S}{4}$

$x_2=-\frac{3}{2}x_1+\frac{S}{4}$表示斜率为$-\frac{3}{2}$，纵截距不等的一组平行线，称为“等利润线”，如图7-10所示中的虚线所示。纵截距越大，等利润线距离原点越远，则目标函数值越大。图中，B点不仅在可行解范围之内，而且通过该点所作的等利润线形成的纵截距为最大。所以，B点的纵坐标2350和横坐标225就是A、B两种产品的最优数量组合，也是本题的最优解，即$x_1=225$（件），$x_2=2350$（件）。

图解结果表明，企业在现有生产能力的条件下，生产甲产品225件，乙产品2350件的这种组合，可使企业取得最大的边际贡献额，其数值为：

$$\begin{aligned}S&=6\times225+4\times2350\\&=10750\text{（元）}\end{aligned}$$

（三）矩阵法

我们仍以例7-20中的资料用矩阵法求最大边际贡献额。

（1）列示问题的约束条件和目标函数。（与图解法相同）

（2）将两个车间生产能力的约束方程转化为等式，则有：

$$10x_1+5x_2=14000$$

$$6x_1+9x_2=22500$$

（3）将上述两个方程式用矩阵的形式表示。

将方程中未知数的系数表示为$\begin{pmatrix}10&5\\6&9\end{pmatrix}$，把未知数本身写成列向量$\begin{pmatrix}x_1\\x_2\end{pmatrix}$，把等式右边已知生产能力写成列向量$\begin{pmatrix}14000\\22500\end{pmatrix}$，则以上生产能力约束方程可以用矩阵形式表示为：

$$\begin{pmatrix}10&5\\6&9\end{pmatrix}\begin{pmatrix}x_1\\x_2\end{pmatrix}=\begin{pmatrix}14000\\22500\end{pmatrix}$$

进行矩阵运算，求解列向量$\begin{pmatrix}x_1\\x_2\end{pmatrix}$。

根据矩阵运算规则，上式中的列向量$\begin{pmatrix}x_1\\x_2\end{pmatrix}$应为：

$$\begin{pmatrix}x_1\\x_2\end{pmatrix}=\begin{pmatrix}10&5\\6&9\end{pmatrix}^{-1}\begin{pmatrix}14000\\22500\end{pmatrix}$$

按照初等变换或求原矩阵的伴随矩阵的原理，可求得$\begin{pmatrix}10&5\\6&9\end{pmatrix}$的逆矩阵为$\begin{pmatrix}0.15&-\frac{1}{12}\\-0.1&\frac{1}{6}\end{pmatrix}$，于是：

$$\begin{pmatrix} x_1 \\ x_2 \end{pmatrix} = \begin{pmatrix} 10 & 5 \\ 6 & 9 \end{pmatrix}^{-1} \begin{pmatrix} 14000 \\ 22500 \end{pmatrix}$$

$$= \begin{pmatrix} 0.15 & -\frac{1}{12} \\ -0.1 & \frac{1}{6} \end{pmatrix} \begin{pmatrix} 14000 \\ 22500 \end{pmatrix}$$

$$= \begin{pmatrix} 225 \\ 2350 \end{pmatrix}$$

计算结果表明，该企业应生产甲产品 225 件，乙产品 2350 件，这样，可使企业的预计边际贡献总额达到最大，即 10750 元（$6 \times 225 + 4 \times 2350$）。

（四）单纯形法

我们仍以例 7-20 中的资料用单纯形法求最大边际贡献额。

（1）列示问题的约束条件和目标函数（与图解法相同）。

（2）引进松弛变量，并将上述不等式改为等式。

根据本例的具体情况，应引进松弛变量 x_3、x_4、x_5、x_6。引进松弛变量后，约束条件可写成：

$$\begin{aligned} 10x_1 + 5x_2 + x_3 \qquad\qquad &= 14000 \\ 6x_1 + 9x_2 \qquad + x_4 \qquad &= 22500 \\ x_1 \qquad\qquad + x_5 \quad &= 1000 \\ x_2 + \qquad\qquad + x_6 &= 2500 \end{aligned}$$

目标函数可写成：

$$S = 6x_1 + 4x_2 + 0x_3 + 0x_4 + 0x_5 + 0x_6$$

将以上约束方程的各个系数及常数项写成向量形式：

$$p_1 = \begin{pmatrix} 10 \\ 6 \\ 1 \\ 0 \end{pmatrix} \quad p_2 = \begin{pmatrix} 5 \\ 9 \\ 0 \\ 1 \end{pmatrix} \quad p_3 = \begin{pmatrix} 1 \\ 0 \\ 0 \\ 0 \end{pmatrix} \quad p_4 = \begin{pmatrix} 0 \\ 1 \\ 0 \\ 0 \end{pmatrix} \quad p_5 = \begin{pmatrix} 0 \\ 0 \\ 1 \\ 0 \end{pmatrix} \quad p_6 = \begin{pmatrix} 0 \\ 0 \\ 0 \\ 1 \end{pmatrix}$$

$$p_0 = \begin{pmatrix} 14000 \\ 22500 \\ 1000 \\ 25000 \end{pmatrix}$$

（3）以松弛变量为基底，建立单纯形法的图表（如表 7－20 所示），作为求解运算的起点。

表 7－20

C							6	4
	基底	p_0	p_3	p_4	p_5	p_6	p_1	p_2
0	p_3	14000	1	0	0	0	10	5
0	p_4	22500	0	1	0	0	6	9
0	p_5	1000	0	0	1	0	$\boxed{1}$	0
0	p_6	25000	0	0	0	1	0	1
	Z_j	0	0	0	0	0	0	0
	Z_j-C_j	0	0	0	0	0	−6	−4

在表 7－20 中，C 是目标函数的系数，分别表示甲产品和乙产品的单位边际贡献额；Z_j 由公式 $Z_j=\sum_{1}^{j}C_jX_j$ 计算求得；Z_j-C_j 行各元素由 Z_j 行各元素减去 C 行内同列对应元素而求得。Z_j-C_j 行数字具有“检验数”的作用。如果要求目标函数的最大值，当表中存在任何一项 Z_j-C_j 小于零时，说明目标函数还没有达到最大值，应继续进行转换；当每一项都为 $Z_j-C_j\geqslant0$ 时，则表明目标函数已达到最大值，转换计算可到此结束。本例要求目标函数的最大值，其具体步骤如下：

（1）确定“调入量”和“调出量”。先求出每一列的 Z_j-C_j 值，根据计算结果，将 Z_j-C_j 行中负数绝对值最大的非基变量所在的列作为调入量（即调入列），调入基底；然后，用调入列中的每一个非负元素去除 p_0 列中与之相对应的元素，将其中商值最小的这一行作为调出行，调出基底。在本例中，p_1 应调入基底，而 p_5 应调出基底。

（2）确定转换点。调入量与调出量的交叉点为转换点，通常用“□”来表示。在表 7－20 中，p_1 和 p_5 的交叉点是 1，用$\boxed{1}$表示。

（3）确定新表中的各元素的数字。在确定新表中的每个数值时，将原表相应位置的数值（以 a_1 表示）和转换点的数值（以 a_0 表示）作为矩形的一条对角线的两个顶点的数值，由此可得到该矩形的另一条对角线两个顶点的数值（分别以 a_2 和 a_3 表示），如图 7－11 所示。

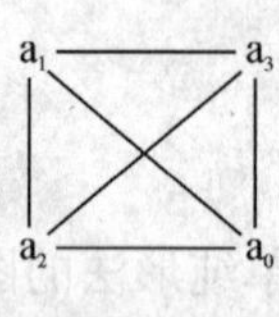

图 7－11

图 7－11 中相对应于顶点 a_1 位置的数值 a_1 可用下面的公式计算求得：

$$a_1 = a_1 - \frac{a_2 \times a_3}{a_0}$$

对于与转换点同行的各位置的数值（包括转换点本身），表 7－21 应填上对应于原表中的数除以 a_0 所得的商。

对于与转换点同列的各位置的数值，除转换点外，其余都填上零。

根据上述方法的转换计算，可得表 7－21 的所有数据。

表 7－21

C							6	4
	基底	p_0	p_3	p_4	p_5	p_6	p_1	p_2
0	p_3	4000	1	0	－10	0	0	**[5]**
0	p_4	16500	0	1	－6	0	0	9
6	p_1	1000	0	0	1	0	1	0
0	p_6	25000	0	0	0	1	0	1
	Z_j	6000	0	0	6	0	6	0
	$Z_j - C_j$	6000	0	0	6	0	0	－4

依据同样的规则，可确定表 7－21 中，p_2 应调入基底，p_3 应调出基底，转换点为 5。转换计算结果如表 7－22 所示。

表 7－22

C							6	4
	基底	p_0	p_3	p_4	p_5	p_6	p_1	p_2
4	p_2	800	$\frac{1}{5}$	0	－2	0	0	1
0	p_4	9300	$-\frac{9}{5}$	1	**[12]**	0	0	0
6	p_1	1000	0	0	1	0	1	0
0	p_6	24200	$-\frac{1}{5}$	0	2	1	0	0
	Z_j	9200	$\frac{4}{5}$	0	－2	0	6	4
	$Z_j - C_j$	9200	$\frac{4}{5}$	0	－2	0	0	0

依据同样的规则可得到表 7－23。

表 7-23

C							6	4
	基底	p_0	p_3	p_4	p_5	p_6	p_1	p_2
4	p_2	2350	$-\frac{1}{10}$	$\frac{1}{6}$	0	0	0	1
0	p_5	775	$-\frac{3}{20}$	$\frac{1}{12}$	1	0	0	0
6	p_1	225	$\frac{3}{20}$	$-\frac{1}{12}$	0	0	1	0
0	p_6	22650	$\frac{1}{10}$	$-\frac{1}{6}$	0	1	0	0
	Z_j	10750	$\frac{1}{2}$	$\frac{1}{6}$	0	0	6	4
	Z_j-C_j	10750	$\frac{1}{2}$	$\frac{1}{6}$	0	0	0	0

由表 7-23 可知，所有元素的 Z_j-C_j 值均大于或等于零，说明目标函数 S 已取得最大值，转换计算到此结束。此时，最佳数值 $x_1=225$，$x_2=2350$。将 x_1、x_2 的数值代入目标函数 $S=6x_1+4x_2$ 得：

$S=6\times225+4\times2350=10750$（元）

此即为企业所取得的最大边际贡献总额。

计算结果表明，该企业应生产甲产品 225 件，乙产品 2350 件。这样，可使企业的预计边际贡献总额达到最大，即 10750 元。

第三节 定价决策

产品价格制定得是否合适，一方面会影响企业的收入和利润，另一方面还会影响企业所生产的该产品在市场中的竞争地位和市场占有率。产品价格太高，会增加单位产品的收入和利润，但如果其他企业生产的同种产品价格适中，则会减少本企业的市场份额；定价太低，则不能保证企业目标利润的实现。定价决策就是要找到能使企业获得最大利润的价格，这是企业生产经营活动中一个极为重要的问题。

一、产品定价的基本方法

（一）以成本为基础的定价决策方法

成本是企业生产经营过程中所发生的各项耗费的总和，是构成产品价格的基本因素，也是价格的最低经济界限。以成本为基础制定产品价格，依据是价格首先必须补偿成本，然后再考虑利润等其他因素。所以，这种定价方法不仅能保证生产中的耗费得到补偿，而且能保证企业必要的利润。定价决策中所使用的“成本基数”，既可以是完全成本，也可以是变动成本。下面将分别讨论以这两种“成本基数”为基础的成本定价方法。

1. 完全成本定价法

完全成本定价法是指在产品的完全成本的基础上加上一定比例的“加成”，以此二者之和作为产品的销售价格的一种定价方法。这种方法的“成本基数”是产品的制造成本，包括固定成本和变动成本。其计算的程序是：首先计算“成本基数”，然后在此基础上加上一定的百分比，即“加成”，由此得到目标价格。

尽管有关的销售及行政管理费用等非制造成本不包含在“成本基数”里，但它却是考虑“加成”的基础。因此，这种定价方法能够补偿经营过程中发生的这些成本，并可给企业带来一定的利润。其计算公式为：

单位销售价格 = 单位产品完全成本 + 加成额 = 单位产品完全成本 ×（1 + 加成率）

【例 7-21】某企业生产甲产品，其定价采用在制造成本基础上加 40%。有关该产品的预计成本资料如表 7 – 24 所示。

表 7 – 24　　单位：元

成本项目	单位产品成本	总成本
直接材料	10	
直接人工	8	
变动性制造费用	4	
固定性制造费用（产销量为 1000 件）	6	6000
变动性销售及行政管理费用	3	
固定性销售及行政管理费用（产销量为 1000 件）	1	1000

（1）计算“成本基数”，计算结果如表 7 – 25 所示。

表 7 – 25　　单位：元

	单位成本
直接材料	10
直接人工	8
制造费用	10
产品制造成本	28

(2) 计算、确定甲产品的销售价格。

价格 $=28\times(1+40\%)=39.2$(元)

根据计算，该企业应将其生产的甲产品的价格确定为39.2元。

企业还可以完全成本总额为定价的基础，其计算公式为：

$$单位销售价格=\frac{预计总成本+目标利润}{预计产销量}$$

完全成本定价法简单易行，而且可以使企业的全部成本得到补偿，并为企业提供一定的利润。

2. 变动成本定价法

变动成本定价法是指在产品的变动成本的基础上加上一定比例的边际贡献，以此二者之和作为产品的销售价格的一种定价方法。在这种方法下，只要产品的单位销售价格大于单位变动成本，就能创造边际贡献。如果边际贡献大于单位产品的固定成本，说明边际贡献除了弥补了固定成本外，还为企业创造了利润；如果单位产品边际贡献小于单位产品固定成本，则产品不能给企业创造利润，但还是弥补了部分固定成本。其计算公式为：

$$单位销售价格=单位变动成本+单位边际贡献$$

$$=\frac{单位变动成本}{1-边际贡献率}$$

【例7-22】 某企业生产某产品，预计单位变动成本为：直接材料10元，直接人工6元，变动性制造费用8元；预计该产品的边际贡献率为40%，则以变动成本为基础的该产品的销售价格为：

$$单位销售价格=\frac{10+6+8}{1-40\%}=40\ (元)$$

根据上述计算结果，该企业应将某产品的价格定为40元。

(二) 以市场需求为基础的定价决策方法

以市场需求为基础的定价方法是指以消费者对某种产品价格的接受程度为基本依据来确定产品的价格的一种定价方法。这种方法优先考虑的是消费者对价格的接受程度，要求企业的管理者必须研究怎样的价格才能使企业取得最大的利润和销售收入。

以市场需求为基础的定价方法主要包括边际分析法、微分极值法等。

1. 边际分析法

边际分析法是指根据边际成本、边际收入和边际利润之间的数量关系及其经济内涵，来对特定价格与销售量组合进行分析，是确定有关产品销售价格的一种决策方法。

边际收入是产品销售量增减一个单位所带来的总收入的增减额；边际成本则是

产品生产量增减一个单位所带来的总成本的增减额。当产品的边际收入等于边际成本时，产品获得最大利润，此时的产销量为最佳产销量，此时的销售价格为最佳销售价格。所以，采用边际分析法来确定产品的销售价格，就是要求出产品的边际收入与边际成本相等时的价格，也就是能给企业带来最大利润的销售价格。

【例7-23】假设某产品的售价（P）与销售量（x）之间的关系为：$P = 62 - 4x$；固定成本总额为40万元，单位变动成本（b）与销售量之间的关系为：$b = 14 + 2x_0$。求该产品的最优价格。

根据已知条件可得：

总收入 $TR = Px$

$(62 - 4x) \times x = 62x - 4x^2$

所以，边际收入 $MR = 62 - 8x$

总成本 $TC = 40 + (14 + 2x) \times x$

$= 40 + 14x + 2x^2$

所以，边际成本 $MC = 14 + 4x$

令　$TR = MC$

即　$62 - 8x = 14 + 4x$

解得最优销售量 $x = 4$（件）

将 $x = 4$ 代入 $P = 62 - 4x$ 中，可求得最优价格 $P = 62 - 4 \times 4 = 46$（万元）

计算结果表明，当销售量为4件，每件售价46万元时，企业可获得最大利润。

最大利润额 $= (P - b) \times x - a$

$= (46 - 14 - 2 \times 4) \times 4 - 40$

$= 56$（万元）

2. 微分极值法

微分极值法在定价决策中的应用，主要是根据某产品的销售数量和单位销售价格的有关数据资料，建立销售量和价格之间的数量关系，并运用微分极值原理来确定可使企业获得最大利润的销售价格。其决策的基本步骤如下：

第一步，确定销售量与价格之间的关系，建立数学模型。

设：P——销售价格；

Q——销售数量；

TR——总收入；

TC——总成本；

TP——总利润；

b——单位变动成本；

a——固定成本总额。

销售量与价格之间的关系为：$Q = m + nP$（m，n 为参数）

$TR(P) = P \times Q$

$= P \times (m + nP)$

$= Pm + nP^2$

$TC(P) = a + bQ$

$= a + b(m + nP)$

所以，$TP(P) = TR(P) - TC(P)$

$= nP^2 + (m - bn)P - (a + bm)$

第二步，求导，得出最优价格。

对 TP（P）求一阶导数，并令其等于 0，即：

$TP'(P) = 2nP + m - bn = 0$

所以，$P = \dfrac{bn - m}{2n}$

二、产品定价决策

（一）产品调价决策

当企业生产产品的技术、质量、成本以及市场需求状况发生变化时，它们会对产品的生产和销售带来不同程度的影响。为了开拓市场，扩大销售，实现企业的目标利润，企业必须及时采取应变措施，认真分析产品生产、销售的有关历史资料，并预计未来的发展趋势，适当调整原有产品的销售价格。

在调整价格时应注意，当提高产品的销售价格时，该产品的质量水平、生产成本等可能会有所提高，但产品的销售数量会下降，并最终影响企业的盈利；当降低产品的销售价格时，相关的一些因素也会发生变化，并最终影响产品的售价及企业的盈利。因此，在调整价格时，要权衡利弊，确定合理的价格调整方向。

1. 提高销售价格决策

【例 7-24】某企业生产某产品，其单位变动成本为 20 元，固定成本总额为 46000 元，单位销售价格为 30 元。近几年，该产品的销售量一直在 6000 件左右。为了扩大销量，企业准备对该产品实行技术改造，以提高产品的质量和功能。技术改造使产品的质量提高了，销量有望达到 16000 件，但固定成本将增加 60000 元，单位变动成本上升 5%。为了满足市场的需要，并提高企业的经济效益，企业拟将产品的价格提高 8%。现在要求确定，该企业应否提高该产品的价格。

（1）计算在调价前的年利润总额：

利润总额 = $(30 - 20) \times 6000 - 46000 = 14000$（元）

（2）计算价格调整后的年利润总额：

利润总额 = $[30 \times (1 + 8\%) - 20 \times (1 + 5\%)] \times 16000 - (46000 + 60000)$

$= 76400$（元）

计算结果表明，该企业在进行技术改造以后，将价格提高 8%，即由原来的 30

元提高到 32.4 元，对企业是有利的，可使企业的年利润增加 62400 元（76400 - 14000）。

2. 降低销售价格决策

【例 7-25】 在例 7-24 中，假设该企业为了扩大销路，增加销售量，不是采取技术改造的方式，而是降低产品的销售价格。企业拟将销售价格降低 5%，预计年产销量将达到 10000 件。由于产量提高，企业要扩大生产规模，须添置设备，因而使固定成本增加 15000 元，单位变动成本将降低 1.5 元。现在要求确定，该企业应否降低该产品的价格。

该产品调价前的年利润总额同例 7-24。

确定降价后的年利润总额：

利润总额 = ［30 ×（1 - 5%）-（20 - 1.5）］×10000 -（46000 + 15000）
= 39000（元）

计算结果表明，该企业将价格降低 5% 后，即由原来的 30 元降低到 28.5 元，对企业是有利的，可使企业的年利润增加 25000 元（39000 - 14000）。

（二）特殊订货定价决策

所谓特殊订货，是指在特定条件下，客户向企业提出的临时性购货或追加订货。在特殊订货的情况下，会面临一些特殊的问题，如企业生产经营有关产品的部分生产能力经常处于闲置状态，但在接受了新的订货后，可能会削减目前的产品生产规模；客户的报价往往低于目前的市价等。因此，企业管理者在决策过程中，应充分考虑所面临的特殊问题，按不同的要求，采用不同的方法进行计算和分析，以便做出正确的决策。

1. 不削减现有生产规模的特殊订货定价决策

在这种情况下，无论是否接受特殊订货，固定成本都不会发生变化，是决策的非相关成本，特殊订货所提供的边际贡献将直接转化为利润。因此，只要特殊订货的报价大于单位变动成本就可接受。

【例 7-26】 假设某企业只生产甲产品，其正常生产能力为 1200 件，目前的产销量为 800 件，固定成本为 2000 元，单位变动成本为 18 元，正常销售价格为 30 元。现有一客户要求追加订货 350 件，但最高报价每件只有 26 元。现在要求确定，该企业能否接受这一特殊订货。

具体计算、分析如下：

特殊订货单位报价	26 元
单位变动成本	18 元
单位产品边际贡献	8 元
特殊订货边际贡献总额	2800 元（350 ×8）

从计算结果可知，特殊订货的数量在剩余生产能力范围内，固定成本成为与此

决策无关的成本，特殊订货所提供的边际贡献就是企业的利润。由于单位报价大于单位变动成本，即该特殊订货可为企业提供边际贡献，企业应该接受该特殊订货。

2. 削减现有生产规模的特殊订货定价决策

在这种情况下，企业会暂时减少部分正常的销售以接受特殊订货。特殊订货冲击了正常销售，从而减少了正常销售的边际贡献。所以，要想特殊订货能给企业带来利润，就必须使特殊订货的价格大于变动成本与因减少正常销售所损失的边际贡献之和。即：

$$特殊订货价格 > 单位变动成本 + \frac{因减少正常销售而损失的边际贡献}{特殊订货量}$$

【例7-27】 在例7-26中，如果客户的追加订货必须是450件，报价不变，该企业是否应该接受这批订货？

$$单位变动成本 + \frac{因减少正常销售而损失的边际贡献}{特殊订货量} = 18 + \frac{(30-18)\ \times 50}{450}$$

$$\approx 19.33\ (元)$$

由于客户报价为26元，大于19.33元，因此，企业可接受这批特殊订货。

思考与练习

一、思考题

1. 存货成本由哪些基本部分组成？它们各自和什么因素相关？

2. 什么是存货的订购成本和储存成本？试述这两个成本同全年总需要量、每次订购数量、全年订购次数等变量之间的关系。

3. 什么是缺货成本？什么是保险储备？试述合理确定保险储备数量的基本原理？

4. 什么是再订购点？它与什么因素有关？

5. 试简要说明亏损产品的继续经营、停止生产和转产其他产品的决策依据分别是什么？

6. 产品的生产批量决策的基本原理是什么？

7. 什么是产品的生产组合决策？怎样确定最优生产组合？

8. 产品定价决策的基本方法有哪些？定价决策中需要考虑的因素又有哪些？

9. 什么是特殊订货定价决策？怎样进行特殊订货定价决策？

二、练习题

1. 某企业生产中需要购进某种原材料，其年需要量为1200个单位，每次订购费用为100元，每单位原材料的年储存费用为1.5元。要求根据上述资料回答以下问题：

（1）该材料的经济订购量为多少？全年总的订购次数又为多少？

（2）该材料全年总的订购成本和储存成本分别为多少？

（3）若材料的单位成本为20元，则存货占用资金为多少？

2. 某企业生产中需要购进某种原材料，其年需要量为2000吨，因条件限制，此种材料只能陆续运回入库。经测算可知，该种材料平均每天入库量为20吨，每天生产车间领用该材料10吨。每次购买的订购费用为200元，每吨材料的年储存费用为其买价的10%，该材料的购买价格为400元/吨。要求根据上述资料回答以下问题：

（1）该种材料的经济订购量为多少？

（2）该材料全年总的订购次数为多少？

（3）该材料全年的总的订购成本和储存成本分别为多少？存货总成本又为多少？

3. 某企业生产中需要用到某种材料，并采用外购方式取得。该材料全年总的需要量为10000千克，每次订购费用为20元，单位年储存成本为0.2元。该材料供应商提出：若该企业每次购买数量超过1700千克，每千克价格为0.8元；若每次购买数量在1700千克以下，则每千克价格为1元。

要求：通过计算，确定该企业每次应该订购多少千克的该种材料？

4. 某企业生产某种产品，每年全年需要用A材料3600吨，每次订购成本为100元，每吨材料储存成本为8元，每吨材料缺货成本为10元，正常交货时间为10天，正常订购期间（交货时间）内每天正常需求量为10吨。经过调查测算，A材料在过去的几年内的实际需求状况如下表所示。

订购期间实际需求数量（吨）	70	80	90	100	110	120	130
概率	0.02	0.04	0.18	0.5	0.2	0.04	0.02

要求：通过计算确定该材料的经济订购量和再订购点分别为多少？

5. 某企业所属某车间下设A、B、C三条生产线，均可以用来加工甲零件。这三条生产线的每月固定成本分别为2000元、3500元和8000元，单位零件变动性加工费用分别为3元、2元和0.5元。

要求：通过计算，确定甲零件分别应该在何种情况下由哪条生产线进行生产？

6. 某企业生产中每年需要某种零部件15000套，其自制的总成本如下：

直接材料费用	48000元
直接人工费用	36000元
变动性制造费用	45000元
固定性制造费用	105000元

(1) 若该材料的市场购买价格为每套 12 元，且现有制造该零部件的生产设备别无他用时，试确定该企业是应该自制该零部件还是外购该零部件?

(2) 若生产该零部件的设备可对外出租，预计租金年收入为 36000 元。此时，该企业是应该采取外购还是自制的方式取得该零部件?

7. 设某企业下年度某产品的生产计划为 18000 件。该产品每日销售量 50 件，每日生产量为 250 件，每批产品的生产设备调整费为 45 元，每件完工产品的储存费用为 0.9 元。

要求：通过计算，确定为使生产成本总额最小，每批产品的最佳生产数量为多少？全年总的生产批次为多少?

8. 某企业生产某产品，全年需用某零部件总量 3600 个，每日领用 10 个。该零件可以外购或自制都可以。若外购则单价为 2 元/个，每次订购费用为 20 元，每个零件年储存费用为 0.4 元；该零件若自制，单位制造成本为 1.5 元，每批生产的设备调整费用为 100 元，每日产量为 40 个，每个零部件的储存费用为 0.35 元。

要求：通过计算确定，该企业是应该自制零部件还是外购零部件?

9. 某企业其正常生产能力为 3000 件/年，目前年计划产销量为 2200 件，现有一客户提出以每件 165 元的价格订购此种产品 1500 件。该产品资料如下：

单位销售价格	280 元
单位产品成本	200 元
其中：直接材料	60 元
直接人工	30 元
变动性制造费用	20 元
固定性制造费用	90 元
单位产品利润	80 元

要求：通过计算确定该企业是否应该接受订货？该企业可以接受订货的最低价格为多少?

第八章　长期投资决策基本方法

第一节　长期投资决策概述

一、长期投资决策的含义

现代企业的基本功能可以归纳为筹资、投资和生产三大部分，而企业筹集资金的目的是为了把资金运用于生产经营活动以便取得盈利。由此可见，投资是企业经营活动的重要组成内容之一。在管理会计中，投资的含义十分广泛，一般来说，凡是企业投入资金，以期在未来一定的期间内获得报酬或更多收益的活动都可以称之为投资。例如，企业可把资金用于购买其他企业的股票或债券，并以股利、利息等形式在未来获取收益，形成对外投资；企业也可以将资金用于购买固定资产、更新改造生产设备、研制新产品和技术、开发利用资源等各种对内投资。

长期投资决策（Long-term Investment）是指那些需要企业投入大量资金，获取收益的持续时间超过一年以上，能在今后相当长的一段时间内影响企业经营能力的重大投资决策。与长期投资决策有关的资金支出在会计上又叫做资本性支出，因此长期投资决策亦称资本支出决策。正确地进行企业长期投资决策，对企业的生产经营具有长远的意义，它从总体上确定了企业未来年份的经营方向、规模大小、人员配备、资本总量以及企业的经营目标等重大问题。

二、长期投资决策的分类

长期投资决策可以按照不同的标志进行分类。

（一）按重要程度分类

长期投资决策按照其重要程度不同可以分为战术型投资决策和战略型投资决策两类。

1. 战术型投资决策

战术型投资决策是指对企业的全局或前途并不构成重大影响，仅局限于局部范围的变化和个别条件改善的影响范围较小的投资决策，如现有机器设备应否更新、怎样更新、何时更新等。

2. 战略型投资决策

战略型投资决策是指将会改变企业经营方向，对企业全局或命运有重大影响的投资决策，如现有生产规模的大幅扩充，新技术的开发或引进、新产品的研制等。

（二）按对象分类

长期投资决策按照其投资对象的不同可以分为固定资产投资决策、无形资产投资决策和其他长期资产投资决策三类。

1. 固定资产投资决策

固定资产投资决策是指对预计使用年限至少在 1 年以上，单位价值必须在规定限额以上，其实物形态始终保持不变的长期资产所进行的投资决策，如建造厂房、购买或更新生产设备等。

2. 无形资产投资决策

无形资产投资决策是指对预计使用年限较长，并不存在实物形态的有关长期资产所进行的投资决策，如外购商誉、专利或专有技术等。

3. 其他长期资产投资决策

其他长期资产投资决策是指对预计需要在未来长期占用资金的流动资产或递延资产所进行的投资决策，如伴随某项固定资产投资而发生的流动资金投入等。

（三）按动机分类

长期投资决策按照其投资动机的不同可以分为诱导式投资和主动式投资两种类型。

1. 诱导式投资

诱导式投资是指由于科技的进步、政治经济形势的变革等投资环境发生改变，而由生产本身激发出来的投资，如受国家能源政策变化的影响而改变生产工艺等。

2. 主动式投资

主动式投资则是指完全由企业家本人主观决定的投资，它受到投资者个人的偏好、对风险的态度及其灵活性的影响。

（四）按性质分类

长期投资决策按照其性质的不同可以分为增收型投资决策和节支型投资决策两类。

1. 增收型投资决策

增收型投资决策是指投资的直接目的在于扩充业务、增加收入之类的投资决策，如现有生产设备加工效率的提高、现有产品产销能力的增加等。

2. 节支型投资决策

节支型投资决策是指投资的直接目的在于节约耗费、降低成本之类的投资决策，如现有生产工艺技术的改良、现有机器设备的更新改造等。

三、长期投资决策的特点及意义

（一）长期投资决策的特点

长期投资决策之所以能发挥如事关企业全局、影响未来的重要作用，是同其所具有的基本特点分不开的。长期投资决策的主要特点有：

1. 资金投入数量大

一般说来，长期投资决策都需要投入巨额的资金，因此长期投资决策的成败直接影响着企业在未来一段时间内的财务状况和经营成果。如果长期投资决策成功，则意味着企业实现了长期经营目标，获得了理想的投资收益和经营状况；而如果长期投资决策一旦失败，则将会对企业未来一段时间内的现金流量和经营成果造成严重损害，从而给企业带来灾难性的后果，甚至是直接导致企业的破产。

2. 投资决策影响、持续时间长

长期投资决策是为了实现企业的长远发展目标和持续经营能力而进行的投资决策。通常其决策的影响都将会在未来的很长一段时间内持续起到重要作用。

3. 投资风险大

从总体上看，任何长期投资决策都是在极其错综复杂的环境中选定的，并且由于其持续时间较长，因而不可避免地会受到各种不确定性因素的影响，面临巨大的投资风险。

（二）长期投资决策的意义

鉴于长期投资决策本身所具有的特点，决定了其与企业的未来长期效益和持续发展直接相关。能否正确地制定和实施长期投资决策，不仅在很大程度上决定了企业目前各项生产经营活动能否顺利进行，而且对企业未来的发展前途和命运也起着至关重要的决定性作用。正确的长期投资决策，将会使企业在未来一段时间内的经营状况和财务成果都有较好的发展，经济效益相对较好；反之，若决策失误，则会使企业蒙受重大损失。因此，在进行长期投资决策时，必须按照科学的规律办事，在借鉴国外先进的投资决策经验的同时，也要考虑到我们自己的实际情况，慎之又慎地对其进行反复的论证和研讨，方可最后决定。

第二节 长期投资决策的评价基础

如前所述，长期投资对企业未来一段时间内的经营状况有着重要影响。因此，为了对各个不同的长期投资决策方案进行正确而又科学的评价，从中选出最优方案，必须考虑两个重要的影响因素——资金的时间价值和现金流量。这两个因素也是我们在进行长期投资决策时的评价基础。

一、资金的时间价值

（一）资金的时间价值含义

资金的时间价值是指在没有风险和通货膨胀的条件下，一定量的资金在不同的时间点上的价值量的差额。换言之，就是等量的资金在不同的时间点上具有不同的价值量，现在的价值低于未来的价值，且随着时间的推移，其价值量的差额会不断变大。通常西方学者认为，当资金的持有者放弃现在消费资金的机会，而把其用于投资时，必然要求对其因现在推迟消费而蒙受的损失在将来得到补偿，且这种补偿报酬应与推迟的时间成正比。因此，他们认为这种价值量的差额来源于资金被用于投资时所产生的利润，即资金的时间价值可以看成是资金的所有者让渡其使用权而参与社会财富分配的一种形式。

其实，西方学者对这些概念的说明只是解释一些现象，并没有在本质上说明资金时间价值的来源。在这些概念中，似乎“时间”、“耐心”等本身就可创造价值。如果说推迟现在的消费就应该获得补偿，那么我们将资金锁在保险柜里或埋在地下是不是也应该得到报酬呢？很显然，我们不能这么认为。如果资金的时间价值不是来源于“时间”或“耐心”本身，那么它又来源于哪里呢？马克思在其著作《资本论》中虽然没有明确提出资金的“时间价值”的概念，但是他却无情地揭示了这种所谓的“时间报酬”的本质就是剩余价值。然而，承认资金的时间价值，并不是对马克思劳动价值论和剩余价值学说的否认，因为不管资金的时间价值来源于哪里，其原理所揭示的以货币形式表现的资金或资本与其在被运用的时间中带来的价值增值之间的规律性联系，也同样适用于社会主义社会。从这个意义上看，可以将资金的时间价值看做资本本身所固有的一种属性。

（二）资金时间价值的计量

1. 资金时间价值的计量形式

资金时间价值的计算方法和有关利息的计算方法相类似，因此资金时间价值的计算涉及利息计算方式的选择。目前有两种利息计算方式：单利计息和复利计息。

单利计息，就是只对初始本金（The original amount）计算利息的一种计息方式。换句话说，就是本金在存款期限中获得的利息，不管时间多长，均不加入本金重新计算利息，每期的计息基础始终不变。我国现行的银行定期存款计息方法采用的就是单利计息法。

复利计息，就是对初始本金计息的同时也对此前产生的利息进行计息的一种计息方式。每经过一个计息期，要将所产生的利息加入本金再计利息，逐期滚算，俗称“利滚利”。复利计息的情况下，每期的计息基础是不断变化的。

不同的计息方法使资金时间价值的计算结果截然不同，在本金相同时，相同的利息率，分别按照单利和复利计算，时间越长，终值的差异越大。下面，我们通过举例说明两种计息方法的差别。

纽约是美国的经济首都，其黄金地段曼哈顿岛，长21公里，宽约4公里，寸土寸金，总地价约占纽约的53%。可是，在1626年9月11日，荷兰人皮特·米纽伊特（Peter Minuit）只花了相当于24块美元的珠子和毛毯就从印第安人那里买下了它。据说，这是美国有史以来最合算的投资，超低风险超高回报，而且所有的红利全部免税。而如果当时没有将这24美元用于投资，而是存入银行的话，那将会是一个什么结果呢？

（1）如果银行采用复利计息的话，那么我们来计算一下这24美元到现在应该是多少钱？我们假设平均每年的利息率为8%，如果不考虑中间的各种战争、灾难、经济萧条等因素，这24美元到2004年（相隔378年）就是$24\times(1+8\%)^{378}=1033691$亿美元。这是什么样的一个概念呢？在2003年，美国整个国家的国民生产总值为108572美元，换句话说，这24美元现在的价值是整个美国2003年国民生产总值的9.5倍多。这笔钱，我们认为仍然可以用来购买曼哈顿。

（2）如果银行采用单利计息的话，那么我们再来计算一下这24美元到现在又应该是多少钱？同样，我们假设平均年利率为8%，这24美元到现在应该是$24\times8\%\times378+24\approx750$美元，具体计算过程如图8－1所示。这里我们知道，在采用单利计息的时候，这24美元到2004年价值约为750美元。750美元是什么概念呢？2004年，纽约曼哈顿产权公寓平均价格每平方米超过1万美元，顶级的达到3万～4万美元1平方米，曼哈顿新建的两居室（两卫）、套内面积在120平方米左右的公寓，起价在160万美元，折合每平方米起价1.33万美元。750美元，意味着在曼哈顿连一个立脚的地方都买不起，把它和复利计息价值相比，简直就可以忽略不计！由此可见，随着时间的推移，单利和复利的结果真是有天壤之别。

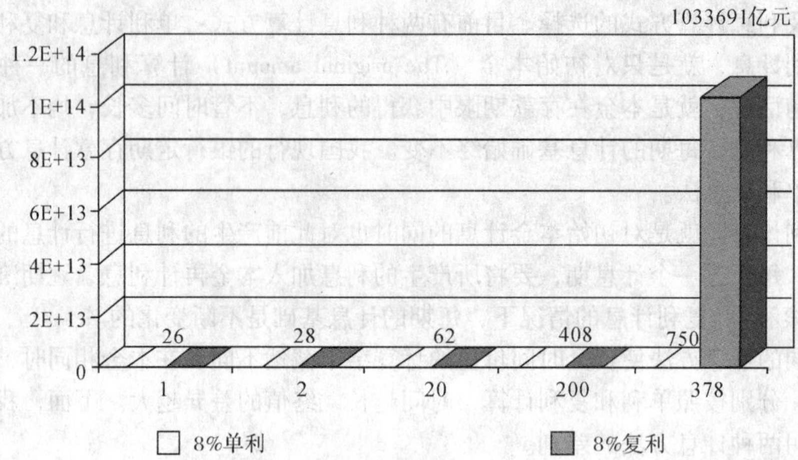

图 8-1 单复利效果比较（单位：美元）

复利计息法同单利计息法相比较，计算过程更复杂、计算难度更大，但它不仅考虑了初始资金的时间价值，而且考虑了由初始资金产生的时间价值的时间价值，能更好地诠释资金的时间价值，因此长期投资决策中资金时间价值的计算一般都用复利计息法进行计算。在复利计算中，为今后方便起见，我们特进行如下设定：

PV——复利现值； i——利息率； I——利息额；

FV_n——复利终值； n——时间； A——年金值；

(P/F，i，n）——复利现值系数； (F/P，i，n）——复利终值系数；

(P/A，i，n）——年金现值系数； (F/A，i，n）——年金终值系数；

PVA_n——（普通）年金现值； FVA_n——（普通）年金终值；

$PVAD_n$——先付年金现值； $FVAD_n$——先付年金终值。

2. 复利终值的计算

复利终值，是指一定数量的本金在一定的利率下按照复利的方法计算出的若干时期以后的本利和。例如，公司将 1000 元存入银行，年利率为 8%，如果每年计息一次，则 2 年后的本利和就是复利终值。

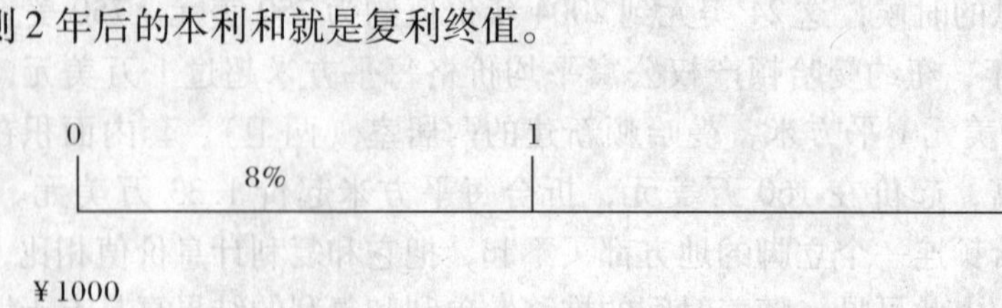

图 8-2 复利终值示意图

如图 8-2 所示，一年后的终值为：

$FV_1 = PV + PV \times i = PV \times (1+i)$

两年后的终值为：

$FV_2 = FV_1 + FV_1 \times i = FV_1 \times (1+i) = PV \times (1+i)(1+i) = PV \times (1+i)^2$

如果这笔钱存了 n 年，则可以进一步由此推出 n 年后复利终值的计算公式为：

$FV_n = PV \times (1+i)^n$

【例 8-1】 将 100 元存入银行，利率假设为 10%，一年后、两年后、三年后的终值是多少？

一年后：$FV_1 = 100 \times (1+10\%) = 110$（元）

两年后：$FV_2 = 100 \times (1+10\%)^2 = 121$（元）

三年后：$FV_3 = 100 \times (1+10\%)^3 = 133.1$（元）

复利终值公式中，$(1+i)^n$ 称为复利终值系数，可用（F/P，i，n）表示。例如（F/P，8%，5），表示利率为 8%、5 期的复利终值系数。

复利终值系数可以通过查“复利终值系数表”获得。通过复利终值系数表，还可以在已知 FV_n——复利终值的情况下查出 n；或在已知 FV_n——复利终值的情况下查出 i。

式子列出后，再查书后《附表 1：复利终值系数表》，得（F/P，10%，1）= 1.100，（F/P，10%，2）= 1.210，（F/P，10%，3）= 1.331，再乘以相应的现值 100 元，就得到了各自的终值。

所以，本例还可以有另外一种写法：

一年后：$FV_1 = 100 \times$（F/P，10%，1）= 110（元）

两年后：$FV_2 = 100 \times$（F/P，10%，2）= 121（元）

三年后：$FV_3 = 100 \times$（F/P，10%，3）= 133.1（元）

3. 复利现值的计算

复利现值，是指未来一定时间的特定资金按复利计算的现在价值，即为取得未来一定本利和现在所需要的本金。显然，复利现值是复利终值的一个相反的过程。例如，假设 2 年后你需要 1000 元，看看当复利利率为 8% 时，如何确定你现在需要存多少钱？其示意图如图 8-3 所示。

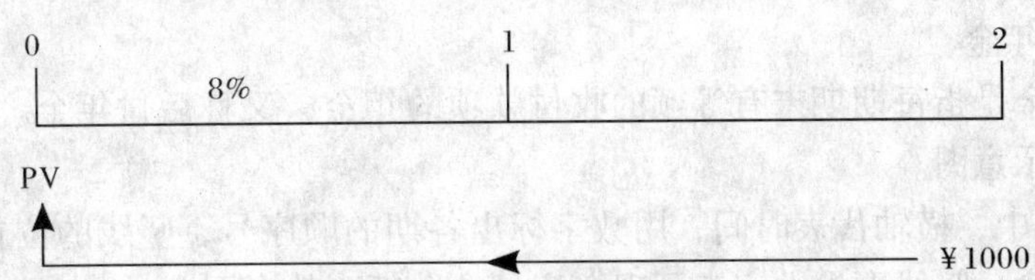

图 8-3　复利现值示意图

由终值求现值，称为贴现或折现，折算时使用的利率称为贴现率或折现率。复利现值的计算公式为：

$FV_n = PV \times (1+i)^n$

$PV = \frac{FV_n}{(1+i)^n} = FV_n \times (1+i)^{-n}$

【例8-2】武汉金凤凰股份有限公司计划4年后进行技术改造，需要资金120万元。如果银行利率为5%，每年复利计息一次。那么公司现在应存入银行的资金为多少，才能满足技术改造所需的资金？

$PV = FV_n \times (1+i)^{-n} = 1200000 \times (1+5\%)^{-4} = 1200000 \times 0.823$

$= 987600$（元）

公式中 $(1+i)^{-n}$ 称为复利现值系数，可用（P/F，i，n）表示。例如（P/F，5%，4），表示利率为5%，4期的复利现值系数。

与复利终值系数表相似，通过复利现值系数表在已知i，n的情况下可以查出PV；或在已知PV，i的情况下查出n；或在已知PV，n的情况下查出i。

同样地，本例也可以有另外一种写法：

PV = 1200000 ×（P/F，5%，4）= 987600（元）

式子列出后，再通过查《附表2：复利现值系数表》，得到（P/F，5%，4）= 0.823，再乘以相应的终值120万元，就得到了这笔资金的现值987600元。

（三）年金终值与现值

年金指一定时期内每期相等金额的收付款项，用A（Annuity）表示。需要说明的是，年金不是一次性的收付款项，而是连续的等额收付款项。年金应当同时满足两个条件：一是在规定的期间内，每隔一段相等的时间，必须发生一次收付款业务，中间不得中断；二是各期发生的款项必须在金额上相等。此即年金的连续性和等额性。

现实生活中，属于年金的有租金、养老金、债券利息、优先股息等。

年金按付款方式不同可划分包括普通年金、先付年金、递延年金、永续年金等形式。其中，普通年金是最为常见的年金形式，一般的如果没有特别说明，年金都是指普通年金。

1. 普通年金

普通年金是指每期期末有等额的收付款项的年金，又称后付年金。图8-4是普通年金的示意图。

图8-4中，横轴代表时间，用数字标出各期的顺序号，竖线的位置表示现金流发生的时刻，竖线下端数字表示现金流量的金额。整个图8-4表示3期内每期期末产生100元现金流量的普通年金。

（1）普通年金终值的计算。普通年金终值，是指一定时期内每期期末等额收付款项的复利终值之和。例如，按照图 8－5 的数据，假如 $i=6\%$，第三期期末的普通年金终值的计算如下：

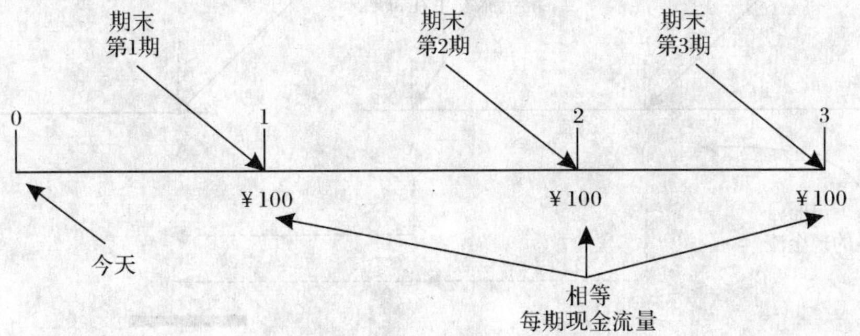

图 8－4　普通年金示意图

第三年年末的 100 元，没有利息，其价值为 $100\times(1+6\%)^0=100\times1=100$（元）

第二年年末的 100 元，到第三年年末有一个计息期，因此到第三年年末其价值为 $100\times(1+6\%)^1=100\times1.06=106$（元）

第一年年末的 100 元，到第三年年末有两个计息期，因此到第三年年末其价值为 $100\times(1+6\%)^2=100\times1.124=112.4$（元）

因此，到第三年年末其总价值为 $100\times(1+1.06+1.124)=100\times3.184=318.4$（元）

从以上的计算可以看出，通过复利终值来计算年金终值是比较复杂的，尤其是当年金的计息期数很大的时候，但其计算存在一定的规律性，由此可以推导出普通年金终值的计算公式。

根据复利终值的方法计算年金终值 FVA_n 的公式为：

$$FVA_n=A(1+i)^{n-1}+A(1+i)^{n-2}+\cdots+A(1+i)^1+A(1+i)^0 \quad (8-1)$$

等式两边同乘 $(1+i)$，则有：

$$FVA_n(1+i)=A(1+i)^n+A(1+i)^n+\cdots+A(1+i)^2+A(1+i)^1 \quad (8-2)$$

公式 2 减去公式 1：

$$FVA_n(1+i)-FVA_n=A(1+i)^n-A$$

$$FVA_n\times i=A\left[(1+i)^n-1\right]$$

$$FVA_n=A\cdot\frac{(1+i)^n-1}{i} \quad (8-3)$$

具体如图 8－5 所示，表示在 n 期内，每期期末产生 A 元现金流量的普通年金，其终值的计算公式如式 8－3 所示。

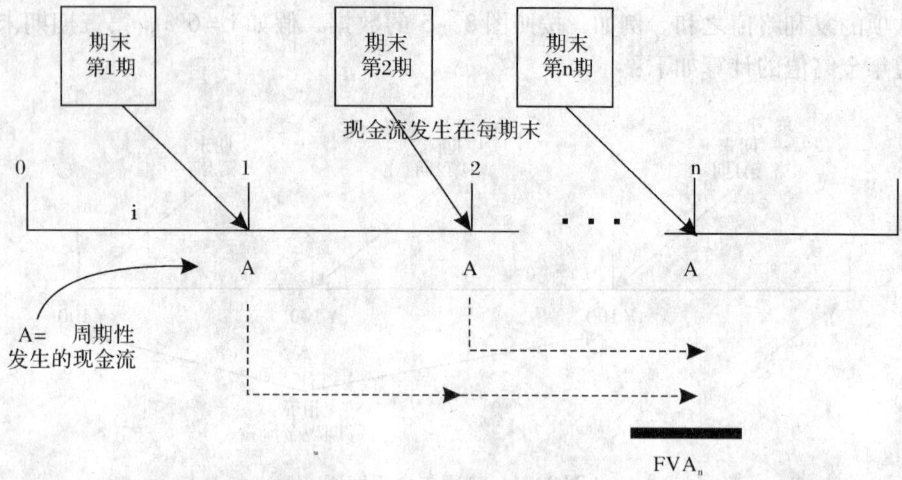

图8-5 普通年金终值示意图

公式中，$\frac{(1+i)^n-1}{i}$通常称为"年金终值系数"，用符号（F/A，i，n）表示。年金终值系数可以通过查书后《附表3：年金终值系数表》获得。该表的第一行是利率i，第一列是计息期数n。相应的年金系数在其纵横交叉之处。例如，可以通过查表获得$FVIFA_{6\%,3}$的年金终值系数为3.184，即每年年末收付1元，按年利率为6%计算，到第三年年末，其年金终值为3.184元。

【例8-3】火炬能源公司每年年末都在银行账户中存入4000元，计划在10年后更新设备，银行存款利率为5%，到第十年末公司能筹集的资金总额是多少?

$$FVA_n = A\frac{(1+i)^n-1}{i}$$

$$FVA_{10} = 4000 \times \frac{(1+5\%)^{10}-1}{5\%}$$

$$= 4000 \times 12.578$$

$$= 50312\text{（元）}$$

当然，如果想通过查表的方法来解此题，我们可以将此题这样列式：

$FVA_n = A \times$（F/A，5%，10）$= 4000 \times$（F/A，5%，10）

通过查书后《附表3：年金终值系数表》，可以获得因子为5%和10的年金终值系数值位12.578，则：

$$FVA_{10} = 4000 \times 12.578$$

$$= 50312\text{（元）}$$

在年金终值的一般公式中有四个变量FVA_n，A，i，n，已知其中的任意三个变量都可以计算出第四个变量。

【例8-4】三环实业公司计划在8年后改造厂房，预计需要400万元，假设银行存款利率为4%，该公司在这8年中每年年末要存入多少万元才能满足改造厂房的资金需要？

$$FVA_n = A \times \frac{(1+i)^n - 1}{i}$$

$$400 = A \times \frac{(1+4\%)^8 - 1}{4\%}$$

$$400 = A \times 9.214$$

$A = 43.41$（万元）

可见，该公司在银行存款利率为4%时，每年年末存入43.41万元，8年后可以获得400万元用于改造厂房。

（2）普通年金现值的计算。普通年金现值是指一定时期内每期期末等额收付款项的复利现值之和。例如，前面提到的普通年金示意图（见图8－4）的数据，假如i＝6%，其普通年金现值的计算是怎样的呢？

第一年年末100元，到第一年年初有一个计息期，因此到第一年年初其价值为$100 \times (1+6\%)^{-1} = 100 \times 0.943 = 94.3$（元）

第二年年末100元，到第一年年初有两个计息期，因此到第一年年初其价值为$100 \times (1+6\%)^{-2} = 100 \times 0.890 = 89$（元）

第三年年末100元，到第一年年初有三个计息期，因此到第一年年初其价值为$100 \times (1+6\%)^{-3} = 100 \times 0.840 = 84$（元）

因此，其总价值为$100 \times (0.943 + 0.890 + 0.840) = 100 \times 2.673 = 267.3$（元）

可以看出，通过复利现值计算年金现值是比较麻烦的，在此我们也可以仿照年金终值的简化方法来推导出普通年金现值的计算公式，具体如图8－6所示。

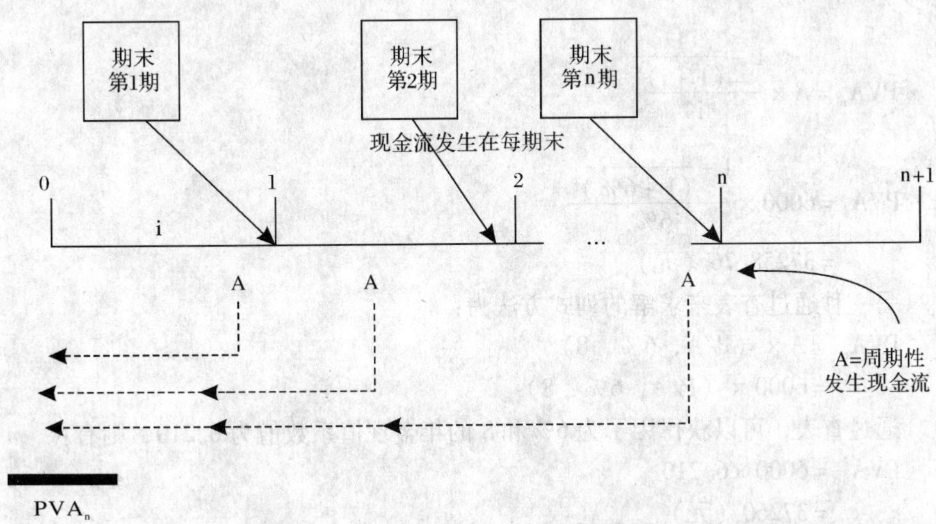

图8－6　普通年金现值示意图

根据复利现值的方法计算年金现值 PVA 的计算公式为：

$$PVA_n = A/(1+i)^1 + A/(1+i)^2 + \cdots + A/(1+i)^n \qquad (8-4)$$

两边同时乘以（1+i），则有：

$$PVA_n(1+i) = A/(1+i)^0 + A/(1+i)^1 + \cdots + A/(1+i)^{n-1} \qquad (8-5)$$

由公式 8-5 减去公式 8-4，得到：

$$PVA_n(1+i) - PVA_n = A - \frac{A}{(1+i)^n}$$

$$i \times PVA_n = A \times \left[1 - \frac{1}{(1+i)^n}\right]$$

$$PVA_n = A \times \frac{1 - \frac{1}{(1+i)^n}}{i}$$

公式中，$\frac{1 - \frac{1}{(1+i)^n}}{i}$通常称为“普通年金现值系数”，用符号（P/A，i，n）表示。因为“年金终值系数表”是依据普通年金来编制的，所以我们常直接将其称之为“年金现值系数”。年金现值系数可以通过查书后《附表 4：年金现值系数表》获得。该表的第一行是利率 i，第一列是计息期数 n。相应的年金现值系数在其纵横交叉之处。例如，在图 8-4 中，可以通过查表获得（P/A，6%，3）的年金现值系数为 2.673，即每年年末收付 1 元，连续 3 年，按年利率为 6% 计算，其年金现值为 2.673 元。

【例 8-5】富田金融公司预计在 8 年中，每年年末从一名顾客处收取 6000 元的汽车贷款还款，贷款利率为 6%，问该顾客借了多少资金（即这笔贷款的现值是多少）？

$$PVA_n = A \times \frac{1 - \frac{1}{(1+i)^n}}{i}$$

$$PVA_8 = 6000 \times \frac{1 - \frac{1}{(1+6\%)^8}}{6\%}$$

$$= 37258.76（元）$$

另一种通过查表来求解的列式方法为：

$$PVA_n = A \times (P/A, 6\%, 8)$$

$$= 6000 \times (P/A, 6\%, 8)$$

通过查表，可以获得因子为 6% 和 8 的年金现值系数值为 6.210，则有：

$$PVA_8 = 6000 \times 6.210$$

$$= 37260（元）$$

这个结果与前面的计算结果有误差，这是由于编制系数表的过程中四舍五入的结果，并非计算错误。

在年金现值的一般公式中有四个变量 PVA_n，A，i，n，已知其中的任意三个变量都可以计算出第四个变量。

2. 先付年金

先付年金是指每期期初有等额的收付款项的年金，又称预付年金，如图 8-7 所示。图中，横轴代表时间，用数字标出各期的顺序号，竖线的位置表示支付的时刻，竖线下端数字表示支付的金额。图中表示 n 期内每期初发生金额为 A 的先付年金。

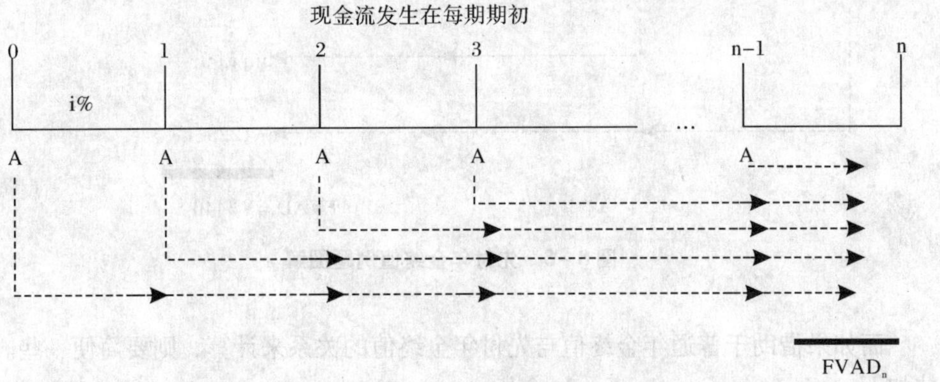

图 8-7　先付年金示意图

(1) 先付年金终值的计算。先付年金终值是指一定时期内每期期初等额收付款项的复利终值之和。先付年金终值的计算与后付年金终值的计算有紧密的联系。

$$FVA_n = A(1+i)^{n-1} + A(1+i)^{n-2} + \cdots + A(1+i)^1 + A(1+i)^0 \quad (8-6)$$

$$FVAD_n = A(1+i)^n + A(1+i)^{n-1} + \cdots + A(1+i)^2 + A(1+i)^1 \quad (8-7)$$

公式 8-6 为普通年金终值的计算式，公式 8-7 为先付年金终值的计算式，仔细观察后你会发现将公式 8-6 左右两边同时乘以 $(1+i)$ 就等于公式 8-7，即：

$$FVAD_n = FVA_n \times (1+i)$$

它的含义就是，先付年金终值是后付年金终值的 $(1+i)$ 倍。由于年金的期数相同，每期的金额也相同，但是一个在期初一个在期末，因时间价值的存在，每一笔期初的金额相对于期末的金额都要多计算一期利息。这就为我们计算先付年金终值提供了一个思路，就是先计算相应条件下的后付年金终值，再乘以 $(1+i)$，就得到了先付年金终值。

【例 8-6】 今田公司租赁写字楼，每年年初支付租金 1000 元，年利率为 7%，该公司计划租赁 3 年，需支付的租金为多少？

如果直接按照复利终值的办法求解，则：

$$FVAD_3 = 1000 \times 1.07^3 + 1000 \times 1.07^2 + 1000 \times 1.07$$
$$= 1225 + 1145 + 1070$$
$$= 3440（元）$$

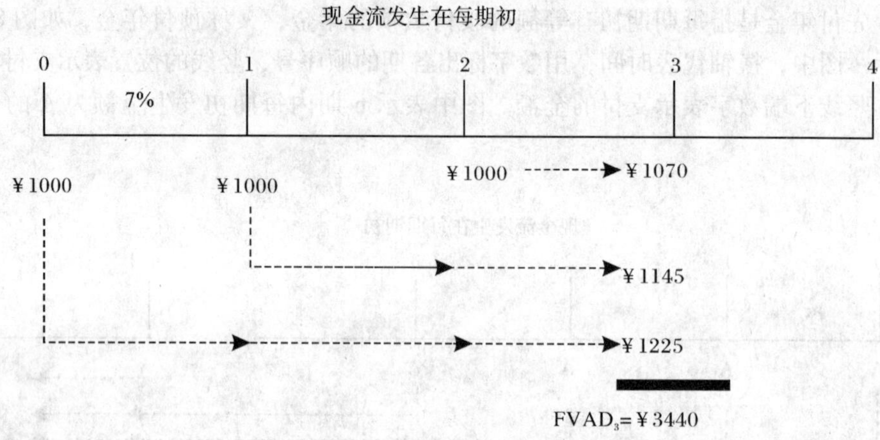

图8-8 先付年金终值例题图解

而如果借助于普通年金终值与先付年金终值的关系来计算，则要简便一些。具体如下：

$$FVAD_n = A \times (F/A,\ 7\%,\ 3) \times (1+i)$$
$$FVAD_3 = 1000 \times 3.215 \times 1.07$$
$$= 3440（元）$$

如果利用年金终值系数，使用计算器来计算，则可以列式如下，数据代入与计算过程从略。

$$FVAD_n = FVA_n \times (1+i) = A \times \frac{(1+i)^n - 1}{i} \times (1+i)$$

（2）先付年金现值的计算。先付年金现值，是指一定时期内每期期初收付款项的复利现值之和。先付年金现值的计算与后付年金现值的计算也有紧密的联系。公式8-8为普通年金现值的计算式，公式8-9为先付年金现值的计算式，仔细观察后你会发现将公式8-8左右两边同时乘以（1+i）就等于公式8-9。

$$PVA_n = A/(1+i)^1 + A/(1+i)^2 + \cdots + A/(1+i)^n \quad (8-8)$$
$$PVAD_n = A/(1+i)^0 + A/(1+i)^1 + \cdots + A/(1+i)^{n-1} \quad (8-9)$$
$$PVAD_n = PVA_n(1+i)$$

它的含义就是，先付年金现值是后付年金现值的（1+i）倍。由于年金的期数相同，每期的金额也相同，但是一个在期初，一个在期末，因时间价值的存在，每一笔期初的金额相对于期末的金额都要少贴现一期。这就为我们计算先付年金现值提供了一个思路，就是先计算相应条件下的后付年金现值，再乘以（1+i），就得到了先付年金现值。

【例8-7】李医师利用分期付款购买手机，每年年初支付1000元，3年还款期，假设银行借款利率为7%，该项分期付款如果现在一次性支付，需支付现金是多少?

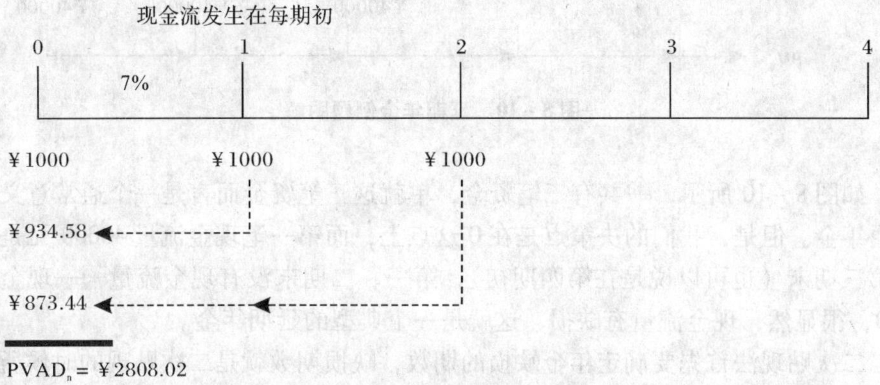

图8-9　先付年金现值例题图解

这道题，如果直接按照复利现值的办法求解，是这样的：

$PVAD_n = 1000/(1.07)^0 + 1000/(1.07)^1 + 1000/(1.07)^2$

$= 2808.02$（元）

当然，如果借助于普通年金现值与先付年金现值的关系来计算，则要简便一些。列式如下：

$PVAD_n = A \times (P/A, 7\%, 3) \times (1+i)$

$PVAD_3 = 1000 \times 2.624 \times 1.07$

$= 2808$（元）

利用年金终值系数，使用计算器来计算，则可以列式如下，数据代入与计算过程从略。

$$PVAD_n = PVA_n (1+i) = A \times \frac{1-\frac{1}{(1+i)^n}}{i} \times (1+i)$$

3. 递延年金的计算

递延年金，也称延期年金，指第一笔的年金现金流不是发生在第一期，而是发生在若干期后这样一个年金。延期年金实质上就是延期后的年金。由于年金本身就包含普通年金和先付年金，所以处理延期年金时，要选择将延期年金看做普通年金还是先付年金，因为这会影响到延期（或者说缺损）期数的确定。

【例8-8】某项目，投资后要隔3年才会产生收益，具体就是从第三年开始，连续3年末都会有40000元的回报，如果这个项目合理的报酬率为10%，则该项目的价值是多少？

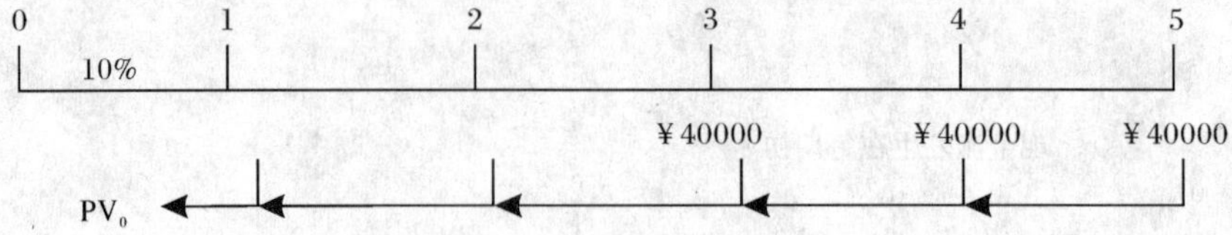

图8－10 延期年金例题图解

如图8－10所示，一共有三笔资金，单就这三笔资金而言是一个通常意义上的普通年金。但是，我们的决策点是在0这点上，而第一笔现金流量40000元是发生在第三期末（也可以说是在第四期初），第一、二期末没有现金流量——现金流量为0，很显然，现金流量有缺损，这就是一个典型的延期年金。

二次贴现法首先要确定年金缺损的期数，缺损期数就是二次贴现的时候所使用的期数的参数。缺损期数的确定，涉及是将现金流看做普通年金还是先付年金，视角不同，结果也有差异。

确定缺损期数为m后，就可以进行折算了：先求n期年金的现值——将n笔资金统一折算到第一笔年金产生的期初，这步是“多对一”的折算；再将第一步计算的结果看做单一的现金流量贴现到决策点0点上，贴现所用期数就是缺损期数，这一步是“一对一”的折算。由于经历了两次折算（贴现）才求出结果，我们可以称之为“二次贴现法”。从普通年金的角度来看，公式如下：

$PV_0 = A \times (P/A, i, n) \times (P/F, i, m)$

其中，n指年金的期数，m指年金缺损期数。

现在回过头来看例8-8，我们试着用二次贴现法来求解。

缺损期数的确定取决于你把年金看做哪种类型——先付还是后付年金。如果把3这个点上的40000元看做是第三期末的，则缺损期数就是2——缺损第一、二期末的数据；如果把3这个点上的40000元看做是第四期期初的先付年金，则缺损期数就是3期——这时缺损的就是第一、二、三期期初的数据了。我们这里把40000元看做是第三期末的数据，则缺损的期数m为2，年金期数n为3。计算如下：

$$\begin{aligned} PV_0 &= A \times (P/A, i, n) \times (P/F, i, m) \\ &= 40000 \times (P/A, 10\%, 3) \times (P/F, 10\%, 2) \\ &= 40000 \times 2.487 \times 0.826 \\ &= 82170.48 \text{（元）} \end{aligned}$$

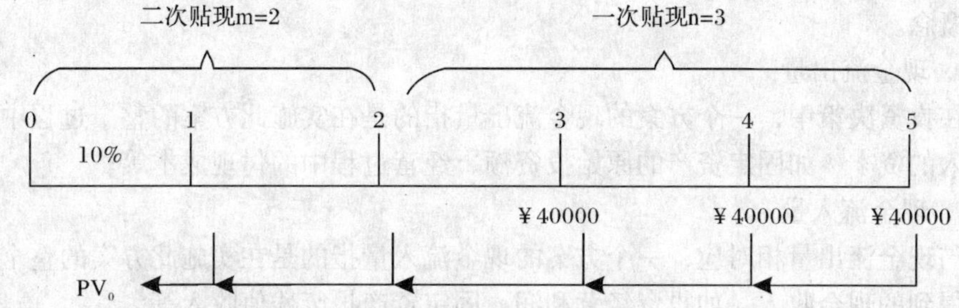

图8－11　二次贴现法示意图

4. 永续年金

永续年金是指无限期支付的年金（此时年金的期数n趋近于无穷大），如优先股股利。由于永续年金持续期无限，没有终止时间，因此没有终值，只有现值。永续年金可视为普通年金的特殊形式，即期限趋于无穷的普通年金。其现值的计算公式可由普通年金现值公式推出。普通年金现值计算公式为：

$$PVA_n = A \times \frac{1-\frac{1}{(1+i)^n}}{i}$$

$i>0$，当期数n趋近于无穷大的时候，$\frac{1}{(1+i)^n}$趋近于0，自然，我们就得到了永续年金的现值计算公式：

$$V_0 = \frac{A}{i}$$

【例8-9】林女士持有大量福特公司优先股，每年末每股可以分得10美元的股息，若该公司优先股的适用贴现率为10%，那么她的优先股公平价格为多少？

$V_0 = \frac{A}{i} = \frac{10}{10\%} = 100$（美元）

永续年金现值求解常用于股票估价、企业价值评估等。

二、现金流量

（一）现金流量的含义

现金流量指的是在投资活动中，由于引进一个项目而引起的现金支出或现金收入发生变动的数量。这里的“现金”是一个广义的概念，不仅包括货币资金，而且还包括该投资项目所需要的某些非货币资源的变现价值。比如，在投资某项目时，需要在项目初始阶段垫付企业原有的一些流动资产，这时的“现金”就应该包括该流动资产的变现价值。

投资决策涉及现金流量的概念包括现金流出量、现金流入量和现金净流量三个具体概念。

1. 现金流出量

在投资决策中，一个方案的现金流出量指的是在实施此方案的整个过程中所需要投入的资本，如固定资产的原始投资额、经营过程中的付现成本等。

2. 现金流入量

与现金流出量相对应，一个方案的现金流入量指的是在实施此方案的整个过程中所得到的现金收入，如投资经营利润、固定资产报废残值收入等。

3. 净现金流量

投资项目的净现金流量指的是该投资项目现金流入量和现金流出量的差额。如果现金流入量大于现金流出量，称为“净现金流入量”，反之，则称为“净现金流出量”。因此，净现金流量的计算公式为：

净现金流量 = 现金流入量 - 现金流出量

（二）现金流量的内容

一个长期投资项目从准备投资到项目结束，经历了项目准备及建设期、生产经营期及项目终止期三个阶段。因此，长期投资所产生的现金流量也可以按照项目本身发展的时间不同分为初始期投资现金流量、经营期现金流量和终结期现金流量三类。

1. 初始期投资现金流量

初始期投资现金流量是指投资项目在其初始的准备期和建设期所发生的现金流量。初始期投资现金流量一般都是现金流出量，主要包括固定资产的原始投资额和为项目经营期做准备而垫付的流动资产两个部分。

2. 经营期现金流量

经营期现金流量是指投资项目建成后，在经营过程中所发生的现金流量。经营期现金流量包括经营期现金流入量和经营期现金流出量两类。其中经营期现金流入量主要包括各年的经营收入和折旧，而经营期现金流出量则主要是指各年所发生的经营成本。值得注意的是，在按照权责发生制要求计算分期损益的情况下，企业的经营成本中包含着固定资产的折旧费用，但是由于折旧本身并不是一项需要实际支付现金的耗用，因此在经营成本中扣除折旧费用后，我们还需要将其当做一项现金流入来看待。

3. 终结期现金流量

终结期现金流量是指投资项目终止时所发生的现金流量。投资项目终结期现金流量主要包括固定资产的净残值收入和收回初始期垫付的流动资产两个部分。

综上所述，一个长期投资项目完整的净现金流量可以用下面的公式表示：

净现金流量 = 初始期投资现金流量 + 经营期现金流量 + 终结期现金流量

= (固定资产的原始投资额 - 初始期垫付的流动资产) + (经营收

入－经营成本＋折旧）＋（固定资产的残值收入＋收回垫付的流动资产）

【例8-10】某长期投资方案有关资料如下：原始固定资产投资额为1000000元，于项目开始建设时一次性支付价款的40%，余下的等项目建成后分两次于年末付清。项目建设期为2年，2年建成投产后每年经营收入为500000元（假设全部为现金收入），每年经营成本为200000元。项目经营期需要垫付各种流动资产100000元，于项目终结后收回。预计固定资产使用5年，5年后年末预计固定资产残值为50000元，该固定资产按直线法计提折旧。

要求：分别计算该长期投资方案各个不同时期的现金流量。

依题意，该长期投资方案各个不同时期的现金流量可计算如下：

(1) 初始期投资现金流量为：

第一年年初支付固定资产的原始投资额的40%＝1000000×40%＝400000（元）

建设期后，第三年年末支付余款的一半＝1000000×(1－40%)÷2＝300000(元)

第四年年末支付全部余款为300000（元）

建设期期末第二年年末垫付流动资产100000（元）

(2) 经营期现金流量为：

从经营期开始，第三年至第七年，每年获得经营利润500000－200000＝300000(元)。

从经营期开始，第三年至第七年，每年固定资产计提折旧数额为：

(1000000－50000)　÷5＝190000（元）

(3) 项目终结期现金流量为：

项目终结期，第七年年末获得固定资产的残值收入和收回初始垫付的流动资产共150000元。见表8－1所示。

表8－1　　单位：万元

项目＼年份	1	2	3	4	5	6	7
固定资产原始投资额	40		30	30			
初始垫付流动资产		10					
经营收入			50	50	50	50	50
经营成本			20	20	20	20	20
折旧			19	19	19	19	19
固定资产残值收入							5
收回垫付的流动资产							10

第三节 长期投资决策的评价指标

长期投资决策评价指标比较多，通常按照其考虑资金的时间价值，其可以分为静态评价指标和动态评价指标两大类。所谓静态评价指标，是指在计算过程中，不考虑资金的时间价值因素的指标，一类主要包括投资回收期、投资利润率等指标；另一类是动态评价指标，指的是在计算过程中考虑了资金的时间价值因素的指标，其主要包括净现值、现值指数、内含报酬率、等年值等。

一、长期投资决策的静态评价指标

（一）投资回收期

投资回收期指的是自投资方案开始起，到收回全部投资额所需的时间。如果投资方案每年的现金流量相同，则投资回收期的计算公式如下：

$$投资回收期 = \frac{投资额}{平均每年现金流量}$$

如果每年的现金流量净额不相同，则需要将投资方案每年的现金流入量按照时间顺序进行累计，直到累计年数达到原始投资额为止。其计算公式如下：

$$\sum_{t=1}^{n} 累计现金流入量 = 投资额$$

投资回收期指标反映的是收回投资项目初始投资额所花费的时间，所以对长期投资项目来说应该是越短越好。

【例 8-11】某企业计划进行一项长期投资，投资总额为 100000 元，现拟有以下三种投资方案可供选择，有关资料见表 8－2 所示。

要求：分别计算三种方案的投资回收期。

表 8－2 单位：元

年份＼方案	方案 A	方案 B	方案 C
0	－100000	－100000	－100000
1	20000	40000	50000
2	30000	40000	60000
3	25000	40000	10000
4	40000	40000	5000
5	50000	—	—

具体计算、分析如下：

A方案前四年累计净现金流入额 $=20000+30000+25000+40000=115000$（元）

则其投资回收期 $=4+\frac{100000-115000}{50000}=3.7$（年）

B方案每年净现金流入量相同，故其投资回收期 $=\frac{100000}{40000}=2.5$（年）

C方案第一年的净现金流入量为50000（元）

其投资回收期 $=1+\frac{100000-50000}{60000}=1.83$（年）

从上述计算可知，C方案的投资回收期最短，B方案次之，A方案最长。

投资回收期指标的优点是，计算简单、明确，易于掌握。投资回收期越短，则收回原始投资额的时间越短，该投资在未来所面临的风险也越小。也正是由于投资回收期的长短可以反映投资项目在未来所面临的风险强度，所以在实际工作中该指标被运用的十分广泛。

投资回收期的缺点首先是没有考虑资金的时间价值，将现在的1元资金和若干年后的1元资金看成是等价值的。其次，投资回收期没有考虑投资回报数额的大小。如上例中，C方案的投资报酬总额是125000元，而B方案和A方案的投资报酬总额分别是160000元和165000元，虽然C方案的投资回收期最短，但是其投资报酬也是最小的。因此，在运用投资回收期指标对长期投资决策方案进行评价的时候，容易去除那些投资报酬相对较高，但是前期报酬相对较小的投资方案。

（二）投资利润率

投资利润率指的是投资方案的年平均利润与年平均投资额之间的比率，即：

$$投资报酬率=\frac{年平均利润}{年平均投资额}\times100\%$$

其中式中：

$$年平均利润=\frac{投资有效期内各年利润之和}{投资有效期}$$

$$年平均投资额=\frac{投资有效期内各年平均投资余额之和}{投资有效期}$$

按照上式计算的结果，若投资利润率较高，表明有关投资方案预期的经济效益较好；反之，则较差。因此，当计算的投资利润率如果高于预定的或企业标准的投资报酬率，则表示该投资方案就可行；反之，则不可行。

【例8-12】仍以例8-11，分别计算该长期投资决策三种不同方案的投资报酬率。

具体计算、分析如下：

根据表8－2可以计算出各投资方案的投资余额，见表8－3所示。

表 8－3 单位：元

方案 / 年份	方案 A		方案 B		方案 C	
	年折旧额	投资余额	年折旧额	投资余额	年折旧额	投资余额
0	—	100000	—	100000	—	100000
1	20000	80000	25000	75000	25000	75000
2	20000	60000	25000	50000	25000	50000
3	20000	40000	25000	25000	25000	25000
4	20000	20000	25000	0	25000	0
5	20000	0	—	—	—	—

根据表 8－3，可计算 A、B、C 三方案各自不同的平均投资额

$$方案\ A=\left(\frac{100000+80000}{2}+\frac{80000+60000}{2}+\frac{60000+40000}{2}+\frac{40000+20000}{2}+\frac{20000+0}{2}\right)\div 5=50000\ (元)$$

$$方案\ B=\left(\frac{100000+75000}{2}+\frac{75000+50000}{2}+\frac{50000+25000}{2}+\frac{25000+0}{2}\right)\div 5=40000\ (元)$$

$$方案\ C=\left(\frac{100000+75000}{2}+\frac{75000+50000}{2}+\frac{50000+25000}{2}+\frac{25000+0}{2}\right)\div 5=40000\ (元)$$

而 A、B、C 三方案的年平均利润率分别为：

方案 A＝(20000＋30000＋25000＋40000＋50000)÷5＝33000(元)

方案 B＝(40000＋40000＋40000＋40000)÷4＝40000(元)

方案 C＝(50000＋60000＋10000＋5000)÷4＝31250(元)

据此，A、B、C 三方案的投资利润分别为：

方案 A＝33000÷50000＝66%

方案 B＝40000÷40000＝100%

方案 C＝31250÷40000＝78.13%

计算结果表明 B 方案的投资利润率最高，C 方案次之，A 方案的投资利润最低。所以，根据投资利润率指标，应该选择 B 方案。

二、长期投资决策的动态评价指标

长期投资决策的动态评价指标主要包括净现值、现值指数、内含报酬率以及等年值等。这些长期投资决策的动态评价指标与静态评价指标所不同的是，他们在进行长期投资决策时，需要考虑资金的时间价值，即需要测算现金流量在不同时间点

上的内在价值含量。特别值得注意的是，在长期投资决策指标中，考虑资金的时间价值有两种表现形式：一是企业要求投资报酬率，二是使用资金的资本成本。资本成本指的是筹集和使用资金所付出的代价，从长期投资的角度讲，就是指的投入长期投资项目所需的资金所付出的代价，而这个代价从资金的供给者角度去理解，即企业需要从长期投资的收益中得到的补偿。所以资本成本和投资报酬率在实质上是一回事，只是从两个不同的角度去表述而已。

（一）净现值

净现值（NVP）是指某一投资方案未来现金流入量的折现值之和与未来现金流出量的折现值之和之间的差额。用净现值指标评价投资决策方案时，首先要将投资方案各个不同年份的现金流量按照预定的投资报酬率折算成现值，然后比较其现金流入量现值和现金流出量现值之间的差额。若净现值大于0，则方案可取；反之，则方案不可取。其计算公式如下：

$$NVP=\sum_{t=1}^{n}\frac{I_t}{(1+i)^t}-\sum_{t=1}^{n}\frac{O_t}{(1+i)^t}$$

式中：NVP——净现值；

I_t——投资项目第t年的现金流入量；

O_t——投资项目第t年的现金流出量；

n——项目经营期（年数）；

i——贴现率（预定的投资报酬率）。

【例8-13】某投资方案有关资料如下：原始固定资产投资额为1000000元，分3年建成，价款分5年于每年年末付清。建成投产后，每年可生产、销售产品20000件，产品单价100元/件，全部成本50元/件。初始购买原材料的生产成本垫付资金500000元。预计固定资产使用5年，5年后该固定资产残值为10000元，按直线法计提折旧。

要求：若投资人要求的投资报酬率为10%，试计算该投资方案的净现值。

具体计算、分析如下。

该投资方案的初始投资现金流量为：

原始固定资产投资额为100万元，分5年付清，每年付款20万元，则：

固定资产投资现金流出量现值为20×（P/A，10%，5）=20×3.791=75.82（万元）。

垫付流动资产现金流出量现值为50×（P/F，10%，3）=50×0.751=37.55（万元）。

该投资方案经营期现金流量为：

经营期该固定资产每年折旧数额=（100-1）÷5=19.8（万元）

每年经营性现金流量=经营收入-经营成本+折旧

$=(20000\times0.01-20000\times0.005)+19.8=119.8$（万元）

总经营性现金流入量现值 $=119.8\times$（P/A，10%，5）×（P/F，10%，3）

$=119.8\times3.791\times0.751$

$=341.08$（万元）

该投资方案终结期现金流量为收回固定资产的残值收入1万元和初始期垫付的流动资产50万元，共51万元。则终结期现金流量现值为：

$51\times$（P/F，10%，8）$=51\times0.467=23.82$（万元）

因此，该投资方案的总净现金流量现值为：

$NVP=341.08+23.82-75.82-37.55=365.46-113.37=251.53$（万元）

由以上计算可知该长期投资方案的净现值 NVP>0，故可行。

（二）现值指数

现值指数（NPVR）与净现值不同之处在于，它不是简单地计算投资方案未来的现金流入量现值与现金流出量现值之间的差额，而是计算投资方案未来的现金流入量现值与现金流出量现值之间的比值，用以表达单位投资额可以获得的现金流入量现值。其计算公式如下：

$$现值指数=\frac{现金流入量现值}{现金流出量现值}=\frac{\sum_{t=1}^{n}\frac{I_t}{(1+i)^t}}{\sum_{t=1}^{n}\frac{O_t}{(1+i)^t}}$$

如果现值指数大于1，则表示该投资方案的现金流入量现值大于该投资方案的现金流出量现值，该投资方案可行；反之，则不可行。

【例8-14】 承例8-13，计算该长期投资方案的现值指数。

该投资方案的现金流入量现值 = 经营期现金流入量 + 终结期现金流入量

$=341.08+23.82$

$=364.9$（万元）

该投资方案的初始期现金流出量现值 $=75.82+37.55$

$=113.37$（万元）

因此，该投资方案的现值指数 $=364.9\div113.37=3.22>1$，由此可见该投资方案可行。

通过现值指数指标的计算来进行长期投资决策，虽然能反映每单位投资额可以获得的现金收入，但是现值指数指标和净现值指标一样在进行长期投资决策时都必须对该项投资的折现率，即投资报酬率进行估计。而在实际工作中，要准确地估计项目的投资报酬率是一件非常困难的事情。基于这个原因，我们在实际工作中，对某些长期投资项目进行评价时，除了采用净现值和现值指数这两个指标对长期投资进行评价以外，有时还采用内含报酬率对长期投资决策方案进行评价。

（三）内含报酬率

内含报酬率（IRR）是指使一个投资方案的未来现金流入量的现值之和正好等于该投资方案的未来现金流出量的现值之和时的折现率。其计算公式如下：

$$\sum_{t=1}^{n}\frac{I_t}{(1+i)^t}=\sum_{t=1}^{n}\frac{O_t}{(1+i)^t}$$

这里的折现率 i 即为投资项目的内含投资报酬率 IRR。需要说明的是，在计算内含报酬率指标时，必须先采用逐步测试法，找到使净现值由正到负的两个相邻折现率，然后再采用插值法进行计算。具体计算如下式所示：

$$IRR=i_1+\frac{NVP_1\ (i_2-i_1)}{NVP_1-NVP_2}\times 100\%$$

式中：IRR——内含报酬率；

i_1——计算的使投资方案净现值为正的折现率；

i_2——计算的使投资方案净现值为负的折现率；

NVP_1——折现率为 i_1 所对应的投资项目净现值；

NVP_2——折现率为 i_2 所对应的投资项目净现值。

【例8-15】某企业拟进行某项长期投资，该项目初始投资额为100000元，每年净现金流入量见表8-4。

表8-4　　单位：元

年份	现金流量
1	30000
2	40000
3	50000
4	55000
5	50000
合计	225000
初始投资额	-100000

要求：计算该长期投资方案的内含报酬率。

有关计算、分析如下：

令该长期投资方案的净现金流入量 = 净现金流出量，则：

$30000\times(P/F,i,1)+40000\times(P/F,i,2)+50000\times(P/F,i,3)+55000\times(P/F,i,4)+50000\times(P/F,i,5)-100000=0$

采用逐步测试法，对折现率 i 进行测算。

令 i = 10%，则该长期投资项目的净现值为：

$$\begin{aligned} NVP &= 30000 \times (P/F,10\%,1) + 40000 \times (P/F,10\%,2) + 50000 \times (P/F,10\%,3) \\ &\quad + 55000 \times (P/F,10\%,4) + 50000 \times (P/F,10\%,5) - 100000 \\ &= 66475\ (\text{元}) \end{aligned}$$

当 i=10%时，该长期投资方案的净现值大于0，说明折现率 i 偏小。

继续令 i=30%，则再计算该长期投资项目的净现值为：

$$\begin{aligned} NVP &= 30000 \times (P/F,30\%,1) + 40000 \times (P/F,30\%,2) + 50000 \times (P/F,30\%,3) \\ &\quad + 55000 \times (P/F,30\%,4) + 50000 \times (P/F,30\%,5) - 100000 \\ &= 2050\ (\text{元}) \end{aligned}$$

此时，该长期投资方案的净现值已经接近0，但仍然偏大。

再令 i=35%，继续计算项目的净现值为：

$$\begin{aligned} NVP &= 30000 \times (P/F,35\%,1) + 40000 \times (P/F,35\%,2) + 50000 \times (P/F,35\%,3) \\ &\quad + 55000 \times (P/F,35\%,4) + 50000 \times (P/F,35\%,5) - 100000 \\ &= -7805\ (\text{元}) \end{aligned}$$

此时，长期投资方案的净现值小于0，说明内含报酬率应该在30%至35%之间。采用插值法进行计算得：

$$\frac{30\% - i}{i - 35\%} = \frac{2050 - 0}{0 - (-7805)}$$

$$i = 31.04\%$$

如果在此例中投资项目要求的投资报酬率小于内含报酬率，则投资项目可行；反之，则不可行。

由以上计算可知，内含报酬率指标最大的优点是，在进行长期投资决策时不需要对折现率进行估计。只要最后计算的内含报酬率指标大于投资项目的期望投资报酬率，该方案即可行。

内含报酬率的缺陷是计算相当复杂。由于采用逐步测试法，一般需要经过多次运算才能够计算出其数值。除此以外，由于内含报酬率采用的是相对数指标，因此在进行长期投资决策时，不像净现值那样的绝对数指标能够明确揭示投资项目对企业财富变动的影响，甚至，在两个互斥的项目决策中，会得出与企业财富最大化目标相反的结论。比如，两个投资项目，一个现在投资1元，在一年以后收到净现金流入量为10元；另一个投资项目，现在投资100元，一年以后收到净现金流入量为50元。很显然，第一个投资项目的内含报酬率相对较高。在两个项目互斥时，用内含报酬率决策时会抛弃第二个投资项目。但是，其实后者给企业财富带来的绝对增加额却较大，因此，如果选择第一个项目则是与企业财富最大化的目标相矛盾的。所以，内含报酬率一般用于对不互斥项目的投资评价，而当投资项目互斥时，通常会采用净现值法进行投资决策。

（四）等年值

所谓等年值是指按照某一长期投资方案的预计效用期和预定投资报酬率，将该方案的净现金流量换算成一个每年等额流入或流出的年金。由于等年值可以把整个投资方案有效期内的现金流量换算成一个每年流入的年金，其最终结果与投资方案的有效期无关，因此多用于有效期不同的投资方案之间的选择与评价。计算公式如下：

A = NVP ÷ (P/F，i，n)

式中：A——等年值；

i——预定的投资报酬率；

n——投资方案的有效期；

NVP——净现值。

【例8-16】某企业计划引进一套生产工艺，现有甲、乙两种购建方案可供选择。甲方案：初始投资额为100000元，固定资产的使用有效期为10年，使用期满后，残值为5000元，每年经营成本为10000元，经营收入为18000元。乙方案：初始投资额为120000元，固定资产的使用年限为12年，使用期满后设备无残值，每年的经营成本为8000元，经营收入为18000元。该企业要求的投资报酬率为10%。

要求：判断企业该采用哪种生产工艺。

计算、分析过程如下：

由于甲、乙两种工艺使用的生产设备的有效期不同，所以不能简单地利用净现值指标比较两种方案的净现值。这里，我们可以利用等年值，将甲、乙两种方案的净现值都换算成相当于各自的一个等额的年金形式，比较其等年值。

(1) 甲方案的净现值为：

初始期现金流出为100000元；

经营期该设备每年计提折旧 = (100000 - 5000) ÷ 10 = 9500(元)

每年经营期现金流量 = 经营收入 - 经营成本 + 折旧

= 18000 - 10000 + 9500

= 17500（元）

经营期现金流入现值为：

17500 × (P/A,10%,10) = 107537.5(元)

终结期现金流量现值为：

5000 × (P/F,10%,10) = 1930(元)

因此，甲方案的净现值 = 107537.5 - 100000 - 1930 = 5607.5（元）

那么，甲方案的等年值 = 5607.5 ÷ (P/A,10%,10) = 912.53(元)

(2) 乙方案的净现值为：

初始期现金流出为120000元；

经营期该设备每年计提折旧 = 120000 ÷ 12 = 10000（元）

每年经营期现金流量 = 经营收入 - 经营成本 + 折旧

$=18000-8000+10000$

$=20000$（元）

经营期现金流入现值为：

$20000\times(P/A,10\%,12)=136820$（元）

该方案无终结期现金流，故乙方案的净现值为：

$136820-120000=16820$（元）

那么，乙方案的等年值 $=16820\div(P/A,10\%,12)=2458.7$（元）

很显然，乙方案的等年值大于甲方案的等年值，故乙方案对该企业更为有利。

三、所得税对长期投资决策项目评价指标的影响

在前述的长期投资决策评价指标的叙述中，并没有考虑所得税的影响。但是在实际工作中进行长期投资决策评价时，所得税是一种客观存在，且不得不考虑的影响因素。所得税对长期投资决策的影响主要表现在对现金流量的影响上。前述所计算的现金流量，不管是现金流入还是现金流出都指的是税前现金流量，如果要考虑所得税的影响，必须把所有的税前现金流量换算成税后现金流量。这里就涉及一个应税收入和应税支出的问题。因此在计算现金流量时，必须把应税现金流量区分开来，对应税收入和应税支出现金流量进行扣税处理。

根据前述可知，在不考虑所得税时，投资项目的现金流量可用下式表示：

净现金流量＝初始期投资现金流量＋经营期现金流量＋终结期现金流量

＝（固定资产的原始投资额－初始期垫付的流动资产）＋（经营收入－经营成本＋折旧）＋（固定资产的残值收入＋收回垫付的流动资产）

（一）初始期现金流量

初始期现金流量是由固定资产的原始投资额和垫付的流动资产共同构成。固定资产的原始投资额在会计上通常做资本化处理，并不涉及收入和支出项目，对利润和所得税并无影响。而垫付流动资产同样也不涉及收入和支出项目的变动，因此也无须考虑所得税的影响。

（二）经营期现金流量

经营期现金流量是由经营收入、经营成本以及折旧共同构成。由于经营成本由付现成本和折旧构成，其中本身就包含折旧费用，因此在不考虑所得税时，其计算公式可以化简为：

经营期现金流量＝经营收入－经营成本＋折旧

＝经营收入－（付现成本＋折旧）＋折旧

＝经营收入－付现成本

其中，经营收入和经营成本中的付现成本属于应税收入和应税支出，在考虑所得税时，将其转化为税后现金流量。可以表示为：

(经营收入 - 付现成本) × (1 - 所得税税率)

那这是不是构成了全部的经营期现金流量呢？值得注意的是，在这里我们并没有考虑折旧的影响。虽然，折旧本身并不构成一项实际上的现金流出，但是在考虑所得税的情况下，根据我国税法规定，折旧属于一项可减税费用，因此折旧本身可以构成一项“可减税的现金支出”项目。这样，折旧减税的部分也应该作为一项现金流入来处理，其流入现金量即为其减税额，可以表示为：

折旧 × 所得税税率

因此，这两部分共同构成了经营期现金流量，将其合起来可以表示为：

经营期现金流量 = (经营收入 - 付现成本) × (1 - 所得税税率)

　　　　　　　 + 折旧 × 所得税税率

　　　　　　　 = 税后利润 + 折旧

(三) 终结期现金流量

终结期现金流量是由固定资产的残值收入和收回垫付的流动资产共同构成。其中，收回垫付的流动资产并不会涉及任何的应税项目，所以不必考虑所得税对其的影响。固定资产的残值收入，如果同其账面净值相同则不必考虑所得税的影响，而如果其残值收入与账面净值不相同，则需要考虑所得税的影响。

下面具体通过举例说明所得税对长期投资决策的影响。

【例 8-17】 某公司准备进行一项长期投资项目，经测算有关资料如下：

(1) 该项目需固定资产投资共 800000 元，第一年末和第二年末各投资 400000 元，两年建成投产，投产后一年才达到正常生产能力。

(2) 投产前要垫支流动资本 100000 元。

(3) 固定资产可使用 5 年，按直线法折旧，期末残值 80000 元，年折旧额 144000 元。

(4) 据市场调查和预测，投产后第一年的产品销售收入为 200000 元，以后 4 年每年为 850000 元，设均于当年收到现金，第一年的付现成本为 100000 元。以后各年为 550000 元。

(5) 假设所得税税率为 40%，投资报酬率为 10%。

要求：用净现值法评价该长期投资项目。

具体的计算、分析如下。

该长期投资项目的初始期现金流量为：

固定资产的原始投资额现金流出现值 = 400000 × (P/A, 10%, 2)

　　　　　　　　　　　　　　　　 = 400000 × 1.736

　　　　　　　　　　　　　　　　 = 694400 (元)

垫付流动资产现金流出现值 = 100000 ×（P/F，10%，2）

= 100000 × 0.826

= 82600（元）

初始期现金流出量净现值 = 694400 + 82600 = 777000（元）

该长期投资项目的经营期现金流量为：

第 3 年现金流量现值 = [（200000 - 100000）×（1 - 40%）+ 144000 × 40%]

×（P/F,10%,3）

=（60000 + 57600）× 0.751

= 88317.6（元）

第 4 至 7 年现金流量现值 = [（850000 - 550000）×（1 - 40%）+ 144000 × 40%]

×（P/A,10%,4）×（P/F,10%,3）

=（180000 + 57600）× 3.17 × 0.751

= 565647.192（元）

经营期现金流量净现值 = 88317.6 + 565647.192 = 653964.792（元）

该长期投资项目的终结期现金流量为：

固定资产的残值收入现金流量现值 = 80000 ×（P/F,10%,7）= 41040（元）

收回垫付的流动资产现金流量现值 = 100000 ×（P/F,10%,7）= 51300（元）

终结期现金流量净现值 = 41040 + 51300 = 92340（元）

因此，该长期投资项目的净现值为：

NVP = 653964.792 + 92340 - 777000 = -30695.208（元）

由上述计算可知，该长期投资项目的净现值小于 0，故不可行。

第四节 长期投资决策评价指标的应用说明

在上一节里，我们介绍了长期投资决策的评价指标，其主要包括不考虑资金时间价值的静态指标（如投资回收期、投资利润率等）和考虑资金时间价值的动态指标（如净现值、内含报酬率、现值指数等）。其中，静态评价指标计算相对简单，在实际工作中，通常是和动态投资指标一起结合使用，对长期投资项目的经济效益进行评价。而在长期投资决策的动态评价指标当中，最为常用的指标就是内含报酬率和净现值两个指标。但是，由于这两个指标的计算基础和内涵并不完全相同，因此这两种方法的适用范围和适用条件都是有所区别的。本节将会对这两种方法，在实际应用中的一些差异和需要注意的地方进行比较和分析。

一、净现值指标的应用说明

（一）净现值指标的优点

采用净现值指标对长期投资方案进行评价，最大的优点在于概念明确，操作简单，既考虑了投资项目在整个投资有效期内的全部现金流量，又考虑了资金的时间价值因素对长期投资项目的影响，非常科学、客观地评价了投资项目。而且，净现值指标直接揭示了投资项目对企业财富绝对额的变动的影响，使投资决策的目标和企业的经营目标严格保持一致，不会出现决策项目不利于企业的状况。也正是基于这两点原因，净现值不仅在理论界得到推崇，认为其要好于其他的长期投资决策评价指标，而且在实际工作中也得到了广泛的应用。

（二）净现值指标的缺点

净现值指标虽然在理论上和实务上都得到了大家的认可，但是并不表示这种方法是完美的，它也有自身所固有的缺陷。

（1）当比较两个彼此独立且投资总额不相等的长期投资方案时，净现值指标并不是判断项目优劣的唯一依据。这是因为，某一投资方案的净现值虽然大于另一方案，但是如果其耗用的初始投资总额也大于另一方案，且两方案彼此独立时，选用净现值大的投资方案对企业在经济上不一定是有利的。比如，两个投资项目，甲项目需要初始投资额 100 元，1 年后可赚 20 元；乙项目只需初始投资额 5 元，1 年后可赚 10 元。比较甲、乙两个方案，很明显甲方案的净现值一定会大于乙方案，但是事实上甲方案的投资额相对较大。如果我们比较两个方案的投资报酬率，乙方案甚至是甲方案的几十倍还不止。这时，如果我们用净现值指标对投资项目进行评价的话，可能做出在经济上对企业来说并不是最优的选择。基于这种情况，我们常常将现值指数指标的计算作为对净现值指标的一种辅助，同时用两个指标对各个备选方案进行比较和分析。

（2）当比较两个投资有效期不同的长期投资项目的时候，净现值指标也并不能准确地判断投资项目的优劣。这是因为，某一投资方案的净现值虽然大于另一投资方案，但如果其投资项目的持续时间也长于另一投资项目，则此时选择净现值大的投资项目对企业并不一定是有利的。举一个简单的例子进行比较即可说明这个问题。现有两个投资方案，初始投资额一样，一个用 10 年时间赚得 100 元，一个只用 1 年时间赚得 50 元，作为一个明智的企业管理者应该选择哪个投资方案呢？答案很明显，虽然前一个投资项目的净现值大于后一个投资项目，但是其却花费了 10 年的时间，而后一个投资项目虽然净现值小于前一个项目，但是其只是花费了 1 年的时间，而且企业的投资者完全可以在 1 年后收回投资，再继续寻找新的投资项目。所以，很明显，后一个投资项目要好于前一个投资项目。在考虑这种情况后，通常在比较有效期不同的两个投资方案时，我们会用等年值指标作为净现值指标的辅助，同时计算投资项目的净现值和等年值，同时使用这两个指标对投资项目进行评价。

二、内含报酬率指标的应用说明

（一）内含报酬率指标的优点

（1）内含报酬率可以确定投资项目未来的报酬水平。采用内含报酬率指标，对长期投资方案进行评价时，最大的优点在于，其不仅能够像净现值法那样综合考虑投资项目的全部现金流量和资金的时间价值两个因素，而且还可以确切地掌握各个项目未来将要达到的投资报酬水平，可以较好地服务于企业的决策者，充分满足他们从事长期投资项目管理工作的需要。

（2）采用内含报酬率指标进行长期投资决策时，不需要像净现值指标那样先确定资本成本。企业资本成本的确定事实上是一件十分复杂的事情，它同企业的融资渠道、经营目标等很多因素都有关系。因此，在实际工作中，如果想要十分精确地确定一个企业的资本成本几乎是不可能的事情。而如果不能够事先估算出，企业的资本成本，就没有办法利用净现值指标对长期投资项目进行判断。但是，如果采用内含报酬率指标就可以克服这个缺陷。

（3）内含报酬率作为相对数指标，相比于净现值指标，更有利于不同投资规模的方案之间的比较。正如前所述，净现值指标反映的是投资项目与企业财富绝对额变动的关系，而内含报酬率作为相对数指标更多地反映了企业单位投资额所产生的现金流量。因此，内含报酬率可以作为不同投资规模的项目之间的比较和分析。

（二）内含报酬率指标的缺点

（1）采用内含报酬率指标进行投资决策，可能做出与企业经营目标相反的决策。这是因为，内含报酬率法是建立在投资项目未来全部现金流量都是以计算所得的内含报酬率为平均报酬率进行折现而获取的基础之上的，其假设性较强而客观性较差，故而极有可能导致有关投资项目的内含报酬率较高而净现值却较低或内含报酬率较低而净现值却较高的矛盾状况。此时，如果采用内含报酬率指标进行投资项目的分析，则很有可能选择那些净现值相对较低，给企业带来经济效益相对较小的投资项目，这与企业本身的经营目标——企业财富最大化的目标相违背。

（2）当在某投资项目效用期内各年份现金净流量的性质（即现金流入或现金流出）呈现多次变换的状态时，内含报酬率将不会是唯一的，会出现多个不同的计算结果，从而给决策分析工作带来困难。此时，必须对现有的数据资料进行一定的调整计算，使得有关项目的未来现金流量的性质只发生一次变化，从而保证在计算时，内含报酬率结果的唯一性。但是，这种调整在计算上非常复杂，难以掌握。

事实上，当在实际工作中，如果遇到投资项目的各年份现金净流量的性质呈不断变化的状态时，我们根本不予考虑采用内含报酬率指标对其进行评价。

思考与练习

一、思考题

1. 什么是资金的时间价值？资金的时间价值是怎样产生的？它和什么因素有关？

2. 什么是复利计息？什么是单利计息？它们之间有什么区别？

3. 什么是年金？1 元先付现金和后付年金之间如何换算？

4. 长期投资决策必须考虑资金的时间价值吗？为什么？

5. 什么是长期投资决策的现金流量？一个长期投资项目主要包括哪些现金流量？折旧是现金流量吗？

6. 长期投资决策的动态评价指标有哪些？它们之间有哪些联系和区别？

7. 所得税对长期投资决策有影响吗？这种影响主要体现在哪些方面？

二、练习题

1. 张三将 50000 元现金以 5 年期定期存款的形式存入银行，若银行 5 年期定期存款的利率为 5%，试计算下面两个问题：

(1) 若银行采用单利计息的方式，张三 5 年后的本利和为多少？

(2) 若银行采用复利计息的方式，张三 5 年后的本利和为多少？

2. 某企业有一笔 5 年后到期的贷款需要偿还，数额为 2000 万元。为此，该企业准备设立偿债基金，年利率为 10%，到期一次偿还贷款。试回答以下两个问题：

(1) 若偿债基金为每年年末存入一等额金额，则其应该为多少？

(2) 若偿债基金为每年年初存入一等额金额，则其又应该为多少？

3. 某企业拟进行一项投资，该项目共需投资资金 50 万元，需在今后的 5 年内，每年年末分期投入。为保证项目资金供给，该企业决定为项目设置专项资金。如果银行存款年利率为 10%，那么企业现在应该一次性向银行存入专项资金数额为多少，才能保证项目投资的资金需要量？

4. 某投资项目于 1991 年开始动工，需要 5 年的施工期。5 年后，该项目投产运行，从投产之日起，该项目每年可为公司创造 40000 元的收益。按每年 6% 的利率计算，经营 10 年后，该投资项目 10 年收益的总现值为多少？

5. 某企业拟计划进行一项投资，该投资有 A、B 两个投资方案可供选择。A、B 两方案的初始投资额分别为 90 万元和 120 万元。若该企业预定的投资报酬率为 10%，其余有关资料见下表：

单位：元

年份	A方案		B方案	
	净收益	折旧	净收益	折旧
1	120000	180000	120000	200000
2	120000	180000	150000	200000
3	120000	180000	200000	200000
4	120000	180000	250000	200000
5	120000	180000	250000	200000
6			250000	200000

要求：分别确定A、B两方案的投资回收期和净现值。

6. 某企业拟进行某项投资，经测算该投资需要在开始时一次性投入资金1000万元。项目建设期1年，1年后开始经营盈利，经营期为10年。从第2年到第8年，每年可为企业创造净收益360万元，第9、10年为企业创造盈利250万元，第11年为企业创造盈利350万元。经营期满后无残值收入。如该企业预定的投资报酬率为10%，则该投资项目的净现值、内含报酬率和现值指数为多少？

7. 某企业拟计划引进一条生产线，该生产线的建设期为2年时间。在建设期内，需企业每年年初投入资金280万元。建设期满后，该生产线投产。经营期初要求企业垫付流动资金50万元，于经营期满后收回。该生产线预计使用寿命为10年，预计第1年的产品销售收入可达350万元，经营成本为250万元，以后9年每年销售收入为480万元，经营成本为300万元。经营期满后，设备残值收入为40万元。企业预定的投资报酬率为12%，所得税税率为40%，设备按直线法计提折旧。

要求：按照净现值法判断该企业是否应该引进该生产线？

第九章 长期投资决策实务

在实际工作中，我们常常会面对一些长期投资方案的对比与选择，如固定资产的购置决策、更新决策等。在这个过程中，对长期投资方案的经济评价是其关键性和决定性的步骤。一个投资方案，只有在财务上通过论证是一个可行的方案，才可能在实际中得到具体的实施。否则，即使是再好的方案，如果在财务经济指标上不能得到论证，企业一般情况下是不会将其运用到实际的生产过程之中的。本章将会在第八章介绍长期投资决策基本方法的基础之上，具体研究和探讨如何将这些方法运用于企业的长期投资决策实务之中。

第一节 长期投资决策实务概述

一、运用长期投资决策评价指标进行决策的一般原则

计算评价指标的目的，是为了给长期投资项目的决策提供定量依据，对投资项目进行评价与选择。在运用评价指标对投资项目进行评价时，必须遵循以下几个基本原则。

（一）讲求效益原则

无论在进行什么长期投资项目决策时，始终必须明白企业进行投资项目本身的最基本的目的就是在确保经济、合理、有效地利用资金的前提下，尽可能为企业实现最大的经济效益。

（二）具体问题具体分析原则

由于评价指标自身的特征不同，运用的范围也不一样，且评价指标之间存在着复杂的内在逻辑关系，因此，运用评价指标对长期投资项目进行评价的时候，必须根据不同的项目类型以及企业和项目本身的实际情况，确定适合于该项目的评价指标。而且，在实际决策中，有时还会选择几个指标同时对投资项目进行综合评价。

（三）确保财务可行性原则

无论投资项目本身的数目、规模、重要性程度、特征有何不同，所有投资项目决策的首要标准就是项目在财务上必须具备可行性。因此，在运用评价指标对具体项目进行财务可行性评价是长期投资决策的重要环节，必须首先淘汰不具备财务可行性的投资项目。

但必须说明的是，投资项目的财务可行性只是项目投资决策的必要条件，投资项目的财务评价并不等于投资项目评价本身。投资项目的评价和决策，不仅仅应该包括投资项目在财务上的状况，还应该包括该投资项目对企业经营、销售、生产、技术、社会影响等各种因素的影响。

（四）分清主次指标的原则

在实际工作中，在对同一投资项目进行评价时，我们常常会采用多个指标进行综合评价。这时，按不同的指标进行评价时，可能会得出不一致的结论，甚至是相互矛盾的结论。在这种情况下，要求必须对指标本身进行详细、深入的分析，在了解其特点的基础上，分清主要指标、次要指标以及辅助指标，并以此进行决策。

二、长期投资决策实务分类

一般情况下，我们将长期投资决策实务根据其产生现金流量的不同，可以分为固定资产的购置决策、固定资产的更新决策和固定资产的租赁决策三大类。

（一）固定资产的购置决策

固定资产的购置决策一般是指企业针对是否应该购置生产经营所需的某项大型设备进行的决策。为了适应市场的变化和竞争日趋激烈的现实需要，每个企业都必须想方设法增加产量、提高产品质量，降低产品成本，改善经营管理。而这一切都直接或间接地同固定资产增置问题紧密相连。为此，企业管理者应该在固定资产购置的问题上，如应否购置某项资产以及如何购置资产等问题进行决策。

（二）固定资产的更新决策

固定资产的更新决策一般是指企业针对某些因磨损而不能或不宜继续使用的固定资产，或因技术进步而显得陈旧、落后、生产效率低下的固定资产，做出的是否更新、何时更新以及怎样更新的决策。

（三）固定资产的租赁决策

在一般情况下，企业所需要的固定资产大都是以自有资金或借入资金自行购置或建造的，但是在资金紧张、筹资较为困难的情况下，也可以通过租赁方式取得固定资产。固定资产的租赁决策就是要求企业管理者对借款或筹资购置设备和租赁设备两种方案进行分析和评价。

第二节　长期投资决策实务评价

一、固定资产的购置决策

固定资产的购置决策具体说来包括两个方面的内容：①是否应该购置某项设备，即增加某项设备后给企业带来现金流入的经济利益，是否大于企业进行该项目所需的经济投入。②拟将增置的某种固定资产可能有若干种取得方式（如外购、自制）或若干种不同的型号等，企业应该采取哪种取得方式或购入哪种型号的设备，才能给企业带来最大的经济利益。

（一）设备应否购置决策

【例9-1】某企业拟通过购置某种新设备来增加生产能力，扩大生产规模。经调查测算，该种设备购买价格为78000元，运杂费安装费为10000元，预计该固定资产可使用5年，期满后残值收入为4000元。新设备在投产时，需垫付流动资金10000元，投产后该企业每年可增产该产品3000件，且增产产品每件节约直接材料和直接人工费为16元。该企业预定的投资报酬率为12%，所得税税率为40%，固定资产按直线法计提折旧。

要求：通过计算决定是否应该购置该项固定资产。

具体的计算、分析过程如下：

该项目是一个典型的是否应该购置固定资产的决策。通过分析可知，只要购置该项固定资产给企业带来的现金流入现值大于现金流出现值，即企业获得了经济利益，该项投资项目就是可行的。因此，我们可以利用净现值指标进行判断。

（1）该项固定资产投资的初始期现金流量为：

固定资产的购置价格78000元及运杂安装费10000元，共88000元；设备投产垫支流动资产10000元。

因此，初始期现金流量 = 88000 + 10000 = 98000（元）

（2）在考虑所得税情况下，该项固定资产投资的经营期现金流量为：

每年增加产量并节约现金流出导致的现金流入额 = 3000 × 16 × (1 − 40%)
= 28800(元)

5年的现金流量现值 = 28800 × (P/A, 12%, 5) = 28800 × 3.605
= 103824(元)

该固定资产按直线法计提折旧，则每年折旧额为：

(78000 + 10000 − 4000) ÷ 5 = 16800(元)

因此，每年折旧抵税现金流量 = 16800 × 40% = 6720（元）

5 年折旧抵税现金流量现值 = 6720 × (P/A,12%,5)

= 6720 × 3.605

= 24225.6(元)

所以，该固定资产投资经营期现金流量现值 = 103824 + 24225.6

= 128049.6(元)

(3) 该固定资产投资项目的终结期现金流量为：

固定资产的残值收入现值 = 4000 × (P/F,12%,5) = 2268(元)

期末收回垫付的流动资产现值 = 10000 × (P/F,12%,5) = 5670(元)

该固定资产投资终结期现金流量现值共 = 2268 + 5670 = 7938（元）

所以，该固定资产投资的现金流量净现值为：

7938 + 128049.6 − 98000 = 37987.6 > 0

计算结果表明，新设备购置后所增加的现金流入的现值大于其所需投资额，该项投资给企业带来了经济利益，故该长期投资方案可行。

(二) 固定资产购置方案决策

1. 比较有效期相同的固定资产购置方案决策

【例 9-2】 某企业生产甲产品，由于市场供不应求，该企业拟购置生产设备，扩大该产品的生产规模。甲产品的每件产品的销售单价为 100 元/件，产品的单位变动性销售费用为 5 元/件。此外，该企业按直线法计提设备折旧，预定投资报酬率为 15%，所得税税率为 40%，其他有关资料如表 9－1 所示。

要求：现有生产甲产品的 A、B 两种型号的生产设备可供选择，通过计算决定选用哪种设备呢?

表 9－1　　单位：元

型号	A 设备	B 设备
投资额（元）	210000	240000
年生产量（件）	1800	2000
产品单位售价（元）	100	100
产品单位变动性生产成本（元）	57	55
产品单位变动性销售费用（元）	5	5
期满设备残值（元）	3000	6000
效用期（年）	10	10

具体的计算、分析过程如下：

在本例中，总共有 A、B 两种型号的设备可供选择，且其有效期相同，都为 10 年，故可以分别计算两种方案的净现值指标，再比较其大小，做出决策。

A 方案的净现值为：

初始现金流出量为 210000 元

经营期现金流量为：

净利润 + 折旧或（营业收入 - 付现成本）×(1 - 税率) + 折旧 × 税率

其中年折旧额为（210000 - 3000）÷10 = 20700（元）

A 方案的净利润为：

[(100 - 57 - 5) ×1800 - 20700] ×(1 - 40%) = 28620（元）

所以，该方案经营期间现金流入量为：

(28620 + 20700) ×(P/A，15%，10) = 247537.08（元）

终结现金流入量现值为 3000 ×(P/F，15%，10) = 741（元）

所以，A 方案的现金流量净现值为 247537.08 + 741 - 210000 = 38278.08（元）

B 方案的净现值为：

初始现金流出量为 240000 元

经营期现金流量为：

净利润 + 折旧或（营业收入 - 付现成本）×(1 - 税率) + 折旧 × 税率

其中年折旧额为（240000 - 6000）÷10 = 23400（元）

B 方案的净利润为：

[(100 - 55 - 5) ×2000 - 23400] ×(1 - 40%) = 33960（元）

所以，该方案经营期间现金流入量为：

(33960 + 23400) ×(P/A，15%，10) = 287889.84（元）

终结现金流量为 6000 ×(P/F，15%，10) = 1482（元）

所以，B 方案的现金流量净额为 287889.84 + 1482 - 240000 = 49371.84（元）

由上述计算可知，B 方案的现金流量净额比 A 方案要大 49371.84 - 38278.08 = 11093.76 元。因此，这意味着对该企业来说，虽然 B 方案的原始一次性投资额比较大，但未来效用期内的投资回报也同样比较大。从经济上考虑，该企业应该选择 B 方案。

2. 比较有效期不相同的固定资产购置方案决策

【例 9-3】 承上例，若将 A 方案的有效年限从 10 年改为 8 年，其他资料不变，则又该如何决策？

具体的计算、分析过程如下：

如果 A 方案的有效年限为 8 年，则 A、B 两方案的投资有效期不一样，此时并不能再利用净现值指标对两方案进行简单的比较。必须分别计算出，两方案的年均现金流量净现值，即等年值，进行比较。

A 方案的净现值为：

初始现金流出量为 210000 元

经营期现金流量为：

净利润 + 折旧或（营业收入 - 付现成本）×(1 - 税率) + 折旧 × 税率

其中年折旧额为（210000 - 3000）÷ 8 = 25875（元）

A 方案的净利润为：

[(100 - 57 - 5) × 1800 - 25875] × (1 - 40%) = 25515（元）

所以，该方案经营期间现金流入量为：

(25515 + 25875) × (P/A, 15%, 8) = 230586.93(元)

终结现金流入量为 3000 × (P/F, 15%, 8) = 981(元)

所以，A 方案的现金流量净额为 230586.93 + 981 - 210000 = 21567.93（元）

此时 A 方案的年均现金流量净现值 = 21567.93 ÷ (P/A, 15%, 8) = 4806.76(元)

又由前述计算可知，B 方案的现金流量净额为 49371.84 元，故其年均现金流量净现值 = 49371.84 ÷ (P/A, 15%, 10) = 9836.99 元 > 4806.76 元。

很显然，B 方案的年均现金流量净现值依然大于 A 方案的年均现金流量净现值。所以，在这种情况下，选用 B 方案依然好于 A 方案。

二、固定资产的更新决策

企业生产设备应否更新，取决于继续使用原设备和改用新设备两者预期未来经济效益分析的结果。一般说来，新设备性能较好，生产效率高，加工产品质量好，但是需要支付较高的购置成本；而旧设备虽然性能相对较差，生产效率低下，但不需要支付高额的固定资产购置成本。为此，应计算、分析继续使用旧设备和更新设备给企业带来的现金流量，做出固定资产更新决策。固定资产更新决策一般包括三个方面的内容：生产设备应否更新、生产设备何时更新以及生产设备如何更新。

生产设备何时更新，取决于设备年平均运行成本的高低。在正常情况下，设备会随着其使用期限的延长而降低生产效率，同时增加大量的设备维护费用、修理费以及产品的生产成本。当这一增加费用达到一定的限度时，旧设备便不再适合继续使用。生产设备何时更新，就是需要通过计算、分析，固定资产在什么时候更新最为合适。

生产设备如何更新，取决于采用哪种设备更新的具体方式对企业更加有利。在实际工作中，固定资产更新的方式有很多种，如另行购入新设备替代旧设备、对现有设备进行大修予以翻新、以旧换新等。在这些可供选择的固定资产更新方式中，企业管理者必须对每一种更新方案对企业所产生的现金流量进行仔细、深入的分析，才能最终从中挑选出最适合企业的更新方式。

(一) 固定资产何时更新

固定资产何时更新，即固定资产在什么时候选择更新，应该和使用该固定资产成本的变化有关。在一般情况下，企业使用固定资产的成本包括两个方面：①一部分是设备的运行费用，其中包括设备的能源耗费、维护修理费等；②另一部分是设备本身价值的耗费，即折旧价值。其中，设备的运行费用每年将会随着设备使用的年限增加而不断增加。而设备本身的耗费，是以设备在更新时能够按其折余价值变现为前提的，它也会随着设备的使用年限增加而逐年减少。固定资产何时更新就是在这两者之间进行权衡，找出设备使用最小的总成本。因此在计算时，首先需要计算出固定资产更新前的总成本现值：

$$固定资产的总成本现值 = C - \frac{S_n}{(1+i)^n} + \sum_{t=1}^{n} \frac{C_n}{(1+i)^t}$$

式中：C——设备原值；

S_n——第 n 年的设备余值；

C_n——第 n 年的设备运行成本；

n——设备的更新年份；

i——企业的投资报酬率。

然后，在计算出了固定资产的总成本现值基础上，计算其平均年成本。这时，设备的最佳更新期也就是其运行到平均年成本最低的年份。

固定资产的平均年成本 = 固定资产的总成本现值 ÷ (P/A, i, n)

【例 9-4】某设备的购买价格是 70000 元，预计其使用年限为 10 年，使用期满无残值。企业要求的投资报酬率为 10%，其各年的折旧额、折余价值及运行费用等相关资料见表 9－2。

表 9－2

单位：元

更新年限	1	2	3	4	5	6	7	8	9	10
折旧额	7000	7000	7000	7000	7000	7000	7000	7000	7000	7000
折余价值	63000	56000	49000	42000	35000	28000	21000	14000	7000	0
运行费用	10000	10000	10000	11000	11000	12000	13000	14000	15000	16000

要求：判断该固定资产的最佳更新年限。

具体的计算、分析过程如下。

第 1 年的资产总成本现值为：

$F_1 = 70000 - 63000 \times (P/F, 10\%, 1) + 10000 \times (P/F, 10\%, 1) = 21818$(元)

第 1 年的年平均运行成本 = 21818 ÷ (P/F, 10%, 1) = 24000 (元)

第 2 年的资产总成本现值为：

$F_2 = 70000 - 56000 \times (P/F, 10\%, 2) + 10000 \times (P/A, 10\%, 2) = 41077$（元）

第2年的年平均运行成本 = 41077 ÷（P/A，10%，2）= 23669（元）

第3年的资产总成本现值为：

$F_3 = 70000 - 49000 \times (P/F, 10\%, 3) + 10000 \times (P/A, 10\%, 3) = 58054$（元）

第3年的年平均运行成本 = 41077 ÷（P/A，10%，3）= 23344（元）

第4年的资产总成本现值为：

$F_4 = 70000 - 42000 \times (P/F, 10\%, 4) + 11000 \times (P/A, 10\%, 3)$
$+ 11000 \times (P/F, 10\%, 4) = 73695$（元）

第4年的年平均运行成本 = 41077 ÷（P/A，10%，3）= 23248（元）

其他几年可依次计算，具体情况见表9－3。

表9－3　　单位：元

更新年限	1	2	3	4	5	6	7	8	9	10
C	70000	70000	70000	70000	70000	70000	70000	70000	70000	70000
S_n	63000	56000	49000	42000	35000	28000	21000	14000	7000	0
C_n	10000	10000	10000	11000	11000	12000	13000	14000	15000	16000
总成本现值	21818	41077	58054	73695	87479	100179	111880	122657	132581	141718
年平均成本	24000	23669	23344	23248	23077	23002	22981	22991	23021	23064

比较表9－3年平均成本可知，该固定资产运行到第7年时的年平均成本最低，因此应该在此设备使用7年后，对其进行更新是最为合适的。

（二）固定资产如何更新

1. 比较有效期相同的固定资产更新决策

【例9-5】某企业拟对生产某产品的某生产设备进行更新，该产品的年产销量为10000件/年。现有两种更新方案可供选择。一是继续使用旧设备，但需要对旧设备进行大修翻新，翻新费用为5000元。该设备原值为12150元，预计使用年限为14年，现已使用4年，使用期满残值为600元。二是将旧设备变卖，购买新设备，购买价格为22500元。旧设备变卖市场价值为3000元，新设备预计使用年限为10年，使用期满期末残值为1500元。且如果企业购买新设备，则每单位产品的生产成本可降低0.28元/件，单位产品的销售价格升高0.22元/件。企业要求的投资报酬率为12%，所得税税率为40%，该设备按直线法计提折旧。相关资料见表9－4。

要求：通过计算判断该企业应该采用哪种方式对该生产设备进行更新。

表 9-4　　单位：元

项目	旧设备	新设备
原价	12150	22500
设备翻新费用	5000	—
预计使用年限	14	10
已使用年限	4	0
使用期满残值	600	1500
目前变现价格	3000	—
成本降低额	—	0.28
价格提高额	—	0.22

具体的计算、分析过程如下：

由于两种设备更新方案，其使用有效期是相同的，因此可以直接比较两种方案的净现金流量现值差额。

(1) 初始期现金流量现值差额为：

进行旧设备翻新方案的现金流出量为 -5000 元；

而购买新设备的现金流量包括新设备购置成本、旧设备的变卖收入以及变卖抵税现金流量，可计算如下：

$-22500+3000+[12150-(12150-600)\div 14\times 4-3000]\times 40\%=-17160$(元)

因此，购买新设备比将旧设备进行翻新要多出现金流出量

$17160-5000=12160$（元）

(2) 经营期现金流量现值差额为：

年收入增加额为 $0.22\times 10000=2200$（元）

年成本节约额为 $0.28\times 10000=2800$（元）

年折旧增长额为：

新设备年折旧额为 $(22500-1500)\div 10=2100$(元)

旧设备年折旧额为 $(12150-600)\div 14=825$(元)

年折旧增长额为 $2100-825=1275$(元)

年现金流入增量为 $(2200+2800)\times(1-40\%)+1275\times 40\%=3510$(元)

因此，购买新设备的经营期现金流量现值比翻新旧设备的经营期现金流量现值多。

$3510\times(P/A,12\%,10)=19831.5$(元)

购买新设备的终结期现金流量现值比翻新旧设备的经营期现金流量现值多。

$(1500-600)\times(P/F,12\%,10)=289.8$(元)

总现金流量差额为 $289.8+19831.5-12160=7961.3$(元)

由此计算可知，购买新设备要比翻新旧设备对企业更有利。

2. 比较有效期不同的固定资产更新决策

【例9-6】某公司有一台设备，购于3年前，现在考虑是否更新。该公司要求的投资报酬率为10%，所得税税率为40%。税法规定该设备按直线法计提折旧。其他相关资料见表9－5。

要求：判断该企业是否应该进行设备更新。

表9－5 单位：元

项目	旧设备	新设备
原价	60000	50000
税法规定残值	6000	5000
税法规定使用年限	6	5
已使用年限	3	0
尚可使用年限	4	5
年操作成本	8600	5000
两年末大修支出	28000	—
最终报废残值	7000	10000
目前变现价值	10000	—

具体的计算、分析过程如下：

该决策属于一项固定资产的替代更新决策，但是更新新设备和继续使用旧设备的使用年限不一样，所以在进行决策时，并不能简单地对两个投资方案的净现值进行比较，还必须比较其年均使用成本。

继续使用旧设备的初始现金流量为继续使用旧设备的机会成本，具体包括就设备的变现价值和设备变卖递减税款两项。

旧设备每年折旧额＝(60000－6000)÷6＝9000(元)

旧设备已使用3年，故目前该固定资产的账面净值为：

60000－9000×3＝33000(元)

因此，旧设备变卖递减税款现金流量＝(33000－10000)×40%＝9200(元)

所以，继续使用该旧设备的初始现金流出量＝9200＋10000＝19200(元)

旧设备在继续使用期间的现金流量为：

8600×(1－40%)×(P/A,10%,4)＋28000×(1－40%)×(P/F，10%，2)－9000×40%×(P/A，10%，3)＝16357.2＋13876.8－8953.2＝21280.8(元)

继续使用旧设备的终结期现金流量为：

(7000－6000)×40%×(P/F,10%,4)－7000×(P/F,10%,4)

＝400×0.683－7000×0.683＝－4507.8(元)

因此，继续使用旧设备的总现金流出量 = 19200 + 21280.8 − 4507.8 = 35973（元）

其年均使用成本（年均净现金流出量）= 35973 ÷（P/A，10%，4）

= 11347.95（元）

更新新设备的初始期现金流量为新设备的购置成本 50000（元）

新设备使用期间的现金流量为：

新设备每年折旧数额 =（50000 − 5000）÷ 5 = 9000（元）

5000 ×（1 − 40%）×（P/A，10%，5）− 9000 × 40% ×（P/A，10%，5）

= 11373 − 13647.6 = − 2274.6（元）

更新新设备的终结期现金流量为：

（10000 − 5000）× 40% ×（P/F，10%，5）− 10000 ×（P/F，10%，5）

= 1242 − 6210 = 4968（元）

因此，更新设备的总现金流出量 = 50000 − 2274.6 − 4968 = 42757.4（元）

更新设备的年均使用成本（年均净现金流出量）= 42757.4 ÷（P/A，10%，5）

= 11278.66（元）

所以，由以上计算可知更新设备的年均使用成本要低于继续使用旧设备的年均使用成本，该企业应该对旧设备进行设备更新。具体计算可见表 9 − 6 和表9 − 7。

表 9 − 6　继续使用旧设备现金流量　单位：元

项目	现金流量	年数	折现系数	现值
旧设备变现价值	10000	0	1	10000
旧设备变现减税	23000 × 0.4 = 9200	0	1	9200
每年付现成本	8600 ×（1 − 0.4）= 5160	1 ~ 4	3.170	16357.2
每年折旧抵税	− 9000 × 0.4 = − 3600	1 ~ 3	2.487	− 8953.2
两年末大修成本	28000 ×（1 − 0.4）= 16800	2	0.826	13876.8
残值变现收入	− 7000	4	0.683	− 4781
残值变现减税	（7000 − 6000）× 0.4 = 400	4	0.683	273.2
合计				35973

表 9 − 7　更新设备现金流量　单位：元

项目	现金流量	年数	折现系数	现值
设备投资	50000	0	1	50000
每年付现成本	5000 ×（1 − 0.4）= 3000	1 ~ 5	3.791	11373
每年折旧抵税	− 9000 × 0.4 = − 3600	1 ~ 5	3.791	− 13647.6
残值收入	− 10000	5	0.621	− 6210
残值变现减税	（10000 − 5000）× 0.4 = 2000	5	0.621	1242
合计				42757.4

三、固定资产的租赁决策

固定资产的租赁决策按照其目的不同分为经营租赁决策和融资租赁决策两类。其中，经营租赁是指承租人以取得固定资产使用权为主要目的的租赁。在租赁期间，承租人按租赁合同支付租金，租赁期满出租人则收回租赁资产的使用权。而融资租赁是指承租人以融通资金作为主要目的的租赁。在融资租赁期间，承租人按合同支付租金，租赁期满后通常有关固定资产的所有权也一并由出租人转让给承租人。但不管是哪种租赁形式，企业的管理者在面对租赁决策时，都必须在租赁资产和购建资产这两种决策方案中进行权衡。

【例9-7】某企业现需引进一项先进的生产工艺，但由于资金缺乏，现有两种方案可供选择：一是采用经营租赁的办法，租期为5年，每年支付租金40000元，经营期间设备每年的维护费用为3000元；二是向银行贷款，购买新设备，设备买入价格为150000元，购入后预计使用5年的时间，每年的设备维护费用为4000元，5年期满后无残值收入。银行贷款的前两年利率为20%，要求在5年内等额还本，并每年支付利息。该设备按直线法计提折旧，所得税税率为40%，企业预计的投资报酬率为10%。

要求：通过计算判断该企业是应该购建设备，还是租赁设备。

具体的计算、分析过程如下：

可分别计算租赁设备和购建设备所产生的现金流量，比较其大小做出决策。

经营租赁设备的现金流量只是包括设备租金和每年的维护费用，所以可计算如下：

$$-(40000+3000)\times(1-40\%)\times(P/A,\ 10\%,\ 5) = -97807.8\ (元)$$

购建设备的现金流量现值为：

由于向银行借款，且银行贷款利率为20%，若采用等额还本付息方式还款，那么每年应该向银行偿还的本金、利息和计算如下：

第1年，偿还本金150000÷5=30000元，偿还利息150000×20%=30000（元）；

第2年，偿还本金150000÷5=30000元，偿还利息（150000-30000）×20%=24000（元）；

第3年，偿还本金150000÷5=30000元，偿还利息（150000-30000×2）×20%=18000（元）；

第4年，偿还本金150000÷5=30000元，偿还利息（150000-30000×3）×20%=12000（元）；

第5年，偿还本金150000÷5=30000元，偿还利息（150000-30000×4）×20%=6000（元）。

银行还款资金变动情况如表9-8所示。

表9－8　银行还款资金变动表　单位：元

年份	还本	贷款余额	付息	合计
0	—	150000	—	—
1	30000	120000	30000	60000
2	30000	90000	24000	54000
3	30000	60000	18000	48000
4	30000	30000	12000	42000
5	30000	0	6000	36000

设备购置后，在经营期间，每年折旧费用为150000÷5＝30000（元）。

则其现金净流量为：

150000－30000×（P/A，10%，5）－［30000×（P/F，10%，1）＋24000×（P/F，10%，2）＋18000×（P/F，10%，3）＋12000×（P/F，10%，4）＋6000×（P/F，10%，5）］×（1－40%）－4000×（1－40%）×（P/A，10%，5）＋30000×40%×（P/A，10%，5）＝29143.2（元）

由以上分析，可以很明显地看出，通过银行借款来购建设备要比直接租赁取得设备更为合理。值得注意的是，这里计算的采用银行借款方式购建生产设备所产生的现金流量为29143.2＞0，为一个正的现金流量。但是，在我们的计算中却没有考虑任何的收入因素，难道只是需要通过银行借款购买设备就可以实现正向的现金流量吗？很显然，不通过经营企业是不会产生现金流入的，这里的正向现金流入主要是由于我们在计算过程中考虑了折旧的抵税作用而产生的现金流入。而这部分折旧的抵税现金流入只有在企业的经营利润为正值时，才可以得到，若企业经营不善，或发生亏损，那么当利润为负值时，根本不需要缴纳所得税费用，也就谈不上折旧抵税的现金流入了。

第三节　长期投资决策的新发展

当前，人类已经进入21世纪，随着社会经济和科学技术的高度发展，人类社会的经济形态也从农业经济社会、工业经济社会进入了知识经济社会。新的社会形态也带来了社会的新的变化，使得企业决策所面临的外部环境也更为复杂，尤其是有关先进设备、技术方面的长期投资决策，在知识经济条件下，不仅对企业有着非同寻常的意思，而且对社会经济环境也有着重要影响。在这样的条件下，传统的投资决策方法，特别是长期投资决策方法在某些方面已经不再适应现代企业的投资决策了。与此同时，我们的长期投资决策也对传统的投资决策方法做出了改进，以适应社会经济的发展。

一、知识经济条件下的长期投资决策所面临的挑战

（一）信息大爆炸的挑战

传统的决策理论认为，信息收集得越多，对于正确、科学、客观地做出决策越有利。然而，在知识经济条件下，这一认识将不再成立。网络、电视、报纸等如同火山爆发般的信息量将是现代社会的一大特征。此时，对于作为决策主体的企业来说，所面临的困难将不再是如何通过各种方法和渠道去获得信息，而是在面对浩瀚如海的大量信息时，如何科学、准确地处理这些信息，选出对自己决策最为有效的信息。因此在决策时，就要求企业的决策者头脑要保持高度冷静，在了解所有可能信息来源的基础之上，针对不同的决策类型，有的放矢，利用先进的信息甄别技术对大量信息进行筛选。

（二）知识迅速更新的挑战

知识经济社会中知识的更新速度越来越快，新的技术、方法层出不穷、不断涌现，而且能迅速地转化为生产力，运用到生产、生活中，推动社会经济的发展。在企业中，生产的技术创新周期以及产品的生命周期越来越短。在这样的条件下，企业投资决策所面临的外部决策环境是瞬息万变的。而传统的投资决策方法，如净现值法、内含报酬率法等方法，往往注重对企业内部经营的状况进行分析，而缺乏对企业外部所面临的经营环境的探讨。在知识经济条件下，如何提高企业投资决策的应变能力，是对传统投资决策方法的又一挑战。

（三）投资决策目标变化的挑战

在传统的经济条件下，企业原有投资决策的目标是现金流量最大化或收益最大化。但这一目标可能导致企业为追求自身的经济利益而造成外部环境污染、生态失衡、资源耗竭等不良社会后果。在知识经济社会中，大家越来越重视社会经济的可持续发展，个人、企业、社会的共同发展才是社会发展的大趋势。这要求企业放弃那些在生产中耗费大量能源、对环境污染严重同时生产效率低下的落后技术，在生产中大量采用新技术、新能源，在减少环境污染和对资源的掠夺性耗费的同时，获取企业的经济利益，使企业社会效益和经济效益得到双赢。企业如果过度追求自身的发展，而给社会发展带来危害，势必会造成社会公众的不满，最终是自食其果。因此，企业有必要对其决策目标进行重新定位，使企业投资决策的目标由企业收益最大化调整为在保证社会效益和生态效益的同时获取自身利益的最大化。与此相对应，在投资决策方法上，必须改进过去只重视投资项目的经济效益，而忽略社会效益的做法。如何将投资项目的社会成本和社会收益放入投资决策方法的评级体系之中对其进行评估，这是长期投资决策方法所面临的又一挑战。

（四）投资项目变化的挑战

知识经济时代，企业的竞争力和发展动力取决于该企业知识资本的拥有程度，科学技术成为企业和社会经济发展的首要资本，而企业的资产结构也随之发生显著变化。在传统的工业经济社会，企业的经济增长主要依赖于厂房、设备、资金等有形资产，对无形资产投资比例控制很低；而在知识经济社会里，专利权、专有技术、商标、商誉等无形资产对企业的生产经营越来越重要，在资产结构中所占的比重也迅速上升，甚至成为企业的主要资产。传统的投资决策方法，通常都只是针对投资项目的有形资产进行评估，如何对企业投资项目的无形资产进行准确的计量和分析，是现代企业长期投资决策方法所面临的重要挑战。

（五）投资项目高风险的挑战

一般说来，高投入可能意味着高报酬，但高报酬同时也可能潜藏着高风险，它们之间总是紧密联系在一起的。随着知识经济的发展，以高新技术产业为主要内容的风险投资在企业投资总额中所占的比重日趋上升，而且由于高新技术产业所具有的投资额大、风险高的特点，使企业所面临的投资风险远远超过传统工业经济时代的投资风险。投资、报酬、风险三者之间固有的那种交互影响、相生相伴的关系更为突出，由此而引起的不良后果也更为严重。特别值得注意的是，在多种不确定因素的综合影响之下，不仅长期投资项目未来发展趋势的性质、程度等难以确认，而且每种可能性的概率也很难预计。在这样的条件下，如何改进长期投资决策方法，对投资项目所面临的风险进行准确的评估，加强投资项目的风险管理，减少和避免投资失误给企业造成的损失，是长期投资决策方法所面临的严峻挑战。

二、高新技术条件下的长期投资决策的新发展

为了与企业投资决策发展的需要相适应，在近一段时间里，涌现了如作业成本法、项目组合投资决策模型、期权投资模型、期权博弈投资理论等大量的投资决策的新方法。总体说来，长期投资决策方法的发展呈现出以下几个趋势。

（一）定量分析和定性分析相结合

在传统的长期投资决策方法中，不管是考虑资金时间价值的净现值法、内含报酬率或现值指数法，还是不考虑资金时间价值的投资回收期和投资报酬率，都是以定量分析为主，很少涉及定性的分析。但是，正如前所述，在高速发展的知识经济时代，企业的投资项目决策给企业和社会带来的影响是多方面的。在很多情况下，投资项目给企业带来的影响，如社会成本和收益、企业战略等很难用具体的数字加以量化。这时，必须将定量分析和定性分析相结合，以定量分析为主，以定性分析为辅，共同对投资项目进行决策。另外，值得说明的是，这里所指的定量分析绝不

仅仅是像传统决策方法那样，针对现金流量进行分析，还应该包括很多非数量化因素的量化。即当采用定量方法分析投资项目时，既要辨认、计算、比较其直接效益或数量化效益，也要将间接效益尽可能地通过一些处理方法，如加权、分级等予以量化，转化成相关的数量信息，进行定量分析。

（二）财务分析与非财务分析相结合

在对知识经济条件下高新技术投资项目进行效益评价时，既要就其增加收入、降低成本、提高盈利水平和加速资金周转等基本财务指标进行计量、分析和比较，努力做好财务分析工作，借以判断或评价有关投资项目在财务上是否可行或孰优孰劣；也要就其改良生产工艺、减轻劳动强度、提高工作效率、提高产品质量、降低能源耗费等有关非财务指标进行分析、评价和比较，尽量做好非财务分析工作，在强化财务分析结论的同时，做到全面、系统地对投资项目进行分析。

（三）注重投资项目的综合分析和评价

因高新技术条件下的长期投资项目对企业未来生产经营活动的影响是全方位的，故在对有关投资项目进行效益评价时，既要计算、分析诸如净现值或内含报酬率之类的专门决策指标，以判断各个投资项目或方案的经济性；也要计算、分析能从不同角度或侧面对各个投资项目或方案进行综合效益评价的多种经济技术指标，如产品合格率上升比率、产品市场份额扩大幅度、投资利润率、贷款偿还期、盈亏平衡点等。

思考与练习

一、思考题

1. 什么是机会成本？在固定资产的购置决策中需要考虑机会成本吗？固定资产的更新决策呢？为什么？

2. 在进行固定资产的更新决策时，除了可以分别确定新、旧设备的现金流量以外，是否还可以通过计算新、旧设备的差量现金流量来处理？试用差量现金流量法来进行固定资产的更新决策，并思考它们之间有什么区别。

3. 什么是固定资产的租赁决策？在进行固定资产的租赁决策时，需要考虑哪些现金流量？这和固定资产的购置决策和更新决策有何不同？

4. 在现代知识经济条件下，长期投资决策有何新的特点？

二、练习题

1. 已知宏达公司拟购置设备一台，该设备需一次性投入资金 100 万元。设备建设安装期为一年，一年后投入正常的生产经营中。现经测算，该设备的预计使用年限为5年，税法规定该设备按直线法计提折旧，预计残值率为5%。设备投入运营后每年可为企业增加净利润20万元。不考虑所得税因素的影响。

要求：(1) 计算使用期内各年净现金流量为多少？

(2) 计算该设备的投资回收期为多少？

(3) 如果企业要求预定的投资报酬率为10%，试用净现值法判断是否应该购置该设备？

2. 红宇机械厂的一台设备的原始价值为10000元，预计使用寿命为5年，使用期满后无残值，设备按直线法计提折旧。企业预定的投资报酬率为10%，不考虑所得税因素的影响。该设备每年运行的费用支出为1500元。试根据上述资料确定该设备的最佳更新年限？

3. 某工厂现有一旧生产设备，该厂技术人员提出设备更新的要求。设该厂要求的投资报酬率为10%，企业所得税税率为30%。其他有关数据如下表所示：

单位：元

项目	旧设备	新设备
原值	5500	6000
预计使用年限	10	10
已经使用年限	4	0
最终残值	500	750
目前变现价值	1500	6000
年运行成本	1750	1000

要求：通过计算确定该企业是否应该进行固定资产的更新？

4. 设某企业现有一台旧设备，账面净值为8000元，其重置成本与账面净值相同。尚可使用年限为4年，年运行成本为3000元，2年后要进行一次大修，修理费用为10000元。使用期满后无残值。如果购买一台新设备，设备买价为40000元，年运行成本为6000元，使用年限为8年，使用期满后残值2000元。如果新旧设备的产量及产品售价相同，企业资本成本为10%，所得税税率为40%，设备按直线法计提折旧，则该企业是否应该进行固定资产更新？

5. 某企业生产中急需用某一设备，由于企业资金缺乏，现有借款购置或租赁两种方案取得该设备。若借款购置，借款额为120000元，借款年利率为12%，要求每年年末等额还本，并支付利息，分10年还清。设备按直线法计提折旧，使用期满后无残值。若以租赁方式取得该设备，则租期为10年，于每年年末支付租金20000元。企业预定的投资报酬率为10%，所得税税率为40%。试通过计算该企业是应该借款购建该设备还是租赁该设备？

第三部分
执行会计

第十章　全面预算管理

“凡事预则立，不预则废。”预算管理在企业生产经营中起到越来越大的作用已经是一个不争的事实。正因为这样，全面预算管理越来越受到理论界和实务界的重视。本章将对全面预算管理做一个系统而全面的介绍。

第一节　全面预算管理概述

一、全面预算管理的理论基础

（一）全面预算管理以战略管理为起点

战略管理是指企业从整体出发，根据企业所处的内、外环境进行谋划和决策，并将这些谋划和决策付诸实践，以实现企业总体经营目标的动态过程。企业战略管理是以企业整体为对象的，它所管理的是企业的整体活动，所追求的是企业总体效果。战略管理关注长远利益，一个好的战略可以保持企业的可持续发展。

全面预算管理模式的构建以战略管理为起点，其本身就体现了战略管理的思想。首先，全面预算管理在分析企业内、外部环境变化因素的基础上，通过预测未来以指导现在的生产经营。全面预算管理的目标与企业战略总目标保持高度的一致性，预算方案蕴含着企业总体战略规划的目标及指导思想，表现出企业最高决策机构对未来一定期间的经营思想，是企业的整体“作战方案”。其次，由于预算目标是以企业战略为出发点，为了推动企业总目标的实现，全面预算管理的过程必须是一个围绕企业总体目标并包括预算的编制、执行、控制、评估的一系列措施的全过程。在这个过程中，全面预算管理体现出了战略管理的整体性、长期性、相对稳定性和实用性的特征。最后，全面预算管理的战略性还体现在它是沟通企业战略与日常经营活动的桥梁上。企业总体战略往往是长期性的，比较抽象，全面预算管理通过长、短期预算的相互衔接，形成战略管理大系统中的一个子系统，使战略目标与日常的生产经营活动联系起来。

由此可见，全面预算管理是以战略管理为基础，以战略目标为起点，以战略思想为指导，通过一套可运行、可操作的控制系统实现预算目标，最终推动企业总体目标的实现。

（二）全面预算管理以目标管理为导向

美国著名管理学家哈罗德·孔茨认为："目标管理是一个全面管理系统，它用系统的方法使许多关键管理活动结合起来，有效地实现组织和个人目标。"在目标管理中，一切管理从目标制定开始，以目标为执行导向，最后以目标完成程度作为业绩评价的依据。目标管理强调授予下级一定自主权，减少干预，在统一的目标下，由员工在工作中实行自我控制，并强调事前明确目标，使下级周密安排并选择实现目标的有效方法，减少对作业过程的直接干预。

如果说战略管理是全面预算管理的起点，目标管理思想则是全面预算管理在实施过程中的导向。因为，全面预算管理正是通过科学的预测，确定与企业总体战略目标相一致的预算目标，并以该预算目标作为统筹企业全面预算管理活动的导向，预算的编制、执行、评估考核都是围绕着实现预算目标来进行的。在全面预算管理模式下，预算管理活动是以实现预算目标为导向的。通过将预算目标分解为各预算子目标，然后把它们落实到每个责任单位，又细化到每一位员工，在企业内部形成一个纵横交错、完整严密的目标体系。企业的各个层次都被包含在目标体系之内，各职能部门、每一位员工的工作都与预算目标联系起来。因此，全面预算管理的过程也是一个确定目标与实现目标的过程。预算目标通过层层分解得到细化落实，严格的预算执行过程又为目标的实现提供了可靠的保障。可见全面预算管理不是单纯的预算管理，它吸收了目标管理的思想，从这种意义上说，它同时也是一种目标管理。

（三）全面预算管理以预测规划为核心

预测是根据过去和现在多样化的信息，通过科学的定性分析和定量计算，预计在一定的环境和条件下，企业生产经营各个方面未来一定期间内可能实现的目标，为正确地进行经营决策提供客观依据。预算目标制定的前提就是进行科学的预测，通过对企业内外部环境进行充分的调查研究，利用预测人员本身的经验判断和相关数学模型的计算，对未来市场发展趋势作出一定的推断。企业内外部的各种利益集团（包括股东、董事会、管理层、员工等）以预测信息为参考，通过相互之间的多次博弈确定预算目标；目标制定后又要层层细化分解落实到各部门乃至个人；在目标出现偏差时要及时进行修正。在这里预测起着至关重要的作用。因而，预测与计划在全面预算管理当中位于核心地位，没有科学合理的预测，全面预算管理也就失去其存在的意义和作用。所以说，全面预算管理是以预测规划为核心。

战略管理、目标管理和预测规划构成了全面预算管理的理论基础。三者之间是相互交叉、相互渗透、相互结合、三位一体，共同支撑着全面预算管理这种现代企业管理模式。

二、全面预算管理的概念和职能

（一）全面预算管理的概念

预算（Budget）的观念最早产生于1215年英皇签署的《大宪章》，《大宪章》中规定：英皇未获得议会同意不得征税。此后，预算被广泛应用于政府部门的费用控制。《辞海》给“预算”所下的定义为“经法定审查批准机关、团体和事业单位在一定期间的收支预计”。这是对我国财政领域预算概念所作的规范，而在企业中预算的概念则又有所不同。随着社会生产力水平的进一步飞速发展、社会生产组织形式多样化和日趋激烈的市场竞争，企业为了提高自身的竞争能力和抵御变幻莫测的风险，不断地深化预算管理的职能、作用与范围。到20世纪中晚期，大量的企业开始借鉴政府预算的管理，将预算纳入到企业的管理之中，出现了全面预算管理这种全新的现代企业管理模式。

全面预算管理是指将企业的决策目标及其资源配置以预算的方式加以量化，并使之得以实现的企业内部管理活动或过程的总称。全面预算管理通过“分散权责，集中监督”促进企业资源有效配置，实现企业目标、提高生产效率。它具有如下特点：

1. 全面性

全面预算管理的预算体系包括企业经营性预算、财务预算和专项预算，既能反映企业日常经济活动的预算，也能反映企业资本性支出等一次性财务资金筹措和使用的预算。

2. 全员性

全面预算管理是一种涉及企业内部权责利关系的财务活动，它不是某一部门的事，而需要上下配合、全员参与。

3. 全程性

全程性是指对企业经营活动全过程的控制以及对企业经营活动结果的评价考核都在全面预算管理中得到体现。

4. 目标性

全面预算管理的目标明确，除了目标利润外，企业的资本结构、股东权益等目标也得到体现。

5. 指令性

全面预算管理由预算委员会负责，预算一经确定，一般不能轻易调整。

（二）全面预算管理的职能

根据全面预算管理的概念，并结合企业集团的实际特点，全面预算管理具有规划、整合、控制、考评四种职能。

1. 规划职能

对企业未来的预测是通过预算来落实的，通过预算的编制可以使企业规划转变为企业计划。因此，预算的规划职能主要包括两方面的内容：①规划特定期间内企业的目标。②把企业整体目标具体化（如完成时间、工作量、责任划分等）。

2. 整合职能

整合是指将企业下属的各个二级经营单位及其内部各个层级和各员工联合起来，围绕着企业的总体目标而运行。全面预算管理的整合职能主要表现在三个方面：预算目标整合、管理过程整合和员工行为整合。

（1）预算目标整合，首先是通过全面预算管理使企业的各个时期的预算目标相互衔接，具有连贯性，始终以促进企业总体战略目标的实现为大方向；其次是通过全面预算管理使各部门、各二级经营单位的目标相互协调，形成有机整体。

（2）管理过程整合在对企业进行管理的过程中，由于企业各级单位的职责不同，往往会出现相互冲突现象。尤其是对企业集团这种多级法人组织来说，作为独立法人的各子公司和集团公司之间的冲突有时会非常尖锐。全面预算管理的整合职能是指，全面预算管理可以通过一整套的控制体系协调各级单位的工作，从而有效地解决各种冲突。

（3）员工整合是指，全面预算管理是企业员工行为的航标，它使企业各员工明了如何工作才能达成企业的战略总目标，并通过预算信息的传递，引导全体员工为企业的整体活动而努力做好工作。

3. 控制职能

全面预算管理的控制职能贯穿于企业生产经营的全过程。预算编制是一种事前控制，通过对企业未来时期生产经营状况的全面评估，有利于管理层对企业资源的利用状况进行整体性安排。预算的执行是一种事中控制，预算是把个体目标以财务数字和非财务数字的形式来表达，成为控制企业生产经营活动过程的依据，保证生产经营活动正常运行。预算的差异分析和考评则是一种事后控制，分析预算数和实际数之间的差异，找到管理中的强项与弱项，总结经验和教训，明确责任归属，采取措施修正预算，以加强管理。同时，把这种信息作为制订下一期预算的重要资料。

4. 考评职能

预算是评价和考核各管理层次与责任人员工作业绩的依据。预算的考评职能有两个方面的含义：一是对企业经营业绩的整体评价；二是对企业内部各管理部门、各员工的业绩进行评价。

三、全面预算的内容

全面预算是全面预算管理模式下所要编制的各种预算的总称，它涉及企业的销售、生产、分配以及筹资等各项经营管理活动。全面预算的内容一般包括经营预算、财务预算、专项预算三大部分。

（一）经营预算

经营预算是与企业预算期损益状况有关的、与企业日常经营活动直接相关的，具有实质性的基本经济活动预算。经营预算包括产品销售预算、生产预算、直接材料预算、直接人工预算、制造费用预算、期末产品存货预算、销售和管理费用预算等。

（二）财务预算

财务预算是指预算期与企业现金收支，经营成果和财务状况等有关的各种预算，主要包括：现金预算、预计损益表和预计资产负债表。现金预算是事先估计企业在预算期内，由于生产经营及投资活动引起的现金收入与现金支出，它表明预算期产生的现金收支结果。预计损益表是反映企业预算期的收入和费用情况的综合报表，将企业的预算收入和成本等情况相结合，注重综合考察，以反映企业的预计目标实现程度。预计资产负债表是综合反映企业在预算期末的资产、负债及所有者权益存量情况表。预计资产负债表是以预算期期初的资产负债表为基础，根据各项目分别预算其他与企业财务状况有关的数据资料，分析计算得出的。

（三）专项预算

专项预算是指预算期中企业设计长期投资的、非经常发生的、一次性业务预算，主要包括资本预算和研究开发费预算。资本预算（Capital Budget）是企业就资本投资进行分析、筛选和计划的过程。资本投资又称资本性支出，是企业为了适应今后生产经营的长远发展而投入的，不能由当年产品销售收入补偿的一种支出。资本预算涉及长期投资预测，其计算的方法与内容与其他预算有显著不同，有其自身的特殊性，本书将在以后部分对资本预算做进一步探讨。研究开发费预算主要是指对企业的产品研究开发所需要的费用的预算。其预算费用总额一般是管理层根据战略规划的需要决定，再将其细分到各个研究开发项目上。

上述各项预算内容是一个相互联系的有机整体，它们在企业的总体预算目标下构成了一个相互联系的体系，其具体情况如图 10－1 所示。

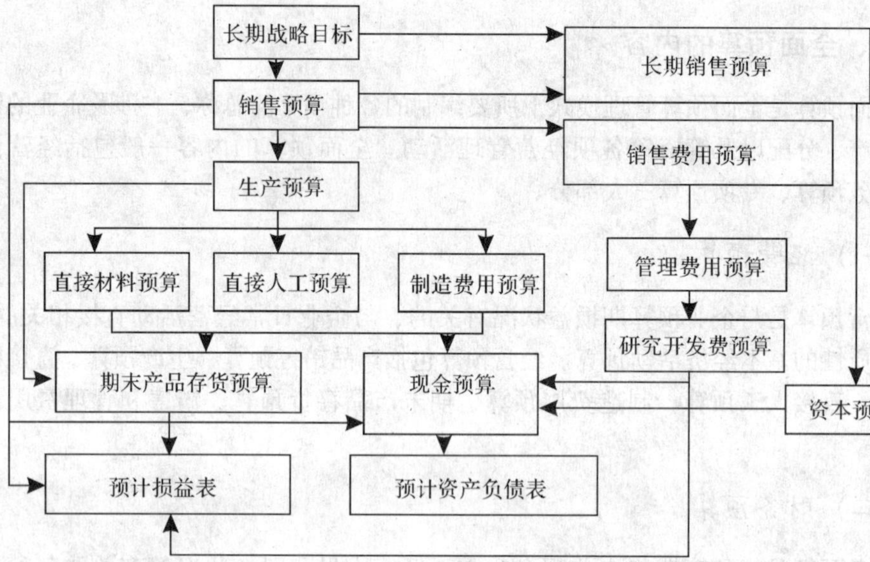

图10－1 总体预算体系图

第二节 全面预算的编制方法

固定预算包含了预算编制的基本思想，是其他编制方法的基础。下面以固定预算为例，详细介绍全面预算的编制过程。

一、全面预算编制的资料准备

全面预算编制的程序：最先是销售预算，然后是生产预算、直接材料预算、直接人工预算、销管费用预算，最后是现金预算、预计损益计划及预计资产负债表。

企业在编制全面预算之前，应该为预算进行充分的资料准备。一般的，企业应该准备的资料包括如下内容：

（一）各项预测决策的结果

相关的预测数据是企业编制全面经营预算的基础，如企业的销售预测、产品售价的预测、单位变动成本和固定成本的预测等。

（二）预编本年度的资产负债表

由于编制预算需预编本年度的资产负债表，而本年度的资产负债表在编制下年度预算时，还未编制，所以要预编本年度的资产负债表。

（三）各项标准用量和标准价格

标准用量主要指：直接材料标准用量、直接人工标准耗用工时等。

标准价格主要包括：直接材料标准价格、直接人工标准工资率、各项变动制造费用及销管费用标准分配率、固定制造费用及销售管理费用标准支出额。这些标准是考虑企业在预算期内的技术水平和管理水平的依据，当然，它们应是经过努力可以实现的标准，因此可作为预算编制的依据。

（四）其他相关资料

（1）各季度的销售所得金额占当季销售额的比率。

（2）各季度材料采购支出金额占采购额的比率。

（3）各季度末产成品存货数量占下季度销售量的比率。

（4）各季度末材料存货占下季度生产用量的比率。

二、全面预算编制示例

本部分将通过一个实例对全面预算的编制方法进行介绍。

【例10-1】要求根据如下资料编制ABC公司2006年的全面经营预算。

有关资料如下：

（1）预计预算年度（2006年）的销售量和销售价格：通过预测，预算年度的全年销售量为2000件。其中各季度的销售量分别为400件，500件，600件，500件，销售单价为44元/件。

（2）预编本年度的资产负债表如表10－1所示。

表10－1　ABC公司资产负债表（预编）

2005年12月31日　　单位：元

项目	本年末	项目	本年末
资产		负债及股东权益	
流动资产		流动负债	
现金	1400	应付购货款	5020
应收销售款	9500	流动负债小计	5020
材料存货（5元/公斤×250公斤）	1250	股东权益	
产成品存货（32元/件×50件）	1600	普通股股本	36500
流动资产小计	13750	保留盈余	14730
固定资产		股东权益小计	52230

续表

项目	本年末	项目	本年末
土地	12500		
房屋及设备净值	31000		
固定资产小计	43500		
资产总计	57250	负债及股东权益总计	57250

（3）各项标准耗用量和标准价格如表 10－2 所示。

表 10－2 **标准耗用量和标准价格表** 单位：元

项目	标准耗用量	标准价格	项目	标准耗用量	标准价格
直接材料	4 公斤/件	5 元/公斤	固定制造费用：		
直接人工	5 小时/件	2 元/小时	管理人员工资		2500
变动制造费用：			保险费		2000
间接人工	5 小时/件	0.1 元/小时	维修费		2500
间接材料	5 公斤/件	0.12 元/公斤	折旧		3000
维修费	5 小时/件	0.06 元/小时	变动销管费：		
水电费	5 小时/件	0.12 元/小时	销售佣金		0.8 元/件
固定销管费：			运输费		0.7 元/件
管理人员工资		3500			
租金		2700			

（4）其他有关资料如下：

据以往经验，并考虑预算期的特殊情况，经评估认为：企业本季度销售额的60%可以在本季度收到现款，其余 40% 的现金于下季度收到。

据以往经验，并考虑预算期的特殊情况，经评估认为：企业本季度采购材料款的 60% 于本季度现金支付，其余 40% 的现金于下季度支付。

各季度末产成品存货数量按下季度销售数量的 10% 计算。

直接材料存货数量按下季度生产用量的 10% 计算。

预计预算年度的下年度的第一季度和第二季度的销售量分别为 600 件，800 件（用于生产预算和材料预算的编制）。

存货按照先进先出法进行计价。

（一）销售预算

销售预算通常按照季度分别编制并按照年度进行汇总，它以企业的销售额以及销售单价的预测数据作为编制的基础，以此作为编制销售预算的起点。事实上，销售预测是销售预算的起点，而销售预算又是后续子预算以及现金预算、预计报表的基础。因此，对销售预测的准确程度将直接影响到预算的效率和效果。

根据前述的有关资料，ABC 公司 2006 年的销售预算如表 10－3 所示。

表 10－3　　ABC 公司销售预算

2006 年度					
季度	1	2	3	4	全年
销售量①	400	500	600	500	2000
单价②	44	44	44	44	44
预计销售额③	17600	22000	26400	22000	88000
本季度收到上季度销售款 ④＝上季度③×40%	9500	7040	8800	10560	35900
本季度收入本季度销售款 ⑤＝本季度③×60%	10560	13200	15840	13200	52800
现金收入	20060	20240	24640	23760	88700

对于表 10－3，值得说明的是：①②行的数据是企业的销售部门通过对产品市场状况进行预测得出的；③行中的数据是第①行与第②行中相对应的数据相乘的结果；全年的数据通过四个季度的数据进行加总得出。

（二）生产预算

现代企业几乎面临的都是买方市场。现代管理学认为，企业的生产经营活动呈现出哑铃状分布，即在制约因素上呈现出两头大，中间小的特点。两头分别是研发和销售，中间是生产。也就是说，对现代企业形成制约作用的因素不在生产上，而在研发和销售上，企业只要能研究开发出新产品并且能够顺利地将其销售出去，一般情况下，组织生产相应数量的产品不会成问题。

正是基于这一认识，“以销定产”的思想被广泛接受。企业生产什么、生产数量和生产时间，都是基于企业的销售预算展开的，所以，企业的生产预算需要用到销售预算的资料。这主要表现在如下关系上：

预计本期生产量＝预计期末存货＋预计本期销售量＋预计期初存货量

根据前述的有关资料，编制 ABC 公司 2006 年的生产预算如表 10－4 所示。

表 10－4 **ABC 公司生产预算**

2006 年度					
季度	1	2	3	4	全年
销量①	400	500	600	500	2000
期末存量②	50	60	50	60（已知）	60
产品需要量合计③	450	560	650	560	2060
期初存量④	50	50	60	50	50
本期生产量⑤	400	510	590	510	2010

对于上表，值得说明的是：第①行的数据来自表 10－3 的销售数量预测；第 1、2、3 季度的期末存量分别是根据第 2、3、4 季度预计的销售数量×10%得到，第 4 季度期末存量是根据下年度第 1 季度的预计销售量×10%得到；③＝①＋②对应地求出；第 2、3、4 季度的期初存量分别是第 1、2、3 季度的期末存量，第 1 季度的期初存量是 2005 年的期末存量；⑤＝③－④对应地求出。

（三）直接材料预算

直接材料预算编制的目的是为了指导直接材料的采购活动，从而使企业的材料采购一方面能够满足企业生产经营活动的正常需要；另一方面又使直接材料的成本尽可能的低。

在直接材料预算中，主要反映直接材料的采购数量、采购金额、现金支出等内容。直接材料预算是基于下述等式编制的。

期初材料存量＋本期材料采购量＝材料耗用量＋期末材料存量

根据前述的有关资料，编制 ABC 公司 2006 年的直接材料预算如表 10－5 所示。

表 10－5 **ABC 公司直接材料预算**

2006 年度					
季度	1	2	3	4	全年
生产量①	400	510	590	510	2010
标准耗用量（公斤/件）②	4	4	4	4	4
生产耗用量（公斤）③	1600	2040	2360	2040	8040
期末材料存量④	204	236	204	248	248
材料需要量⑤	1804	2276	2564	2288	8288
期初材料存量⑥	250	204	236	204	250

续表

2006 年度					
季度	1	2	3	4	全年
采购量⑦	1554	2072	2328	2084	8038
标准价格⑧（元/公斤）	5	5	5	5	5
采购金额⑨	7770	10360	11640	10420	40190
本季度支付上季度采购款 ⑩=上季度⑨×40%	5020	3108	4144	4656	16928
本季度支付本季度采购款 ⑪=本季度⑨×60%	4662	6216	6984	6252	24114
现金支出	9682	9324	11128	10908	41042

对于表 10－5，值得说明的是：

生产量①来自表 10－4 中的最后一行；

标准耗用量②来自表 10－2 中的第一行；

生产耗用量③=①×②对应地计算的结果；

第 1、2、3 季度的期末材料存量④分别是第 2、3、4 季度的生产耗用量×10%的结果，第 4 季度的期末材料存量为下季度生产用量的 10%，即期末材料存量=620×4×10%，其中，620 为下季度的生产量，4 为每件产品所需要花费的直接材料数；

⑤=④+③计算得出；

第 2、3、4 季度的期初材料存量④分别是第 1、2、3 季度的期末材料存量，第 1 季度的期初材料存量 250 为题设中的预编的资产负债表中的“材料存货”项；

⑦=⑤－⑥对应地计算的结果；

标准价格⑧来自表 10－2。

采购金额⑨=⑦×⑧所得到的结果。

现金支出=⑩×⑪对应地计算求出。对于第 1 季度的 5020 为预编资产负债表中的“应付购货款”（见表 10－1）。

（四）直接人工预算

直接人工预算是以生产预算中生产量预算为基础，在制定标准工时和标准工资率定额的情况下，确定直接人工成本的过程。

根据前述的有关资料，编制 ABC 公司 2006 年的生产预算如表 10－6 所示。

表 10－6 **ABC 公司直接人工预算**

2006 年度					
季度	1	2	3	4	全年
生产量①	400	510	590	510	2010
单位标准工时②（小时/件）	5	5	5	5	5
需用工时③	2000	2550	2950	2550	10050
标准工资率④（元/小时）	2	2	2	2	2
直接人工成本⑤	4000	5100	5900	5100	20100

对于表 10－6，生产量的数据来自表 10－4，单位标准工时和标准工资率的数据来自表 10－2，③＝①×②对应地计算求出，⑤＝③×④对应地计算求出。

（五）制造费用预算

本书前面在进行成本的性态分析时，已经根据成本与业务量之间的相互关系，将成本分成了变动成本、固定成本与混合成本。由于费用是按照确定的标准分配之前的成本，因此，也可以对其按性态进行分类。

按照其与业务量之间的关系，可以将制造费用区分为变动性制造费用和固定性制造费用。在编制制造费用预算时，也需要区分这两部分进行编制。

另外，值得说明的是：①由于制造费用中的折旧费用不需要进行现金支付，因此，为了后续的现金预算的编制，在此我们应编制现金支出计算表。②固定性制造费与生产量无关，在编制制造费用预算时，通常可将制造费用总额在各季度进行平均分配。

根据前述的有关资料，编制 ABC 公司 2006 年的直接材料预算如表 10－7 所示。

表 10－7 **ABC 公司制造费用预算**

2006 年度					
季度	1	2	3	4	全年
生产量①	400	510	590	510	2010
变动性制造费用：					
间接人工②（0.5 元/件）	200	255	295	255	1005
间接材料③（0.6 元/件）	240	306	354	306	1206
维修费④（0.3 元/件）	120	153	177	153	603
水电费⑤（0.6 元/件）	240	306	354	306	1206

续表

2006 年度					
季度	1	2	3	4	全年
合计⑥	800	1020	1180	1020	4020
固定性制造费用：					
管理人员工资⑦	625	625	625	625	2500
保险费⑧	500	500	500	500	2000
维修费⑨	625	625	625	625	2500
折旧费⑩	750	750	750	750	3000
合计⑪	2500	2500	2500	2500	10000
制造费用总计⑫	3300	3520	3680	3520	14020
减：折旧费⑬	750	750	750	750	3000
现金支出额⑭	2550	2770	2930	2770	11020

对于表 10－7，说明如下：

（1）生产量①的数据来自表 10－4。

（2）间接人工②、间接材料③、维修费④、水电费⑤首先是根据表 10－2 中的定额，计算确定单位产品数额，然后根据各季度以及全年的预计生产量分别计算确定其预算额度。

（3）管理人员工资⑦、保险费⑧、维修费⑨、折旧费⑩的数据来自表 10－2，然后将其在四个季度中进行平均分摊。

（4）制造费用总计⑫＝⑥＋⑪对应地计算求出。

（六）年末产成品存货预算

为了后续预计利润表和预计资产负债表的编制，在此，我们需要编制年末产成品存货的预算。由于成本的计算有变动成本法和完全成本法，因此，本预算也可以按照这两种成本计算方法分别进行编制，但是，由于管理会计的对内性，因此，一般应根据变动成本法编制年末产成品存货预算。为了让读者对这两种成本预算方法有一个较好的了解，我们先按照变动成本方法编制，然后再按照完全成本方法进行编制。

在先进先出法下，产品存货成本＝产品存货数量×单位产品成本。

根据前述的有关资料，编制 ABC 公司 2006 年年末的产成品存货预算如表 10－8 和表 10－9 所示。

表 10－8 **ABC 公司年末产成品存货预算（变动成本法）**

2006 年度	
单位产品直接材料成本①＝耗用量×价格	20
单位产品直接人工成本②＝耗用小时×工资率	10
单位变动制造费用③（变动性制造费用汇总）	2
产成品单位成本④＝①＋②＋③	32
产成品年末存货量⑤＝生产预算②全年	60
产成品年末存货成本⑥＝④×⑤	1920

对于表 10－8，做出如下说明：单位产品直接材料成本①和直接人工成本②是根据表 10－2 中的数据直接计算得出。单位变动性制造费用③是根据表10－2中的数据汇总得出。产成品年末存货量⑤来自表 10－4“全年期末存量”。

表 10－9 **ABC 公司年末产成品存货预算（完全成本法）**

2006 年度	
单位产品直接材料成本①＝耗用量×价格	20
单位产品直接人工成本②＝耗用小时×工资率	10
单位制造费用汇总③（包括变动性制造费用与固定性制造费用）	6.52
产成品单位成本④＝①＋②＋③	36.52
产成品年末存货量⑤＝生产预算②全年	60
产成品年末存货成本⑥＝④×⑤	2218.5

（七）销售及管理费用预算

类似于制造费用预算的编制，销售及管理费用预算也应区分变动性销售及管理费用以及固定性销售及管理费用进行预算编制。

根据前述的有关资料，编制 ABC 公司 2006 年的销售及管理费用预算如表 10－10所示。

表 10－10 **ABC 公司销售及管理费用预算**

2006 年度					
季度	1	2	3	4	全年
销量①	400	500	600	500	2000
变动性销售及管理费用：					
销售佣金②（0.8 元/件）	320	400	450	400	1600
交通运输费③（0.7 元/件）	280	350	420	350	1400

续表

2006 年度					
季度	1	2	3	4	全年
合计④	600	750	900	750	3000
固定性销售及管理费用：					
管理人员工资⑤	875	875	875	875	3500
租金⑥	675	675	675	675	2700
合计⑦	1550	1550	1550	1550	6200
销售及管理费用总额⑧	2150	2300	2450	2300	9200
现金支出额⑨	2150	2300	2450	2300	9200

①行的数据来自题设。②、③行中的 0.8 元/件和 0.7 元/件来自表10－2，④＝②＋③对应地计算求出。⑤、⑥、⑦行的数据分别是将全年数据在四个季度中进行平均的结果。

（八）资本支出预算

企业的支出根据其受用年限的不同可以分为收益性支出和资本性支出。一般的说，如果支出的受用期限在一个会计期以内，这种支出被认为是收益性支出，该支出应作为当期的费用，直接冲减当期的收入；如果某项支出所产生的效用跨越了若干个会计期间，则这种支出需要将其记入企业的资产（即将其资本化），然后在以后的受益期限内逐期对其价值减损进行弥补，这种类型的支出被称为资本性支出。通常，资本性支出主要用于购置固定资产、无形资产等活动而发生。

进行资本性支出预算是以长期投资决策的结果为基础的。在例 1 中，假定依据长期投资决策的结果，预算年度的资本支出额为 5000 元；第一季度支出 2000 元，第二季度支出为 0，第三季度支出 1000 元，第四季度支出 2000 元。

根据这些条件，编制 ABC 公司 2006 年的资本支出预算如表 10－11 所示。

表 10－11　　ABC 公司资本支出预算

2006 年度					
季度	1	2	3	4	全年
×型仪器 1 台（1）	2000	—	—	—	2000
×型仪器 1 台（2）	—	—	1000	—	1000
×型仪器 1 台（3）	—	—	—	2000	2000
合计	2000	—	1000	2000	5000

（九）现金预算

前面通过八个子预算已经将各相关的业务收支情况进行了反映。在这里将以现金的收支作为主线，对上述的子预算进行收口和归总，即编制现金预算。

现金预算主要由可动用现金（销售收入和期初现金余额）、现金支出和资金融通三部分构成。

在本例中，现金收入主要是销售收入，销售收入的数据取自销售预算。现金支出包括采购材料的支出、支付人员工资、支付制造费用及销售与管理费用、资本支出等。这些数据可从相应业务预算中得到。

资金融通是指当预算期可动用现金小于预计现金支出时而引起的资金借入，或当预算期可动用现金明显大于预计现金支出时而安排的用资活动。为方便起见，企业在进行资金融通时，应满足现金限额的需要，在保证最低现金限额的情况下，预留合适的弹性空间，弹性空间通常可根据企业实际情况在最低现金限额的 20% ~50% 范围内选取。一般情况下，资金融通应按照整数进行。本例中设现金限额为 1000 元；假设利率 I = 10%，第三季度末还本付息总额 = 800 × 10% × (9/12) = 60(元)。

根据前述的有关资料，编制 ABC 公司 2006 年的现金预算如表 10 - 12 所示。

表 10 - 12　　ABC 公司现金预算

2006 年度					
季度	1	2	3	4	全年
期初现金余额①	1400	1228	1324	1046	1400
销售现金收入②	20060	20240	24640	23760	88700
可动用现金③	21460	21468	25964	24806	90100
直接材料采购支出④	9682	9324	11128	10908	41042
直接人工支出⑤	4000	5100	5900	5100	20100
制造费支出⑥	2550	2770	2950	2770	11020
销售及管理费用支出⑦	2150	2300	2450	2300	9200
所得税⑧	400	400	400	400	1600
购置设备⑨	2000	—	1000	2000	5000
利息支付⑩	250	250	250	250	1000
现金支出合计⑪ = ④ + … + ⑩	21032	20144	24058	23728	88962
现金余缺⑫ = ③ - ⑪	428	1324	1906	1078	1138
借入现金⑬	800	—	—	—	800
归还借款⑭	—	—	800	—	800
归还利息⑮	—	—	60	—	60
期末现金余额⑯	1228	—	1046	1078	1078

现金预算是一种典型的滚动预算编制思想，也就是说，只有当上一个季度的现金预算编制完成后，才可以编制下个季度的现金预算，因为上季度的期末余额也就是下季度的期初现金余额。

本例中，第1季度的期初现金余额1400元来自表10－1中的“现金”项；销售现金收入来自销售预算（见表10－3）；可动用现金③＝①＋②对应地计算求出；直接采购支出来自直接材料预算（见表10－5）；直接人工支出来自直接人工预算（见表10－6）；制造费支出来自制造费用预算（见表10－7）；销售及管理费用支出数据来自销售及管理费用预算（见表10－10）；所得税⑧、利息支付⑩的数据来自专门决策预算；购置设备⑨的数据来自资本支出预算（见表10－11）；现金支出合计⑪等于④至⑩各行的数据对应地求和的结果；对于第1季度，因为有现金溢余428元，考虑到最低现金限额（1000元）以及弹性空间、整数融资等要求或惯例，因此，第1季度应借入资金800元，从而期末现金余额为1228元，这也是第2季度期初的现金余额。其余各季度预算的编制类似于第1季度。

全年可动用现金90100元为全年销售现金收入88700元加上期初现金余额1400元，值得注意的是，它并不等于各季度可动用现金之和。

（十）预计利润表

根据上述预算编制的结果即可以编制企业预算期的预计利润表。通过编制预计利润表，可以概括地了解企业在未来一定期间将会获得收益或者发生损失的基本轮廓，使企业管理者既能预先判断预算期内整个企业的盈利或亏损情况，又能适时、适度地对预算进行检查和修订，从而使企业的全面经营预算更趋合理，管理更加科学高效。

根据前述的有关资料，编制ABC公司2006年的预计利润表如表10－13所示。

表10－13　　ABC公司预计利润表（变动成本法）

2006年度	
项目	金额
销售收入①＝销售预算	88000
减：变动成本	
变动制造成本②	64000
变动性销售及管理费用③	3000
边际贡献④	21000
减：固定成本	
固定性制造成本⑤	10000
固定性销售及管理费用⑥	6200

续表

2006 年度	
项目	金额
借款利息费⑦	60
税前利润⑧	4740
所得税⑨	1600
税后利润	3140

对于表 10－13，做出如下说明：

（1）销售收入①的数据来自销售预算，见表 10－3。

（2）变动制造成本②是全年销售量 2000 件（见表 10－3）与产成品单位成本 32 元/件（见表 10－8）的乘积。

（3）变动性销售及管理费用③为 3000 元，来自表 10－10。

（4）固定性制造成本⑤为 10000 元，来自表 10－7。

（5）固定性销售及管理费用⑥为 6200 元，来自表 10－10。

（6）借款利息费用⑦为 60 元，见现金预算表（见表 10－12）。

（7）所得税⑨为 1600 元，见现金预算表（见表 10－12）。

（十一）预计资产负债表

预计资产负债表是在预编资产负债表的基础上，根据前面所编制的预算中的相关资料进行汇总加工而编制的。编制资产负债表的作用主要表现在：①用来观察企业在预算期内的经营情况。②判断企业财务状况的好坏。③对现有预算进行修订和完善，从而消除隐患。④保持企业财务状况的相对稳定性。

根据前述的有关资料，编制 ABC 公司 2006 年的预计资产负债表如表 10－14 所示。

表 10－14 ABC 公司预计资产负债表

2006 年度			
项目	金额	项目	金额
资产		负债及所有者权益	
流动资产		负债	
现金	1078	流动负债	
应收账款	8800	应付账款	4168
材料存货	1240	流动负债合计	4168
产成品存货	1920	负债合计	4168

续表

2006年度			
项目	金额	项目	金额
流动资产合计	13038	所有者权益	
固定资产		普通股股本	36500
土地	12500	保留盈余	17870
房屋及设备净值	33000	所有者权益合计	54370
固定资产合计	45500		
资产总计	58538	负债及所有者权益总计	58538

对于表10-14，做出如下说明：

（1）现金1078元来自现金预算（见表10-12）全年期末现金余额。

（2）应收账款8800元来自销售预算（见表10-3）第四季度销售额22000元乘以40%得到。

（3）材料存货1240元来自直接材料预算（见表10-5）第四季度期末材料存量248公斤乘以标准价格5元/公斤得到。

（4）产成品存货1920元来自题目中已知下年度的第一季度预计销售600件，再乘以10%，得到本年末的产成品存货为60件，在此基础上，再乘以产成品单位成本32元/件（见表10-8年末产成品存货预算）。

（5）房屋及设备净值33000元=上年31000元+本年资本支出5000元-本年折旧3000元计算求出。

（6）应付账款4168元=第4季度材料采购价款计10420元×40%计算求出（见表10-5直接材料预算）。

（7）保留盈余17870元等于原保留盈余14730元（见表10-1）加上本年度所获得的税后利润3140元（见表10-13）计算求出。

当然，在企业的三大基本会计报表中，还有一个现金流量表。由于现金流量表对预算单位及其利益方的价值不如前两个报表大，在此，对预计现金流量表不做过多的论述。

第三节　全面预算的执行

一、预算执行的基本要求

预算的执行是全面预算管理的重要环节，通过预算的执行，才能使预算目标得以实现。预算执行过程中应该遵守以下基本要求：

（1）预算执行以预算刚性约束为基本条件。经过批准的预算如果没有刚性，那么，预算在执行过程中就会变形，最终将无法保证预算目标的全部实现。因此，预算指标在执行过程中必须是刚性的，不得逾越。预算在编制过程中，是可以在一定范围内讨价还价的，但是，预算指标一经批复，就是必须确保实现的指定性任务，而不允许再讨价还价。

（2）预算执行以预算责任的分解为前提。预算执行将单位预算具体化为责任预算，以保证预算执行主体有据可依。

（3）预算指标一经确定，各单位的科研生产经营管理活动应严格依照预算要求的指标、项目及资金额度进行，财务部门应严格按预算进行控制。预算外项目原则上不予考虑，特殊情况应经过预算的法定调整程序进行追加或调整。

二、预算执行报表的管理

各预算单位需逐级向上报送预算执行报表。预算执行报表包括季度预算执行报表和年度预算执行报表。预算执行报表的编报应依据实事求是的原则，严格按照财务会计制度要求及时进行。

（一）预算执行报表的总体要求

（1）预算执行报表的内容应紧密切合企业的实际情况，注重实用性和可操作性。

（2）预算执行报表的数字和同口径的相应季度报表与年度决算报表的数字必须一致。

（3）年度预算执行报表与编报的预算报表应保持内容相同、格式相似，以使预算执行情况能与预算指标进行对比分析和考核。

（4）预算执行报表应经过一定程序上报。其中，年度预算执行报表应由财务部门将预算执行报表形成报告，上报单位预算委员会，由预算委员会审查后提交预算决策机构审议。审议通过后才能向上一级预算单位报送。

（二）季度预算执行报表的编报

由于预算指标一般是按季度加以分解的，因此应该要求各预算单位也按季度报送预算执行报表。其中，二级预算单位按季度向总公司报送的季度预算执行报表应为：企业单位主要经济指标预算执行表、费用支出预算执行表、事业单位主要经济指标预算执行表、人员经费与公用经费支出预算执行表。同时应要求季度预算执行报表需附详细的分析说明。为确定预算执行数据的时效性，报送时间应在季度终了后 15 日之内。

（三）年度预算执行报表的编报

企业年度预算执行报表应与编制上报的预算报表相同。其中，企业年度预算执行报表应包括企业资产负债预算执行表、利润预算执行表、主营业务利润预算执行表、现金流量预算执行表、各项支出预算执行表、对外投资预算执行表、专项预算执行表、补充指标表；事业年度预算执行报表应包括事业资产负债预算执行表、结余计算分配预算执行表、现金收支预算执行表、对外投资预算执行表、专项预算执行表、人员经费与公用经费支出预算执行表、补充指标表。年度预算执行报表报送时间应该与决算报表报送时间相同。

三、预算跟踪分析

对预算执行情况进行定期的跟踪分析，是确保预算执行是否偏离预算目标的有效监控手段。预算执行的跟踪分析依赖相关信息的充分的、即时的反馈，并保证各责任中心的责任会计体系与财务会计体系的全面对接。

（1）预算职能部门负责对职责分工范围内的预算执行情况进行日常的监督检查，至少每个季度向预算管理办公室报送一次书面的监督检查材料。发现问题应及时与预算管理办公室（设在财务部门）沟通，以便协同一致，迅速解决问题。

（2）预算管理办公室（财务部门）作为预算委员会的日常工作部门，应及时将预算的编制、跟踪、决算等信息向单位领导和相关部门通报。集团公司预算管理办公室每季度还应根据二级预算单位报送的预算报表和预算职能部门报送的书面监督检查材料，经综合分析后按季向集团公司预算委员会上报预算执行情况分析报告。

（3）二级预算单位根据本单位预算执行情况，对变化幅度超过10%的项目应及时通过相应渠道向集团公司报告。

四、预算的调整

因预算前提发生重大变化等原因而导致对年度预算完成影响较大时，经过规定的程序批准后，可对预算指标进行必要的调整。需要报上一级预算决策机构审批的预算调整项目应包括纳税人上级预算考核的指标以及国家财会制度、上级单位有明确规定的项目；其他需要调整的预算项目可以由本单位预算决策机构按规定的程序和权限审批。预算调整遵循“先报批，后执行”的原则。

需要报集团公司批准的预算调整的程序一般如下：

（1）二级预算单位向集团公司预算委员会提出调整预算的申请。

（2）预算管理办公室将各二级预算单位的预算调整请示内容进行汇总，于下年的规定日前按部门职责分工提交相关预算职能部门审查。

（3）预算职能部门应在接到预算调整资料的五个工作日内，将审查意见提交给预算管理办公室。

（4）预算管理办公室对预算职能部门提出的审查意见进行汇总，提出预算初步审查意见和集团预算调整建议方案。

（5）预算委员会对二级预算单位上报的预算调整请示、预算管理办公室汇总的初步审查意见和集团预算调整建议方案进行研究，提出集团预算调整方案。

（6）集团公司总经理办公会对集团预算调整方案进行研究批准。

（7）预算委员会通过集团公司正式文件形式对各二级预算单位的调整预算进行批复。

（8）预算调整应控制在一年一次，在下年的10月份结束。

经常性费用预算调整和非经常性费用预算的追加，由预算责任单位根据工作规划及相应的费用预算提出申请，交授权审批的领导或预算管理委员会审批，财务部根据审批结果，调整相关单位或部门预算。预算授权指标的调整必须通过预算管理委员会集体讨论通过。

第四节 几种其他的预算

企业全面预算的内容是包括企业的生产、销售、研发、分配、筹资等各种经济活动，其内容几乎包括了企业的所有经济活动，十分广泛。而针对不同的预算内容，在编制时应该采用不同的预算编制方法。对于预算编制者来说，应该根据不同的预算内容和实际需要选用不同、科学的编制方法，以便经济地编制预算，提高预算编制效率，以便更好地发挥预算的作用。下面分别简要介绍几种比较典型的其他预算编制方法，包括固定预算、弹性预算、定期预算、滚动预算、增量预算、零基预算等。

一、固定预算与弹性预算

固定预算与弹性预算是一对相互对应的范畴，它们是根据预算编制时的基础不同所做的分类。如果预算编制的基础是某一个固定的业务量，那么，所编制的预算就是固定预算；如果预算编制的基础是一系列可以预见的业务量，那么所编制的预算就是弹性预算。

（一）固定预算

固定预算又称为静态预算，它是编制预算最基本的方法，它是指在编制预算时，只按预算期内的一种活动水平或业务量来确定相应的预算指标体系及其结果的一种方法。一般情况下，对不随业务量变化而变化的固定成本（如企业管理费用）的预算多采用固定预算方法进行编制；但对于变动成本、费用等随业务量的变化而变化的项目，在编制预算时不宜采用此方法。

固定预算具有如下优点：计划期内所涉及的各项预算指标都是固定数据，它们具有相对固定性，在计划期内一般不予修改或更正。

但是，固定预算也具有如下缺陷：

1. 预算机械化，不具有环境适应性

不论预算期内实际的业务量水平是否发生变动，都只按照预先确定的业务量水平作为编制的基础，但是，日后预算执行过程中的实际的业务量可能会和预算发生偏差。

2. 缺乏可比性

由于上述情况的存在，通常会导致各项指标的实际数据与预算数据失去可比性，因此，按照固定预算方法编制的预算不利于正确地控制、考核和评价预算执行情况。

（二）弹性预算

弹性预算又称为变动预算或者滑动预算，是指根据可预见的业务量规模，以业务量、成本、利润之间的依存关系为依据，以变动成本法为基础，在编制预算时使预算具有一定的伸缩范围，能够适用于不同业务量的一种编制方法。

1. 弹性预算的特点

与固定预算相比，弹性预算编制具有以下特点：

（1）由于按多种业务量水平编制，任何业务量都可以找到相同的控制依据和评价标准。

（2）弹性预算是按一系列的业务量水平编制的，只要费用、成本水平、产品价格不变，弹性预算的结果在不同的生产经营活动水平下都能适用。

（3）弹性预算编制的成本是随业务量变动的弹性成本，它反映了不同成本与业务量之间的关系，这就便于控制和考核成本，挖掘降低成本的潜力。

由于未来业务量的变化会影响到成本、费用、利润的各个方面，因此，弹性预算方法从理论上讲适用于编制全面预算中所有与业务量有关的各种预算，但在实务中，主要用于成本费用和利润预算的编制。

2. 弹性预算应遵循的编制原则

一般来说，弹性预算遵循如下的编制原则：

（1）确定计划期间业务量的变动范围。在编制弹性预算前，首先应估计到计划期间业务量可能发生的变动，通常把业务量的变动范围确定在正常业务量的70%～110%，并在此范围内，将业务量按照每间隔5%或10%的差距分成若干段。

（2）分析并明确各个预算期指标与业务量的依存关系，这种关系大致可以分为如下两类：一类是对业务量反应迟钝或者毫无反应，它们在不同业务量水平下基本保持原有数额不变；另一类则与业务量变动关系密切，预算指标随着业务量的变化基本上成正比例变化关系。

（3）确定各业务量水平下的预算指标值。由于对业务量反应迟钝的指标不会随着业务量的增减而变动，所以在编制预算时，只需要将与业务量关系密切的指标按照业务量的变动调整即可。

二、定期预算与滚动预算

定期预算与滚动预算也是一对相互对应的范畴，它们是根据预算时的预算期与会计期（会计年度）的关系所做的分类。如果预算编制是以不变的会计期间作为预算期，那么，所编制的预算就是定期预算；如果预算期与会计期可以相互脱离，并且预算的编制是随着预算的执行不断延伸补充资料，逐期向后滚动，使预算期永远保持一个固定期间，那么，所编制的预算就是弹性预算。

（一）定期预算

定期预算具有如下优点：定期预算是以不变的会计期作为预算期，使其具有使预算期间与会计期间相互配合，便于考核和评价会计的执行情况。但是，这种预算方法也存在一定的缺陷：

1. 远期指导性差

由于定期预算往往是在年初甚至提前两三个月编制的，对于整个计划年度，特别是后半年的生产经营活动很难做出准确的预算，只能做一个笼统的估算，数据含糊，缺乏远期指导性。

2. 灵活性差

由于定期预算不能根据情况的变化及时调整，而在实际执行当中，存在许多不确定的因素，阻碍预算的指导功能，甚至使之失去作用，成为虚假预算。

3. 连续性差

由于受预算期间的制约，致使经营管理者的决策视野局限于本期规划的经营活动，不能适应连续不断的生产经营过程，从而不利于企业的长远发展。

（二）滚动预算

滚动预算是为了使预算始终保持一个固定的周期（通常为12个月），而连续进行预算编制的方法。它将预算期划分为不同的期限（一个月和一个季度），对较近的预算制订较细致的预算，而对较远的期限则只确定一个大致的预算额，每过一年、一个季度或一个月，便及时补充一年、一个季度或一个月的预算，永续向前滚动。

滚动预算与定期预算相比，具有如下优点：

1. 透明度高

因为滚动预算不再是预算年度开始之前几个月的事情，而是实现了与日常预算管理的紧密衔接，可以使管理人员始终能够从动态的角度把握住企业近期的规划目标和远期的战略布局，使预算具有较高的透明度。

2. 及时性强

由于后期的预算是根据前期预算的执行情况，结合各种因素变动的影响及时调整和修订的结果，因此，这种预算更加切合实际，能够充分发挥预算的指导和控制作用。

3. 连续性好

由于滚动预算在时间上不再受预算年度的制约，能够连续不断地规划企业未来的生产经营活动，不会造成预算的人为间断。

4. 完整性和稳定性

滚动预算可以使企业的管理人员了解未来预算期内企业的总体规划与近期预算目标，能够确保企业管理工作的稳定性和完整性。

三、增量预算与零基预算

增量预算与零基预算又是一对相互对应的范畴，它们是根据预算编制的基础，或者说出发点的不同所做的分类。如果预算编制是以基期的成本费用水平不同作为基础，结合预算期业务量水平及有关因素，通过调整原有的有关成本费用项目而编制，那么，这种预算就是增量预算；如果预算的编制是在不考虑以往会计期间所发生的费用项目或费用数据，而是将所有的预算支出均以零作为出发点一切从实际需要与可能出发，逐项审议预算期内各项费用的内容及开支标准是否合理，在综合平衡的基础上编制费用预算，那么，所编制的预算就是零基预算。

（一）增量预算

增量预算的假设条件包括：①现有的业务活动是企业所必需的。②原有的各项开支都是合理的。③增加费用预算是值得的。

上述假设实际上意味着：增量预算以过去经验为基础，实际上是承认过去所发生的一切是合理的，主张不需要在内容上做较大改进，而是沿袭以前的预算项目，换言之，即全盘承认以前的预算项目以及预算额度的合理性。这种方法存在的缺陷是非常明显的：

1. 受原有费用项目的限制，可能导致保护落后

由于这种方法编制预算，往往不加分析地保留或接受原有的成本项目，可能使原来不合理的费用开支继续存在下去，使不必要的开支合理化，造成预算上的浪费。

2. 滋长预算中的“平均主义”和“偷懒”思想

增量预算容易鼓励预算编制人员凭主观臆断按成本项目平均削减或者只增不减，不利于各部门深入研究和调动员工降低成本费用的积极性。

3. 不利于企业未来的发展

按照这种方法编制的费用预算，只对目前业已存在的费用项目编制预算，而那些对企业未来发展有利、确实需要开支的费用项目却未予以考虑，这必将对企业一些有价值的、改革创新思想的运用产生不利影响，阻碍企业的长远发展。

（二）零基预算

零基预算是以零为基础的预算编制方法。即在编制预算时，不以现有的预算为基础，而是以零为起点，将每一项业务都视为一项决策方案，不考虑以往任何情况，以零为基数对其进行重新评估，从根本上研究、分析每项预算开支的必要性和支出额的大小。零基预算具有以下特点：

（1）对所有的资源需求都进行评估。

（2）各项预算均需拟订各种可行的方法并进行评估，还要说明选择最佳方法的理由。

（3）对各预算支出所能收到的效益进行详细的分析，并按其轻重缓急排序。

思考与练习

一、思考题

1. 全面预算管理的理论基础有哪些？

2. 什么是全面预算管理？全面预算管理具有哪些特点？它的职能是什么？

3. 开展全面预算管理具有什么意义？

4. 零基预算是在既成的增量预算的基础上发展起来的一种预算方法，这说明零基预算克服了增量预算的某些缺陷，这些缺陷主要表现在哪些方面？

二、练习题

1. 某企业以生产预算所确定的产品生产量为基础编制直接材料、直接人工和制造费用预算。该企业200×年下半年1～6月份的生产量预算如下：

月份	1	2	3	4	5	6
生产预算（件）	5800	5400	7200	8200	8800	8200

该企业所生产的某种产品的有关消耗定额资料如下：

项目	单位消耗量	单位价格
直接材料	5公斤/件	4元/公斤
直接人工	10小时/件	2元/小时
变动性制造费用	10小时/件	1元/小时
固定性制造费用	100000元/月	

此外，该企业生产所需要的材料均从外单位采购，购料款于当月支付50%，下月支付50%。每月末材料库存量为下一月份生产需用量的20%。下年元月初材料库存量为5800公斤，预计6月底材料库存量为8200公斤。应付账款年初余额60000元于下年元月份支付。该企业的生产工人工资均于当月支付。另外，固定性制造费用中含每月固定资产折旧40000元。

要求：

（1）编制直接材料预算。

（2）编制直接人工预算。

（3）编制制造费用预算。

（4）编制产品单位成本预算。

2. 某上市公司的有关资料如下：

（1）预计预算年度（2007年）的销量和销售价格：通过预测，预算年度的全年销售量为100000件。其中，各季度的销售量分别为20000件，40000件，30000件，10000件，销售单价为44元/件。

（2）预编本年度（2006年）的资产负债表如下：

某上市公司资产负债表（预编）

2006年12月31日　　单位：元

项目	本年末	项目	本年末
资产		负债及股东权益	
流动资产		流动负债	
现金	70000	应付购货款	251000
应收销售款	400000	流动负债小计	251000
材料存货（5元/公斤×25000公斤）	125000	股东权益	
产成品存货（32元/件×2500件）	80000	普通股股本	3250000
流动资产小计	675000	保留盈余	399000
固定资产		股东权益小计	3649000
土地	125000		
房屋及设备净值	3100000		
固定资产小计	325000		
资产总计	3900000	负债及股东权益总计	3900000

（3）各项标准耗用量和标准价格（见下页表）。

标准耗用量和标准价格表

项目	标准耗用量	标准价格	项目	标准耗用量	标准价格
直接材料	4公斤/件	5元/公斤	固定制造费用		
直接人工	5小时/件	2元/小时	管理人员工资		125000元
变动制造费用			保险费		100000元
间接人工	5小时/件	0.1元/小时	维修费		140000元
间接材料	5公斤/件	0.12元/公斤	折旧		150000元
维修费	5小时/件	0.06元/小时	变动销管费		
水电费	5小时/件	0.12元/小时	销售佣金		0.8元/件
固定销管费			运输费		0.7元/件
管理人员工资		175000元			
租金		130000元			

（4）其他有关资料如下：

据以往经验，并考虑预算期的特殊情况，经评估认为：企业本季度销售额的60%可以在本季度收到现款，其余40%的现金于下一季度收到。

据以往经验，并考虑预算期的特殊情况，经评估认为：企业本季度采购材料款的70%于本季度现金支付，其余30%的现金于下季度支付。

各季度末产成品存货数量按下季度销售数量的10%计算。

直接材料存货数量按下季度生产用量的10%计算。

预计预算年度的下年度的第一季度和第二季度的销售量分别为10000件，13000件（用于生产预算和材料预算的编制）。

存货按照先进先出法进行计价。

要求：

（1）编制企业的预算利润表。

（2）编制企业的预算资产负债表。

（3）制定企业2006年第1季度的筹资（或用资）计划。

第十一章　责任会计

第一节　责任会计概述

一、责任会计与分权管理

随着企业的日益发展，部门及管理层次的增多，管理上产生了责任的分割，建立了责任区域。在这样的经济环境下，通过会计对责任进行核算，根据会计核算进行业绩考核的这种将经营职责、会计核算和业绩评价相结合的系统被称为责任会计。

责任会计起源于责任的分割，即分权管理。为了管理纷繁复杂的事物，公司通常要在两种决策方法——集权式和分权式中做出选择。集权式决策方法（Centralized Decision Making）是决策由最高层作出，低层管理人员仅仅负责决策的执行。分权式决策方法（Decentralized Decision Making）则允许低层管理人员在责任范围内制定并执行关键决策。分权管理（Decentralization）就是指将决策权授予低层管理人员的管理方法。

分权管理被广泛使用是因为具有以下优点：

（一）便于及时收集和利用当地信息进行决策

决策的质量会受到可获信息质量的影响。随着公司在不同市场和地域的扩展，高层的管理人员不可能及时了解具体的信息，在信息的获取方面，低层管理人员具有一定优势。由此，对低层管理人员授予一定的决策权有利于企业经营的正确决策。

（二）便于公司高层进行宏观管理

分权管理授予低层管理人员一定的决策权，企业的高级管理层得以从具体的事务中解脱，从而致力于宏观战略管理，提高企业的竞争力。

（三）有利于对管理人员的培训、激励

分权管理方式中，所有管理人员，无论是高层还是低层，都可以在其责任范围内进行决策，这就是一种培训方式。同时这还有利于对管理人员进行考核，并选拔后备管理人员以替补离职的高层管理人员。

此外，对管理人员授予决策权、责任范围，可以使管理人员工作更有成就感，激发其主动性和创造性，工作更加努力。

（四）增加管理人员的竞争压力

分权管理赋予管理人员决策权的同时也规范了责任，同时对其决策要进行考核。在这种情况下，对每个具体管理人员都有考核指标，增加了管理人员的竞争压力。

但是，企业采用分权管理的同时要注意：越是下放经营管理权，越要加强内部控制。而正是在这样的背景下，责任会计应运而生。

二、责任中心

一个有一定规模的企业，在实施分权管理后，按照“目标管理”的原则，将企业的整体目标可以分解为不同层次的子目标，落实到具体单位，形成企业的内部责任单位，就被称为“责任中心”（Responsibility Center）。按照其责任权限范围及业务活动的特点，可以将责任中心分为三大类：

（一）成本中心（Cost Center）

只发生成本（费用）而不取得收入的责任中心，其管理人员仅对成本负责。

（二）利润中心（Revenue Center）

既发生成本又取得收入，还能根据收入与成本计算利润的责任中心，其管理人员要对利润负责。

（三）投资中心（Investment Center）

既能获得利润，还有权对外投资的责任中心，其管理人员不仅要对利润负责，还要对投资负责。

有关成本、利润及投资中心的比较如表 11－1 所示。

表 11－1　　成本、利润及投资中心的比较

中心类别	决策权	业绩指标	考核业绩所依据的会计信息
成本中心	选择投入资源（人力、材料及其他设备）	产量一定的情况下，最小的总成本；预算一定时，最大的产出量	成本
利润中心	较大的经营决策自主权：选择投入资源组合；选择产品组合；确定售价（或产出数量）	边际贡献、可控利润总额	收入、成本、利润
投资中心	拥有较大的经营自主权和投资决策权	投资报酬率、剩余收益	收入、成本、利润、资本投资、其他

通常，企业里的一个生产部门就是一个成本中心，如装配车间，车间主任仅负责成本的控制，不参与产品的定价决策和市场的营销决策。因此，其业绩评价主要依据成本控制情况的好坏来进行。

分厂是一个利润中心，既发生成本又能取得收入。分厂的厂长不仅管理生产还负责销售，他们同时对成本、收入及对应的利润负责。

有些事业分部，除了控制成本、制定价格以外，还具有一定的投资决策权，所以事业分部可以确认为投资中心。分部负责人对利润及投资效益都要负责。

但是对于责任中心的划分及责任的划分，还要特别注意以下两点：

(1) 虽然某一责任中心的经理仅仅负责本中心的各项生产经营活动，但是他们所做出的决策可能会影响到其他的责任中心。例如，某分厂的销售部门和生产部门是两个独立的成本中心，当销售部门销售量剧增时，不仅会影响销售部门的业绩指标，同时也会影响生产部门的经营及业绩。通常，大的销售量会引起大的生产批量，大的生产批量会对成本的节约产生一定的正面影响。

(2) 对责任中心的划分不是以成本利润或投资的发生额的大小为依据的，而是以发生与否和是否能分清责任为依据的。只要管理上可以划分责任，就可以确认为责任中心，大到分厂、车间，小到班组、车床。

三、责任会计制度

前面所述责任会计的定义是从管理会计系统的角度来叙述的，对责任会计还可以从会计制度建设角度来下定义。责任会计是指以企业内部建立的各级责任中心为主体，以责、权、利的协调统一为目标，利用责任预算为控制的依据，通过编制责任报告进行业绩考核评价的一种内部会计制度。

责任会计的基本内容可分为责任会计制度的建立和实施两大部分。

（一）责任会计制度的建立

责任会计制度的建立是责任会计的基础，包括：

1. 将企业内部单位划分为一定的责任中心，赋予一定的经济责任和权力及利益

责任中心是责任会计的具体会计主体。在责任会计中，事前的计划、事中的核算和事后的分析都是以责任中心为主体进行的。责、权、利相互协调是责任会计能得以良好运行的保证。

2. 确定业绩评价方法

主要包括以下五个方面：

（1）确定衡量责任中心目标的一般尺度，例如成本量、利润额等。

（2）确定目标尺度的解释方法。

（3）规定业绩尺度的计量方法，如成本分摊、内部转移定价等。

（4）选择预算或标准的确定方式，如固定预算或弹性预算。

（5）确定报告的制度，包括报告的时间、内容及形式等。

3. 制定与业绩评价体系相关的奖惩制度

制定与业绩评价体系相关的奖惩制度是责任会计对责任人及部门的反馈，也是责任会计进行良好运行的保证。

（二）责任会计制度的实施

实施责任会计包括三个环节：

1. 编制责任预算，确定考核标准

责任预算是将企业总体目标分解并落实到每一个责任中心，作为日后评价该中心工作业绩的依据。责任预算的编制和企业全面预算的编制是同步的，全面预算着重于如何完成企业目标，责任预算着重于完成企业目标工作中具体责任中心的任务量或评价指标的确定。

2. 核算责任中心的工作执行情况

以责任中心为会计中心，运用确定的业绩评价方法来核算责任中心的经济活动。

3. 分析、评价和报告业绩

核算责任中心的工作执行情况后，按制度对其工作进行报告，对其实际执行情况与预算进行比较，分析差异，明确责任，提出改进措施和实施奖惩。这个环节是责任会计制度的反馈工作。

四、责任会计的基本原则

责任会计作为企业内部控制会计，没有类似于《企业会计准则》统一的规范，

企业可以根据自身特点设计责任会计制度，但是责任会计制度的建立通常应当遵循以下基本原则：

（一）责、权、利相结合原则

责任会计制度持续良好的实施依赖于责任中心的责任与其权力和利益相结合。“责”是核心，“权”是为完成责任的前提条件，“利”是激励因素。

（二）总体优化原则

总体优化原则，就是要求各责任中心目标与企业总体目标的一致。建立责任会计的目的是为了有效促进各个责任中心共同完成企业总体目标，但是在操作过程中会出现各个具体的责任中心之间利益上的冲突。因此，在责任会计的设计及执行过程中必须遵循总体利益至上的原则。

（三）可控性原则

可控性原则，指各责任中心只能对其可控制的因素负责，对于其权力不及的、控制不了的经济活动，不承担责任。在考核中，应该将责任中心不能控制的因素排除，做到责任分明，奖惩合理。

（四）反馈性原则

反馈性原则，指要求各责任中心对其生产经营活动提供及时、准确的信息，提供信息的主要形式是编制责任报告。及时准确的责任报告，以及对责任报告的分析、评价信息对于新年度责任预算的编制具有一定意义；及时适当的奖惩对企业总体目标的实现具有重要意义。良好的反馈功能，能更好地发挥责任会计的控制职能，进一步提高企业管理水平。

（五）重要性原则

重要性原则，指要求各责任中心对其生产经营过程中发生的重点差异进行重点分析、控制。重要性原则有利于提高责任会计的效率。

第二节　成本中心

成本中心是指只发生成本（费用），而不取得收入的责任中心。通常，成本中心的经营活动只对成本的高低发生影响。对这类责任中心只考核成本控制业绩。

一、成本中心的类型

任何只发生成本不取得收入的责任领域都可以确认为成本中心，成本中心是运用范围最广的责任中心。成本中心可以分为标准成本中心和费用中心。

（一）标准成本中心

标准成本中心，是指所发生的投入是可以针对产品对象化的生产成本的责任中心。这类成本中心所发生的是财务会计中的生产成本，其产出是具体产品或劳务，具有投入产出的关系稳定且明确的特点。标准成本中心的典型代表是制造业的分厂、车间、工段、班组等。对这类成本中心通常考核单位产品的成本投入量。

（二）费用中心

费用中心，是指所发生的投入是不能针对产品对象化的费用的责任中心。这类成本中心发生的投入通常是财务会计中的期间费用，具有产出物不能用财务指标来衡量，或者投入和产出之间没有密切关系的特点。这类成本中心包括一些管理职能部门，如会计、人事、计划部门；研究开发部门，如设备改造、新产品研制等；以及某些销售部门，如广告、宣传、仓储部门。对这类成本中心通常考核其总成本投入量。

二、成本中心的业绩评价

成本中心的业绩评价是以责任成本为指标的。责任成本的概念要和可控成本和产品成本进行区分。

（一）责任成本与可控成本

按照责任会计的可控性原则，对于成本中心不可控的成本，成本中心是无法负责的。成本中心发生的责任成本是其所有可控成本的总和。

可控成本是指责任中心可以计量、预计，并能施加影响和落实责任的那部分成本。可控成本必须同时符合以下四个条件：①责任中心能够通过一定方式了解这些成本是否发生以及何时发生。②责任中心能够对这些成本进行精确计量。③责任中心能够通过自己的行为对这些成本加以调节和控制。④责任中心可以将这些成本的责任分解落实。

但是需要注意的是，成本的可控性是相对的，责任中心所处的管理层次的高低，管理权限及控制范围的大小，管理条件的变化都可以导致成本可控与不可控的转化。从空间角度看，同一成本项目，在上下级不同层次的成本中心中其可控性可能不同。可能某一成本对高层次的责任中心而言是可控的，对另一低层次责任中心可能就是不可控的。例如，车间的固定资产累计折旧对车间这个成本中心是不可控成本，但是对分厂而言就是可控成本。从时间角度看，成本的可控性受管理条件的影响，由于管理条件的变化，同一成本项目对于同一成本中心，可能由可控成本转化为不可控成本，也可能发生相反的转变。例如，车间的某件固定资产要进行改良，固定资产的改良对其累计折旧会产生影响，在改良前这个影响是可控的，但在固定资产改良之后，这部分影响则不可控了。

（二）责任成本和产品成本

责任成本和产品成本是既有区别，又有联系的两个概念。就其联系而言，两者都是企业在生产经营过程发生的资源耗费。就其区别而言，有以下区别：

（1）费用、成本归集的对象是不同的。责任成本是以责任中心为对象归集的成本或费用；产品成本是以产品为对象进行归集的生产费用。

（2）遵循的原则不同。责任成本遵循“谁负责，谁承担”的原则，承担责任成本的是“人”；产品成本遵循“谁受益，谁承担”的原则，承担成本的是“物”。

（3）核算目的不同。核算责任成本的目的在于为实现责权利协调统一，考核评价经营业绩，调动责任中心积极性；核算产品成本的目的在于反映生产经营过程的耗费，规定配比的补偿尺度，确定经营成果。

（4）所处系统不同。责任成本是管理会计的责任会计子系统中最基本的考核标准；产品成本是财务会计和成本会计系统中的基本考核指标。

三、成本中心的考核

成本中心没有收入来源，所以仅对成本负责。责任报告中通常反映其实际责任成本与责任成本预算的比较。在比较中，实际数额大于预算数额就是超支，成为不利差异，用“+”号表示，反之，为有利差异，用“-”号表示。如表 11-2 所示，该责任成本中心超额完成任务，节约成本 580 元。

表 11-2　　**某成本中心责任报告**　　单位：元

项目	实际	预算	差异	差异产生原因
下属责任中心转来的责任成本				
甲班组	11200	12000	-800	见甲班组责任成本报告
乙班组	12800	12500	+300	见乙班组责任成本报告
合计	24000	24500	-500	
本成本中心的可控成本				
间接人工	1250	1240	+10	

续表

项目	实际	预算	差异	差异产生原因
管理人员工资	2550	2540	+10	
设备折旧费	1350	1350	0	
设备维修费	4000	4100	-100	设备运行状况良好
合计	9150	9230	-80	
本责任中心的责任成本合计	33150	33730	-580	

第三节　利润中心

一、利润中心的概念

利润中心是既能控制成本，又能控制收入的责任中心，所以利润中心既要对成本负责又要对收入负责。这类中心通常具有生产经营权，例如能独立生产并自行对外销售最终产品或中间产品的分厂，不仅要考核成本，还要考核其收入，并进一步将收入与成本配比，考核其利润。

利润中心可以分为自然利润中心与人为利润中心。

（一）自然利润中心

自然利润中心指能够直接对外销售产品或提供劳务收入，从而给企业带来收益的利润中心。这类利润中心具有产品的销售权、定价权、材料采购权和生产决策权。总而言之，自然利润中心具有很强的独立自主性。

（二）人为利润中心

人为利润中心指不能直接对外销售产品或提供劳务，只能在企业内部各个责任中心之间按照内部转移价格相互提供产品或劳务而形成收入的利润中心。这种利润不是企业真实实现的利润，所以称为“人为利润”。这类利润中心也具有较强的自主性，可以自主决定产品的生产、销售、定价及材料的采购等，但是其产品主要作为中间产品在企业内部转移，而不是对外销售。

自然利润中心和人为利润中心的区别在于，其产品是对外销售还是内部转移。自然利润中心的产品对外销售，其收入是实际售价，真实客观；人为利润中心的产品是企业的中间产品，在企业内部转移，其价格按内部转移定价方法确定（内部转移定价方法将在本章第五节介绍），存在一定的主观性。

二、利润中心的考核

利润中心既对成本负责也对收入负责，既有可控成本也有可控收入，所以对利润中心的考核应采用综合了收入及成本的考核指标，如“可控利润总额”。此外，对利润中心的考核，还必须区分对部门的考核和对部门经理的考核，可控利润总额指标具体可以分为：经理可控利润总额和部门可控利润总额。

部门边际贡献 = 销售收入 - 变动成本

经理可控利润总额 = 销售收入 - 变动成本 - 部门经理可控固定成本

部门可控利润总额 = 销售收入 - 变动成本 - 部门经理可控固定成本 - 部门经理不可控固定成本

部门的可控成本与经理的可控成本是有区别的，部门的可控成本可以进一步区分为经理可控的固定成本和经理不可控的固定成本。部门经理可控利润总额用于评价部门经理的经营业绩。按照可控性原则，利润中心的部门经理应对其可控的收入、可控的成本承担完全责任，所以仅就部门经理可控的固定成本，对经理人进行业绩评价。该指标反映部门经理对其可控资源的有效利用程度。部门可控利润总额主要用于评价利润中心的工作业绩，反映利润中心在补偿共同性固定成本后对企业利润所作的贡献。

三、利润中心的责任报告

利润中心需要定期提交责任报告，包含实际发生的销售收入、变动成本、固定成本、边际贡献，以及可控利润总额等经济指标的实际发生额和预算数。常见的利润中心责任报告如表 11 - 3 所示。

表 11 - 3　　**某利润中心业绩评价报告表**　　单位：元

项目	实际数	预算数	差异
销售收入	178000	175000	+3000
变动成本	75000	77000	+2000
变动生产成本	50000	48000	-2000
变动销售成本	15000	17000	+2000
变动管理成本	10000	12000	+2000
边际贡献	103000	98000	+5000
固定成本	53000	56000	+3000
部门可控固定成本	23000	25000	+2000
部门可控利润总额	80000	73000	+7000
不可控固定成本	30000	31000	+1000
净收益	50000	42000	+8000

该利润中心实际获利超过预算8000元，其中不可控固定成本节约1000元，若剔除该因素的影响，该利润中心可控利润超出预算7000元。

第四节 投资中心

一、投资中心的设置

投资中心是既要对成本、利润负责，又要对投资效果负责的责任中心，它是比利润中心更高层次的责任中心。这类责任中心，不仅拥有经营决策权还拥有投资决策权，同时对经营成果和投资效果进行负责。

投资中心通常由几个利润中心构成，例如某电子公司的家用电器事业部是一个投资中心，它由三个利润中心构成：电视机部门、电冰箱部门和空调部门，同时家用电器分部还对投入该分部的资金享有投资决策权。该事业部拥有对产品生产的经营决策权，固定资产的构建、处置权，和扩大或缩小某项产品的生产规模的权力，对家电事业部的利润及投资效益负责。

二、投资中心的考核

投资中心工作成果的评价与考核，比利润中心更复杂，其评价和考核的内容是利润和投资效益。投资中心的业绩评价是通过投资报酬率和剩余收益两个主要指标进行的。

（一）投资报酬率(Return On Investment，ROI)

下面对事业部的两个年度情况进行评价。假设该事业部去年的净收益为10万元，今年的净收益为20万元，是否今年就比去年经营得好呢？答案是不一定。因为，假如去年企业对事业部的投入是50万元，而在今年对该事业部得投入为200万元，那么我们会认为，虽然今年的净收益高了，但事实上今年的资金利用率比去年还低。由此可见，对投资中心的评价，应该考虑将投入与产出联系起来才更有意义，投资报酬率就是这样的指标。

$$投资报酬率=\frac{营业收益}{平均营业资产}$$

其中，营业收益指税、息前利润；营业资产指投资中心用于经营活动和投资活动所占有资产的价值总和，具体内容包括：现金、应收账款、存货、固定资产、对外投资等。平均营业资产可以根据期初营业资产和期末营业资产的平均值计算。

根据以上公式，事业部去年的投资报酬率为20%（$\frac{10}{50}$），今年的投资报酬率为

10%（$\frac{20}{200}$）。

投资报酬率还可以分解为销售利润率和营业资产周转率，从而揭示更多信息。

$$投资报酬率=\frac{营业收益}{平均营业资产}=\frac{营业收入}{销售收入}\times\frac{销售收入}{平均营业资产}$$

$$=销售利润率\times营业资产周转率$$

表 11－4 反映上例事业部两年来的有关指标情况，并进行分析。

表 11－4　　事业部两年业绩比较表　　单位：万元

	去年	今年
销售收入	500	1000
营业收益	10	20
平均营业资产	50	200
投资报酬率	20%	10%
销售利润率	2%	2%
营业资产周转率	×10	×5
投资报酬率	20%	10%

根据表 11－4 对事业部两年来的经营情况进行分析，今年的营业收益 20 万元是去年的两倍，但是投资报酬率为 10% 是去年的一半，可见对资金运营的效率是比去年低得多。进一步分析，今年的销售利润率和去年是相同的，但是营业资产周转率为 5 是去年的一半，要提高投资利润率，应该加强对营运资金的流动的管理。

（1）投资利润率指标的优点有：①作为一个相对数的考核指标，可以促使管理人员关注工作的效率，而不仅仅是产出数。②投资利润率的分解，使得管理人员可以从销售利润率和资金周转率两个方面进一步查找原因。

（2）但是投资利润率指标也具有两个明显的缺点：①过分重视投资利润率指标，会导致投资中心经理只关注责任中心的盈利而不顾企业的整体目标。如例 11-1。②这个指标容易导致经理人的短期行为，为了眼前利益而忽视长远利益。例如，考核期期末，投资利润率指标还没有完成，经理人有可能采用一些损害企业长远利益的短期行为以节约费用，增加收益，来提高其投资利润率。

【例 11-1】某电子企业的电动玩具事业部今年有两个投资项目可供选择。两个项目的投资报酬及投资报酬率如表 11－5 所示。

表 11－5 单位：元

	项目 A	项目 B
投资额	10000000	4000000
营业利润	1300000	640000
投资报酬率	13%	16%

该分部目前的投资报酬率为 15%，营业资产为 50000000 元，分部今年可以申请到 15000000 元的新增投资。公司总部要求每项投资必须至少获利 10%。分部如有闲置资金将由公司总部进行投资，投资报酬率也为 10%。对于新增投资部分可以选择：对 A 项目投资、对 B 项目投资、同时对 A 和 B 项目投资、不对 A 和 B 两个项目投资。四种方案的分部投资报酬率如表 11－6。

表 11－6 单位：元

	备选方案			
	投资于项目 A	投资于项目 B	同时投资 A 和 B	两个项目都不投资
营业收益	8800000	8140000	9440000	7500000
营业资产	60000000	54000000	64000000	50000000
投资报酬率	14.57%	15.07%	14.75%	15%

如果按投资报酬率考核责任中心，分部经理一定会选择投资 B 项目的方案。但是这个选择对企业整体并非利润最大化。如果选择对 A 项目投资，企业将整体盈利 1300000 元。如果不对项目 A 进行投资，企业总部将取得 10% 的收益率，获得 1000000 元的利润，这样，由于分部经理仅仅关注本部门的投资报酬率，使得企业整体损失了 300000 元的利润。

为了使投资中心的局部目标和企业的整体目标相一致，弥补投资利润率指标的缺陷，还可以采用剩余收益指标来进行业绩考核。

（二）剩余收益（Residual Income）

剩余收益指分部的营业收益与企业要求的最低投资报酬之间的差额。企业要求的最低投资报酬可以通过投资中心的营业资产和最低投资报酬率相乘进行计算。

剩余收益 = 营业收益 － 最低投资报酬率 × 营业资产

剩余收益是个绝对数指标。这个指标的优点是简单，可以避免局部利益与整体利益的背离。相同的基本情况下，剩余收益越大越好。

【例 11-2】某事业部今年的投入是 200 万元，都用于对甲项目的投入可获得营业收益 20 万元，都用于对乙项目的投入可获得营业收益 30 万元，该公司的最低投资报酬率为8%。计算两个项目的投资报酬率和剩余收益，并请作出投资决策。

甲项目的剩余收益 = 20 - 200 × 8% = 4（万元）

甲的投资报酬率 = $\frac{20}{200}$ = 10%

乙项目的剩余收益 = 30 - 200 × 8% = 14（万元）

乙的投资报酬率 = $\frac{30}{200}$ = 16.67%

事业部应选择对甲项目进行投资。

【例11-3】 仍以例11-1某电子企业的电动玩具事业部为例，计算事业部的四种方案的剩余收益。按照剩余收益进行投资决策。

项目A剩余收益 = 营业收益 - 最低投资报酬率 × 营业资产
= 1300000 - 10% × 10000000
= 300000（元）

项目B剩余收益 = 640000 - 10% × 4000000
= 240000（元）

表11-7是对这四个方案剩余收益进行的比较：

表11-7　单位：元

	备选方案			
	投资项目A	投资项目B	投资项目A和B	两个项目都不投资
营业资产	60000000	54000000	64000000	50000000
营业收益	8800000	8140000	9440000	7500000
最低投资报酬	6000000	5400000	6400000	5000000
剩余收益	2800000	2740000	3040000	2500000

从表11-7中可见，同时投资两个项目能产生最大的剩余收益。剩余收益指标将促使分部经理选取营业收益高于最低投资率的有关方案。

剩余收益指标虽然弥补了投资报酬率局部目标和整体目标不一致的缺陷，但是也存在一些缺点。作为一个绝对数指标，只能用于规模相同的投资中心间的比较，投资规模有差异情况下，这个指标没有太大意义。同时，剩余收益指标和剩余报酬率一样也不能避免经理人的短期行为。

【例11-4】 某事业部去年投资50万元，营业收益为10万元，今年投资为100万元，营业收益为15万元，该公司的最低投资报酬率为8%。计算两年的剩余收益。

去年的剩余收益 = 10 - 50 × 8% = 6（万元）

今年的剩余收益 = 15 - 100 × 8% = 7（万元）

这两个数字进行比较，似乎今年的业绩好于去年，但事实上并非如此，可见，剩余收益指标在投资规模不一样的情况下对业绩评价意义不大。

（三）业绩评价指标的多元化

投资报酬率和剩余收益是常用的对投资中心进行业绩评价的指标，但是它们有个共同的特点，就是只能用来评价短期业绩，为了抑制这种短期行为，可以采用与投资中心健康发展更为相关的辅助性业绩指标共同评价。例如，采用市场占有率、销售渠道的发展状况、客户意见、员工流动率以及员工的能力发展状况等非财务指标。例如，惠普公司发现新产品越早上市，其盈利性越强，因此，惠普公司业绩评价的一个关键指标是，新产品的设计进程是否严格地遵照预定时间；某些企业的缺勤率比较高，也可以以缺勤率作为考核指标。

第五节 内部转移定价

企业内部各个责任中心之间相互独立又相互联系，一个责任中心的产品往往是另一责任中心的投入品。为了划分企业内部各个责任中心的经营业绩，明确各自的经营责任，需要对内部转移的产品（中间产品）进行合理定价。如何对内部转移的产品进行合理定价，是个非常复杂同时也非常重要的问题。

一、内部转移定价的概念

内部转移定价指对企业内部交易或结转的产品及劳务进行合理的定价。中间产品或劳务的内部结转的价格又可以称为内部转移价格。

内部转移价格与市场价格不同，市场价格是由完全独立的买卖双方共同确定的，而内部转移价格是产品的买卖双方处于同一经济实体内部的不同的责任中心。这个特点导致内部价格对企业总体利润是不产生直接影响的，只是对交易双方的责任中心的内部利润产生影响。但是，有研究认为，事实上，内部转移定价对企业整体及各个责任中心都是有一定影响的，其影响主要表现在：①对责任中心业绩评价的影响。②对公司整体利润的影响。③对各责任中心的经营自主权的影响。

（一）对责任中心业绩评价的影响

在其他因素不变的情况下，较高的内部价格将增加作为“卖方”的责任中心的内部利润，同时减少作为“买方”的责任中心的内部利润。可见，内部价格的变动会影响企业整体利润在企业内部不同责任中心之间的分配，会影响对责任中心业绩的考核与评价。

（二）对企业整体利润的影响

从企业整体角度考虑内部转移定价方法的制定，内部转移定价能从两方面影响企业整体利润：①影响责任中心的行为；②影响企业的所得税。

责任中心在进行决策时，可能会制定有利于责任中心利润最大化而不利于企业整体利润最大化的转移价格。例如，如果内部转移价格比产品实际生产成本高出很多时，购买方就有可能不在内部进行采购，直接从企业外部采购。在这种情况下，虽然购买方节约了一定的采购成本，但是对于该产品的生产方因为不能实现销售将损失更多，从而会减少企业的整体利润。例如，某企业的责任中心甲销售 A 产品给责任中心乙，A 产品的内部转移价格是 30 元，市场价格是 28 元，甲责任中心的 A 产品的实际成本是 24 元，乙责任中心做采购决策时会选择外购，因为外购可以节约 2 元（30 - 28）。但是如果从企业整体利润角度来看，整体利润将损失 4 元每件（28 - 24）。可见内部转移定价不合理时，会通过具体责任中心的行为影响企业的整体利润。

内部转移定价会影响企业的所得税，这对跨国企业表现更为明显。通常，企业会通过制定适当的内部转移价格使更多的利润转移到低税率的责任中心，降低企业的所得税总额，从而提高企业的整体价值。

（三）对企业各责任中心的经营自主权的影响

由于内部转移价格是由内部责任中心制定的，企业高层存在介入的可能。由于内部转移价格的制定最终会影响企业的整体利润，使企业高层存在介入的动机。但是，一旦这种介入成为一种惯例，企业实际上就背离了分权管理，自然也无法发挥分权管理的优势，内部转移定价也就失去了原本意义。

二、内部转移定价的原则

内部转移定价制度应该同时达到三个目标：准确的业绩评价，目标一致和保证责任中心的经营自主权。具体含义是，内部转移定价应该保证有利于对各个责任中心的业绩进行准确评价，不使任何责任中心通过内部价格侵吞其他责任中心的利益；内部转移定价方法应促使各个责任中心的决策与企业整体决策目标一致；内部转移定价方法应保证责任中心管理人员对内部转移定价的自主性，避免企业高层管理人员的干预。

虽然应该避免企业高层的介入，保证责任中心对内部转移定价的经营自主权，但是企业管理层有必要对内部转移定价确定必要的原则及相关的指导方法。内部转移定价应遵循机会成本指导原则。

机会成本指导原则，指在制定内部转移价格时同时考虑销售双方的利益，通过确认销售方愿意接受的最低价格和购买方愿意接受的最高价格来指导内部转移价格的制定。

其中，销售方愿意接受的最低价格和购买方愿意接受的最高价格就是内部转移的机会成本。

（1）最低价格：指作为销售方的责任中心如果将产品按低于这个价格销售给内部其他责任中心，而不对外销售，其利益会受到损失。

（2）最高价格：指作为购买方的责任中心如果按高于这个价格从内部采购，而不向企业外部采购，其利益会受到损失。

在发生内部转移时，机会成本可以对各责任中心确定转移定价给予指导。只要销售方的机会成本（最低价格）低于购买方的机会成本（最高价格），就可以并应当进行产品的内部转移。通过这个方法，能确保购销双方都不会因为产品的内部转移而遭受损失，同时也能确保企业整体的最大利润。

三、内部转移定价的方法

企业可以选择适合本企业的内部转移定价方法，常用的内部转移定价方法有市场价格法、协商定价法和以成本为基础的定价方法。

（一）市场价格法

市场价格法就是以市场价格作为内部转移价格，适用于转移的产品处于一个完全竞争市场的情况。

采用这种方法，责任中心管理人员的决策能同时保持局部利益与整体利益的一致，不会出现责任中心之间互相侵吞利益的现象，企业高层也没有介入转移定价的必要了。

市场价格法符合机会成本指导内部转移定价法的要求。在完全竞争的市场里，销售方能接受的最低价格就是市场价格，同时购买方能接受的最高价格也是市场价，那么此时，内部转移价格是唯一的，也就是市场价了。

这种方法的优点是非常客观，但是这种方法在现实经济生活中的运用是有限的，因为完全竞争的市场是不多见的。

（二）协商转移定价法

现实生活中，中间产品的市场是不完全竞争的，在这种情况下，对其转移价格的确定通过购销双方进行协商确定的方法就是协商转移定价法。在这种方法下，同样可以按机会成本原则进行内部转移价格的协商。因为中间产品的内部结转相对于外部销售有节约销售费用、扩大产量等优势，所以对内部转移价格具有一定的影响。

1. 协商转移定价法的应用

（1）节约销售费用。

【例11-5】假设某企业是个家电生产企业，其中甲分厂生产电路板，其市场价格为20元，该电路板销路非常好，能按市价销售所有的产品。目前，该电路板的成本情况为：变动性制造成本为10元，变动性销售费用为2元，每年的固定性制造费用为1000000元。该企业的乙分厂生产游戏机，需要甲分厂的电路板，乙分厂的游戏机市价为45元，其变动性制造费用为32元，变动性销售费用为3元，固定性制造费用为500000元。甲乙分厂的销售及成本情况如表11－8所示。

表11－8　销售及成本数据情况表　单位：元

	甲分厂（电路板）	乙分厂（游戏机）
销售量：		
每日	1000	350
每年(每年按260个工作日计算)	260000	91000
单位数据：		
市场售价	20	45
变动性制造费用	10	32（其中电路板成本为20）
变动性销售费用	2	3
每年的固定性制造费用	1000000	500000

由于乙分厂是最近才合并进入公司的，所以从未和甲分厂发生中间产品的内部转移，双方进行协商内部转移价格。甲分厂提出：每个游戏机需要一块电路板，每天的产量是350台，愿意按市场价（20元）销售给乙分厂。乙分厂提出：我们希望价格可以更优惠些，因为产品在内部转移，你们可以省去销售、运输、包装等方面的开支，这些费用，我们询问过公司总部，大约是2元，因此希望能以低于市价2元的价格，也就是18元的价格购买，这样的话，并不会影响你们的利润，同时能为公司增加利润364000元（4×91000）。最后双方达成协议，按19元的价格进行内部转移，这样一方面通过内部转移可以增加公司利润，另一方面双方的利润也得到了提高。

协商前后的比较损益表如表11－9所示。

表11－9　比较损益表　单位：元

	协商前：与外部进行交易		
	甲分厂（电路板）	乙分厂（游戏机）	合计
销售收入	5200000	4095000	9815000
减：变动性制造费用	2600000	2912000	5512000
变动性销售费用	520000	273000	793000

续表

	协商前：与外部进行交易		
	甲分厂（电路板）	乙分厂（游戏机）	合计
贡献毛利	2080000	910000	2990000
减：固定性制造费用	1000000	500000	1500000
净利润	1080000	410000	1490000
	协商后：以 19 元进行内部交易		
	甲分厂（电路板）	乙分厂（游戏机）	合计
销售收入	5190000	4095000	9285000
减：变动性制造费用	2600000	2821000	5421000
变动性销售费用	338000	273000	611000
贡献毛利	2252000	1001000	3253000
减：固定性制造费用	1000000	500000	1500000
净利润	1252000	501000	1753000
利润差额	172000	91000	263000

由表 11－9 可知，内部交易使得企业整体利润提高了 263000 元，这部分新增利润在企业的两个分厂进行的分配是：甲分厂 172000 元，乙分厂 91000 元。这个内部交易使得企业整体利益与责任中心个体利益都得到了实现。

（2）生产能力过剩。

在一个完全竞争的市场中，销售方能以市价销售出其所有产品。而在一个不完全竞争的市场中，销售方可能无法销售其所有的产品，这就是生产过剩。生产过剩的情况下，按照低于市场价的内部交易价格进行内部交易，以扩大其产量，分摊部分固定性费用，对于交易的双方都是有利的，对企业整体目标也是有益的。

【例 11-6】仍以上面所说的家电企业的甲乙分厂为例，有关生产数据与上例相同，但甲分厂的销售并不好，出现了生产过剩的情况。甲的年生产能力是 260000 件，但实际只能对外销售 160000 件。此时，甲乙分厂进行协商，乙分厂提出，因为了解到甲分厂生产能力过剩，提出按 12 元的单价向甲，每年订购 91000 件产品。甲分厂提出，确实存在生产能力过剩，还可以提供 100000 件的产品，所以能够完成乙分厂的订单，但是对于乙分厂的价格不能接受，因为电路板的变动成本就是 12 元，因此这个价格没有任何边际利润。最后，双方协商按照 15 元的单价成交。

协商前后的比较损益表如表 11－10 所示。

表 11－10　　比较损益表　　单位：元

	协商前：与外部进行交易		
	甲分厂（电路板）	乙分厂（游戏机）	合计
销售收入	3200000	4095000	7295000
减：变动性制造费用	1600000	2912000	4512000
变动性销售费用	320000	273000	593000
贡献毛利	1280000	910000	2190000
减：固定性制造费用	1000000	500000	1500000
净利润	280000	410000	690000
	协商后：以 15 元进行内部交易		
	甲分厂（电路板）	乙分厂（游戏机）	合计
销售收入	4745000	4095000	8840000
减：变动性制造费用	2600000	2457000	5057000
变动性销售费用	338000	273000	611000
贡献毛利	1807000	1365000	3172000
减：固定性制造费用	1000000	500000	1500000
净利润	807000	865000	1672000
利润差额	527000	455000	982000

由表 11－10 可知，内部交易使得企业整体利润提高了 982000 元，这部分新增利润在企业的两个分厂进行的分配是：甲分厂 527000 元，乙分厂 455000 元。这个内部交易使得企业整体利益与责任中心个体利益都得到了实现。

2. 协商转移定价的优缺点

（1）协商转移定价的缺点。协商转移定价可以促使内部交易的实现，但是这种方法也存在以下缺点。

①责任中心的负责人可能会利用内部信息的优势从其他责任中心获得利益。如上例中，如果乙分厂不了解甲分厂的变动销售费用的话，将处于谈判的劣势。对于这个问题可以通过企业高层直接向各责任中心管理人员提供其他责任中心的会计资料，以避免由于信息不对称引起的不公平。

②业绩评价可能会受到双方谈判技巧因素的影响。如果责任中心负责人的谈判技巧高，则容易获得更加有利的内部转移价格，从而无法真实地反映管理人员的管理能力。对于这个问题，我们认为，谈判能力就是管理能力的一部分，所以其责任评价受到谈判能力的影响是正常的。

③双方的协商可能会耗费大量的时间与资源。过度的协商会影响管理人员的其他管理活动，这种情况下，有企业高层可能会参与调解。但是一旦协商达成，今后

将一直执行，实现具体协调的一劳永逸，也是有利于企业整体利益的。

（2）协商转移定价的优点。协商转移定价方法虽然存在一定的缺陷，但是这种定价方法可以实现内部转移定价的三个目标：准确的业绩评价、目标的一致和经营资质。此外，协商转移定价方法可以作为企业高层协调企业行为的一种手段。当然，如果协商双方可以独立达成协商，企业高层就应该避免责任中心的具体事务。

（三）以成本为基础的转移定价方法

以成本为基础的转移定价方法是指以产品的成本来确定内部转移价格的方法。具体包括以下方法：

1. 完全成本法

以产品的完全成本作为内部转移价格的方法。完全成本包括直接材料、直接人工、变动性制造费用和固定性制造费用。完全成本可以划分为实际完全成本和标准完全成本，完全成本法也可以分为实际完全成本法和标准完全成本法。这种方法的优点是简便，因为经过会计核算，完全成本资料是已知的。这种方法的缺点很多。第一，不利于达成内部交易，因为当销售方不存在生产过剩时，完全成本有可能低于销售方的机会成本，从而使得销售方会拒绝内部交易。第二，不利于业绩的评价，按照完全成本进行内部交易，对销售方是没有利润的，所有的利益都将被购买方获得，这会歪曲业绩的评价，对销售方的经营产生不良影响。

2. 完全成本加成的定价方法

以完全成本加上一定比例的利润作为内部结转价格的方法。加成利润的具体金额由交易双方进行协商，所以这种方法其实也是一种协商定价的方法，具有很好的灵活性和广泛的适用范围。

3. 变动性成本加部分固定性费用的定价方法

这里的部分固定性制造费用的具体金额也是由交易双方具体协商的，这种方法也是一种协商定价方法。当某个责任中心的生产能力过剩时，产品的变动成本就是销售方的机会成本，此时采用变动成本加部分固定性费用作为内部交易价格是可行的。

思考与练习

一、名词解释

责任会计　责任中心　成本中心　利润中心　投资中心　投资报酬率

剩余收益　中间产品　内部转移定价

二、思考题

1. 什么是分权管理？责任会计对分权管理有什么作用和意义？

2. 责任会计和财务会计有什么关系?

3. 简述责任中心的划分依据和分类。

4. 内部转移定价在责任会计中有何作用?

5. 内部转移定价的种类及对各种方法进行比较。

三、练习题

1. 某投资中心的平均营业资产为200万元,营业收益为60万元,销售收入为600万元,该企业的最低投资报酬率为15%。计算该投资中心的投资报酬率、剩余收益、销售利润率和资产周转率。

2. 雷达公司面临进口成品的激烈竞争。过去的几年里,公司的营业收益率正逐步下降;公司被迫降低售价以保持市场份额。公司过去3年的经营成果如下:

单位:元

年份	2003	2004	2005
销售收入	10000000	9500000	9000000
营业净收益	1200000	1045000	945000
平均营业资产	15000000	15000000	15000000

该公司总裁计划下一年引进一套JIT采购与制造系统。据估计,在引进系统的第一年,存货会减少70%,而平均营业资产会减少20%,此外,由于营业费用的减少和降低售价带来的市场份额的增加,销售收入和营业收益预计会恢复到2003年的水平。

要求:

(1) 计算公司3年以来的投资报酬率、营业收益率和营业资产周转率。

(2) 假定2006年营业收益和销售收入达到了目标,而存货与2005年的水平相同,计算2006年的投资报酬率、营业收益率和营业资产周转率。解释投资报酬率为什么会高于2005年的水平。

(3) 假定2006年营业收益和销售收入与2005年的水平相同,而存货达到了预计水平。计算投资报酬率、营业收益率和营业资产周转率。解释投资报酬率为什么会高于2005年的水平。

(4) 假定2006年所有预期目标都已经实现。计算投资报酬率、营业收益率和营业资产周转率。解释投资报酬率为什么会高于2005年的水平。

3. 以下给出同一公司的两个分部的有关数据:

单位:元

	甲分部	乙分部
销售收入	3000000	10000000
平均营业资产	1000000	3000000
营业净收益	140000	330000
公司要求的最低投资报酬率	8%	8%

要求：

(1) 计算两个分部的剩余收益。通过比较剩余收益，是否能够看出两个分部业绩的优劣？为什么？

(2) 计算剩余收益。通过比较剩余收益率，是否能得出哪个分部业绩更好的结论？为什么？

(3) 计算两个分部的投资报酬率。运用这一指标，是否能比较出两个分部的业绩的优劣？为什么？

(4) 将剩余收益率加上最低报酬率后与投资报酬率进行比较。它们是否一致？

4. 美达公司是一个大型的私有制公司，从事办公家具的生产，企业下设若干利润中心。其中，零配件由张成经理负责小型配件分部生产。其生产的零配件可以作为中间产品供应给朱伟经理负责的办工作分部。最近公司总部常务经理收到了朱伟经理的一封信。内容如下：总经理，您知道我们分部目前生产能力只利用了70%，上周，我们收到了一份数量为100000件，单价为300元的订单，我们的产品成本情况如下：

直接材料	100元
中间产品价格	80元
直接人工	20元
变动性制造费用	10元
固定性制造费用	100元
成本合计	310元

可见，如果我们接受这个订单将每件产品亏损10元。因此，我部向零配件分部进行协商，希望中间品的内部转移价格能更优惠些，降为65元，这样的话每件产品能获得10元的利润，但是受到了坚决地拒绝，希望总经理能够劝说张成经理降低内部定价。

下面，希望读者代总经理决定是否介入该事件。如果张成经理不同意降价，朱伟经理该如何做出决策？

第十二章　企业业绩评价

业绩评价是管理控制系统的重要构成部分，业绩评价的结果通常是企业进行考核与奖惩的依据，有效的业绩评价本身也可以促进企业管理效率的提高。作为业绩评价的基础，本章首先介绍了业绩评价的含义、构成要素、理论基础；其次，对业绩评价系统的设计问题进行了一般性的介绍；再次，作为具体的业绩评价方法，本章依次介绍功效奇数法、经济增加值法和平衡记分卡法这三种重要的业绩评价方法；最后，本章还要简单介绍如下创新性的绩效评价方法：等级制度评价法、“四尺度”评价法、德鲁克改革方法。

第一节　企业业绩评价概述

一、企业业绩评价的含义

评价是指人们为了达到一定的目的，运用特定的指标或标准，采取适当的方法，对人和事做出价值判断的一种认识过程。简言之，评价就是通过比较分析对某个特定客体做出主观判断的过程，它是人类社会有意识、有目的的一种认识活动。

人类的评价活动与评价能力随着社会的发展进步而不断提高与完善。从经济学角度看，评价本身属于生产关系的范畴，但对生产力的发展具有促进作用。正是因为有了评价活动，才使人们对客观事物及其运动规律有了进一步的认识和掌握，促使人们采取积极、科学的措施，改进生产组织，提高生产力水平，以获取更大的利益。人们对企业经营管理的认识也是通过评价活动而不断深化的。

业绩反映的是人们从事某一活动所取得的成绩或成果。通常，人们对业绩好坏的评判是通过比较形成的，常用的比较形式有：

(1) 与过去比较。如果现在取得的成绩或成果比过去大，表明业绩向好的方向转变。

(2) 与预期目标（计划）比较。如果所取得的成绩或成果达到了预期目标，则表明业绩良好。

（3）与特定参照群体比较。如果企业以同行业平均水平为参照物，只要达到同行业平均水平则说明业绩好，如果超过同行业平均水平，则说明业绩显著。

（4）与所花费的代价比较。任何成绩或成果（所得）的取得都需要花费一定时间、精力、财力或物力（所费），如果所得小于所费，就不合算；反之，如果所得大于所费则有业绩，所得大于所费的数额越大，成绩也就越显著。

总之，业绩评价就是通过比较分析方法对特定主体行为所产生的结果加以判断的过程。

企业是一个盈利性的经济组织，它聚集一定的生产要素（土地、劳动力、资本和技术等），通过开展生产经营活动为社会提供产品和服务，并在提供产品和服务的活动中取得盈利，从而不断壮大自己。企业生产经营的目的就是用尽可能少的生产经营成本（所费）在市场交换与竞争中实现尽可能多的产品和服务价值（所得），这是企业业绩之根本所在。

获得理想的经营业绩是企业从事经营活动的根本目的，业绩评价就是对企业经营活动及其成果进行综合分析与评判。通过企业经营业绩的分析与评价，不仅可以对企业的经营现状做出客观而准确的评价，而且还能根据企业各项经济技术指标水平和资金运营状况找出存在的问题，提出改进意见，促进企业经营业绩的进一步提高。

建立和推行企业业绩评价制度，科学合理地评价企业经营成果，有助于正确考核和引导企业经营行为，帮助企业寻找经营差距及原因，促进企业加强基础管理和提高经营效益，同时也为各级有关部门对企业实施间接管理、加强宏观调控、制定经济政策和考核企业经营者业绩提供了依据。

二、企业业绩评价系统的基本要素

企业是一个复杂的系统，是人、资本、土地、技术等各要素的有机组合，它不断与外界发生物质、能量、信息转换。企业经营业绩并不是简单的投资与报酬、成本与收益之间的对比关系，成本的高低、收益的多寡受到多种因素影响。企业业绩的评价是一个复杂的系统工程，必须综合多方面因素进行评价，才能真正客观、正确反映企业的经营业绩。企业业绩评价系统的基本要素包括：评价主体、评价客体、评价指标、评价标准、评价方法和分析报告。

（一）评价主体

评价主体是指与评价对象的利益密切相关、关心评价对象业绩状况的相关利益者。目前在业绩评价主体上有两大代表性观点：一是“单一主体观”，二是“多元主体观”。

（1）“单一主体观”认为，企业是出资人的企业，评价主体就是出资人，目的在于实现出资人收益最大化。为此，业绩评价的逻辑思路是：是否对企业业绩做出评价由出资人决定；采取什么样的方式和评价指标对企业业绩进行评价决定于出资人的需要；出资人依据评价结论对经营管理者实施奖励和惩罚措施，从而实现出资人对经营管理者的有效控制，因而这种业绩评价将直接影响到经营管理者的利益和声誉。企业业绩评价的任务就是保证出资人收益的最大化。

(2)“多元主体观”认为，业绩评价的主体是企业的相关利益方，包括：①出资人。出资人是企业业绩评价的基本主体。在出资人中，股东是唯一的剩余风险承担者和剩余权益享有者，股东的利益直接受企业业绩的影响，股东是最关心企业经营业绩的。②管理者及职员。企业管理者及职员的人力资本价值实现和薪水高低在很大程度上取决于企业的经营业绩。在“新经济”时期，企业无形资产价值攀升的现象充分说明了知识与智力资本已越来越成为企业价值增值的重要源泉，管理者及职员与股东一样承担了与企业经营业绩相关的风险。③债权人。债权人尽管通过契约明确了其自身利益，但如果企业破产、倒闭，债权人也会遭受损失。④政府。政府部门出于对企业上缴税金的社会责任活动状况的关心，也需要对企业的经营业绩进行评价。

业绩评价的逻辑思路是：由于企业相关利益者都关心经营业绩问题，客观上要求企业对一定时期（如一年）的经营业绩做出评价；选择什么样的评价指标和评价方法主要取决于企业经营的特点，对评价指标的规范化、通用性、可比性及评价结论客观性的要求程度；企业不仅要依据评价结论对经营管理者和职员实施奖励和惩罚措施，更重要的是要将评价活动融合到企业经营管理过程中，促进企业经营管理水平和综合经济效益的提高，使企业不断保持竞争优势和旺盛的生命力。

经营环境的变化使越来越多的个人和群体的利益受企业经营业绩的影响，企业愈来愈演变为“社会的企业”。这就从客观上要求我们改变传统的、单纯站在所有者立场上以经营者业绩为重点的评价行为，取而代之的是形成以企业相关利益者为主体的业绩评价行为。“单一主体观”不符合现代企业经营管理的要求，不利于调动各方面因素去关心和支持企业的成长和发展；“多元主体观”把业绩评价工作与企业的经营管理活动有机结合起来，有利于企业了解自身的优势和弱势，有利于企业长期竞争优势的形成，从而做出客观评价，形成具有可比性的评价结论。

（二）评价客体

评价客体是指实施评价行为的对象。任何客体都是相对于确定主体而言的，区分业绩评价的具体对象应该由评价主体根据需要决定。如以企业法人的经营行为为评价对象，评价内容通常包括反映企业经营状况的盈利能力、资产经营水平、偿债能力、发展能力和综合竞争能力等。

（三）评价指标

评价指标是指根据评价目标和评价主体的需要而设计的、以指标形式体现的、能反映评价客体特征的因素，是指对评价客体的哪些方面进行评价。业绩评价系统关心的是评价对象与公司目标高度相关的方面，即所谓的关键成功因素。这些关键成功因素具体表现在评价指标上，既有定性指标，也有定量指标。从内容上看，有财务方面的，如投资报酬率、销售利润率、每股税后利润等；也有非财务方面的，如售后服务水平、产品质量、创新速度和能力等。因此，作为用来衡量业绩的指标也分为财务指标和非财务指标，它可以用定量指标反映，也可以用定性指标反映。如何将关键成功因素准确地体现在各具体指标上，是业绩评价系统设计的重要问题。没有切合实际的指标体系，评价就无法进行，就会得出空洞无物、不可捉摸的结论，业绩评价也就成了空话。

（四）评价标准

评价标准是企业业绩评价的参照系，是判断评价对象业绩优劣的基准，评价标准一般根据数理统计方法经测试和调整后确定。评价的标准是在一定前提条件下产生的，选择什么标准作为评价的基准取决于评价的目的。在具体选用标准时，应与评价对象密切联系。随着社会的不断进步、经济的不断发展以及外部条件的变化，评价的目的、范围和出发点也会发生变化，作为评价判断尺度的评价标准也会发生变化，从这种意义上说，评价标准是发展变化的。然而，在特定的时间和范围内，评价标准必须是一定的，应具有相对的稳定性。评价标准的选择对评价结论产生深刻影响，如我们对某企业经营业绩按历史标准评价和按同行业标准评价，其结论可能大相径庭。常用的业绩评价标准设定方法有：同业标准法、标杆瞄准法（Benchmarking）和企业历史数据的序列分析法等。

1. 同业标准法

同业标准法选取同行业平均先进水平作为评价标准。其优点表现为：①提供有效的奖励，有利于促进业绩的提高。②当业绩评价指标受共同的客观因素影响时，有利于剔除这些因素影响，更加客观地评价经营者业绩。从产品生命周期看，在成长阶段尤其适宜采用同业标准。由于此阶段整个市场都在扩张，所以经营者也许不用努力，评价指标也会攀升，采用同业比较显然更加合理。

同业标准的缺点表现为：①具有可比性的同行企业很难寻找。②即使存在这样的企业，数据的采集也会有相当的难度。

2. 标杆瞄准法

标杆瞄准法实际上是同业比较法的一种特殊形式，指选择同业最先进的最有名的企业作为评价标准。该方法有下列优点：①为企业明确了努力方向，是发现新目标以及寻求如何实现这一目标的一种手段和工具。②改变了企业传统建立目标的方法。由于标杆瞄准法所确立的改进目标和战略方向是以领先企业为基准的，因而必然具有合理性和可操作性。③不断追踪把握外部环境的发展变化，最佳地满足最终用户的要求。④使内部意见一致。既然标杆企业能达到这样的绩效水平，那么本组织的内部力量便容易统一起来去争取这一目标而不再争论我们应该做什么和能否这样做。⑤标杆瞄准最终提高了企业的竞争力。它引导企业在经营中达到最优秀的竞争绩效，安排和调动各种经营力量，使企业赶上并最终超过竞争对手。

这种方法对较优秀的企业经营者有良好的激励作用，但获取全面的数据将更加困难。

3. 历史数据序列分析法

历史数据序列分析法是以本企业的历史数据作为评价标准。其优点是：①可比性好，同时可以反映自身的成长情况。②对于初入行业的企业，不宜采用同业标准，而更适用时间序列标准，反映自身的成长情况，待市场份额稳定之后，再与同业比较。时间序列标准，往往与同业标准结合使用。如果仅仅使用前者，那么，当基期标准过低时，易导致“无功受禄”；而基期标准过高时，又易导致“鞭打快牛”。此时，采用与同业平均水平比较是理想的辅助手段。

（五）评价方法

评价方法是企业业绩评价的具体手段。没有科学、合理的评价方法，评价指标和评价标准就成了孤立的评价要素，也就失去了其本身存在的意义，就不能得出正确、公正的评价结果。

指标体系中的每一个指标都是从某一个角度对公司绩效进行评价，要进行不同公司绩效的对比，必须采取一定方法对所有指标值进行综合。

财政部采用的综合评价法为功效系数法。功效系数法选择的评价指标都规定两个数值：一个是满意值，一个是不允许值。通过计算各指标的单项功效系数，再用加权算术平均数或几何平均数计算综合功效系数，用功效系数的大小来比较业绩的好坏。

（六）分析报告

分析报告是业绩评价系统的信息输出，也是业绩评价系统的结论性文件。业绩评价人员以业绩评价对象为单位，通过会计信息及其他信息系统，获取与评价有关的信息，经加工整理后得出业绩评价对象的评价指标数值状况，将其与预先确定的评价标准进行对比，通过差异分析，找出产生差异的原因、责任及影响，得出评价对象业绩优劣的结果，形成业绩评价报告。

三、企业业绩评价系统设计

在第一节中已经研究了业绩评价的理论基础，这些研究已经充分显示了企业业绩评价的必要性。本节将分析企业业绩评价的具体设计要点，包括业绩评价系统设计的原则和实施步骤。

（一）企业业绩评价系统设计原则

业绩评价系统的设计原则对业绩评价的具体指标设计、模式选择和实施过程起到指导作用，主要有以成果为重心、追求远大的绩效，以及评估正确的项目三个方面。前两项原则必须成为公司的基本理念，而第三种原则影响评估机制以及如何让评估措施有效运作。

1. 以成果为重心

企业面对竞争和变革的环境，业绩评价的指标也应当适应变革的需要而设计。任何变革，无论是战略的确定还是制度的革新，首先都应设定绩效目标，而不是在业务流程设计好后，再来决定评估措施与绩效目标。由于评估措施既难设计，又难达成共识，所以很多公司迟迟不肯把本身希望得到的结果化为具体的数字。但这其实是错误的，应该在一开始就让人们有明确的目标可依循。

同时，真正的目标应该以成果为重，而不要以达成目标的手段为重，即评估措施应该要告诉被评估的对象，他们要完成哪些事，而不是要怎么做。当然，如果要让评估措施与成果相联系，首先必须彻底了解公司的整体目标。假如组织对于预期的成果不是很肯定，就应该先停下采取具体措施的脚步加以澄清。企业再造的效果之所以会打折扣，有时候就是因为不了解（或是缺乏共识）组织想要获得什么样的成果，或是应该以什么样的策略达到这些成果。

2. 追求远大的绩效

曾经主掌通用电气公司多年的前任首席执行官杰克·韦尔奇就说过："评估多半都有一个问题，那就是你会把它设定在你可以做到的程度。"远大的目标对于改善公司的业绩会造成很大的影响，这正是行为学派研究的成果。假如绩效目标订得不好，公司就等于失去了激励员工的重要工具。

公司往往会很得意地宣称，自己已经达到了去年所设定的目标。但要是这些目标都要求不高，而且很容易达到，那又有什么好得意的呢？远大的目标所重视的是希望做到什么，而不是可以完成什么。远大的目标会让人以创新的方式思考，寻求那些以前没有注意到的改善业绩的方法和途径，并取得成果。

当然，公司在订立积极进取的目标时，应该要对良好的表现给予奖励，即使目标没有达成也一样，因为这总好过过于降低标准、只奖励达到平凡目标的人。

3. 评估正确的项目

在企业的战略和变革过程中，必须明确，你所衡量的就是你所得到的，因为衡量标准驱动行为。因此，衡量标准的制定必须依据你想实现的目标。一旦选择了错误的评估项目，将可能导致行动的结果完全背离预期和规划。只有选择了正确的评估项目，才能够实现业绩评价的激励和控制目标。

为了寻求那些正确的评估项目，很多理论和实务界的人士已经构建了很多评估框架和方法，例如平衡记分卡、欧洲质量管理基金会建立的作为欧洲质量奖审核标准的企业卓越模式等。但是，有一点需要明确的是，无论这些方法和框架的支持者声称得有多好，在评估经营绩效时，绝对没有哪一种方式是所谓“最好”的。其中的原因在于，经营绩效这个概念本身就是由许多不同的面拼凑而成，每个企业在不同的发展阶段可能侧重于不同的方面。如果不能在适当的时期，选择适当的评价指标体系，那么业绩评价将难以起到积极的作用。

（二）企业业绩评价体系的实施步骤

完整的业绩评价体系绝不是指简单的考评一项工作，相反，业绩评价是一个完整的过程。它应当包括如图 12 – 1 所示的五个步骤的活动：

1. 战略开发

业绩评价首先是为了测量战略目标和行动计划完成的情况。因此，作为业绩评价计划的起点必然是战略的开发，它建立在彻底理解以取得竞争优势为目标的价值驱动因素的基础上。战略开发程序中，不仅应当计算追求的未来财务结果，而且应当强调对价值创造活动做具体计划；不仅应当向内看，注重内部的改善和提高，而且应当考虑到环境发展，重视与竞争对手的相对优势的变化情况。

2. 制定预算

这一程序将战略目标细化为具体经营业务和过程的目标，并通过预算的形式分配资源。制定预算必须考虑经营环境的易变性，通过弹性预算、滚动预算等形式将变化纳入预算的范围内，从而使得预算具有更好的可操作性，能够成为衡量业绩的标准。

3. 绩效预测

这一程序及时收集、处理和归纳与绩效有关的数据和信息，为有效执行后续子程序奠定基础。信息的相关性、可靠性、及时性都影响业绩评价的效果。造成业绩评价无法顺利进行的原因之一就是人们对于经营业务所产生的信息无法产生一致的认识。因此，收集的信息应当能够体现经营业务发生的轨迹，并按照责任归属进行归集和汇总，以避免在考评时发生不必要的争执。

4. 绩效检查

这一程序及时检查实际绩效与目标的差距，并进行必要的预测，以确保及时采取更正性和预防性行动，保证公司向着预期目标前进。

在信息技术尚未充分发展时，绩效检查定期进行，不但浪费时间，还不能充分关注绩效问题和困难。同时，预测通常依据经验等进行，缺乏科学的方法和技术支持，因此预测很难作为采取预防性行动的基础。随着技术的发展和人们对于预测和绩效评估质量要求的提高，差异分析可以及时进行，时效性提高，预测也能以科学的模型和高速的数据处理为基础开展，可靠性得到提高。这样的业绩评价能够更好地实现控制的作用。

5. 激励性报酬

在前四个环节中，任意环节的工作缺乏有效性，激励性报酬程序都不能够对人们的行为形成正确的引导。但是，如果前面四个环节的工作都做好了，这一程序没有能够提供相应的报酬或者惩罚措施，那么将降低人们完成战略目标和计划的积极性。通过一种报酬和福利相结合的平衡政策，激励性的报酬计划把具体的运营行动和影响战略目标实现的关键价值驱动因素联系起来。

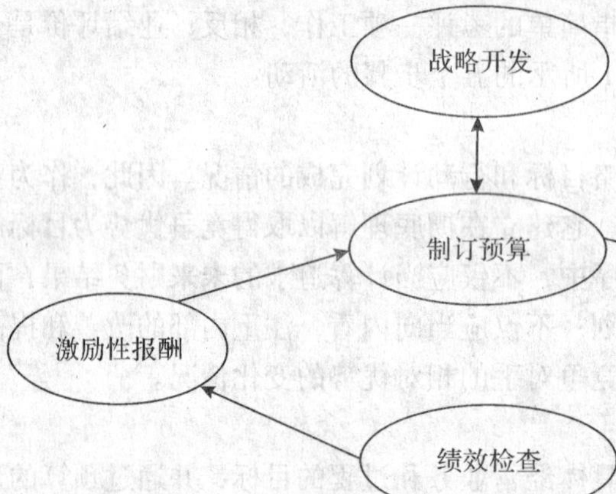

图 12－1 业绩评价体系的五步骤

最后应当强调的是，信息技术是提高业绩评价体系运行效果的重要工具，它对于实现信息透明化、实时化、集成化至关重要，使管理人员能获得满意的管理信息。有效的业绩评价系统离不开有效的信息系统的支持。

第二节 功效系数法

对企业业绩进行评价通常采用的方法是功效系数法。功效系数法又叫功效函数法，它是根据多目标规划原理，对每一项评价指标确定一个满意值和不允许值，以满意值为上限，以不允许值为下限，计算各指标实现满意值的程度，并以此确定各指标的分数，再经过加权平均进行综合，从而评价被研究对象的综合状况。运用功效系数法进行业绩评价，企业中不同的业绩因素得以综合，包括财务的和非财务的、定量的和非定量的。

利用功效系数法进行综合业绩评价的具体做法有多种，每个企业可以根据自己的实际情况进行设计，也可以参照一些较为通用的模型进行设计与评价。在这里，将介绍三种可供企业参考的具体方法。

一、国有资本金绩效评价方法

1999年与2000年财政部、国家经贸委、人事部和国家计委先后联合发布了《国有资本金绩效评价规则及其操作细则》，决定在中国建立资本金绩效评价制度，用以考评企业的综合业绩。评价的对象是国有独资企业、国家控股企业，评价主体主要是政府，其他评价主体在对其投资对象进行评价时，也可参照该办法进行。评价的指标体系分为工商企业和金融企业两类，工商企业又分为竞争性企业和非竞争性企业。具体的评价指标分为定量指标和定性指标两类，其中的定量指标又分为基本指标和修正指标。

评价的过程可以分为五个步骤。

（一）基本指标的评价

基本指标反映企业的基本情况，是对企业业绩的初步评价。基本指标评价的参照水平及标准值由财政部定期颁布，分为五档，分别为优秀（标准系数为1）、良好（0.8）、平均值（0.6）、较低值（0.4）、较差值（0.2）。不同行业、不同规模的企业有不同的标准值，例如大型普通机械制造业的净资产收益率标准为：优秀——16.5；良好——9.5；平均值——1.7；较低值——-3.6；较差值——-20.0。

单项指标得分 = 本档基本分 + 本档调节分

在上式中：

本档基本分 = 本档指标权数 × 本档标准系数

$$本档调节分 = \frac{实际值 - 本档调节值}{上档标准值 - 本档标准值} \times (上档基本分 - 本档基本分)$$

上档基本分 = 该指标权数 × 上档标准系数

$$基本指标总分 = \sum 各类基本指标得分 = \sum(\sum 类内各项指标得分)$$

有关竞争性工商企业的评价指标体系如表12-1所示。

表 12－1　　竞争性工商企业评价指标体系

<table>
<tr><td colspan="3">定量指标（权重80%）</td><td>定性指标（权重20%）</td></tr>
<tr><td>指标类别（100分）</td><td>基本指标（100分）</td><td>修正指标（100分）</td><td>评议指标（100分）</td></tr>
<tr><td>一、财务效益状况
（38分）</td><td>净资产收益率（25分）
总资产报酬率（13分）</td><td>资本保值增值率（12分）
主营业务利润率（8分）
盈余现金保障倍数（8分）
成本费用利润率（10分）</td><td rowspan="4">1. 经营者基本素质（18分）
2. 产品市场占有率（16分）
3. 基础管理水平（12分）
4. 在岗员工素质（10分）
5. 技术装备更新水平（10分）
6. 经营发展战略（12分）
7. 发展创新能力（14分）
8. 综合社会贡献（8分）</td></tr>
<tr><td>二、资产营运状况
（18分）</td><td>总资产周转率（9分）
流动资产周转率（9分）</td><td>存货周转率（5分）
应收账款周转率（5分）
不良资产比率（8分）</td></tr>
<tr><td>三、偿债能力状况
（20分）</td><td>资产负债率（12分）
已获利息倍数（8分）</td><td>速动比率（10分）
现金流动负债比率（10分）</td></tr>
<tr><td>四、发展能力状况
（24分）</td><td>销售增长率（12分）
资本积累率（12分）</td><td>三年销售平均增长率（8分）
三年资本平均增长率（9分）
技术投资比率（7分）</td></tr>
</table>

为了说明问题，现在举一个例子如下：

M公司为一大型食品加工企业，企业的净资产收益率为8%，该指标的权数为25，标准系数为0.6，则计算过程为：

本档基本分＝25×0.6＝15，上档基本分＝25×0.8＝20

$$本档调节分=\frac{8\%-1.7\%}{9.5\%-1.7\%}\times(20-15)=4.04$$

净资产收益率指标得分＝15＋4.04＝19.04

（二）修正系数的计算

虽然基本指标概括性较强，但是它不够全面。为了更全面地评价企业绩效，需要根据修正指标的高低计算修正系数，修正基本指标得分。修正指标分为五个区段，每个区段对应一个基本指标的得分区间，即100～80分对应为5；80～60分对应为4；60～40分对应为3；40～20分对应为2；20～10分对应为1。对于每一个修正指标，在5个区段中分别的得分标准通常由财政部定期颁布。对基本指标得分的修正，按照各指标的得分分别进行。

基本修正系数＝1＋（实际值所处区段－修正指标应处区段）×0.1

“实际值所处区段”为该修正指标的实际值所在区间对应的区段，“修正指标应处区段”为某一类别基本指标的得分值所在的区间对应的区段。

例如，对于资本保值增值率指标，每区段的标准值为：5区段118%；4区段

106%；3 区段 100%；2 区段 90%；1 区段 65%。若某一企业资本增值率为 110%，则“实际值所在区段”为 4；该企业财务效益状况指标的基本得分为 85 分，则“修正指标应处区段”为 5，此时：

基本修正系数 = 1 + (4 − 5) × 0.1 = 0.9

由于实际值高于第 4 段的标准值，需要按照下面的方法进行调整。

$$调整修正系统 = \frac{指标实际值 - 本档标准值}{上档标准值 - 本档标准值} \times 0.1$$

$$在该例中，调整修正系数 = \frac{110\% - 106\%}{118\% - 106\%} \times 0.1 = 0.033$$

调整后的修正系数 = 基本修正系数 + 调整修正系数 = 0.9 + 0.033 = 0.933

单项修正指标的综合修正系数 = 单项指标调整后的修正系数 × 该指标在本类指标中的权数

以资本增值率指标为例，资本增值率的综合修正系数 = 0.933 × 12/38 = 29.46%

对每一类别的各项修正指标的综合修正系数分别求和，得到某一类基本指标的综合修正系数。

（三）修正后的总得分的计算

$$修正后的总得分 = \sum (分类综合修正系数 \times 分类指标得分)$$

（四）定性指标的计分方法

定性指标以评议的方式取得得分值，每个指标都被分为五个等级，每个等级对应一个分数，即：优——1；良——0.8；中——0.6；低——0.4；差——0.2。

单项评议指标分数 = $\sum$(单项评议指标权数 × 各评议员给定的等级参数) ÷ 评议员数

以“经营者基本素质”评议指标为例，7 人参加评议，2 人选择优，5 人选择良。

经营者基本素质评议指标得分 = (18 × 1 × 2 + 16 × 0.8 × 5)/7 = 14.29

评议指标总分 = $\sum$ 单项评议指标得分

综合评价得分的等级划分如表 12 − 2 所示。

表 12－2 综合评价得分的等级划分

等级	级别	分数
A	A＋＋	100～95
	A＋	94～90
	A	89～85
B	B＋＋	84～80
	B＋	79～75
	B	74～70
C	C	69～60
	C－	59～50
D	D	49～40
	D－	39 分以下

（五）综合评价的计分和最终评价结果的分级

综合评价得分＝定量指标修正后得分×80%＋定性指标得分×20%

综合评价的结果通常用 4 等 10 级制表达，具体分级标准见表 12－2 所示。

二、综合判断法

综合判断法是功效系数法的另一种具体做法，它的特点是能够区别对待正指标、反指标和状态指标。具体的分数计算方法为：

正指标得分＝指标的标准评分值×指标的实际值/指标的标准值

反指标得分＝指标的标准评分值×指标的标准值/指标的实际值

状态指标得分＝指标的标准评分值×（2×指标的标准值－指标的实际值）÷指标的标准值

具体算法如表 12－3 所示的例子。

表 12－3 综合判断法

指标	标准评分值	标准值	实际值	状态指标得分
一、偿债能力指标				
1. 流动比率	8	2	2.11	8×（2×2－2.11）/2＝7.56
2. 利息保障倍数	8	4	4	8×（2×4－4）/4＝8
3. 所有者权益率	12	0.4	0.44	12×（2×0.4－0.44）/0.4＝10.8

续表

指标	标准评分值	标准值	实际值	状态指标得分
二、盈利能力指标				
1. 销售利润率	10	8%	9%	10×9%/8% =11.25
2. 投资报酬率	10	16%	18%	10×18%/16% =11.25
3. 所有者权益报酬率	16	40%	41%	16×41%/40% =16.4
三、周转指标				
1. 存货周转次数	8	5	4	8×4/5 =6.4
2. 应收账款周转次数	8	6	5	8×5/6 =6.67
3. 总资产周转次数	12	2	2	12×2/2 =12
四、其他指标				
1. 大专以上职工比率	8	30%	40%	8×40%/30% =10.67
合计	100	—	—	101

三、矩阵分析法

矩阵分析法的分析思路也与功效系数法相同，只是在数据处理上与前面两种表现不同。具体的计算步骤为：

（1）将企业财务及管理划分为若干指标区域，每一指标包括若干因子，确定各因子在不同状况下的得分；

（2）确定各因子对指标的重要程度，求各指标的综合得分系数；

（3）建立各指标对总指标（评价对象）的重要系数，求总指标综合得分系数；

（4）建立总指标不同状态得分值标准，求总指标得分。

下面通过一个例子来说明矩阵分析法。

（1）通用的计算表格设计如表12－4的表头所示。第一列和第二列显示了某企业划分的财务及管理的领域及为其设计的评价指标，以及各自的权数。第一行与最后一行显示了每个评价因素/评价项目划分为五个等级以及分别对应的分值。

（2）组织评价人员对企业的各项评价因素进行评价。在表中每行填列的数值为参加评分的人员对某个判断因素的不同等级的选择比率。

（3）以矩阵法计算各评价项目的得分系数。

表 12－4 矩阵分析法

评价项目（系数）	评判因素（系数）	好	较好	一般	较差	差
管理机制（0.50）	管理思想（0.10）	0.64	0.25	0.11	0	0
	管理手段（0.65）	0.77	0.13	0.10	0	0
	管理组织（0.10）	0.20	0.23	0.40	0.13	0.04
	管理方法（0.15）	0.17	0.33	0.40	0	0.10
内部控制（0.10）	保证体系（0.30）	0.39	0.29	0.28	0.03	0
	基础工作（0.40）	0.70	0.22	0.08	0	0
	控制效果（0.30）	0.64	0.30	0.03	0	0.03
会计核算（0.20）	核算制度（0.60）	0.60	0.30	0.07	0	0.03
	岗位分工（0.40）	0.32	0.42	0.19	0.23	0.04
财务分析（0.12）	制度（0.35）	0.07	0.30	0.23	0.23	0.17
	效果（0.65）	0.10	0.23	0.33	0.03	0.14
预算管理（0.08）	目标体系（0.6）	0.43	0.27	0.27	0.03	0
	分解深度（0.4）	0.30	0.27	0.27	0.10	0.06
评判标准分		95	85	75	65	50

管理机制评判矩阵综合得分系数

＝管理机制因子重要度系数矩阵×得分矩阵

$$= [0.01 \quad 0.65 \quad 0.10 \quad 0.15] \times \begin{bmatrix} 0.64 & 0.25 & 0.11 & 0 & 0 \\ 0.77 & 0.13 & 0.10 & 0 & 0 \\ 0.20 & 0.23 & 0.40 & 0.13 & 0.04 \\ 0.17 & 0.33 & 0.40 & 0 & 0.10 \end{bmatrix}$$

$$= [0.65 \quad 0.15 \quad 0.15 \quad 0.10 \quad 0.10]$$

同样，内部控制综合得分系数＝$[0.40 \quad 0.29 \quad 0.29 \quad 0.03 \quad 0]$

会计核算综合得分系数＝$[0.55 \quad 0.42 \quad 0.19 \quad 0.03 \quad 0.04]$

财务分析综合得分系数＝$[0.43 \quad 0.27 \quad 0.27 \quad 0.10 \quad 0.06]$

预算管理综合得分系数＝$[0.43 \quad 0.27 \quad 0.27 \quad 0.10 \quad 0.06]$

(4) 计算总指标得分矩阵。

总指标得分矩阵

＝各因子对总指标重要度系数矩阵×各因子综合得分系数矩阵

$$= [0.50 \quad 0.10 \quad 0.20 \quad 0.12 \quad 0.08] \times \begin{bmatrix} 0.65 & 0.15 & 0.15 & 0.10 & 0.10 \\ 0.40 & 0.29 & 0.29 & 0.03 & 0 \\ 0.55 & 0.42 & 0.19 & 0.03 & 0.04 \\ 0.10 & 0.30 & 0.33 & 0.23 & 0 \\ 0.43 & 0.27 & 0.27 & 0.10 & 0.06 \end{bmatrix}$$

$= [0.50 \quad 0.20 \quad 0.19 \quad 0.12 \quad 0.12]$

即总指标得分系数矩阵。

（5）将总指标系数矩阵归一化：$0.50 + 0.20 + 0.19 + 0.12 + 0.12 = 1.13$

$$\left[\frac{0.50}{1.13} \quad \frac{0.20}{1.13} \quad \frac{0.19}{1.13} \quad \frac{0.12}{1.13} \quad \frac{0.12}{1.13}\right] = [0.44 \quad 0.18 \quad 0.17 \quad 0.10 \quad 0.11]$$

（6）企业理财水平得分 = 总指标得分系数矩阵 × 总指标各状态判分矩阵。

$$\text{企业理财水平总得分} = [0.44 \quad 0.18 \quad 0.17 \quad 0.10 \quad 0.11] \times \begin{bmatrix} 95 \\ 85 \\ 75 \\ 65 \\ 50 \end{bmatrix} = 81.85$$

最后，将这一分值与其他企业进行比较，可以对公司的财务业绩水平做出大致评价。

第三节　经济增加值法

目前许多境外公司都在使用经济增加值（EVA）来评价企业业绩。EVA（Economic Value Added）系统是由美国纽约的思腾思特（Stem & Stewart）管理咨询公司提出的一种业绩评价与激励系统。它的目的在于使公司经营者以股东价值最大化作为其行为准则，积极谋求企业战略目标的实现。

一、对 EVA 的认识

根据思腾思特（Stem & Stewart）管理咨询公司的解释，EVA 是指企业资本收益与资本成本之间的差额。更具体地说，EVA 就是指企业税后营业净利润与全部投入资本（自有资本和借入资本之和）成本之间的差额。如果这一差额是正数，说明企业创造了价值，创造了财富；反之，则表示企业发生了损失。如果差额为零，说明企业的利润仅能满足债权人和投资者预期获得的收益。对于 EVA，我们可以从如下四个方面加以认识。

（一）EVA 是 EVA 评价系统中的核心指标

美国纽约的思腾思特（Stem & Stewart）管理咨询公司认为，无论是会计收益，还是经营现金流量指标都具有非常明显的缺陷，应该坚决抛弃。会计收益未考虑企业权益资本的机会成本，难以正确地反映企业真实的经营业绩；而经营现金流量虽然能正确反映企业的长期经营业绩，但却不是衡量企业年度经营业绩的有效指标。相反，EVA 能将这两方面有效地结合起来，因此，它是一种可以广泛用于企业内部和外部的业绩评价指标。

（二）EVA 指标衡量的是企业资本收益和资本成本之间的差额

EVA 指标最大的和最重要的特点就是从股东角度重新定义企业的利润，考虑了企业投入的所有资本（包括权益资本）的成本。EVA 指标由于在计算上考虑了企业的权益资本成本，并且在利用会计信息时尽量消除了会计信息失真，因此，能够更加真实地反映一个企业的经营业绩。更为重要的是，EVA 指标的设计着眼于企业的长期发展，而不像净利润那样仅仅是一种短视指标，因此应用该指标能够鼓励经营者进行能给企业带来长远利益的经营决策，如新产品的研究和开发、人力资源的培养等。这样，就能杜绝经营者短视行为的发生。此外，应用 EVA 能够建立有效的激励报酬系统，这种系统通过将经营者的报酬与从增加股东财富的角度衡量企业经营业绩的 EVA 指标相挂钩，正确引导经营者的努力方向，促使经营者充分关注企业的资本增值和长期经济效益。EVA 是一种起源于剩余收益，又不同于它的评价企业经营绩效的新方法。EVA 衡量的是一个企业创造的真实利润，这是一个可以用于评价任何企业经营绩效的工具。

（三）EVA 研究的是公司的价值而不仅仅是利润

这一点很重要，因为不但大多数的公开上市公司想要增加它们的股价，而且大多数的非上市公司也想方设法地促使它们的未来价值高于现在。EVA 本身衡量的就是公司获取的利润究竟是高于还是低于投资者所期望的最低报酬。这种“最低报酬”指的是资本成本，因为这是企业为了使用投资者的资金而必须为投资者获取的最低量。超过这个最低量的收益称为“超额收益”。这种最低报酬率依据每个公司的风险级别而不同。例如，高科技公司比传统型公司的风险级别更高，因此，它也具有较高的资本成本。相应地，高科技公司的投资者所期望的最低报酬率就要比传统型公司更高。如果企业的资本收益超过了它的资本成本，即 EVA 为正值，那么，它就具有真实利润，企业的经营者就增加了企业的价值，同时也为股东创造了真实的财富。反之，如果企业当年的 EVA 为负值，这说明公司发生经济亏损，企业的价值遭到损害，同时，股东的财富也受到侵蚀。

（四）EVA 的应用创造了使经营者更接近于股东的环境

经营者甚至企业的一般雇员开始像企业的所有者一样思考，权益资本不再被考虑为“免费”资本，他们不再追求企业的短期利润，而开始注重企业的长期目标与最大化股东财富的目标相一致，注重资本的有效利用以及现金流量的增加，以此来改善企业的 EVA 业绩。

二、EVA 的理论框架

根据上面对 EVA 的认识，可以看出，EVA 即公司税后经营利润扣除债务和股权成本后的利润余额。可用公式 2－1 表示如下：

$$EVA = NOPAT - (N_A) \times K_W$$

式中：NOPAT——税后净经营利润（Net Operating Profit After Taxes）；

N_A——公司资产期初的经济价值；

K_W——加权平均资本成本率。

$$K_W = \frac{D_M}{D_M + E_M}(1 - T)K_D + \frac{E_M}{D_M + E_M}K_E$$

式中：D_M——公司负债总额的市场价值；

E_M——公司所有者权益的市场价值；

K_D——负债的税前成本；

K_E——所有者权益的成本；

T——公司的边际税率。

这意味着，从经营利润中扣除按权益的经济价值计算的资本机会成本后，才是股东从公司经营活动中得到的增值收益。由此可见，经济增加值是股东度量投资回报的指标。如果说投资回报率为 100%，那么只有当税后净经营利润超出 10%，股东的投资才能得到增值，才有经济增加值。这一评价指标与股东财富最大化联系较紧密，较好地体现了企业的财务管理目标。

EVA 不仅是一种有效的公司业绩度量指标，还是一个全面财务管理的架构，是经理人和员工薪酬的激励机制，是战略评估、资金运用、兼并或出售定价的基础。EVA 被《财富》杂志称为“当今最为炙手可热的财务理念”，正作为公司治理和业绩评估的标准在全球范围内广泛应用。

三、EVA 业绩评价的特点

（一）EVA 从股东角度客观反映公司真实的利润

EVA 法说明，资本成本是 EVA 最具特点和最重要的方面。传统的会计利润仅扣除了债务利息，并没有考虑股东资本的成本，与股东价值之间缺乏系统的相关性。许多有账面利润的公司可能实际上是在亏本经营，那些盈利少于权益资本机会成本的公司的股东财富事实上是在减少。EVA 通过考虑所有资本的机会成本，表明了一个公司在每一个会计年度真正所创造或损失的财富的真实数量。

（二）EVA 将股东财富和公司决策联系在一起

EVA 有助于经营者将财务的两个基本原则融入到公司经营决策中。第一，公司的主要财务目标是股东财富最大化；第二，公司的价值取决于投资者预期未来利润能否超过资本成本。在使用 EVA 进行公司业绩评价时，经营者不仅要注重创造的实际收益的大小，还要考虑占用的资产量的大小以及使用该资产的成本的大小。通过计算资金成本，EVA 法可以否决经营者从事回报低于资金成本的投资方案。

（三）EVA 是经营者和员工能够广泛理解的指标

EVA 从人们熟悉的经营利润出发，只是减去一项费用，即投资到整个公司的资本成本，最终得到的是资本回报情况，具有概念简单、易于理解的优点。在公司管理实务中，因为 EVA 是一个度量业绩连续变化的指标，因此，能使一个正值的 EVA 更大些或使一个负值的 EVA 更小些的方案或行动过程，都是一个创造财富的过程。更重要的是，对 EVA 的广泛认同使 EVA 成为一种治理公司的内部控制制度，为公司内部的每一个成员提供了一个共同的明确目标，那就是尽可能地提高企业的 EVA。在这种制度下，所有员工协同工作，积极地追求最好的业绩。

（四）EVA 将业绩评价和激励机制有机地结合起来

作为公司治理手段，业绩评价的一个主要目的，是作为公司建立正确激励机制的基础。如果以一种指标度量业绩，却又根据其他指标支付薪酬，公司的经营者和员工将无所适从。真正有效率的激励机制要求在公正业绩评价的基础上，把公司经营者和员工的经济利益与股东的利益结合起来，创造一种经营者和员工持续努力、创造更多财富的文化氛围。EVA 正是能够创造这种氛围的业绩评价的重要指标，它将股东利益和经营业绩紧密联系在一起，避免了所有者与经营者之间的讨价还价，克服了经营者的利润粉饰行为。

以 EVA 为基础的业绩评价体系明确地表明，EVA 增值越多，经营者的收入也就越高。在这种情况下，经营者同所有者之间关于利润指标的讨价还价和利润包装已失去意义，这就会促使经营者像所有者那样采取行动，将其工作重点转移到增加股东财富和实现企业战略目标上来，从而也使自己获取较高的收入。

但是，EVA 就其性质而言仍属财务业绩的综合性评价指标，以其为中心的业绩评价系统具有如下缺点：

（1）只能对全要素生产过程的结果进行反映，过于综合，不利于指导具体的管理行为。

（2）侧重于财务战略，忽视了对战略过程进行评价，容易削弱企业创造长期财富的能力。

（3）针对性不强，不能指出具体的非财务业绩动因以及解决问题的方向。

（4）没有充分考虑相关的无形资产和智力资本的使用情况及其业绩评价。

第四节　平衡记分卡法

由于对传统以财务指标为基础的业绩评价体系的不足之处感到心灰意冷，很多企业的经理人员开始放弃权益报酬率、每股盈余之类的财务测评指标。但事实上，忽视这些财务指标并不是明智的选择，经理人员也意识到他们所要的不是在财务指标和业务指标二者之间择其一，而是应该寻求一种方法，能够将两者结合起来，以便能够同时从几个角度对公司业绩进行考察。

卡普兰和诺顿对于业绩评价方面处于领先地位的 12 家公司进行了为期一年的调查研究，以此为基础发明了“平衡记分卡”。这种新的业绩评价体系使高级经理们可以快速而全面地考察企业。这两位发明人将平衡记分卡比作飞机驾驶舱中的标度盘和指示器。为了操纵和驾驶飞机，驾驶员需要掌握关于飞行的众多方面的详细信息，诸如燃料、飞行速度、高度、方向、目的地，以及其他能说明当前和未来环境的指标。只依赖一种仪器，可能是致命的。同样道理，现在管理一个组织的复杂性，同样要求经理们同时从几个方面来评价公司的业绩。本节将介绍平衡记分卡的内容、特点和实施过程。

一、平衡记分卡的指标层次

战略平衡记分卡从财务、顾客、内部经营过程、学习与成长等方面对企业的业绩进行评价，四个层面指标之间的联系可用图 12－2 表示，它为四个基本的问题提供了答案，即：

(1) 顾客怎样看我们？(顾客角度)

(2) 我们必须擅长什么？(内部经营角度)

(3) 我们能否继续提高并创造价值？(学习与成长角度)

(4) 我们怎样满足股东？(财务角度)

在从四个不同角度向高级经理提供信息的同时，以平衡记分卡作为业绩评价的基础，限制了使用评价指标的数目，从而使信息过载最小化。公司很少会由于业绩评价指标过少而受损；相反，新的评价指标的大批涌现，结果否决了依据另一批评价指标做出的结论，这会给公司带来很大的困扰。平衡记分卡迫使经理们关注最重要的几个评价指标，而不是迷失在大量的信息和评价指标中。

(一) 顾客角度

客户视角通过客户如何感觉公司提供的价值来测量绩效。客户应该处于最优先的地位，因为无论是学习与成长，还是内部经营过程，企业创造的价值只有在得到客户认可时才有意义。对于公司在客户方面的业绩可以从以下五个方面进行评价，见表 12 –5。

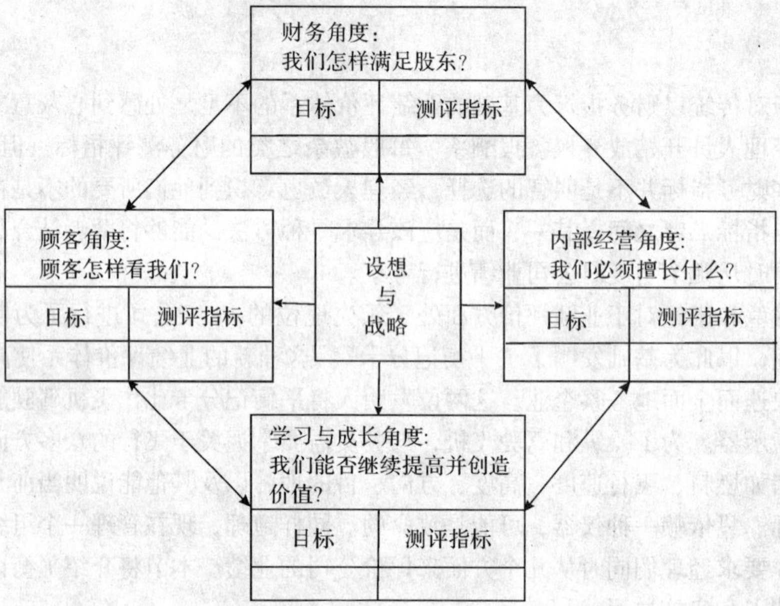

图 12 –2 平衡记分卡的指标层次

表 12 –5 客户角度的业绩评价

市场份额	反映了业务部门销售市场上的业务比例（以客户数量或售出的数量来计算）
客户获得率	从绝对或相对意义上，评估业务部门或赢得新客户或业务的比例
客户留住率	从绝对或相对意义上，记录业务部门保留或维持同客户现有关系的比例
顾客满意程度	根据价值范围内的具体业绩标准来评价客户的满意程度
从客户处所获得的利润率	在扣除支持某一客户所需的独特开支外，评估一个客户或一个部门的净利润

另外，客户价值也是经常被用于分析公司对于客户的吸引力的指标。

客户价值 = 产品与服务情况 + 形象和声誉 + 同客户的关系

产品和服务的情况可以从产品功能、质量、价格和送货时间来评价；形象和声誉可以通过广告和服务质量来提高；同客户的关系可以通过满足客户要求作出及时反应的时间、交货期的长短、对客户购买产品感觉的把握等方面来改善。

（二）内部经营角度

内部经营过程视角衡量公司创造价值的程序的有效性。只有有效的管理程序才能使公司保持竞争力或变成具有竞争力的公司。内部经营过程的核心问题包括，确定整套有关内部经营过程的价值观念、确定客户目前及将来的需要，并根据这些需要发展新客户、在经营过程中向现有客户提供有价值的产品和服务、提供充分的售后服务，使客户获得产品和服务增值。总之，对于内部过程的评价应当以为客户创造价值、提高客户的评价为目标，它是公司内部必须做什么才能实现顾客预期的评价指标。

在此过程中，信息系统的作用尤为重要，在企业庞大复杂的业务经营系统内部，产生的种种信息如何追根溯源、如何归集和分析，出现例外情况能否及时地提出警示，都与设计合理的、灵敏的信息系统分不开。随着企业的预测、决策和控制过程对于信息系统的依赖性增强，信息系统的有效性正逐渐成为衡量内部经营过程有效性的重要指标。

内部业务角度的测评指标通常包括：相对竞争对手的生产率，用于测评技术能力目标的实现程度；循环周期、成本报酬率，用于追求制造水平的卓越性的目标的实现程度；新产品实际引入速度与计划速度的差异，用于评价新产品引入业务的目标实现程度。

（三）学习与创新角度

学习与创新视角计量公司推出新产品、新服务和新生产技艺的频度，由此确保公司克服自满，不断创新。平衡记分卡中，以顾客为基础的评价和内部业务程序评价指标，确定了公司对竞争对手最重要的参数。但是，成功的指标在不断变化，激烈的全球性竞争要求公司不断改进现有产品和程序，在引入新产品方面具有巨大的潜力。

因为人是创新能动性的根源，所以这个指标必然与公司员工密切联系。为了提高公司的创新能力，必须激发员工的积极性和提高员工的素质。前者与公司提供给员工的奖励、福利等有关，后者既包括文化素质，如内部伙伴关系、团队精神、知识共享，也包括个人综合素质，如领导能力、技能、技术应用能力，这些都离不开公司有效的培训机制。

（四）财务角度

财务视角测量盈亏底限，如增长率、投资回报率及其他传统的经济指标。虽然财务指标的及时性和可靠性受到质疑，但是财务指标不会被其他指标完全取代，原因有两点：①精心设计的财务控制系统，确实能增强而不是阻碍组织的总体管理规划。②经营绩效的改善与财务上的成功两者之间虽然存在联系，但是这种联系存在着很多不确定性。一方面，对顾客满意度、内部业务绩效和创新能力的评价，来自于公司对环境的看法和判断，但公司的观点并不一定是正确的。另一方面，很多投资人，特别是那些以分得红利为目标的投资人，对于企业切实的财务业绩仍然十分关注，而不仅仅是关心企业经营业绩的改善。这一部分投资人的决策又将影响其他投资人的利益，从而财务业绩仍然是受到广泛关注的指标，它仍然是企业为投资人带来利益的直接代表。

不同类型的企业的财务目标不同，因此在确定财务评价指标事业上有不同的选择。成长性企业财务目标的重点是销售额的增长，为此要保证充分的开支水平。这类企业通常的财务业绩评价指标为销售收入的增长率、目标市场的占有率、地区销售额的增长率等。稳定性企业财务目标的重点是获利能力，为此要不断扩大投资和规模。这类企业通常使用的财务业绩评价指标为经营收入、毛利率、资本回报率和经济附加值。成熟型企业财务目标的重点是现金净流量，为此要不断提高现金和利润的金额。这类企业通常使用的财务业绩评价指标为现金流量、营运资本占用的减少。

所有这四个方面的指标都是围绕公司的战略来设计的，平衡记分卡始终把战略置于中心的位置。因此，所有这四个方面可以理解为公司战略实施的过程和领域，也只有从统一的战略角度出发，以上四个方面指标的设计才能够一致和连贯起来，起到相互补充和支持的作用。

二、平衡记分卡的应用过程

平衡记分卡在实际应用过程中，需要结合企业自身的经营特点，并综合考虑企业的各种影响因素，制定适合其发展需要的指标体系。通常企业应用平衡记分卡来建立业绩评价指标体系时，需经过以下三个程序：

（一）设计阶段

本阶段的主要任务是依据企业的战略目标，结合企业的长短期发展需要，设计出平衡记分卡的各方面指标。

为使建立的平衡记分卡符合企业的实际，应运用调查法。首先发放调查表，以问卷的形式进行调查。调查内容为：从长远看，为提高本企业的业绩应该做好哪些方面的工作？调查对象最好为公司各个部门的负责人，因为他们对公司特别是自己所负责的领域非常了解，能够反映出切合本公司实际的意见。征求各个调查对象的意见之后，把他们的意见采用匿名的方式汇集于一张表上，请他们分别在参考别人意见的基础上修正自己的第一次意见。如此反复 3~5 次，最后综合归纳出各个调查对象的意见，排列出为提高公司业绩应该做好的各项工作。将这些工作分类归入财务、客户、内部经营、学习与成长四个方面，并建立相应的评价指标。例如，调查反馈意见中有一项建议为“降低成本”，则可以将其归入财务方面，并设立“单位产品成本”的指标进行业绩衡量。对所设计的指标要自上而下，从内部到外部进行交流，征询各方面的意见，吸收各方面、各层次的建议。这种沟通与协调完成之后，使所设计的指标体系达到平衡，从而能全面反映和代表企业的战略目标。

（二）应用贯彻阶段

这个阶段是应用平衡记分卡最关键的阶段，在实施时需注意以下两个方面的工作：

（1）将平衡记分卡体系所需的信息系统与传统管理的信息系统相结合的问题，也就是将平衡记分卡往下属部门分解的问题，只有将指标全部分解下去，才能使计分卡法实施成为可能。

（2）将各部门及员工的薪酬与平衡记分卡的各项指标紧密结合起来，从而最大限度地调动部门经理及员工的积极性，促使他们努力去完成平衡记分卡中的各项指标，进而实现企业的战略目标。

（三）完善与提高阶段

在该阶段，首先应重点考察平衡记分卡指标体系设计是否科学，是否能真正反映本企业的实际。其次要关注的是采用平衡记分卡后，对于业绩评价的不全面之处，以便补充新的测评指标，从而使平衡记分卡不断完善。最后要关注的是已设计的指标中的不合理之处，要坚决取消或改进，只有经过这种反复认真的改进才能使平衡记分卡更好地为企业战略目标服务。

由于每个企业的战略目标不同，所采取的具体战略、涉及的关键成功因素不同，从而导致每个企业的平衡记分卡的具体内容和指标均不相同。各企业应在上述框架的指导下开发出适合自身特点的平衡记分卡，如图 12－3 所示。

三、平衡记分卡指标体系创新

（一）实现了财务指标与非财务指标、定量指标与定性指标的结合

财务指标与非财务指标（客户层面、内部经营过程层面和学习与成长层面）的结合，有利于从影响企业战略经营成功的主要方面，全面、正确地评价企业的经营业绩，克服传统的单一财务指标体系的重财务层面、轻非财务层面；重内部因素、轻外部因素；重短期、轻长期；重事后、轻过程等缺陷。

定量指标与定性指标的结合，有利于克服定量分析的不足，在业绩评价中，单有定量指标，很难做到对企业经营业绩的全面评价，因为有许多经营业绩很难在量上反映出来，而必须借助一定的定性指标，如员工的知识水平、管理水平等，来对企业的战略经营业绩进行综合评价。

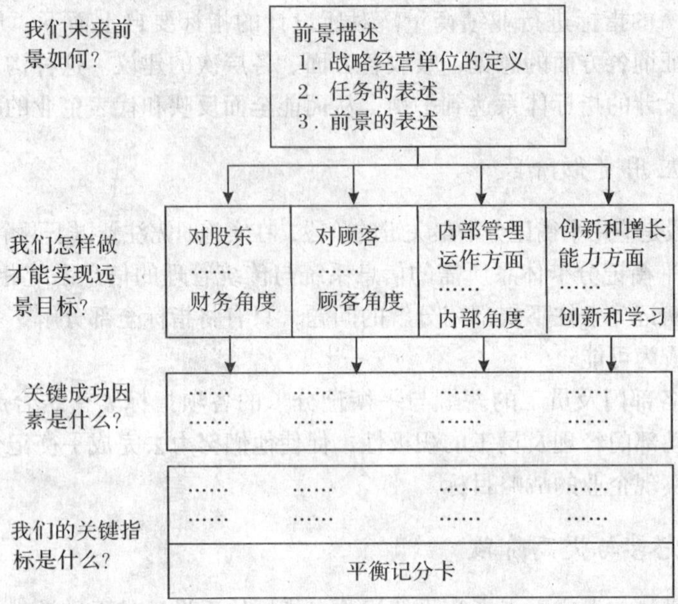

图 12－3 平衡记分卡与企业战略

(二) 实现了指标体系四个层面的紧密因果链联系

战略平衡记分卡并不是几个方面的大杂烩，而是根据企业总体战略，由一系列因果链条贯穿起来的一个有机整体。例如，一个企业希望通过提高资本回报率来达到较好的财务业绩，这就需要有客户对企业提供的产品重复购买以及增加每次的购买量，这有赖于客户对企业产品青睐度的提高。客户偏好的分析结果可能会显示：客户重视产品的按时交付使用。为保证产品的按时交付，就有赖于企业缩短经营过程和提高内部生产过程的质量，而这又有赖于企业高质量、高素质的职员的努力奋斗。这些职员又需要不断地学习和培训。就是这样一条因果关系链贯穿着战略平衡记分卡的所有层面。这条因果关系链可用图 12－4 表示。

(三) 实现了战略目标的战术转换

战略平衡记分卡将企业的战略目标转化为分阶段的战术目标，从而使战略目标分解为分阶段的、具体的、可操作的指标体系，使各个层次的经营者和各个职员能较好地理解企业的目标和战略，以便实施。它体现了短期目标与长期目标相结合，短期目标为长期目标服务的特征。

通过财务层面的指标，使管理者和执行者明确企业所要达到的具体财务目标；通过客户层面的指标，使执行者懂得保护原有客户和吸引新客户的重要性；通过企业内部经营过程层面的指标，使管理者明白如何通过开发新产品，提高服务质量来

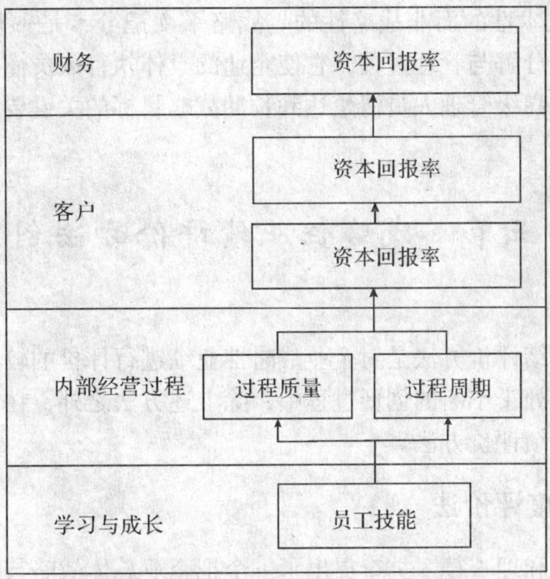

图 12－4　平衡记分卡四层面间因果链关系图

满足客户的要求，从而达到扩大企业的市场份额，实现企业的财务目标；通过学习与成长层面的指标，使企业和公司的管理者、职员明白，只有不断学习新知识、新技能，才能提高自身的素质，以适应不断变化的经营环境，提高自身工作的胜任能力，使客户满意、股东满意，最终实现企业的战略目标。

把经营业绩同企业的战略联系在一起是战略平衡记分卡的灵魂。正如卡普兰自己所说："战略平衡记分卡制度不仅来源于公司的战略，反过来也应反映出公司的战略，实行战略平衡记分卡制度的企业不仅应看到战略平衡记分卡的表面现象，也应看到它的本质，看到战略平衡记分卡的目标和衡量手段背后的公司战略。如果战略平衡记分卡制度表现出足够的透明度，则足可以把公司的战略转换为一整套业绩评估手段。"

（四）实现了对企业战略目标的管理

制定战略与实施战略之间往往存在着差距，这种差距多半是由传统的管理体制造成的。传统的管理体制的管理目的在于确立和向下传达战略与经营目标；分配人力与物力；确定各部门、小组和各位职员的目标和方向；提供反馈。

然而，这四个过程中却存在着四大障碍：

（1）想法和战略无法操作。其主要原因是企业无法使职员理解并参照执行企业的想法和战略，从而造成各部门各行其是，缺乏整体的协作。

（2）经营战略与各部门、小组和各位员工的目标之间没有建立很好的联系。

（3）经营战略同长期或短期的人力和物力分配没有联系。

（4）反馈是战术性的而非战略性的。战略平衡记分卡是一种自上而下的企业战略目标的沟通、分解与管理过程，它使企业的具体执行人员懂得他们的决策和行动的财务结果；使高级管理人员清楚达到长期战略目标的关键要素。

第五节 战略性业绩评价方法创新

上述战略性业绩评价方法是对企业战略性业绩进行评价的较为成熟的方法。事实上业绩评价方法处于不断的创新过程中，除上述方法之外，在本节中，我们将简要介绍创新性的业绩评价方法。

一、等级制度评价法

凯文·克罗斯和理查德·林奇提出了一个把企业总体战略与财务和非财务信息结合起来的绩效评价系统。为了强调总体战略与绩效指标的重要联系，他们列出了一个业绩金字塔，如图 12－5 所示。

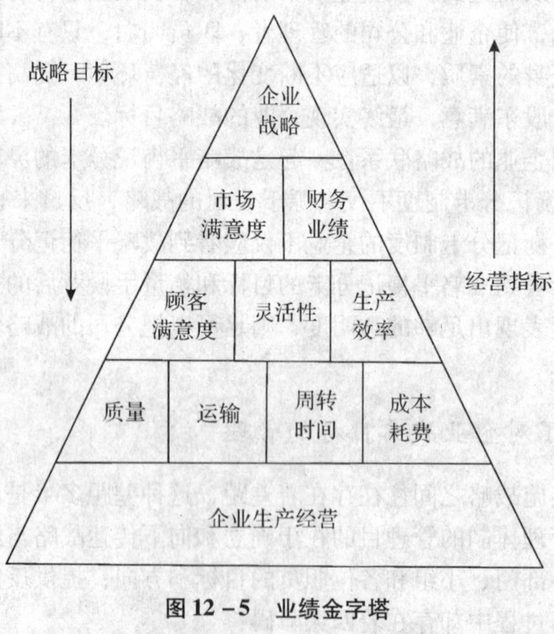

图 12－5 业绩金字塔

在业绩金字塔中，公司总体战略位于最高层，由此产生企业的具体战略目标，并向企业组织逐级传递，直到最基层的作业中心。有了合理的战略目标，作业中心就可以开始建立合理的经营效率指标，以满足战略目标的要求，然后，这些指标再反馈给企业高层管理人员，作为制定企业未来战略目标的基础。

在业绩金字塔中，战略目标传递的过程是多级瀑布式的。它首先传递给水平单位，由此产生了市场满意度和财务业绩指标。战略目标再继续向下传递给企业的业务经营系统，产生的指标有顾客满意度、灵活性、生产效率等。前两者共同构成企业组织的市场目标，生产效率则构成财务目标。最后，战略目标传递到作业中心层面。它们由质量、运输、周转时间和成本耗费构成。质量和运输共同构成顾客满意度，运输和周转时间共同构成灵活性，周转时间和成本耗费共同构成生产效率。

由此，业绩信息渗透到整个企业的各个层面。当这个信息向组织的上层运动时，目的是逐级汇总，其最终目的是使高层管理人员可以利用该信息为企业制定未来的战略目标。

克罗斯和林奇的业绩金字塔着重强调了组织战略在确定业绩指标中所扮演的重要角色，反映了绩效目标与绩效指标的互赢性，揭示了战略目标自上而下和经营指标自下而上逐级重复运动的等级制度。这个逐级的循环过程揭示了企业持续发展的能力，为争取评价企业战略性业绩作出了意义深远的重大贡献。

业绩金字塔模型最主要的缺点是在评价组织学习能力上的失败，在竞争日趋激烈的今天，对组织学习能力的评价尤为重要，但业绩金字塔评价法却忽视了对这一重要能力的评价，这正是虽然该模型在理论上已经比较完善，但在实际工作中利用率偏低的主要原因。

虽然业绩金字塔模型存在上述缺陷，但是，它所提供的“将企业战略目标进行自上而下的逐级分解，而将与战略目标相对应的战略评价指标进行自下而上的逆向归总”的业绩评价思想，却为我们提供了一种全新的业绩评价思路。它将战略目标和业绩评价指标进行了很好的对应，从而保证了业绩评价对实现财务战略的指导作用。同时，该方法所设计的评价指标体系也必然具有精炼、完整的特点。

二、“四尺度”评价法

罗伯特·霍尔认为，评价企业的战略绩效应以四个尺度为标准，即质量、作业时间、资源使用和人力资源的开发。

（一）质量尺度

霍尔把质量分为外部质量、内部质量和质量改进程序三种。外部质量是指顾客或企业组织外部的其他人对其产品或服务的评价，它是产品或服务的精髓。具体指标包括：顾客调查情况、服务效率、保修及可靠性等。内部质量代表组织的运营质量，包括总产量、生产能力、检验比率以及残品和返工率等。质量改进程序是企业组织采用的确保高水平的内在和外在质量的程序或一系列公式化的步骤。需要注意的是，今天的质量改进就是明天的内、外在的质量。

（二）作业时间尺度

霍尔认为作业时间是把原材料变为完工产品的时间段。具体包括：工具检修时间、设备维修时间、改变产品和工序设计的时间、项目变更时间、工具设计时间和工具改造时间等。

（三）资源使用尺度

该尺度用以计量特定资源的耗费和与此相关的成本。如直接人工、原材料消耗、时间利用和机器利用情况。前两项指标是制造产品和提供劳务的直接成本，后两项既包括直接成本因素，又包括间接和机动成本因素。

（四）人力资源的开发尺度

霍尔提出企业需要有一定的人力资源储备和能恰当评价及奖励雇员的管理系统。

霍尔把质量、时间和人力资源等非财务指标导入企业的业绩评价系统，并认为企业组织可以通过对上述四个尺度的改进，减少竞争风险。霍尔把作业时间作为绩效评价标准有十分重要的意义：①作业时间的衡量有助于帮助企业关注潜在的增值区域，发现非增值活动。②作业时间的衡量提供了有关企业灵活性的有用信息。在今天的市场中，顾客就是上帝，产品和服务满足特殊需要的能力是企业生存的关键。为完成这一目标，企业必须以订单为导向从事业务活动，而作业时间的衡量恰恰反映企业是如何进行生产经营活动的。

霍尔同时承认，要求企业做出全方位的改变是困难的，企业通常只能在一段时间内取得四个方面的逐渐改进。需要注意的是，任何指标的改进不应以牺牲其他指标为代价，如作业时间的改进不应以降低质量为代价，同时，在质量方面的改进也不应以牺牲资源为代价。但霍尔的“四尺度”论在人力资源开发方面没有提出更具体的建议，这也是其缺陷所在。

三、德鲁克的改革方法

彼得·德鲁克在1995年前后写了一系列的文章，说明企业组织搜集其主要竞争对手信息的重要性。同时，他还强调“每一个企业组织都需要一个核心能力——改革”。因此，他把注意力主要集中在帮助企业记录和评价其改革方面。

根据德鲁克的观点，评价一个企业改革的出发点不能仅从其自身绩效出发，而应仔细评价其所处行业在一定时期内的改革，以及企业在改革中的地位和作用。他强调绩效评价系统必须首先突出管理部门的思想意识，通过设计一系列特定性质的问题，提醒雇员注意真正需要重视的方面，再提供一个内在的组织机构，使雇员能够重视并发现这些方面可能存在的问题。

德鲁克的观点虽然没有形成一个完整的理论模型，但他对竞争与改革的理解为非财务指标进入战略性业绩评价系统提供了基础。

思考与练习

思考题

1. 业绩评价有哪些比较参照系？
2. 请简述业绩评价的逻辑思路。
3. 什么是标杆瞄准法？标杆瞄准法具有什么优点？
4. 请简述业绩评价系统的设计原则和实施步骤。
5. 请简述功效系数法的基本思想，并举例说明这一思想是如何体现的。
6. 什么是EVA？采用EVA法进行业绩评价的关键是什么？EVA法业绩评价具有什么特点？该种评价方法是否存在缺陷？如果有，那么其缺陷是什么？
7. 请用图形描述平衡记分卡的指标层次性，并谈谈平衡记分卡在战略管理中的重要意义。
8. 请简述绩效棱镜的五要素。
9. 请结合业绩评价的创新方法，谈谈业绩评价方法的发展趋势。

第四部分

管理会计的新发展

第十三章　作业成本会计

第一节　作业成本会计概述

一、作业成本法发展的动力、原因

作业成本法简称 ABC（Activety Based Costing），它作为现代会计核算和控制方法的一种，其对传统的制造成本会计理论、责任会计理论和管理会计理论都产生了非常大的影响。它的产生是由以下几个因素交互影响的结果：

（一）产品生产成本中直接成本的比例大幅下降，间接成本在产品成本中的比例大幅度提高

在这种情况下，由于传统的成本计算方法不能准确分配间接成本，因此，相对于现代的成本核算来说，传统的成本核算方法显得不合时宜。20 世纪 80 年代以前，管理会计学中有关间接成本的内容在处理方法上一直按照以直接人工工时作为制造费用的分配标准的基本原则，其隐含意义是认为间接成本（制造成本）与直接人工工时具有直接相关关系。这在 80 年代以前是合乎企业的实际情况的，那时企业的制造费用总额仅占总成本比例的 10%。但 80 年代后，随着高新技术的发展，以及生产过程的自动化程度的提高，使直接成本在产品成本中所占的比例大大减少，而间接成本所占的比例大幅度提高，如美国为 35%，日本为 26%，而就电子与机器工业来看，美国甚至高达 70% ~75%，日本则高达 50% ~60%。随着制造费用比例的提高，这种不准确的隐含条件对成本核算产生的不利影响越来越大。

（二）间接费用的成本动因趋于多样化

原有的间接成本通常包括固定资产折旧费和车间技术人员、管理人员工资福利费等。但到 80 年代后期，对企业来说，增强竞争力，提高客户的满意度变得非常

关键。为了满足客户多样化、个性化的要求，产品的生产由大批量、少品种向小批量、多品种转化。对产品的技术创新、质量管理等方面的投入使得产品间接费用的成本动因趋于多样化。多样的成本动因使得对间接成本仅按原有分配标准进行分配非常不准确，于是按成本动因归集成本，而后根据产品对成本动因的耗费再进行分配的成本核算方法——作业成本法应运而生。

（三）传统的成本核算方法得到的成本信息导致的决策失误带来的损失不断增长

传统的成本核算方法对间接成本分配的不准确性导致对产品的盈利与否的判断有误，进而对产品是应停产还是加大生产也会产生错误的决策，有可能将一种事实上盈利但在核算中却反映为成本过高为非盈利产品进行停减产，从而将企业带入严峻的困难境地。传统的成本计算方法对成本核算的扭曲被称为成本转移，即因为成本计算方法的原因，使某些产品成本被低估，而另一些产品的成本则被高估。在传统的成本计算方法下导致成本转移的主要因素有：批量差异、工艺差异和其他三种。

1. 批量差异的成本转移

通常在传统成本计算方法下，易将小批量产品的成本转移到大批量产品成本中，从而造成小批量产品成本被低估，大批量产品成本被高估。例如：A设备生产红球，月需求量为2000打，B设备生产蓝球，月需求量为100000打。设备要每月调试，A设备为每月1次，B设备为每月2次，假设A与B的每次调试费用都相同，都等于m，那么A、B设备生产的球每打的真实调试成本分别为m/2000和m/50000，即红球的调试成本是蓝球的25倍。但传统成本计算法是这样计算的：首先把红球和蓝球的调试费相加为3m，生产量相加为102000打，再求出综合的调试成本分配率为3m/102000。显然，传统的计算方法低估了红球成本而高估了蓝球成本。

2. 工艺差异的成本转移

通常，在传统成本计算方法下，资本密集型产品成本会向劳动密集型产品转移、复杂工艺产品成本会向简单工艺产品转移。

3. 其他因素的成本转移

现行纳入期间费用的一些项目，如产品研发、设计、销售等费用，在传统的少品种、大批量的生产模式下，由于产品数量大，分摊到单位产品上的费用相对较少，因此这些费用不纳入成本核算，对产品成本影响不大。但是在多品种、小批量的情况下，特别是对单件设计生产的产品、特殊销售的产品，按传统的成本计算方法核算就大大地低估了其成本。

（四）实施作业成本核算及作业成本管理的客观条件形成

随着价值链理论的出现，使企业管理者能有效并正确地对企业产品生产流程进行价值链分析，确定成本动因。与此同时，计算机技术和网络技术的快速发展，使实施作业成本法所需数据能方便取得并且数据处理成本也大幅下降。

二、作业成本法的原理

作业成本法又叫作业成本计算法或作业量基准成本计算法，它是以作业（Activity）为核心，确认和计量耗用企业资源的所有作业，将耗用的资源成本准确地计入作业，然后选择成本动因，将所有作业成本分配给成本计算对象（产品或服务）的一种成本计算方法。

（一）作业成本法的指导思想

作业成本法的指导思想是："成本对象消耗作业，作业消耗资源。"作业成本法涉及两个阶段的分配过程：第一阶段，为成本的归集过程，把有关生产或服务的资源分配至作业中心，形成作业成本；第二阶段，为成本的分配过程，以作业成本动因为基准，把作业中心中归集的作业成本分配至产品或其他成本对象中，最终得到产出成本，具体如图 13－1 所示。在作业成本法中，生产成本应先根据成本动因汇集到作业，计算出作业成本后，再按照产品生产所消耗的每一个作业，将作业成本逐个计入产品生产成本之中。按照这一思路，作业成本法既可以计算出产品生产成本，以满足损益计算的需要，同时又可以计算出作业成本，以满足作业管理的需要。此外，作业成本法把直接成本和间接成本（包括期间费用）作为产品（服务）消耗作业的成本，给予同等地对待，拓宽了成本的计算范围。因此，通过作业成本法计算出来的产品（服务）成本，更准确、真实，同时也更符合战略成本管理中的成本概念。

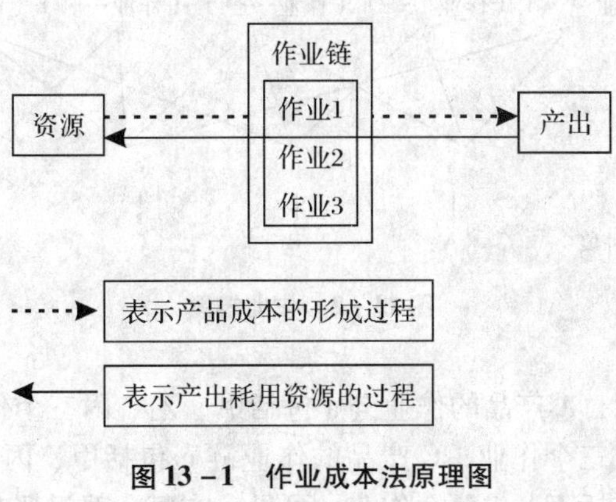

图 13－1　作业成本法原理图

（二）作业成本法的有关概念

1. 作业（Activity）

作业是指企业内部进行的一系列工作。按照作业成本发生的直接受益对象可将作业划分为：

（1）单位水平作业，是使每一单位产品都能直接受益的作业，例如：直接材料的投入或某项直接人工的投入。这些作业在生产过程中不断发生，具有重复性。它引发的成本大都是变动的。

（2）批别水平作业，与产品批次相关的作业，其作业的发生是使一批产品或顾客受益的作业，如对每批产品的检验、调整准备、原料处理、生产计划等。

（3）产品水平作业，指使某种产品和顾客的每个单位都受益的作业，如对某种产品进行的工艺设计、编制数控程序等。

（4）维持性作业，指使企业内某部门或机构受益，而与产品或顾客几乎没有任何联系的作业，如财务部门为满足股东、政府、投资者的需要进行财务报表编制的工作，该作业与产品没有任何关系。此外，还有管理人员工资、办公楼折旧等。

2. 成本动因（Cost Driver）

成本动因是指导致某项作业成本变动的因素，它可以作为各作业成本分配的计量标准。因此，它又被称为作业成本动因。

3. 作业链（Activity Chain）

作业链是指与成本标的密切相关的一系列有序作业的集合。例如，某组织有甲、乙、丙、丁、戊 5 个部门和 A、B、C、D 4 个成本标的，即成本核算对象，每个成本标的的实现需要经过不同部门的不同作业，各成本标的所经过各部门的作业构成作业链 a、b、c、d。具体如图 13－2 所示。

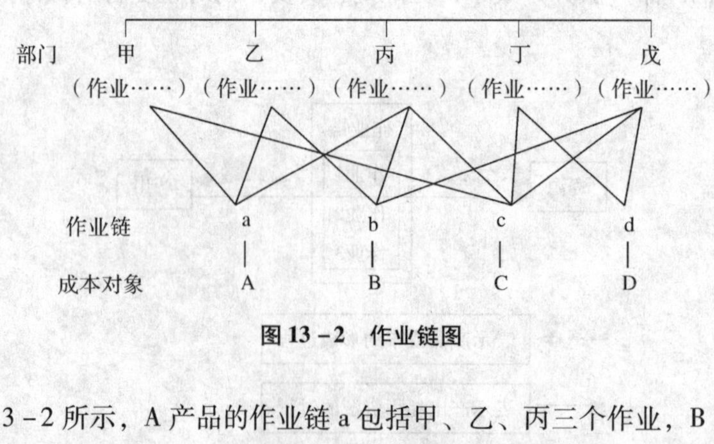

图 13－2 作业链图

如图 13－2 所示，A 产品的作业链 a 包括甲、乙、丙三个作业，B 产品的作业链 b 包括乙、丙、戊三个作业，C 产品的作业链 c 包括甲、丙、丁、戊四个作业，D 产品的作业链 d 包括丁、戊两个作业。可见，在每一部门都有若干种作业，每一成本标的，即成本核算对象的流程都经历了若干部门和若干作业，这些作业一起，构成了该成本标的的作业链。

4. 价值链（Value Chain）

价值链是指和作业、作业链相关的一个重要概念，具体是指企业所从事的开发、生产、营销和向顾客交付产品和劳务所必需的一系列作业价值的集合，或伴随作业转移的价值转移过程中全部价值的集合。作业的转移伴随着价值的转移，最终的产出即是作业链的集合，也是价值链的集合。因此，作业链的形成过程也就是价值链的形成过程，作业链是价值链的物质载体，而价值链是作业链的货币表现。

（三）作业成本法的成本计算程序

作业成本法的成本计算程序，总共可以分为确认和计量耗用企业资源的成本、确认和计量耗用资源的作业、计量作业成本、选择成本动因、汇集成本库、作业成本分配以及计算产品成本七个步骤，具体如图 13－3 所示。

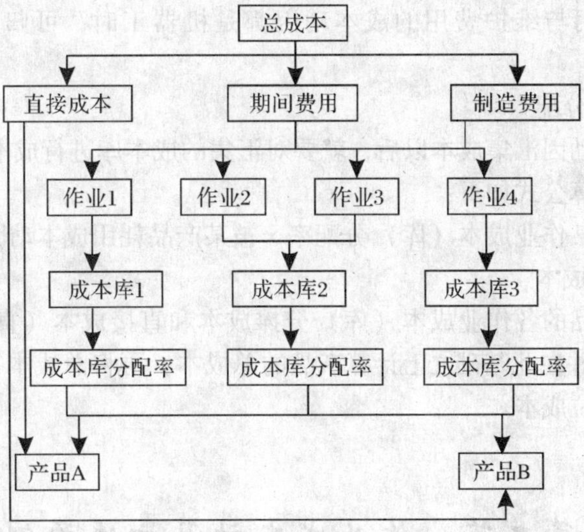

图 13－3　作业成本法程序图

1. 确认和计量耗用企业资源的成本

确认和计量耗用企业资源的成本是指将能够直观地确定为某特定产品或服务的资源成本划为直接成本，直接计入该特定产品或服务成本，而将其余部分列为作业成本。

2. 确认和计量耗用资源的作业

确认和计量耗用资源的作业是指为提供服务或产品而耗用企业资源的相关生产经营管理活动，如订单处理、产品设计、员工培训、材料处理、机器调试、质量检查、包装、销售、一般管理等。作业的确定可大可小，大作业又可以被细分为小作业，作业的划分越细致，其成本核算越准确。

3. 计量作业成本

根据资源耗用方式的不同，将间接资源成本分配给与其相关的作业，计算出各项作业的成本，即作业成本。

4. 选择成本动因

选择成本动因实质上就是指选择驱动成本发生的因素。一项作业的成本动因往往不止一个，应该选择与实耗资源相关程度较高且易于量化的成本动因作为分配作业成本和计算产品成本的依据，比如：人工小时、机器小时、机器准备次数、产品批数、收料次数、物料搬运量、订单份数、检验次数、流程改变次数等。为了使作业成本核算准确，不仅要求其成本核算原理准确，同时，还要求作业确实是科学、合理的。

5. 汇集成本库

汇集成本库具体是指将相同成本动因的有关作业成本合并汇入“同质成本库”，如动力费用与维护费用的成本动因都是机器工时，可归入同一个成本库之中。

6. 作业成本分配

在按照成本动因汇集成本以后，就要对汇集的成本库进行成本分配了。作业成本分配的具体计算公式如下：

分摊成本 = 某作业成本（库）分配率 × 被某产品耗用成本动因数量

7. 计算产品成本

将分配某产品的各作业成本（库）分摊成本和直接成本（直接人工及直接材料）合并汇总，并在此基础之上计算产品的总成本，再将总成本与产品数量相比，计算出产品的单位成本。

第二节 作业成本计算方法举例

一、实例

某国有企业同时生产 A、B、C 三种产品。其中，A 产品是老产品，已经有多年的生产历史，比较稳定，每批大约生产 10000 件以备顾客订货的需要，年产 A 产品 120000 件；B 产品是应顾客要求在老产品基础上改进的新产品，每批生产 100 件，年产 B 产品 60000 件；C 产品是一种新的、复杂的产品，每批生产 10 件，年产 C 产品 12000 件。其余有关三种产品生产成本资料如表 13－1 所示。

表 13－1 某企业产品生产成本表 单位：元

成本项目	A 产品	B 产品	C 产品	合计
直接材料	600000	360000	96000	1056000
直接人工	240000	120000	36000	396000
制造费用	1200000	600000	180000	1980000
合计	2040000	1080000	312000	3432000

根据表 13－1 所示，按传统成本计算方法，某企业 A、B、C 三种产品的单位成本计算结果如表 13－2 所示。

表 13－2 某企业产品生产单位成本表 单位：元

成本项目	A 产品（120000 件）	B 产品（60000 件）	C 产品（12000 件）
直接材料	5.00	6.00	8.00
直接人工	2.00	2.00	3.00
制造费用	10.00	10.00	15.00
合计	17.00	18.00	26.00

上述传统成本计算法下，制造费用是以直接人工成本为基础进行分配的。从表 13－2 中可以明显看出，分配后的单位产品制造费用是直接人工成本的 500%。很明显，该产品生产过程中需要耗费大量的间接成本。如前所述，在这种情况下，采用传统的成本计算法分配数额如此巨大的制造费用，并不是一种好的选择。下面，我们将根据作业成本计算法，重新计算产品的生产成本。从中，大家可以看出两种成本计算方法之间的差异。

根据作业成本法的要求，首先依据不同的成本库，归集制造费用，如表 13－3 所示。

表 13－3 依据成本库归集的制造费用表 单位：元

制造费用项目	数 额
间接人工：	
整备工作	320000
材料处理	280000
检验人员	200000
采购人员	210000
产品分类人员	100000

续表

制造费用项目	数 额
工厂管理人员	160000
小 计	1270000
其他制造费用：	
热和照明	80000
房屋占用	190000
材料处理设备折旧	80000
机器能量	140000
供应商（检验）	70000
供应商（购买）	60000
供应商（产品分类）	40000
供应商（全面管理）	50000
小 计	710000
合 计	1980000

进一步假设其他有关的成本动因资料如下：

(1) A、B、C产品的单位机器小时比例分别为：1、1.5和3.5。

(2) 每批次需要一次标准的整备工作。

(3) 每批产品的标准检验单位为：A产品每批50件；B产品每批5件；C产品每批2件。

(4) A、B、C产品每件材料移动次数分别为：25、50和100。

(5) A、B、C产品每件购货订单数分别为：200、400和1400。

(6) A、B、C产品每件产品分类次数分别为：50、75和200。

根据上述资料，按照单位作业、批作业、产品作业和能量作业四个作业层次分配制造费用如下：

(一) 单位作业层次

(1) 直接材料成本与直接人工成本的计算与传统成本计算法相同，直接计入产品成本。

(2) 机器能量成本按一定比率分配到产品生产线，具体计算过程如表13-4所示。

表 13－4　　机器能量成本分配表

产品名称	数量（件）	使用比例	合　计（件）	分配率（元/件）	分配额（元）
A	120000	1	120000	0.56	66700
B	60000	1.5	90000	0.56	50000
C	12000	3.5	42000	0.56	23300
合计	–	–	252000	0.56	140000

（二）批作业层次

（1）检验成本按检验次数分配，其计算过程见表 13－5。

（2）材料处理成本以材料移动次数为基础分配，其计算过程见表 13－6。

（3）整备成本以每批整备次数为基础分配，其计算过程见表 13－7。

表 13－5　　检验成本分配表

产品名称	批　量	每批检验数（件）	合　计	分配率（元/件）	分配额（元）
A	12	50	600	45.00	27000
B	600	5	3000	45.00	135000
C	1200	2	2400	45.00	108000
合计	–	–	6000	45.00	270000

* 检验成本：检验人员工资 200000 元 + 供应商（检验）70000 元。

表 13－6　　材料处理成本分配表

产品名称	批量	每批移动次数	合计	分配率	分配额（元）
A	12	25	300	2.40	720
B	600	50	30000	2.40	71856
C	1200	100	120000	2.40	287424
合计	–	–	150300	2.40	360000

* 处理成本：材料处理人员工资 280000 元 + 折旧 80000 元。本表分配额根据四舍五入取整数列示。

表 13－7　　整备成本分配表

产品名称	每批整备次数	分配率	分配额（元）
A	12	176.60	2120
B	600	176.60	105960
C	1200	176.60	211920
合计	1812	176.60	320000

（三）产品作业层次

（1）购买成本以购货订单为基础分配，计算过程如表 13－8 所示。

（2）产品分类成本以分类次数为基础分配，计算过程如表 13－9 所示。

表 13－8 **购买成本分配表**

产品名称	购货订单数量（件）	分配率	分配额（元）
A	200	135.00	27000
B	400	135.00	54000
C	1400	135.00	189000
合 计	2000	135.00	270000

* 购买成本：购买人员工资 210000 元＋供应商（购买）60000 元。

表 13－9 **分类成本分配表**

产品名称	分类次数	分配率	分配额（元）
A	50	430.77	21540
B	75	430.77	32310
C	200	430.77	86150
合 计	325	430.77	140000

* 分类成本：分类人员工资 100000 元＋供应商（产品分类）40000 元。本表分配额根据四舍五入取整数列示。

（四）能量作业层次

能量作业层次以主要成本（直接材料成本＋直接人工成本）为基础分配，其具体计算过程如表 13－10 所示。

表 13－10 **主要成本分配表**

产品名称	单位主要成本	生产数量（件）	主要成本	分配率	分配额（元）
A	7.00	120000	840000	0.33	277686
B	8.00	60000	480000	0.33	158678
C	11.00	12000	132000	0.33	43636
合 计	－	－	1452000	0.33	480000 *

* 维持性成本：
(1) 工厂管理人员工资 160000 元
(2) 照明和热动力费用 80000 元
(3) 房屋占用费 190000 元
(4) 供应商（全面管理） 50000 元
合 计 480000 元

本表分配额根据四舍五入取整数列示。

综合上述计算结果，根据作业成本计算法，各种产品的总成本和单位成本汇总得表 13 - 11。

表 13 - 11　　某企业产品生产成本表　　单位：元

项　目	产品 A		产品 B		产品 C	
	单位成本	总成本	单位成本	总成本	单位成本	总成本
1. 单位作业层次：						
直接材料	5.00	600000	6.00	360000	8.00	96000
直接人工	2.00	240000	2.00	120000	3.00	36000
机器能量	0.56	66700	0.83	50000	1.94	23300
小　计	7.56	906700	8.83	530000	12.94	155300
2. 批作业层次：						
检验	0.23	27000	2.25	135000	9.00	108000
材料处理	0.01	720	1.20	71856	24.00	287424
整备	0.02	2120	1.77	105960	17.66	211920
小　计	0.26	29840	5.22	312816	50.66	607344
3. 产品作业层次：						
购买	0.23	27000	0.90	54000	15.75	189000
产品分类	0.18	21540	0.54	32310	7.18	86150
小　计	0.41	48540	1.44	8631	22.93	275150
4. 维持作业层次：						
全面管理（参见表 10）	2.31	277686	2.64	158628	3.63	43636
合　计	10.54	1262766	18.13	1087898	90.16	1082006

此时，我们将用作业成本法计算的产品成本结果与传统成本核算方法计算的产品成本结果相比较，可以发现两者之间存在着很大的差异，具体见表 13 - 12。在本例中，用两种方法分别针对 A、B、C 三种产品计算的产品成本，都存在一定的差异，其中以 A 产品和 C 产品的差别尤其明显。A 产品是一种稳定大批量生产的产品，其按照作业成本法计算的单位产品成本几乎是传统成本计算法的一半（10.54 元与 17.00 元）；而 C 产品是一种技术较高、小批量生产的产品，其单位成本大约是传统成本计算法的 3.5 倍（90.16 元与 26.00 元）。事实上，从这两种方法的计算过程中可以明显看出，导致这种差异产生的原因是在以直接人工成本为基础的传统成本计算法计算产品成本的过程中，A 产品过多地分摊了本应由 C 产品承担的成本。

表 13 - 12 传统成本核算方法和作业成本法计算结果比较

项 目	产品 A		产品 B		产品 C	
	单位成本	总成本	单位成本	总成本	单位成本	总成本
传统成本核算方法	17	2040000	18	1080000	26	3432000
作业成本法	10.54	1262766	18.13	1087898	90.16	1082006
差额	6.46	777234	-0.13	-7898	64.16	2349994

由此可见，传统成本计算法在采用单一分配标准对制造费用进行分配时，忽视了各种产品生产的复杂性和技术含量不同以及与此相联系的作业量不同，并产生与实际成本相差悬殊的成本信息，会对决策者产生误导。

二、作业成本法和传统成本核算方法的比较

（一）作业成本法相对于传统成本核算法提供的成本信息更为真实、准确

传统的成本核算方法是直接将耗用的资源以产品为对象进行的一阶段归集。虽然其中对于生产组织与管理费用是先按照地点在制造费用中归集，而后再按照一定的分配标准（通常用人工工时）归集至产品成本，即部分地采用了两阶段的归集，资源→地点→产品，但其原理是不科学的。原因在于，制造费用中包含的内容非常之多，例如车间设备折旧费，车间技术、管理人员工资及福利费，车间人员差旅费、办公费等，如此之多产生原因各不相同的费用是不可能按照同一分配标准进行分配的，这样得出的成本信息不可能真实、准确。作业成本法是一种真正意义上的二阶段的归集，是按照资源→作业→产品的程序进行成本核算，消除了传统成本核算方法的成本信息与实际脱节的弊端。

（二）作业成本法相对于传统成本核算方法更有利于成本管理

传统成本法中管理的重点是资源耗用的“差额”，而作业成本法管理的重点却是“作业”而不是“差额”。差额管理的前提是对产品制定标准成本，而现代化的生产趋势是多品种、小批量生产，这使得对其标准成本的确定难以实现。从而使得传统成本管理中的标准成本法失去了存在的基础。并且，对资源进行直接管理，只能是在生产过程中尽量节约，比如在生产中工人尽量节约材料，但这种节约终归是非常有限的。而企业如果使用作业成本的核算方法，则相应地可以采取作业管理，即对企业生产过程中的作业进行分析，检查是否所有的作业都是必要的，减去不增值的作业，如生产过程中的一些运输作业，对成本节约是非常大的。作业成本管理是通过对作业的节约达到对资源的节约，对成本的节约，既易于操作又是卓有成

效的。

（三）生产部门管理权力下降，部门的主观能动性受到限制

作业成本法与传统成本核算方法比较也有缺陷，主要体现在生产部门管理权力下降，部门的主观能动性受到限制。传统的成本核算方法是按地点、按部门归集分配成本的，所以其目标成本也被落实到具体地点、具体部门，甚至具体个人。这样有利于部门的成绩考核，发挥部门节约成本的主观能动性。而在作业成本法下，成本是与作业密切相连的，而与相应的具体部门、单位以及个人关系不很密切。这样易于导致部门在生产执行过程中失去对成本管理的积极性。但这个问题不是不能解决，只需在采用作业成本法、分析成本动因的时候，对部门的设置尽量考虑作业的影响，尽可能地按具体作业来划分部门，就可以相应地解决这个问题。

第三节　作业成本管理

作业成本法核算成本的目的不在于事后核算，其成本资料作为信息，主要是为了企业战略成本管理。作业成本管理是战略成本管理的手段之一，作业成本管理从两个层次进行，一是作业管理，二是作业成本分析。

一、作业管理

作业管理是以作业为成本管理核心的管理方法，作业分析是作业管理的基本方法。作业分析包括下列四个步骤：①分析哪些作业是增值的，哪些作业不增值。②分析重要性作业。③把企业的作业同其他企业类似作业进行对比。④分析作业之间的联系。作业分析应注意以下几个方面的内容：

（1）成本动因分析是对作业成本动因的进一步分析，有利于将作业成本的管理深入作业之中。此外，作业成本的归集是按照资源成本动因进行的，要提高作业的效率，还要对资源动因进行分析。

（2）作业分析的最终目的是提高产出对顾客的价值，其中价值可以用产出价值反映。产出价值的大小与作业效率和作业价值成正比。影响作业效率的因素有作业量和资源消耗两个，效率体现了一定资源投入完成作业的多少，即作业效率＝作业量/资源费用；影响作业价值的因素有产出功能和作业量，即作业价值＝产出功能/作业量。所以，总产出公式可表示如下：

产出价值＝作业效率×作业价值＝作业量/资源费用×产出功能/作业量

由此可知：一定量的作业量，消耗的资源费用越少，作业效率越高，产出价值越大。

(3) 进行成本管理对作业的分析仅仅只是从增值与否角度来划分作业是不够的，还应当从作业完成效率高低的角度将作业划分为高效作业和低效作业。高效作业是指没有消耗过多的资源的作业，即效率高、成本低的作业。低效作业指消耗过多资源、完成效率低、成本费用高的作业。由此可见，企业的每个作业都包含两个方面的性质：是否增值以及效率如何。作业的增值与否是针对产出的价值的绝对值而言的，作业的效率高低是针对产出和消耗的比例，即相对数而言的。据此可将所有作业分为四类：①增值高效作业。②增值低效作业。③不增值高效作业。④不增值低效作业。

针对以上几个问题进行以下分析：

(一) 资源成本动因分析——评价作业的有效性

资源动因是指资源被消耗的方式和原因，是把资源成本分配到作业的基本依据。作业消耗了人力、材料、设备、动力、房屋、现金等各种资源，因此要依据作业消耗的资源动因将所消耗的资源分配至作业之中，例如：人工按人工小时，材料按材料消耗量，机器按机器小时，动力按动力耗用量等标准分配至各作业成本之中。

资源计入作业中，并非都被作业合理有效地消耗了，所以要进行资源动因分析。企业的作业数目繁多，通常企业80%的成本是由20%的作业引起的，将作业按成本大小排列，排列在前面的作业就是重点作业。对重点作业进行资源动因分析，分析哪些资源的消耗是必需的，哪些是可以减少的，以达到进一步降低作业成本，提高作业效率的目的。对重点作业开展以下问题的调查并进行细微分析：①作业人数可否减少。②作业时间可否减少。③可否使用既保证产品质量又更廉价的原材料。④可否使用性能相同而又更廉价的机器设备和辅助用具。⑤是否有既保证质量但更简单的工艺方法。⑥设备利用率可否再提高。⑦能源消耗率能否再降低。对以上问题进行调查，以寻求降低作业成本，提高作业效率的途径，达到战略成本管理的目的。

(二) 作业动因分析——判断作业的增值性

当通过按资源动因分配、归集了作业成本后，接下来就必须按照作业成本动因将作业成本归集到成本核算对象中。作业成本动因是作业被消耗的直接原因，如销售作业中心作业动因的计量可以选择为广告次数、销售人员数量、销售合同数等。对作业动因分析重在揭示动态的成本驱动因素，它的主要目的在于揭示哪些作业是必需的，哪些作业是多余而应该减少的，最终确定如何减少产品消耗作业的数量，从而降低产品成本。利用作业动因价值分析可以判断作业对产品价值的影响，确定是否是增值作业。增值作业必须同时满足以下条件：①该作业的功能是明确的。②该作业能为最终产品或劳务提供价值。③该作业在企业的整个价值链中不能去掉，合并或被替代。

（三）作业的综合分析

对每项作业进行了资源动因分析和作业动因分析后，还应该分析各项作业之间的联系，这就是作业的综合分析。企业的各种作业相互联系，形成作业链。每完成一定的作业，就要消耗一定的资源，同时又形成一定的价值，直到把最终产出提供给顾客，所以作业链又表现为价值链。作业链上每个作业好比是链环，作业间的关系好比是链节，对作业链的分析不仅要对链环分析，还应当对链节进行分析，避免链环之间断开、重叠等情况发生。理想的作业链是作业间环环相扣，尽量避免作业间的等待、延误。对作业进行综合分析就是尽量地改进、优化作业链，协调企业生产，以实现企业战略目标。

（四）作业的改进

进行了作业的分析，明确了作业的价值和效率，才能寻求改进机会。通过作业分析可以用以下几种方式降低成本，提高效率：①减少不增值作业。②减少作业所消耗的资源。③合理安排作业流程，尽量优化作业链。④利用作业成本计算的信息，编制资源使用计划，重新配置未使用资源，降低资源闲置率。

二、作业成本分析

（一）作业成本性态分析

成本性态又称为成本习性，指成本发生额与业务量之间的关系。传统的成本管理会计中将所有的成本按其成本性态划分为变动成本和固定成本两大类。变动成本指总成本随业务量的变化而变化；固定成本则指总成本不随业务量的变化而变化。这样成本存在下列公式：$C = ax + b$，其中：C——总成本，a——单位业务量承担的变动成本，b——总的固定成本，x——业务量。传统的成本管理中，成本通常由三个成本项目构成：直接材料、直接人工和制造费用，其中直接材料、直接人工属于变动成本，制造费用被分为变动性制造费用和固定性制造费用，分属于变动成本和固定成本，但通常掩盖了制造费用的可变性，大部分的制造费用被归于固定成本。这种处理方法在直接成本的比例较高的情况下，对成本管理影响不大，但随着技术的发展，间接成本日益快速增长，这种划分已经歪曲了实际成本性态，不利于成本管理。

作业成本法的提出，改进了间接成本的分配方法，作业成本性态分析也将改进传统的成本性态分析。作业成本的思想是：产品消耗作业，作业耗费资源；由此可见成本大都是因为作业产生的，它们与作业量相关，并被多种成本动因驱动，但与传统的业务量即产销量没有直接关系。作业成本法将作业划分为单位水平作业、批次水平作业、产品水平作业和维持性水平作业，据此，将成本按成本性态划分为短期变动成本、长期变动成本和固定成本三类。

1. 短期变动成本

短期变动成本就是传统意义上的变动成本，主要包括直接材料、直接人工和单位水平作业消耗的作业成本。短期变动成本的发生与产销量相关。短期变动成本总额随着产品产量成正比例变动，单位产品短期变动成本不受产品产量的影响。

2. 长期变动成本

长期变动成本又称作业成本，是指在相关范围内，不随产品产量变动而与产品消耗的作业量成正比例变动的变动成本，主要包括批次水平作业和产品水平作业消耗的资源费用。长期变动成本的特点是其数额的增减与作业量的变动不是同时发生的，也就是说，本期作业量的增减并不一定会引起本期长期变动成本的相应变化，其影响可能会递延到下期或更长一些时期后才会显示出来。例如，在生产多品种产品的企业中，生产调度成本的成本动因是需要安排调度的生产批次（作业量基础），而不是产品产量（数量基础），因为生产调度的成本是由生产批次所驱动的，本期以前发生的生产调度成本，必须分摊到相应的产品批次中，除非以前期间生产调度成本的各批产品已于本期之前全部完工，作业成本类似于传统成本性态分类中的混合成本。长期变动成本总额与作业量间存在较为稳定的正相关关系，在长期变动成本总额随作业量正比例变动的同时，单位长期变动成本一般不受作业量变动的影响。

3. 固定成本

固定成本近似于传统管理会计中的约束性固定成本，它指在较长时期和一定范围内不受数量基础和作业基础的成本动因变动影响而固定不变的成本项目，主要包括维持性作业消耗的资源费用，如管理人员的工资等。只要企业处于经营状态，就必然会发生维持性作业，同时耗费相关的固定成本。管理部门一般不能通过决策行为改变固定成本的数额，因为固定成本主要属于“经营能力成本”，它是一种提供和维持生产经营所需设备、机构而支出的成本。在作业成本法下固定成本所占比重远比传统成本核算下要小，因为传统成本核算中部分固定成本计入长期变动成本中了，所以作业成本法下，固定成本在成本性态分析中不是很重要了。

（二）作业基础本—量—利模型

1. 作业基础本—量—利模型的基本假设

作业基础本—量—利分析，全称为以作业为基础的成本—业务量（产销量和作业量）—利润分析（Activity Based - Cost Volume Profit Analysis）。它是在作业成本性态分析的基础上，运用数量化的模型解释企业的利润与产销量、作业量、销售单价、变动成本、作业成本和固定成本之间相互关系的一种定量分析方法。经济理论的正确性必须建立在一定的基本假设基础上，作业基础本—量—利分析的基本假设有：线性假设、固定成本可分性假设、产销平衡假设、单期间假设。

（1）线性假设。从数学角度看，线性假设指所建立的模型是一次函数。它分为线性成本假设和线性收入假设。线性成本假设假定企业成本与产量和作业量呈线性关系，其中变动成本与产品产量成正比例变动，作业成本与产品消耗的作业量成正比例变动，固定成本与产量和作业量无关并保持不变。线性收入假设意味着销售收入是销售量，销售价格的函数、销售量和销售价格线性无关。假设 p_i 为 i 产品的销售单价，全部产品的销售收入为 $\sum p_i x_i$。

（2）固定成本可分性假设。由于机器设备折旧等费用实践中多是作为相应作业中心的作业成本划归各作业成本库，因此不妨选择某种方法对其进行分摊，以便进行产品的作业基础本—量—利分析。实践中可以采用作业量比例法进行分摊。假设 a_i 为 i 产品的固定成本，它包括机器设备、厂房折旧和企业管理费用等固定成本，总固定成本可以表示为 $\sum a_i$。

（3）产销量平衡假设。产销量不平衡情况下，存货水平影响到当期利润水平。为了便于分析，假设企业产销量平衡，即本期生产的产品全部实现销售，这对于现代信息流畅，特别是 JIT 环境下具有一定的现实意义。

（4）单期间假设。与传统简单本—量—利模型相同，假设作业基础本—量—利分析的期间为一个会计报告期间（通常为一年以内）。由于一年以内的决策分析不考虑货币的时间价值，因此该模型为静态模型。

2. 作业基础本—量—利模型

根据以上基本假设和前面的成本性态分析，将成本按其成本性态划分为短期变动成本、长期变动成本和固定成本三大类。可得以下公式：

$$C = \sum_{i=1}^{n} (b_i \times x_i) + \sum_{i=1}^{n} \sum_{j=1}^{m} (d_j \times y_{ij}) + a \qquad (13-1)$$

式中：C 为总成本，n 为企业产品数，m 表示整个经营过程的作业个数，x_i 为 i（$i=1 \sim n$）产品产量，y_{ij}为 i 产品消耗 j 作业（$j=1 \sim m$）的作业量，b_i 为 i 产品单位短期变动成本，d_j 为 j 作业的单位长期变动成本，a 为企业的固定成本总额，则 $\sum_{i=1}^{n} (b_i \times x_i)$ 为短期变动成本总额，$\sum_{i=1}^{n} \sum_{j=1}^{m} (d_j \times y_{ij})$ 为长期变动成本总额。

$$\Pi = \sum_{i=1}^{n} [(p_i - b_i) x_i] - \sum_{i=1}^{n} \sum_{j=1}^{m} (d_j \times y_{ij}) - a \qquad (13-2)$$

式中：Π 为企业利润总额，p_i 为 i 产品单价。

按此模型，对某钢丝绳厂进行作业成本分析。钢丝绳厂生产四种产品：I1，I2，I3 和 I4。成本按作业基础成本性态可以划分为变动成本、作业成本和固定成本三类。变动成本包括直接材料成本和单位作业成本。表 13－13 给出了各产品相应的单位变动成本资料。

作业成本是指在较长时期内、相关范围内，不与产品产量成正比例变动，而是与消耗作业量成正比例变动的变动成本。出于简便起见，钢丝绳厂的作业成本归集为由以下四项构成：拉丝作业，合股作业，合绳作业，调整准备作业。以下给出各研究目标消耗各作业的作业量及相应作业成本，13－14 所示。

表 13－13　　产品单位变动成本表

产品	I1	I2	I3	I4
材料成本	275200	110080	165120	11008
酸热搬成本	41600	16640	24960	1664
麻绳浸油成本	36700			1468
磷化成本	4700		2820	
变动成本总额	358200	126720	192900	14140
产品产量	100	40	60	4
单位变动成本	3582	3168	3215	3535

表 13－14　　作业成本一览表

产品	I1	I2	I3	I4
拉丝作业量	228	163	217	42
单位拉丝成本	176			
拉丝作业成本	40128	28688	38192	7392
合股作业量	1975	78	156	8
单位合股成本	92			
合股作业成本	181700	7176	14352	736
合绳作业量	329	12	24	1.4
单位合绳成本	605			
合绳作业成本	199045	7260	14520	847
调整准备作业量	60	2	8	1
单位调整准备成本	1034			
调整准备作业成本	62040	2068	8272	1034
作业成本合计	482913	45192	75336	10009
产品产量	100	40	60	4
单位作业成本	4829.13	1129.8	1255.6	2502.25

固定成本指在较长时期内和一定范围内都不受数量基础和作业基础成本动因变动的影响而固定不变的成本。钢丝绳厂将固定成本归为其他制造费用以及其他资源费用两类，共计 20934 元，根据固定成本可分性假设，按照产量将其分配到产品

上：I1 产品为 10262 元，I2 产品为 4105 元，I3 产品为 6157 元，I4 产品为 410 元。

下面对产品作为整体进行研究，整个经营过程由拉丝、合股、合绳与调整准备作业共四个批次水平作业组成。其中 i 产品的产销量为 x_i，I 产品消耗 j 作业的作业量为 y_{ij}，I 产品的单位变动成本为 b_i，I 产品的单位销售价格为 p_i，j 作业的单位作业成本为 d_j（I = 1 ~ 4，J = 1 ~ 4），则企业的总利润 Π 可表述为：

$$\begin{aligned}\Pi = &[(p_1 - 3582) \times x_1 - 176y_{11} - 92y_{12} - 605y_{13} - 1034y_{14}] \\ &+ [(p_2 - 3168) \times x_2 - 176y_{21} - 92y_{22} - 605y_{23} - 1034y_{24}] \\ &+ [(p_3 - 3215) \times x_3 - 176y_{31} - 92y_{32} - 605y_{33} - 1034y_{34}] \\ &+ [(p_4 - 3535) \times x_4 - 176y_{41} - 92y_{42} - 605y_{43} - 1034y_{44}] \\ &- 20934\end{aligned} \quad (13-3)$$

各个产品的本—量—利公式可以分别表示为

$$\begin{aligned}\Pi_1 = &[(p_1 - 3582) \times x_1 - 176y_{11} - 92y_{12} \\ &- 605y_{13} - 1034y_{14}] - 10262\end{aligned} \quad (13-4)$$

$$\begin{aligned}\Pi_2 = &[(p_2 - 3168) \times x_2 - 176y_{21} - 92y_{22} \\ &- 605y_{23} - 1034y_{24}] - 4105\end{aligned} \quad (13-5)$$

$$\begin{aligned}\Pi_3 = &[(p_3 - 3215) \times x_3 - 176y_{31} - 92y_{32} \\ &- 605y_{33} - 1034y_{34}] - 6157\end{aligned} \quad (13-6)$$

$$\begin{aligned}\Pi_4 = &[(p_4 - 3535) \times x_4 - 176y_{41} - 92y_{42} \\ &- 605y_{43} - 1034y_{44}] - 410\end{aligned} \quad (13-7)$$

三、作业基础保本分析

作业基础保本分析是研究企业产品实现损益平衡时相应的产销量、作业量与成本销售之间关系的一种定量分析方法，是作业基础本—量—利分析的核心，它包括保本产销点分析和保本作业量分析。

（一）保本产销点分析

作业基础保本产销点分析是指在作业成本不变的前提下，使某种产品达到损益平衡时的产销量或销售收入。保本产销量的计算应当在作业基础本—量—利模型基础上，在固定成本可分性假设前提下，针对各种产品分别进行计算。在保本产销点上，i 产品的收入等于支出，所得等于所费，即利润等于零。将上式稍加整理，可以得到 i 产品的保本产销量 x_{bi}。

$$x_{bi}=\left[\sum_{j=1}^{i}(d_j\times y_{ij})+a_i\right]/(p_i-b_i) \tag{13-8}$$

保本产销额等于保本产销量乘以产品销售价格，即：

$$s_{bi}=p_ix_{bi} \tag{13-9}$$

作业基础保本产销量分析为企业提供了使某种产品达到损益平衡时所需保持的最低产销量和销售收入水平。

按照作业成本分析所给出的资料表（13－13）和表（13－14）可以进行作业基础保本产销点分析，已知：$p_1=10966$；$p_2=7223$；$p_3=7284$；$p_4=6037$，将以上已知条件代入公式（13－8）可得：

$$x_1=[176\times228+92\times1975+605\times329+1034\times60+10262]/(10966-3582) \tag{13-10}$$

$$x_2=[176\times163+92\times78+605\times12+1034\times2+4105]/(7223-3168) \tag{13-11}$$

$$x_3=[176\times217+92\times156+605\times24+1034\times8+6157]/(7284-3215) \tag{13-12}$$

$$x_4=[176\times42+92\times8+605\times1.4+1034\times1+410]/(6037-3535) \tag{13-13}$$

最后计算得出，I1 产品的保本销售量是 66.8 吨，保本销售额是 732529 元，由于实际销售量为 100 吨，因此安全边际量为 33.2 吨，安全边际额为 364071 元，安全边际率为 49.7%，生产 I1 产品是安全的；同理计算，I2 产品的保本销售量是 12.1 吨，保本销售额是 89346.4 元，由于实际销售量为 40 吨，因此安全边际量为 27.8 吨，安全边际率为 229.7%，生产 I2 产品是安全的；I3 产品的保本销售量是 20 吨，保本销售额是 145680 元，由于实际销售量为 60 吨，因此安全边际量为 40 吨，安全边际率为 200%，生产 I3 产品也是安全的；I4 产品的保本销售量是 4.1 吨，保本销售额是 24751.7 元，由于实际销售量为 4 吨，因此安全边际量小于 0，不应该生产销售 I4 产品。

（二）保本作业量分析

保本作业量是指在产品贡献毛益不变的前提下，达到损益平衡时产品耗用不同作业的作业量集合。对保本作业量进行分析的意义在于通过分析产品损益为零时的均衡作业量组合，对现有条件下的作业资源进行优化配置，以及对未来作业资源的增减变动提供科学的依据。

根据公式（13－2），令 $\Pi_i=0$，且 $M_i=(p_i-b_i)\ x_i-a_i$，由于贡献毛益和固定成本保持不变，所以 I 产品的毛利 MI 为常数，有：

$$\sum_{j=1}^{J}(d_j\times y_{ij})=M_i \qquad (13-14)$$

这样 J 个保本作业点构成了以单位作业成本为系数的作业量线形组合。J＝1 时，它表示数轴上的一个点；J＝2 时，它表示平面上的一条非负直线；J＝3 时，它表示三维空间中的一个非负面；J＞3 时，它表示 I 维空间中的非负超平面。这些情况分别称为盈亏平衡作业点、盈亏平衡作业线、盈亏平衡作业面和盈亏平衡超平面。

为了求解方便，可以通过求 J 个作业的盈亏平衡点来构造整个盈亏平衡作业量集合。在求第 j 个作业的顶点时，首先假设 I 产品消耗其他作业 k（$k=1\backsim J$，$k\neq j$）的作业量 y_{jk} 为零，再计算出第 j 作业分量 y_{jk}（M_i/d_j），依次计算得到的 J 个盈亏平衡顶点的凸组合即保本作业量集合，称盈亏平衡作业量凸集。实际上 y_{jk} 可以不为零，这样任何一个保本作业量集合都可以由盈亏平衡作业量凸集内的若干个点来表示，所以全部盈亏平衡作业量集合就是凸集内 J 个点的非负线性组合。任意给定 $\lambda_i\in[0,1]$ 且 $\lambda_1+\lambda_2+\lambda_3+\cdots+\lambda_J=1$，$1\leqslant j\leqslant J$，则盈亏平衡作业量集合为

$$\{(\lambda_1 M_{Ii}/d_1,\ \lambda_2 M_i/d_2,\ \cdots,\ \lambda_{1J}M_i/d_J)\mid \lambda_J\in[0,1]，且\sum_{j=1}^{J}\lambda_j=1\}。$$

如果某产品消耗的作业量组合恰好是盈亏平衡作业超平面（一般 J 都大于 3），说明该产品的销售收入与成本恰好相抵，处于保本状态；如果某产品消耗的作业量组合超过保本作业量水平，它表示的点处于超平面外侧，则该产品收不抵支，属于亏损产品；如果某产品作业消耗作业量低于保本作业量水平，它表示的点处于超平面内侧，则该产品属于盈利产品。由此可见，即使产品达到保本产销点要求的产销量，如果作业消耗不当，产品依然会发生亏损，对成本的管理应该落实到作业层面。

根据表 13－13 及表 13－14 以及四种产品的价格等已知条件，代入公式（13－4）、（13－5）、（13－6）、（13－7）求得盈亏平衡超平面的四个顶点为：（6442，0，0，0），（0，12324，0，0），（0，0，1874，0），（0，0，0，1096）。该厂的盈亏平衡点为这四个点的凸集。

思考与练习

思考题

1. 什么是作业？什么是作业链？作业链与价值链的关系？

2. 比较作业成本法与传统的成本核算方法的区别。

3. 谈谈作业成本法的产生动因及其优势。

4. 比较作业本—量—利分析和传统的本—量—利分析。

5. 谈谈作业管理与其他成本管理的比较优势。

6. 结合某具体工业流程分析其作业链的构成以及价值链结构。

第十四章 战略管理会计

第一节 战略管理概述

一、战略管理的兴起与发展

“战略”一词最早起源于军事科学，是同“战术”、“战役”相对应的概念，指战争全局的规律性。而将战略作为“手段”或“方法”的代名词应用到管理领域中，是从20世纪初期才开始的。最早将战略的思想引入到企业管理中去的是美国经济学家切斯特·巴纳德。他在《经理的职能》（1938）一书中已经开始运用战略的思想对影响企业发展的各种因素及其相互关系进行了分析。直到1962年，钱德勒在《战略与结构》一书中，首次涉及战略管理的概念，为今后企业战略管理的研究和发展奠定了基础。

真正系统地从企业管理的角度对战略管理加以研究，并形成管理科学里的一个独立分支，是在20世纪的中叶以后。在此之前，虽然已有企业战略管理方面相关研究的出现，但是从内容上看还不够成熟，不成体系，仅仅限于在企业预算期制定相应的战略计划，而不进行战略调整。20世纪中叶以来，全球性经济竞争已达到空前激烈的程度，企业与企业之间不再主要是围绕单个产品及其营销问题展开竞争，而是紧紧围绕企业未来发展方向、长期发展目标、总体经营战略等问题开展全方位的、深层次的竞争。此时，谁能在全局上把握外部经营市场环境变化的脉搏，谁能从战略的高度上洞察世界市场的风云变化，谁就能占有先机，赢得主动。1965年安索夫《公司战略》一书的出版，奠定了现代企业战略管理理论的基础。从此以后，不管是管理理论还是管理实务都开始越来越重视对企业外部环境的预测和对企业战略进行环境适应性的调整，并试图运用运筹学、计算机组合分析技术和模型分析技术等现代科学和技术，对企业进行战略管理，形成了一套系统的企业战略管理理论和方法。尤其是70年代初期的石油危机，使得世界经济格局发生剧烈振荡，企业处于极为动荡不安的环境之中，人们认识到必须以外部环境的变化为基础，及时和动态地考虑各种企业战略调整，以适应外部经营环境的变革，企业才有立足之地。再加上此时重视企业战略管理的日本企业迅速腾飞，许多公司纷纷效仿，一时间在全世界掀起了一股“战略热”。进入到20世纪末以后，随着管理科学的发展，各国学者又将行为科学、信息技术、博弈分析等一大批新兴的管理理论和方法运用到战略管理之中，使企业战略管理理论和方法又得到了进一步的发展。

二、战略管理的内涵与基本程序

（一）战略管理的内涵

企业战略管理的概念，最早由安索夫在《从战略计划到战略管理》一书中明确提出。他认为，企业战略管理是指将企业日常业务决策同长期计划决策相结合而形成的一系列经营管理业务。安索夫虽然在此书中已经明确提出战略管理的概念，但是他并没有将战略管理同传统的企业日常管理进行严格的区分，而只是注重企业的内部管理，没有强调考虑外部经营环境的分析，所以并不成熟。后来，各国学者又对其进行了研究和修订，进一步提出战略管理就是根据一定的战略思想或意图，在对企业内部条件和外部环境进行关联性分析的基础上，确定战略目标，制定并实施战略计划，监控和考评战略业绩，并据此拟定战略调整措施的一整套管理程序或系统。具体说来，战略管理有以下几个本质特点：

1. 战略管理注重企业外部环境的变化

战略管理是以不确定、不连续的经营环境为前提的，非常注重企业外部环境的变化，这也是战略管理与传统管理之间的标志性差别。企业战略管理所面临的最大挑战是环境的变化，如何在变动的环境中保持最强的竞争优势，是战略管理的根本任务。战略管理的目的就是提高企业对外部环境的适应性，使企业能在复杂多变的外部环境中生存下去并得到发展。

2. 战略管理具有整体性

与传统的职能管理相比，战略管理是整体性的管理，即从企业整体的、全局的角度出发，综合运用职能管理，处理涉及企业制定目标、实施计划、监控考评业绩等整体的和全面的管理问题，使企业的管理工作达到整体最优水平，因而战略管理具有全局性、综合性、系统性的特点。

3. 战略管理具有动态性

随着外部环境的变化和企业内部条件的改变，企业战略管理必然要相应地作出调整，以适应企业内外环境的变化。因而企业战略管理是一种不断变化的管理，是一种循环的、往复的管理过程，也就是说，战略管理具有动态性的特点。

4. 战略管理追求的目标是建立战略竞争力

企业的战略管理是其竞争战略思想的具体化，企业战略管理追求的核心目标是建立企业的战略竞争力。从战略管理的本质来看，注重对企业内外环境的分析，是为了明确企业现在所处的竞争地位；而确定战略目标则是指明企业如何以现在所处的竞争地位为起点，明确其生产经营较长期的发展方向和要求达到的业绩；战略管理强调企业生存并持续发展，靠的是获得并保持持久的竞争优势。在当代社会经济条件下，由于竞争的日益加剧，目前的战略管理理论一般都是以竞争战略理论为基础，以取得竞争优势为其终极目标。

（二）战略管理的基本程序

企业战略管理的过程一般包括三个阶段，即战略的制定、战略的实施以及战略的评价和控制。它们之间的关系如图 14－1 所示。

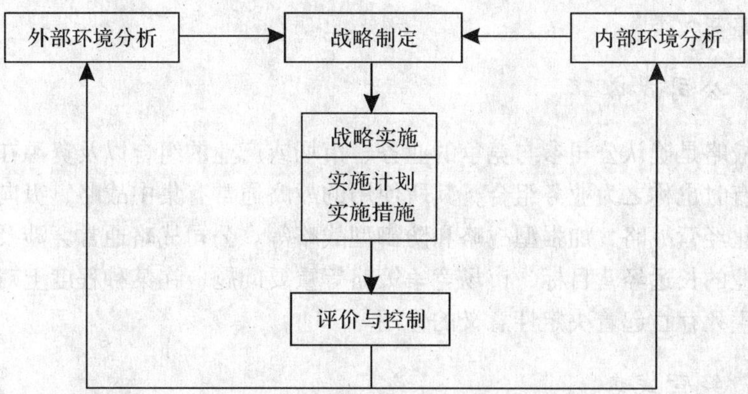

图 14－1　企业战略管理关系图

从图 14－1 中可以看到，企业战略管理的过程是从包括对企业内、外环境因素分析的战略制定开始，直到战略管理的评价和控制，最后又回到企业内外环境的分析的一整套系统的、全面的、贯穿企业管理始终的循环过程。

（1）在战略制定前，企业高层管理者必须分析企业的内外经营环境，明确企业的竞争优势、劣势、机会和威胁。由于企业所处的环境日益复杂多变，因此战略管理的关键就是要在不断审视企业内外环境变化的前提下，寻求一个能够利用优势、抓住机会、弱化劣势和避免、缓和威胁的战略。管理者应根据对企业优势、劣势、机会和威胁的分析、比较，明确企业的宗旨，树立企业的目标，选择企业的战略，制定企业的政策，这就是企业战略制定阶段的主要内容。

（2）在企业战略确定以后，首先要建立一个战略实施的计划体系，其中包括各种行动方案、预算、程序，目的是将企业战略具体化，使之在时间安排和资源分配上有所保障。然后，要根据新战略来调整企业的组织结构、人员安排、领导方式、财务政策、生产管理制度、企业文化等各项管理活动，目的是通过这些战略措施使企业战略的实施更有效率。

(3) 对企业战略管理的过程和结果要及时地进行评价。通过评价所得到的信息要及时、准确地反馈到企业新的战略管理的各个环节上去，加以改善。通常，造成战略实施的进度和结果与原来计划不同的原因是多方面的。管理者在发现这些偏差以后，首先应该重新检查或调整战略实施的计划体系或实施措施；其次是检查企业的政策、战略、目标是否正确；最后是重新考虑企业的宗旨。当然，如果造成这种偏差的原因是来源于企业外部经营环境中的关键因素发生了重大和根本性的变化，而不是企业内部自身的因素，那么企业的整个战略都要重新制定。

三、战略管理的分类

通常企业战略管理可以按照其重要性程度和影响范围分为公司战略、经营战略和职能战略三大类。

(一) 公司战略

公司战略是确认公司参与竞争的业务、市场或产业的组合以及资源在它们之间的分配，有时也称之为业务组合，其所使用的战略通常有集中战略、纵向一体化战略、多元化经营战略、加强型战略和防御型战略等。公司战略通常会涉及整个集团公司或企业的长远经营目标、市场竞争策略等重要问题，在某种程度上对企业的经营发展和生死存亡起着决定性意义的作用。

(二) 经营战略

经营战略是事业部或子公司等经营单位在业务经营中所使用的战略，又称业务战略。因此，有时对于只是经营单一产品或业务的企业来说，经营战略和公司战略是合二为一的，但对于进行多元化经营的大规模集团企业来说，经营战略仅仅只是涉及其某一个产品或业务经营管理的战略。企业经营战略的主要内容是确定业务的主要经营管理活动并通过这些活动参与特定行业或市场的竞争。如何进行资源的有效配置和取得竞争优势是经营战略中最为重要的问题。就外部经营环境而言，经营战略的主要内容是考虑如何利用市场机遇、规避市场风险，以取得竞争优势；就内部环境而言，经营战略的主要内容是协调各种业务活动之间的关系，实现公司内部资源的有效配置。

企业基本的经营战略有成本领先战略、差异化战略以及目标聚集战略三种。成本领先战略的核心是企业制订一整套方案，通过一切可能的方式和手段，降低经营成本，以成本优势获取企业竞争优势，成为竞争中的优胜者。差异化战略的基本原理是，针对企业所参与竞争的产品或劳务市场，在产品性能或某些功能上力求创新、独树一帜，突出产品或劳务为特定客户群体所看重的某一方面的特定功能，增强企业的竞争力。差异化战略是建立在产品或劳务本身的性能、销售体系或特殊服务等基础之上的，其核心是使企业的产品与其他企业有所差异。目标聚集战略是使企业的产品服务于某一特定的细分市场。这一战略的实质是通过细分市场，将目标瞄准某一特定的消费领域，使企业的产品满足这一消费领域消费者的特定需要，从而赢得市场，排斥其他的竞争者，使得企业在某一较为狭小的领域获得竞争优势。

（三）职能战略

职能战略是指为支持经营战略而应用于企业各个经营管理职能领域的战略。典型的职能领域包括生产、销售、研究与开发、财务等。职能战略由各职能部门的负责人制定，经由负责经营战略的负责人批准而付诸实施。职能战略的总体目标是为更好地支持和贯彻企业的总体经营战略，因此其必须与企业的经营战略保持一致，通过协调各个职能部门的活动和关系，保证经营战略的实现。

第二节　战略管理与战略管理会计

一、传统管理会计的缺陷

企业战略管理是企业的高层领导为了保证企业的市场竞争力以及自身持续经营和不断发展，根据对企业内部条件和外部环境的分析所形成的对企业全部生产经营活动所进行的根本性和长远性的谋划和指导。它以取得企业经营的长期持久竞争优势，立足企业长远发展为目标，以对企业所处的外界环境的正确分析与判断为着眼点，积极主动地适应和驾驭外界环境，使企业在竞争中取得主动，最终实现企业经营目标的全方位、大跨度的企业经营管理过程。企业战略管理的含义、内容和要求，使以事后披露企业经营信息为主要标志的财务会计和以优化企业内部管理为己任的传统管理会计显得力不从心，拓宽管理会计的领域，提高管理会计的应用水平，使之与现代的战略管理相适应，已成为现代管理会计发展的必然选择和迫切需要。这里，传统的管理与现代战略管理的不相适应，主要表现在以下几个方面：

（一）观念陈旧，不能适应高新技术的挑战

20世纪80年代以来，企业面临的生产制造环境发生了剧烈变革，各种新兴的、高科技的制造技术如高级制造技术（AMT）、适时生产技术（JIT）、电脑辅助设计与制造技术（CAD/CAM）、柔性制造系统（FMS）等得到快速的发展和广泛的应用。企业生产工艺的改变，使得在利用传统的管理会计方法对企业的生产经营管理时，暴露出了许多问题。具体表现在：传统的管理会计以成本形态作为研究的起点，采用变动成本法，认为产品成本只包括变动成本，而固定成本包括固定性制造费用作为期间费用不计入产品成本。应该说在传统生产制造条件下，由于直接材

料、直接人工在产成品成本中所占比重较大，而且直接材料、直接人工的消耗与产量关系密切相关，这种方法有其合理性。但是，在高新技术生产环境下，产品的成本性态已发生显著变化，企业大部分成本在短期内是固定的，直接人工成本大幅下降，各种间接成本特别是制造费用在制造成本中所占的比重迅速上升，而制造费用的发生往往由多种因素驱动，与产量关系不大。这就引发了许多新的问题，例如：如何合理地计算产品生产成本；如何合理地分配各种间接费用；如何正确地评估高新技术生产设备的价值；如何完善业绩评价指标，使之激励生产者实现企业的经营战略目标等。而这些问题在传统的管理会计中都找不到答案。

（二）缺乏重视外部环境的战略观念

传统的管理会计仅把注意力集中于内部成本和收益的比较，没有足够重视企业的外部环境。任何企业都是在一定外部环境中利用一定的内部条件来从事生产经营活动的，企业必须深入地分析和研究企业经营的外部环境，客观地评价自身。外部环境是企业生存的基础，既为企业的生存和发展提供了机会，同时又可能在变化过程中对企业经营造成某种不利的威胁。管理会计应该指明企业所处的相对竞争地位，其提供的信息应便于企业进行竞争战略调整。但传统的管理会计却无法提供这种信息。

（三）不能适应市场竞争的需要

传统的管理会计偏向考虑成本问题。而在当今激烈竞争的市场环境中，衡量企业竞争力的因素除了成本指标以外还包括大量的非财务指标，如产品质量、生产的弹性、顾客满意度、市场份额、营销渠道等，这些指标都是传统的管理会计无法涉足的领域。而且，企业过分地强调成本指标会使企业管理者忽视市场、管理、战略等其他影响企业经营管理的重要因素。

二、战略管理会计的兴起与发展

战略管理会计是在当今企业所面临的复杂的生存环境下，为满足企业经营管理需要所产生的会计与企业战略管理相结合的现代管理会计学科的一个分支。战略管理会计产生于20世纪末期，至今也不过二三十年的历史。自20世纪80年代以来，随着高新技术的发展以及企业战略管理的广泛运用，人们越来越认识到传统管理会计理论和方法的缺陷。在传统的会计理论中，认为管理会计是一个内向型的管理信息系统，建立在企业内部的管理体制上，注重企业内部的计划、决策、控制、执行等一系列内部经营管理活动，而忽视了企业外部经营环境的变化，没有将企业的内部管理与外部环境的变化相结合，缺少产品质量、可靠性、市场占有份额等与企业战略管理相关的会计信息。为此，从80年代以后，西方管理会计学者在如何使管理会计学能够适应企业战略管理的需要，为企业经营管理提供有效的信息和手段等方面进行了大规模的研究。1981 年，英国学者西蒙率先提出了战略管理会计的概念，他在其《战略管理会计》一文中将其定义为："用于构建与监督企业战略的有关企业及竞争对手的管理会计的提供与分析"，为战略管理会计的研究奠定了基础。之后各国学者对战略管理会计进行了大规模的、深入的研究。这些研究使得战略管理会计越来越成为一个独立的、严谨的学科体系，成为管理会计学的一个重要分支。

（一）战略管理会计的定义及特点

所谓战略管理会计，是管理会计与企业战略相结合的产物，旨在为企业提供外部市场和竞争者的信息，是帮助企业制定、实施战略计划以取得竞争优势的手段。对比传统管理会计，战略管理会计具有以下几方面的特点：

1. 全面性

众所周知，企业是由具有执行不同功能的部分所组成的一个统一整体。从战略的角度来看，必须把企业管理作为一个整体进行全面的分析。因此，管理会计需要为企业提供适用于企业评价、分析、控制整体经营战略的全面信息。然而传统的管理会计内向型和短期性的特征决定了其缺乏全面性的特征。从空间的角度看，它忽视外部环境因素；从时间的角度看，它忽视企业的长远发展战略，因而其提供的信息不可避免地缺乏全面性的特征。而战略管理会计着力于弥补这一缺陷，它从整体上去分析和评价企业的战略管理活动，着眼于信息的全面性，保证企业整体资源得以最优利用，企业局部资源利用的最优化必须从属于企业整体资源利用的最优化。

2. 多样性

企业战略管理是企业高层经理人竞争战略思想的具体化。为此，战略管理会计为有效地服务于企业的战略管理，就必须围绕企业、顾客和竞争对手组成的"战略三角"，及时提供以外向型为主体的多样化信息和相应的分析研究资料。这里所谈到的多样化信息，克服了传统管理会计意义上的财务货币信息的局限，将信息扩展到更广的范围和更深的层次，包括财务的、非财务的、数量的、质量的、物质层面和精神层面的等各方面的信息，借以帮助企业高层领导在进行战略思考时，能从更广阔的视野、更深层次的内涵进行由表及里、由此及彼的分析研究，为企业核心竞争力的培育创造有利条件。

3. 长期性

战略管理会计与企业战略管理相结合，着重反映企业经营管理行为是否与其长期发展战略相一致，使战略管理会计的目标与企业的目标具有一致性，即企业价值最大化。而传统管理会计以利润最大化为其目标，促使企业讲求核算，加强管理，其信息具有短期性，未考虑企业的长远规划，有时甚至会给企业带来一定的危害。而战略管理会计立足于企业的长远发展，从而克服了利润最大化的很多缺点，着重从长期竞争地位的变化中把握企业未来长远的发展方向。

4. 外向性

传统的管理会计是一种“内向型”的管理会计，只强调服务于企业内部的管理职能，对企业的外部环境有所忽视，其视野基本上不涉及企业的顾客和竞争对手的相关信息，致使提供的信息失去战略相关性。而为了弥补这一缺陷，战略管理强调深入分析企业外部环境，跳出了单一企业这一狭小的研究范围，将管理会计的视角更多地投向了企业所处的整个行业市场和宏观经济状况等外部环境中去，尤其是企业直接竞争对手的状况。战略管理会计关注其主要竞争对手的战略经营方针；市场占有率如何；竞争者如何定价；他们的投入费用水平等信息，并加以分析、预测竞争者的经营状况，从而帮助企业管理部门制订出长期发展战略规划。因此，战略管理会计特别强调各类相对指标或比较指标的计算和分析，如相对价格、相对成本、相对现金流量以及相对市场份额等。即使是在应用传统的管理会计方法时，如本—量—利分析、变动成本分析等也结合竞争对手的状况分析进行。

（二）战略管理会计的内容

通常认为战略管理会计的内容包括制定战略目标、战略成本管理、经营投资决策分析、战略绩效评价以及为了适应现代企业管理需要而新生的人力资源管理和风险管理共六个部分。

1. 制定战略目标

战略管理会计首先要协助企业高层管理者制定企业战略目标。如前所述，企业的战略可以分为公司战略目标、竞争战略目标和职能战略目标三个层次，相应地企业战略目标也可以分为总战略目标、竞争性战略目标、职能性战略目标三个层次。总战略目标是关系企业战略经营方向与经营业务范围的目标；竞争性战略目标主要研究产品和服务在市场上竞争的目标；职能性战略目标是保证性的目标，指在实施竞争战略过程中，各个职能部门应该起到的作用、相互之间的关系以及所要达到的目标是什么。战略管理会计就是要从企业的内外部搜集、归类、整理和分析各种信息，提供各种可行性战略目标，供高层管理者选择和决策。

2. 战略成本管理

正如成本管理是传统管理会计的重要内容一样，战略成本管理也是战略管理会计的重要内容。战略成本管理是指为了获得和保持企业持久竞争优势而进行的成本分析和成本管理，即根据企业所采取的战略建立相应的成本管理系统。战略成本管理要求从战略角度去研究、分析、评价和控制影响成本的每一个环节，其与传统成本管理的不同之处在于，它应用了如价值链分析、战略定位分析、成本动因分析等新的分析和评价方法。价值链分析主要应用于分析从原材料供应商至最终产品的消费者相关作业的整合，包括与外部供应商和顾客的整合。而战略定位分析的基本观点是企业所采取的竞争战略将会影响其所实施的管理控制系统——管理会计。那么企业应该如何进行战略定位，以及如何设计与其战略定位相适应的管理会计控制系统，是战略定位分析的主要内容。成本动因分析将影响成本的因素划分为两大类：一类是与企业生产作业有关的成本动因，如存货搬运次数、生产安排等；另一类是与企业战略有关的成本动因，如规模、技术、经营多元化、全面质量管理以及人力资本的投入等。因此，如何将企业的成本动因进行合理地划分，并分别对战略成本动因和作业成本动因进行针对性的成本管理，是成本动因分析的主要内容。

3. 经营投资决策分析

传统的管理会计在传递与经营投资决策有关的信息过程中，存在短期性和简单化的不足，而战略会计是为企业战略发展服务，应该提供与决策相关的具有战略眼光的长远性和全局性的有用信息。因此，它在提供与经营投资决策有关的信息的过程中，应克服传统管理会计所存在的短期性和简单化的缺陷，以战略的眼光提供全局性和长远性的与决策相关的有用信息。具体表现在以下两个方面：

（1）在短期经营决策中，战略管理会计摒弃了将企业成本划分建立在与生产量线性相关的变动成本和与生产量无关的固定成本基础之上的短期本—量—利分析方法，建立了长期本—量—利分析模式。长期本量利分析是以企业的产品成本、收入与销售量间呈非线性关系，固定成本改变及产销量不平衡等为客观基础来研究成本、产销量与利润之间的关系。其核心是应用高等数学、逻辑学等方法建立一个成本、产销量和利润之间的关系图及其表达式，借此来确定保本点、安全边际等相关指标，进行利润敏感性分析。

（2）在长期投资决策方面，战略管理会计突破了传统的长期投资决策模型中的两个基本假定：一是资本性投资集中在建设期内，项目经营期间不再追加投资；二是流动资金在期初一次垫付，期末一次收回。把资本性投资与流动资金在项目经营期间随着产品销量的变化而变动的部分也考虑在内，此时的现金流量与传统的现金流量有所不同，其计算公式为：

某年的现金流量 = 上年销售收入 ×（1 - 该年销售增长率）×该年销售利润率 ×（1 - 该年所得税率）+ 该年折旧额 -（该年销售收入 - 上年销售收入）×（该年边际固定资产投资率 + 该年流动资金投资率）

将上述现金流量进行折现就可以反映企业长期投资的预期净现值金额。因此，战略管理会计是以现实的现金流量为基础，更能反映企业投资的实际业绩，为企业持续发展提供有用的信息。

4. 战略绩效评价

战略绩效评价是将绩效评价指标与企业所实施的战略相结合进行分析和评价，针对企业不同的战略目标，采用不同的业绩评价体系。如企业要采取低成本战略，则评价指标着重于内部制造效率、品质改进、市场占有率及交货的效率等相关指标；若采取产品差别战略，则应着重新产品、新产品收入占全部收入的比率等相关指标。战略绩效评价不仅改变了传统管理会计的只重“结果”不重“过程”，而且将业绩评价指标体系由财务指标系统扩展到了非财务指标系统。非财务性绩效评价内容一般包括：质量评价（如购进原材料、生产过程质量、产成品质量等的评价）、交货效率评价、企业应变与创新能力评价、雇员评价、产品市场占有份额评价、机器运转情况的评价等等。由此可见，战略性绩效评价渗透到了企业的方方面面，能更好地为生产经营和战略管理提供有效决策信息。

5. 人力资源管理

人力资源管理是企业战略管理的重要组成部分，也是战略管理会计的重要内容。它包括为提高企业和个人绩效而进行的人事战略规划、日常人事管理以及一年一度的员工绩效评价。前者主要是人员招聘和员工培训方面的规划。战略管理会计的核心是以人为本，通过一定的方法和技能来激励员工以期获取最大的人力资源价值，并采用一定的方法来确认和计量有关人力资源的价值与成本，进行人力资源相关的投资分析。

6. 风险管理

企业的任何一项行为都带有一定的风险。企业可能因冒风险而获取超额利润，也可能会招致巨额损失。一般而言，报酬与风险是共存的，报酬越大，风险也越大。风险增加到一定程度，就会威胁企业的生存。由于战略管理会计着重研究全局的、长远的战略性问题，因此，它必须经常考虑风险因素。战略管理会计会针对企业在经营与投资管理中所面临的风险，采用一定的方法，如投资组合、资产重组、并购与联营等方式进行分散和管理风险。

第三节 战略管理会计基本分析方法的突破

战略管理会计相对于传统管理会计来说，不仅在内容上有所创新，而且在处理和分析问题的方法上也有所突破。这种变革在战略管理会计的投资决策分析和战略绩效评价体系中显得尤为突出。就前者来说，传统管理会计在进行投资决策时，主要是通过对投资项目在整个建设和生产经营期内的现金流量的评价来进行，也就是通常所说的净现值法。而在战略管理会计的投资决策中，除了要进行传统的净现值分析以外，还要采用价值链分析、竞争优势分析以及成本动因分析等定性分析方法进行评价。而针对绩效评价体系来说，战略管理会计不仅采用传统的绩效评价指标，还创造了如平衡记分卡等新方法。

一、价值链分析法

价值链的概念最早是由美国学者迈克尔·波特于1985年提出的，他认为每一个企业都是在设计、生产、销售、发送和辅助生产的过程中进行种种活动的集合体，所有这些活动都可以用一个价值链来将其联系起来表示。由此，波特将企业的行为划分为一般管理、人力资源管理、技术发展、采购、内勤、经营、外勤、营销和服务九种，并通过分析企业价值链上的所有活动，以了解自身的经营管理状况，也可以将其与竞争对手的价值链进行比较分析，以了解竞争对手的经营状况。此外，价值链分析法还可以针对企业所处的整个行业进行相应的分析，了解企业在整个行业价值链中所处的位置，判断企业是否有必要沿价值链向前、向后延伸或缩短来提高整体的盈利水平。企业通过战略的角度进行价值链分析，不仅可以从企业内部了解价值生产的过程，也可以从行业价值链分析中了解自己与上、下游价值链之间的关系，并通过竞争对手价值链分析了解自己与竞争对手之间的差异和相对的成本态势。

价值链分析的基本方法是，首先要将企业的生产经营看做是为最终满足顾客需要而设定的一系列作业的集合体，并找出这一系列作业之间的关系，形成一个由此及彼、由内到外的作业链。然后，根据每一个作业的投入价值、所消耗的资源以及所产出的价值，将作业链转化为价值链，并由作业的产出，一个接一个地转移到下一个作业中去，最终把价值凝聚在产品或劳务中提供给顾客。最后，可以对企业的价值链进行分析和比较，得出相关信息，帮助企业进行经营管理。下面我们可以通过一个案例来具体说明什么是价值链分析。

【例 14-1】图 14－2 是我国造纸行业“价值链系统”的简明图示。

要求：请根据该图示对我国造纸行业的价值链系统进行分析。

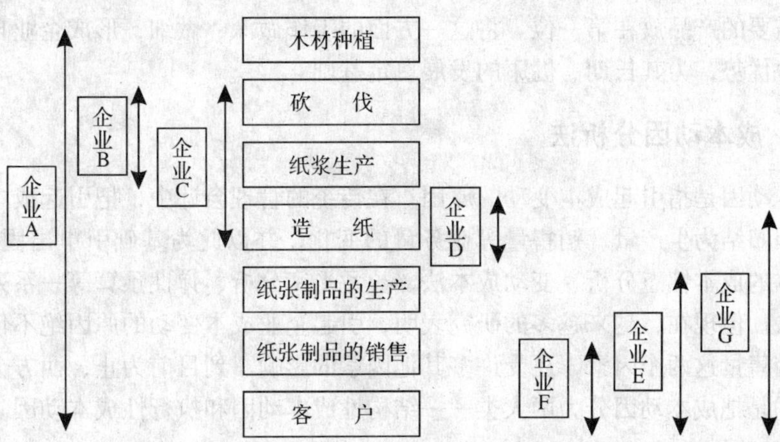

图 14－2　造纸行业价值链示意图

从图 14－2 可以看出，造纸行业是由许多经营范围不相同的企业共同构成的。它们之间既存在着业务上的联系（供、销关系），也存在着相互之间的竞争关系。在图中，共有 A、B、C、D、E、F、G 七家企业，其中 A 企业的经营范围最广，即拥有自己的林场进行木材种植，也进行木材砍伐、纸浆生产、造纸直至纸张制品的销售的全部经营业务。A 企业是该行业中最大而全的企业，如果该企业在各个步骤之间的产品内部转移价格与外部竞争市场的价格一致的话，那么 A 企业可以计算各个生产步骤的资产收益率，从中发现哪些产品从外部市场购买比自己生产更为经济，制定相应的自制或外购战略。而企业 D 的经营范围只限于造纸，是一家高度专业化的企业，在整个行业价值链中处于中心地位。由于企业 D 的经营范围单一，其战略毫无疑问是提高生产专业化程度，降低生产成本，提高产品质量。

企业 B 从事木材砍伐和纸浆生产业务，企业 C 从事木材砍伐、纸浆生产以及造纸业务，它们都位于行业价值链中心的上游。这些企业都应该以“产品”为中心，通过技术、组织、管理等方面的不断创新，力求在新工艺、新产品的开拓和现有产品的改进上不断取得新的突破，使企业具有鲜明特色的优质产品得以不断涌现，借以不断增加企业的核心竞争力。与此同时，企业还必须高度重视与相关企业的协作、互利关系，并明智地进行自制或外购的战略决策。

如果说企业 B 和 C 是中心企业的上游企业的话，那么企业 E、F、G 都是位于中心企业下游的企业。这些企业在进行经营管理时应该以“用户”为中心。因为“纸张制品的生产”大多与文化品位具有直接的联系，而“文化制品”的需求量是和不同类型“用户群”的文化素养、兴趣、爱好直接相关的。因此“文化制品”的生产必须以充分掌握不同“用户群”的实际需要为基础，针对他们的需求分门别类地组织生产。对于这一类型的企业来说，改进生产技术、提高产品质量固然很重要，但是更应该把深刻了解不同“用户群”的特点和要求，及时提供能切合他们实际需要的产品放在第一位。将这一方面的工作做深、做细，形成企业自身的独特的竞争优势，为其长期、健康的发展奠定基础。

二、成本动因分析法

成本动因是指引起成本变动的原因。在传统的管理会计中，把引起成本变动的主要原因归结为生产量、销售量等业务量的变化，并以此为基础引申出固定成本、变动成本的成本性态分析、变动成本法、盈亏平衡分析、弹性预算等一系列概念和分析方法。但现在，越来越多的研究表明，引起企业成本变动的原因绝不仅仅是生产量和销售量这两个因素，还受许多其他因素的影响。到目前为止，西方会计界比较公认的是把成本动因分为两大类——结构性成本动因和执行性成本动因。

（一）结构性成本动因

结构性成本动因是与企业的战略定位和经济结构密切相关的成本因素。结构性成本动因，是由企业战略决定的，企业采取不同的战略选择会导致企业不同的经营方式，进而导致不同的成本动因。通常企业战略层可选择的结构性成本动因主要包括五个：

（1）规模因素。指一项投资将形成多大的生产、科研开发、市场营销等资源的组合。很显然，企业的经营规模越大，企业的成本也越大，引起成本发生变化的因素也越复杂。

（2）范围因素。这里的范围是指纵向整合的深度，即企业纵向一体化程度，或企业跨越整个价值链的长度。

（3）经验因素。指企业过去从事该项产品或类似产品经营管理的经验。经验在某种程度上，也对企业的经营成本起着重要作用。如果企业进入一个自己以前从未涉及的、全新的领域，那么企业将冒很大的风险，经验不足而导致的经营管理的不善将有可能导致企业成本发生重要变化。

（4）技术因素。指企业价值链中每一步中的生产、研发、营销等各个方面的技术，特别是生产技术将对产品成本起着决定性意义的作用。

（5）多样化因素。这里的多样化指的是企业的横向经营范围，企业经营多元化的程度。企业经营多样化程度越高，给企业带来的成本管理越复杂。规模、范围、经验、技术、多样化这五个因素与企业自身的经营战略息息相关，是由企业战略因素决定的影响企业成本的宏观因素。如就经营战略来说，如果企业采取低成本战略，那么达到一定的经济规模和技术水平就是企业成功的主要成本动因；而如果企业采取高差异战略，那么经验和复杂程度就可能成为企业的主要成本动因。

（二）执行性成本动因

执行性成本动因是在企业按照所选择的战略定位和经营策略基础上，进行企业的日常经营管理过程时要成功控制成本所应考虑的因素，是决定企业成本水平的重要因素。执行性成本动因，除了传统管理会计中所包含的生产量和销售量这两个业务量因素以外，还包括员工参与管理、员工承诺持续不断地进步、坚持全面质量管理、全面使用有效的生产能力、保证生产流程的效率、充分利用价值链与顾客和供应商加强联系和沟通等。与结构性成本动因不同，执行性成本动因考虑的越多、越详细，越有利于企业进行成本控制，加强成本管理。加大执行性成本动因的关键是不断地改进企业活动，领先于其他企业组织学习最新的产品技术、生产技术和工艺流程。通常，执行性成本动因的分析和管理是和价值链分析紧密联系在一起的。通过对价值链上每一个作业步骤的分析，以及作业与作业之间的关系分析来确定每一步骤的成本动因，加强企业的成本管理。

三、竞争优势分析法

企业的生存和发展与周围的环境——特别是激烈的市场竞争息息相关，企业管理者只有时刻保持危机感，关注竞争对手，关注市场动态，并以此调整企业的战略和长远的规划，才能适应瞬息万变的外部环境，在竞争中取胜。因此，与传统管理会计不同的是战略管理会计特别重视竞争优势的分析。

（一）竞争优势分析的内容

正如前所述，战略管理会计的主要特点之一就是超越了会计主体的限制，可以在与竞争对手分析对比的基础上提供比较性的管理会计信息。竞争对手分析主要包括以下内容：

（1）竞争对手的认定分析。即企业在与谁竞争，这既包括与企业提供相同产品或服务的公司，又包括制造或提供不同产品，但可以提供相同的最终服务的公司。除此以外，潜在的竞争对手也是企业不可忽视的竞争对象。

（2）竞争对手的目标分析。不同的竞争对手以及同一竞争对手不同发展阶段，在寻求良好的财务业绩、领先的技术、增长的市场份额及优良的质量等目标上不尽相同。通过竞争对手目标的分析，企业可以根据自身的特点和优势确定与调整其目标，并了解竞争对手可能采取的竞争手段，帮助企业确定应对措施。

（3）竞争对手竞争策略分析。企业要想在激烈的竞争中与对手抗衡，对竞争对手所采取的竞争策略，包括成本领先策略、差异化策略、专一化策略，必须做到心中有数，以便采取相应的竞争策略与之抗衡。

（4）竞争对手的优势及劣势。这是企业确定竞争分析，寻求抗衡点的关键所在，可以通过调查研究和发动广大职工，尤其是熟悉同类产品及市场的销售部门的职工，采用集思广益等多种方式获得这方面的情报与信息。

（5）竞争对手在遇到新的竞争挑战时有何反应等。

这些分析，通常是由企业管理会计人员、市场营销部门以及企业高层管理人员来共同完成。

（二）影响竞争优势的因素

进行竞争优势分析的专家，美国哈佛大学工商管理学院的迈克尔·波特教授以行业分析为基础提出，一个企业的竞争主要受新进入者的威胁；替代产品的威胁；行业内现有企业的竞争；供应商的讨价还价能力；消费者的讨价还价能力五个因素的影响。这五种竞争压力分别作用于价格、成本和投资，从而对行业的盈利水平产生巨大的影响。

1. 新进入者的威胁

一个行业的新进入者将新的生产能力和资源带进来，希望得到一定的市场份额，这将打破原有行业的竞争格局，对所有已处于该行业中的企业都是一种极大的威胁。新进入者威胁的大小通常取决于该行业进入障碍和门槛的高低，以及原有企业的反应。

2. 替代产品的威胁

通常替代产品可以以限制某种产品价格的方式来影响该行业的盈利能力。例如，即使铝合金门窗的供给严重不足，铝合金门窗的生产厂家也不能漫天要价，因为在市场上存在着钢门窗、木门窗等大量铝合金门窗的替代产品。

3. 行业内现存企业的竞争

通常在任何行业中，各个企业都是互相竞争和互相影响的，它们共同构成一个行业的竞争均衡。比如，一个企业如果采取某种竞争手段对竞争对手产生显著影响，那么该竞争对手也一定会采取相应的对策，进行反击，它们之间的竞争和影响是相互的。但是，一般情况下，在具有以下几个特征的竞争行业中，现存企业的竞争会非常激烈：竞争者较多且实力较为均衡；行业增长速度缓慢且进出行业门槛较高；产品质量差异不大等。

4. 消费者讨价还价的能力

消费者可以通过讨价还价或要求企业提高产品质量和售后服务，来降低企业的利润率。在下列情况下，消费者在与企业的博弈中占有较大的优势：顾客的购买量占企业销售额的比重较大，是企业的主要顾客；顾客可能通过沿自身价值链向前扩展来自己生产该产品；该行业有很多家实力相似的企业，且产品质量差异不大；顾客改变供应渠道的成本很低等。

5. 供应商讨价还价的能力

供应商可以通过提高产品售价或降低产品质量来增加自身利率，降低企业利润。一般在以下情况下，供应商在与企业的竞争中占有优势地位：供应的产品被少数企业垄断且供小于求；所供应的产品属于不可替代产品；供应商有可能通过其自身价值链的向后扩展，参与该行业的竞争等。

（三）企业竞争战略

波特在提出以上影响企业竞争力的五个重要因素的基础上，又进一步对企业所采取的竞争战略进行了深入的分析和研究，提出了企业三种竞争战略，分别是：低成本战略、高差异战略和集中型战略。

1. 低成本战略

采用这种战略要求企业首先达到一定的生产规模，并在此基础上，抓紧成本与费用的控制，加强成本管理，以及最大限度地减少研究开发、服务、推销、广告等方面的成本费用。企业在采用这种战略时，虽然产品质量、服务以及许多其他因素在企业的经营管理的过程中也不可忽视，但是贯穿企业整个经营战略的主体是降低成本，使成本低于竞争对手。低成本战略的好处可以表现在以下几个方面：在行业竞争中，处于低成本的企业可以获得高于行业平均利润超额收益；低成本优势有利于企业在强大的买方威胁中保护自己，因为买方最多只能将价格压低到成本高于自己的竞争对手的水平；低成本还可以构成强大的供方防卫，在涨价中具有较高的灵活性；而且低成本优势和规模效应还可以对该行业的潜在进入者建立起进入壁垒和门槛。但是，低成本战略对企业的要求也非常高，要求企业具备较高的市场份额和较大的生产规模才可以实施。而企业为了获得较高的市场份额和较大的生产规模，在前期需要进行大量的投资，扩大自己的生产规模，并且常常采取激进的定价策略，甚至是承受初始的亏损，以攫取市场份额。这样做给企业带来的经营风险是相当大的。

2. 高差异战略

这种战略要求企业在全行业范围内，在产品设计、产品品牌、生产技术、顾客服务、销售渠道等一个或几个方面具有独特性，通过标新立异和创新性吸引顾客，形成竞争优势。如果高差异战略可以实现，那么企业可以利用顾客对品牌的忠诚度，以及由此产生的对价格的敏感性下降使得企业得以避开竞争。并且由于企业在经营某一个或几个方面的独特性和顾客的忠诚度，使得该行业有着较高的进入门槛，可以降低潜在进入者的威胁。同时，采取高差异战略赢得顾客忠诚的公司，在面对其替代品的威胁时，所处的地位比起其他竞争对手来说也要更为有利一些。但是，如果企业采取高差异战略，随之而来的矛盾就是企业不可能获取较大的市场份额。一般情况下，如果企业以高成本投入，如广泛的研究、深入的产品设计、高质量的材料或周密的客户服务等，建立高差异，那么也意味着企业以牺牲低成本为代价。然而，即便可以顺利地实现高差异战略，而且全产业范围内的顾客都了解企业的独特优点，也不是所有顾客都愿意也有能力为这种差异而支付较高的价格。

3. 集中型战略

集中型战略是主攻某个特定的顾客群、某产品系列的一个细分段或某一个地区市场。前两种战略都是要在全行业范围内实现目标，而集中型战略却只是围绕某一特定的目标而建立。这一战略的前提是公司能够以更高的效率、更好的效果为某一狭窄的战略对象服务，从而超过为更广泛范围对象服务的竞争对手。而且，采取集中型战略的企业在获取标新立异和企业的独特特性的同时，由于其范围只是行业内某一狭窄区域而不是全行业，因此，该战略可以将低成本和高差异结合起来。但是，正如高差异战略一样，集中型战略最大的缺陷在于其与较大的市场份额相矛盾，并且相比于高差异战略来说，它甚至是排斥高市场份额的。

四、战略业绩评价分析方法

绩效评价是管理、控制计划能够得以实施的一个重要方法，在现代企业管理中起着重要作用。在传统的管理会计中，绩效考评只注重有关财务指标的定量分析和计量，对非财务指标很少涉及。但是，在战略管理会计中，为了与企业战略管理相适应，满足企业战略管理的需要，对传统的业绩考评方法进行了发展，将市场占有率、革新、顾客满意度、服务质量、业务流程、产品质量、人力资源等大量的与企业经营管理息息相关的非传统财务计量指标纳入到绩效考评体系中，对企业进行整体性的绩效考评。在将非财务指标纳入到企业绩效考评体系中去的时候，必须充分结合企业的经营目标和发展战略，根据企业自身不同的经营目标和经营战略设立不同的非财务业绩评价指标。目前，比较成熟且被企业广泛采用的战略业绩评价方法主要是平衡记分卡法。有关平衡记分卡的详细内容见本书第十二章第四节。

思考与练习

思考题

1. 什么是战略管理？它与传统的管理方法相比有什么特点？

2. 什么是战略管理会计？与传统的管理会计相比，它有何特点？

3. 什么是价值链管理？它的作用是什么？并简述价值链管理的一般原理。

4. 什么是成本动因？什么是成本动因分析？试结合一个实际例子讲述成本动因分析的基本原理和程序。

5. 请结合一个实际案例进行竞争优势分析。

第十五章　人力资源会计

第一节　人力资源会计概述

一、人力资源会计产生的原因

人力资源会计的产生、发展和应用有其客观的社会经济条件，人力资源在社会经济中的地位越来越高、作用越来越大，这是人力资源会计产生、发展和应用的最根本的动力，同时人力资源会计是推动知识经济长足发展的必备工具。人力资源会计的产生、发展和应用是下列因素综合作用的结果。

（一）知识经济时代呼唤人力资源会计

在知识经济时代，“知识”是最核心的生产要素。作为知识载体的人力资源成为推动企业生存和发展的基本要素，而且也是推动社会生产力发展的主导因素。企业必须高度重视人力资源的开发、利用和管理，运用现代科学方法，对人力资源进行合理培训、组织与调配，充分发挥其能动性，才能有效地促使其经营目标的实现。会计学科作为软科学的一个组成部分，在人力资源的开发、利用和管理过程中可以发挥重大作用。另外，在知识经济时代，智力的价值已能够以货币计量，这为人力资源会计的产生和发展创造了良好的技术条件，数学计量方法和计量模式的创新，为有关价值的收集、记录和计量提供了新思路。因此，人力资源问题在知识经济中得到解决，也就使人力资源会计运用成为可能。

（二）企业人力资源管理理论的形成和实践的加强

企业人力资源管理理论的形成和实践的加强是人力资源会计产生的动力。随着人才尤其是高素质人才的作用在企业中日益突出，许多大企业都建立起培训中心及其他培训机构，企业对人力投资比重加大，从重视物质的管理转向对人的管理。人力资源管理学作为管理学的一个分支学科应运而生，人力资源管理的理论得到了长足的发展，已形成了由吸收、录用、保持、发展、评价与调整等六个职能组成的人力资源管理系统，人事管理正在走向科学化、系统化和数量化。企业人力资源管理理论的形成和实践的加强都需要企业财务部门提供有关人力资源成本和价值信息，这也促进了人力资源会计的产生。

（三）传统会计难以提供与人力资源管理相关的有用信息

在工业经济时代，资本是重要的生产要素，在此背景下，传统的会计理论与方法体系以物力资源为中心，突出强调了资本的所有者——股东的地位，重视对资本要素的确认、计量和报告，而忽视了人力资本要素。因此，传统的会计系统在企业生产经营管理过程中更多地强调"物尽其用"，而忽视"人尽其才"。当人类迈向21世纪的知识经济时代之后，知识要素取代资本要素成为最核心要素，而以资本要素为核心，与工业经济时代相适应的传统会计理论和方法体系将面临严重挑战。具体来说，传统会计的缺陷主要体现在两个方面。

（1）不单独提供人力资源成本、人力资源价值信息。传统会计核算中，将所有人力资源投资作为当期费用而不是资本化，这会减少人力资源投资期间的净利润，同时由于未确认相关的人力资产，而使企业真实的经济价值得不到合理的反映。此外，因为人力资源投资效益具有长期性和滞后性，管理者可能为了提高短期业绩而牺牲企业的长远利益，减少对人力资源的投资或推迟对人力资源的投资。因此，传统会计不但可能导致提供的会计信息失真，而且也可能诱发企业管理者的短期行为。

（2）传统会计缺乏进行人力资源需求预测、投资预测和投资效果分析所必需的信息，使企业管理者不能利用这些信息做出正确的人力资源管理决策，也不利于其他利害关系各方进行分析决策。

企业和其他方面对人力资源信息的需求及传统会计不能满足这类需求的情况，也促进了人力资源会计的产生。

综上所述，人力资源会计的产生有其必然的社会经济条件，它是现代经济理论发展的结果，是适应现代管理的要求，是现代科学技术进步和现代会计学发展的产物。

二、人力资源会计的发展阶段

人力资源会计产生于20世纪60年代的美国。人力资源会计研究的先驱者和权威，美国会计学家埃里克·G. 弗兰霍尔茨（Eric G. Flamholts）在他的《人力资源会计》一书（1985年）中将人力资源会计产生的过程分为五个阶段，即基本概念的产生阶段、人力资源成本和价值计量模型的学术研究阶段、人力资源会计迅速发展阶段、理论界与实务界对人力资源会计兴趣下降阶段、人力资源会计恢复活力阶段。

(一) 基本概念的产生阶段 (1960 ~ 1966 年)

美国经济学会会长西奥多·舒尔茨教授在 1960 年提出的人力资本理论及其他相关理论，激发了人们对人力资源会计的研究兴趣，并在研究中促成了一系列人力资源会计的基本概念的产生。

1964 年，美国密歇根州立大学企业研究所赫曼森发表的《人力资源会计》一文，是人力资源会计理论研究的起点。他最先提出人力资源会计的概念，他认为人力资源在大多数企业的生产经营活动中是最有效的一种资产。因此，要使企业的财务报表更加完善，更好地满足有关各方的要求，就必须在报表中反映有关人力资源的情况。1965 ~ 1966 年，美国会计学会对人力资源会计理论进行了系统研究，认为需要对人力资源费用成本及人力资源效益进行衡量与评价，并交给密歇根大学社会研究所进行试验。

在这一阶段的研究中，产生了人力资源会计、人力资产、人力资源成本、人力资源价值等概念和将人力资产作为企业商誉一部分的概念。这一阶段的研究工作为人力资源会计的进一步发展奠定了基础。

(二) 人力资源成本和价值计量模型的学术研究阶段 (1966 ~ 1971 年)

在这一阶段，研究者们开发了一些人力资源成本计量模型（历史成本和重置成本）和人力资源价值计量模型（货币计量和非货币计量）并对其有效性进行了评价，研究了将人力资源会计应用于会计实务中的现实可能性和人力资源会计的潜在用途。在此期间，大量的研究工作在密歇根大学进行，并发表了一系列有关人力资源会计的文章，对人力资源会计理论作了详细的阐述。在此阶段，人力资源会计的基本理论和基本技术处理方法已逐步形成，并在实践中得到了一些尝试性的运用。

(三) 人力资源会计迅速发展阶段 (1971 ~ 1976 年)

在这一阶段，学术界对人力资源会计更加关注，研究继续深入，不但美国的学者，其他国家如日本、澳大利亚等国的学者也进入了这一研究领域。研究者们在学术刊物上发表了大量论述如何进行人力资源成本和价值的计量及如何将人力资源会计纳入传统会计体系的文章。同时，一些企业管理者和会计实务工作者也对人力资源会计产生了极大的兴趣，这使人力资源会计实务操作的尝试得以在一些企业中进行。这一切，促使人力资源会计在这一时期得到了迅速、全面的发展，并逐步走向成熟。

这一时期发生了两件在人力资源会计历史上具有重大意义的事件。一是美国会计学会于 1971 ~ 1973 年间成立了人力资源会计委员会，组织和支持一些人力资源会计项目的开发。1973 年美国会计学会人力资源会计委员会发表报告，对人力资源会计做出肯定性评论，推动了人力资源会计的发展。二是1974年弗兰霍尔茨的《人力资源会计》一书的出版。《人力资源会计》是第一部系统地研究人力资源会计的著作。弗兰霍尔茨在该书中阐述了建立和发展人力资源会计的必要性，提出了人力资源会计管理的一系列具体方法。这一著作是人力资源会计学领域的权威著作，它奠定了弗兰霍尔茨在人力资源会计发展史上的创立者和学术权威的地位。

这一时期是人力资源会计的迅速发展时期，人力资源会计从理论到实践都在全面发展，迅速成熟。会计理论界对此发表很多论文及专著，许多企业纷纷尝试进行人力资源会计核算与报告，显示出企业界对人力资源会计的极大兴趣。

(四) 理论界与实务界对人力资源会计兴趣下降阶段(1976～1980年)

20世纪70年代后期，由于对人力资源会计相对简单的初级研究已经完成，需要进行的是更加深入的研究工作，并需要结合人力资源会计在企业的实际应用来寻求进一步发展所急需的解决问题的方法。但是，由于深入研究的成本高、效益难以测量，因此企业缺乏积极性，研究工作难以取得企业的配合，致使人力资源会计的研究工作进入一个停滞不前的阶段。

(五) 人力资源会计恢复活力阶段（1980年至今）

进入20世纪80年代，世界范围内的竞争异常激烈，企业产品或服务的技术含量进一步提高，工业经济迈向知识经济的步伐加快，企业再次意识到人力资源的重要性。由于现实的需要，人力资源会计在学术研究和实践工作中都进入了一个新的发展阶段。1985年，弗兰霍尔茨的《人力资源会计》第二版问世。该书不仅全面地介绍了人力资源会计这一领域的理论和方法，而且还列举了30个人力资源会计的应用案例，阐述了企业管理人员在经营决策和人力资源管理决策中需要应用人力资源会计信息及其所取得的成果。

在国外，人力资源会计在产生后的40年间经历了这样几个发展阶段：由于人力资本的增长及其促进经济增长作用的增加，人力资源会计的应用范围越来越广，研究者们认为人力资源会计将进入新的持续、快速发展的时期，人力资源会计理论的研究工作及人力资源会计在会计实务中的运用将使传统会计发生重大变革。

三、人力资源会计的理论基础

(一) 经济学的人力资本理论

人力资本理论是人力资源会计的理论基础。根据人力资本理论，人力资源和物力资源都可以为企业组织提供未来的经济效益，它们都是企业组织的经济资源。近代经济学家认为资本就其实质而言，就是未来收益的来源，它既包括物力资本，又包括人力资本。物力资本体现于物力资源之上，人力资本则体现于人力资源之上。

企业组织的生产要素就是人力资源和物力资源的组合。通常认为，在一定环境下，这两种资源存在相互替代关系，使用较少的物力资源和较多的人力资源，或者使用较多的物力资源和较少的人力资源往往可以产生同等的收益。然而，在不同的经济时代，人力资源与物力资源的重要程度不同。在知识经济时代，人力资源是企业生产要素的核心，在生产中居主导地位。这时，在企业组织中，人力资源与物力资源的相互替代关系大大减弱，甚至消失。这就是说，物力资源能够替代的只是层次比较低的某种类型的人力资源，它不能替代具有高智商和富于创造性的高层次人力资源。

人力资本理论对经济增长和经济发展的动力做出了全新的解释，揭示了人力资本在促进经济发展中的重要作用。人力资本在社会经济活动中的重要作用是任何物质资源所不能替代的。正是受到经济学人力资本理论的影响，会计学界才开始重视人力资本及人力资源问题，并将它引入会计领域，以人力资本理论为基础创建和发展人力资源会计，为会计学的发展写下崭新的一页。

（二）人力资源会计的基本概念

1. 人力资源会计的定义及其要点

（1）人力资源会计的定义。人力资源会计是会计学中新的分支，其目的是提供人力资源管理所需要的信息。目前会计学界对人力资源会计的定义尚不统一，主要流行的观点有：

①埃里克·G. 弗兰霍尔茨认为：人力资源会计是计量和报告组织的资源——人的成本和价值的程序。它分为两大体系，一是用来计量组织投资于招募、选任、雇佣、训练与发展人力资源以及重置现有员工成本的人力资源成本会计；二是用来计量被视为组织资源的人力价值（人力组织的价值）的人力资源价值会计。

②戴维森认为：人力资源会计是用来描述试图报告和强调在公司盈利过程及总资产中人力资源（知识渊博、训练有素和忠诚的雇员）重要性的种种建议的术语。

③美国会计学会对人力资源会计的定义是："鉴别和计量人力资源数据的一种会计程序和方法，其目标是将人力资源变化的信息提供给外界有关人士使用。"

④阎达五等认为，人力资源会计是对人力资源进行价值核算和管理的一种活动，包括人力资源财务会计和人力资源管理会计两部分，前者以会计原则为准绳，主要鉴别、计量与提供有关人力资源的货币性信息，以使信息使用者做出正确的判断和决策的有组织的系统；后者是利用人力资源的货币性信息及其他相关信息，对人力资源的选择、开发、配置、保护、评价等进行判断和决策的会计管理活动。

⑤王文彬、林钟高在其主编的《高等会计学》一书（立信会计出版社出版）中指出，人力资源会计是以货币形式反映并控制经济组织中的人的成本和价值的管理活动，是会计科学中的一个新兴分支。

综上所述，人力资源会计可定义为：采用专门的原则和方法，主要以货币形式对企业所拥有和控制的作为生产要素的人力资源进行确认、计量和报告，以反映并控制其人力资源成本和价值，进而帮助该企业内部和外部的信息使用者进行正确的判断和决策的有组织的会计管理活动。

（2）人力资源会计的基本职能。人力资源会计的基本职能是反映和控制。反映是指依据一定的规则，及时、准确地确认、计量和报告企业人力资源的现状和增减变动情况。反映职能是人力资源会计最基本的职能。

控制是指企业管理当局利用人力资源会计所反映的人力资源成本和价值信息，对企业人力资源管理决策的效益进行分析评价，在此基础上对企业人力资源的选择、投资、开发、利用的策略和方式进行相应的调整，借以实现企业内部人力资源的优化配置，动态地保持人力资源与物力资源的最佳比例关系，为提升企业的核心竞争力服务。

2. 人力资产的概念

人力资产是人力资源会计中的一个非常重要的概念，它是从现行会计的资产概念中演绎出来的一个概念。人力资产是指由企业通过和人力资源产权主体的产权交易所拥有或控制的以人体本身为载体的人力资源，该人力资源预期会给企业带来经济利益。

人力资源符合会计学资产的性质及其确认规则，它和物力资源一样，都应作为企业组织的资产，列入企业的会计报表。

3. 人力资本的概念

人力资本是指人力资源所有者将人力资源投入企业而产生的对企业资产所享有的经济利益。人力资本是在突破现行会计所体现的权益观念的基础上形成的一种与知识经济时代相适应的全新的观念。在知识经济时代，人力资源是有价值的，人力资源对于生产力飞速发展的推动力日益强大。越来越多的企业允许掌握先进科学技术的高智力劳动者以其掌控的知识入股。人力资源所有者不需要购买公司股票，仅凭借其人力资源的所有权就可成为公司的股东，从而参与企业利润分配。人力资本就是对人力资源所有者将人力资源投入企业而享有的权益进行确认，并作为参与企业利润分配的依据而产生的一个新概念，在会计核算上类似于“实收资本”。

4. 人力资源会计的基本假设

财务会计建立在会计主体、持续经营、会计分期和货币计量等假设的基础上，人力资源会计作为会计学的一个分支，自然也不例外。它除了基本遵循会计学的一般假设之外，还建立在如下几个基本假设或概念的基础上。

（1）有价值的主体资源假设。企业作为一个会计主体，拥有或控制人力资源，其目的是为了获取人力资源预期的经济利益，人力资源预期的经济利益正是人力资源具有经济价值的表现。企业人力资源会计所反映和控制的人力资源是以某一特定企业为其空间范围的。这实际上是会计主体假设在人力资源会计中的应用。

（2）管理方式影响人力资源的价值假设。管理方式是影响人力资源价值的重要因素。人力资源价值在不同的管理方式下，会产生不同的经济价值效应。企业管理实践证明，企业管理者的管理方式良好，企业员工的士气和凝聚力就会提高，就能充分发挥员工的积极性和创造性，企业生产能力和竞争优势就会提高，人力资源的价值自然增加；相反，人力资源的价值就会降低。

(3) 人力资源会计信息对人力资源管理的必要性假设。人力资源会计所提供的信息，对于人力资源管理是必要的，人力资源的开发、利用和管理都必须依靠人力资源会计提供的有价值的信息。

(4) 货币计量与非货币计量并重假设。与现行会计一样，人力资源成本会计以货币计量为主要计量单位。但构成人力资源价值的许多因素如劳动者的工作态度、个人品格、对企业的忠诚度等是很难以货币计量的。所以，通过一定方法对人力资源价值进行货币计量的同时，还要对上述难以货币化的因素进行非货币计量。

四、人力资源会计的基本内容

人力资源会计是把人作为有价值的组织资源，以企业人力资源为对象，确认、计量和报告企业人力资源成本和价值信息的会计分支。人力资源成本是人力资源的投入值，人力资源价值则是人力资源的产出值。因此，人力资源会计包括两个组成部分，即人力资源成本会计和人力资源价值会计。人力资源成本会计反映企业人力资源占用或耗费的其他经济资源，即人力资源的投入值；而人力资源价值会计反映企业人力资源在其整个效益期间所做出的贡献值，即人力资源的产出值。

第二节 人力资源成本会计

一、人力资源成本的构成

(一) 人力资源成本会计的概念

人力资源成本会计是人力资源会计的一个重要组成部分，它是指应用现行的会计理论和方法把企业为取得、开发、维持人力资源使用价值而进行的投资即人力资源成本，按照其具有提供未来服务或经济效益潜力的性质确认为资产，并进行计量和报告的过程。

(二) 人力资源成本概念及其构成

人力资源成本是指企业为了取得、开发和使用人力资源而发生的各项支出，它包括人力资源的取得成本、开发成本、使用成本和离职成本。

1. 人力资源的取得成本

人力资源的取得成本是指企业在获得所需要的人力资源的过程中所发生的各种支出，包括招募成本、选拔成本、录用成本和安置成本。

（1）招募成本。招募成本是指为确定企业所需的人力资源的内外来源、发布企业对人力资源需求的信息、吸引所需的内外人力资源所发生的费用。具体包括招聘人员的工资，招募过程中发生的洽谈会议费、差旅费、招待费，介绍人的佣金、广告费、宣传材料费，人力交流机构的管理费、场地费、手续费及其他与招募活动相关的管理费用等。

（2）选拔成本。选拔成本是企业对应聘人员进行挑选、评价、考核等活动所发生的成本，包括各个选拔环节如初试、面试、心理测试、评论、体检等过程发生的费用。

（3）录用成本。录用成本是指企业为取得已确定聘任员工的合法使用权而发生的费用，包括录取手续费、调动补偿费、搬迁费等由录用引起的有关费用。

（4）安置成本。安置成本是指企业将被录取的员工安排在确定的工作岗位上时所发生的各种费用，包括企业为安置录用人员发生的行政管理费用，报道交通费用，向某些特殊人才支付的一次性补贴等。

录用成本和安置成本是直接与被录用人员有关的，可以直接计入相关的人力资源取得成本。而招募成本和选拔成本的发生还涉及未被录用的人员，但企业的招募工作中发生的支出是为了招募到所需的人员而不是为所有应聘人员支付的，因此，招募成本和选拔成本应分配到被录用人员身上，计入他们的人力资源取得成本。如果企业的招募活动没有成果，这时所发生的有关支出作为人力资源费用直接计入当期损益。

2. 人力资源的开发成本

人力资源的开发成本是指培训员工使其达到某个职位的预期业绩水平或提高其技能等级而发生的成本，包括定向成本、脱产培训成本和在职培训成本等。

（1）定向成本。也称岗前培训成本，是企业对上岗前的职工进行有关企业历史、企业文化、规章制度、业务知识、业务技能等方面的教育时所发生的支出，包括教育者和受教育者的工资、教育管理费、学习资料费、教育设备的折旧费等。

（2）脱产培训成本。脱产培训成本是企业根据需要对在职职工进行脱产培训时所发生的支出，包括学费、教材费、住宿费、交通费、参观实习费、培训期间的工资等。

（3）在岗培训成本。在岗培训成本是在不脱离工作岗位的情况下对在职人员进行培训所发生的费用。它应包括“在培训期间低于正常生产能力”的机会成本。

人力资源的开发，有助于职工技能的提高和知识的增长，因此，从本质上来看，人力资源的开发成本是企业对人力资源的投资。

3. 人力资源的使用成本

人力资源的使用成本是指企业为补偿或恢复作为人力资源载体的企业员工在从事劳动过程中，其体力、脑力的消耗而直接或间接地向劳动者支付的费用。从本质上看，人力资源的使用成本是人力资源的产权主体因企业运用人力资源的使用权而从企业获得的补偿，它是人力资源交换价值的体现。从企业来说，人力资源使用成本属于收益性支出，应在发生的当期直接费用化。人力资源的使用成本主要包括维持成本、奖励成本和调剂成本。

(1) 维持成本。维持成本是指企业维持人力资源已有的服务能力而发生的成本，包括职工工资、津贴和各种福利费用等。

(2) 奖励成本。奖励成本是指企业为激励职工使其更好地发挥主动性、积极性和创造性而对员工做出的特别贡献所支付的奖金。它是对人力资源主体所拥有能力的超常发挥做出的补偿。

(3) 调剂成本。调剂成本是指企业为了调剂职工的生活和工作、满足职工精神生活上的需求、稳定职工队伍并进而影响和吸引外部人员进入所发生的费用支出。包括职工疗养费用、娱乐及文体活动费用、职工定期休假费用等。

4. 人力资源的离职成本

人力资源的离职成本是指企业因辞退员工、员工自动辞职、员工按用工制度离退休等原因永久性离开岗位而发生的费用，包括离职补偿成本、离职前低效成本和空职成本。

(1) 离职补偿成本。离职补偿成本是企业辞退员工，或员工自动辞职时，企业所应补偿给员工的费用，包括至离职时间止应付给员工的工资、一次性付给员工的离职金、必要的离职人员安置费等支出。

(2) 离职前低效成本。离职前低效成本是员工即将离开企业而造成的工作或生产低效率损失的费用。

(3) 空职成本。空职成本是员工离职后职位空缺的损失费用，由于某职位空缺可能会使某项工作或任务的完成受到不良影响，从而会造成企业的损失。

二、人力资源成本的计量模式

人力资源成本的计量模式通常有历史成本法、重置成本法和机会成本法。

(一) 历史成本法

历史成本法也称实际成本法，它是以企业取得、开发人力资源所发生的各项合理而必要的实际支出作为人力资产的入账价值。

这一方法符合传统会计的核算原则和核算方法，提供的会计信息具有客观性并易于验证。但是随着时间的推移，经济环境的变化，可能使历史成本信息严重违背现实。以往，企业获得优秀人才可能只是通过组织上的人事调动的方法，因而投资较少；而现在，企业往往通过高工资、高福利来招揽人才。这样，不同时期的人力资源取得成本就有了较大的不同，此时的历史成本信息相关性就较低。

（二）重置成本法

重置成本法是企业以现时重置企业的人力资源所需花费的支出作为人力资产的入账价值，它反映的是企业为取得和开发目前所拥有或控制的人力资源而发生的实际成本的现时价值。

重置成本法最大的优点在于它的决策的相关性，因为重置成本提供的信息是以目前社会经济条件为背景的，反映了人力资源成本的现实状态，有利于信息使用者进行科学决策。而由于重置成本法对人力资源重置成本的预计主观性太强，而且企业的各种人才来源渠道各异、成才方式不同，其投入成本很难用一个社会公允的重置成本来替代。但是，重置成本法提供的信息可以作为企业管理者在现时做出人力资源取得决策和开发决策时的参考。

（三）机会成本法

机会成本是指企业开展在职培训而使有关部门或人员受到影响，导致工作效率下降从而给企业带来的损失以及遣散人员在离职前因工作业绩下降及离职后该职位空缺而给企业造成的经济损失等。机会成本法就是以企业员工在职学习或离职时使企业遭受的经济损失为依据进行人力资源成本计量的一种方法。机会成本不是实际的支出，而是企业可能要为所做出的人力资源决策承担的牺牲。机会成本法提供的信息可以作为企业管理者做出人力资源决策时的参考。

鉴于目前的会计环境，对于人力资源成本的计量应以历史成本为基本原则。在历史成本的资料无法取得时，可以采用重置成本法对现有人力资源进行估价，并以此作为人力资产的初始入账价值。在正式建立人力资源会计体系后发生的各项取得成本和开发成本，则按历史成本计量。

三、人力资源成本的核算

（一）账户设置

在设置人力资源成本会计账户时，除应保留传统会计中的有关账户外，还应增设“人力资产”、“取得成本”、“开发成本”、“人力资产摊销”、“人力资产费用”、“人力资产清理”、“人力资产损失”、“人力资产转让损益”等账户。

（1）“人力资产”是资产类账户，用以核算企业拥有和控制的人力资源的价值。该账户借方登记企业取得和开发人力资源而发生的各项成本以及人力资源所有者将人力资源投入企业而确认的价值；贷方登记在人力资源退出企业时应冲减的人力资源价值；余额在借方，表示已经发生的人力资源成本和现有的人力资源价值。

（2）“取得成本”是成本类账户，用以归集企业为取得人力资源而发生的应该资本化的各项支出。该账户借方登记各项取得的成本；贷方登记企业已正式交付使用的人力资源应转入“人力资产——人力资源成本”账户的数额；余额一般在借方，表示尚未转入“人力资产”账户的人力资源的取得和开发成本。该账户一般使用多栏式账簿，按人力资源招募成本、选拔成本、录用成本、安置成本设置专栏。

(3)“开发成本”是成本类账户，用以归集企业为培训员工使其达到某个职位的预期水平或提高其技能等级而发生的成本。该账户借方登记各项开发成本；贷方登记企业已完成开发任务应转入“人力资产——人力资源成本”账户的开发成本数额；余额在借方，表示正处于开发过程的人力资源已发生的开发成本数额。该账户按人力资源定向成本、在岗培训成本、脱产培训成本设置专栏。

(4)“人力资产摊销”是“人力资产——人力资源成本”账户的备抵账户，核算企业人力资源成本的累积摊销额。该账户借方登记退出企业的人力资源应转销的人力资源成本的累积摊销额；贷方登记各期按系统而合理的方法提取的摊销额；余额在贷方，表示人力资源成本的累积摊销额。

(5)“人力资产费用”是损益类账户，核算企业当期应负担的人力资产费用。该账户借方登记当期摊销的人力资源成本数额；贷方登记期末转入“本年利润”科目的数额；结转后本科目应无余额。

(6)“人力资产清理”核算因员工退出企业时产生的损益。该账户借方登记转入清理的人力资源成本净额，清理过程中发生的各项离职成本和清理结束时应结转的清理净收益；贷方登记清理过程中获取的各项收入和清理结束应结转的清理净损失；期末余额可能在借方，也可能在贷方，反映正在清理的人力资源成本净额以及清理过程中发生的离职成本和获得的收入相抵后的数额。

(7)“人力资产损失”是损益类账户，用以核算由于企业员工辞职、工伤、死亡等原因离开岗位而造成的净损失。该账户借方登记由于上述原因应从“人力资产清理”账户转入的净损失；贷方登记期末转入“本年利润”账户的数额；结转后本账户无余额。

(8)“人力资产转让损益”是损益类账户，用以核算企业因员工调动所发生的损益。该账户借方登记应从“人力资产清理”账户转入的净损失和期末应转入“本年利润”账户的净收益；贷方登记应从“人力资产清理”账户转入的净收益和期末应转入“本年利润”的净损失；结转后本账户无余额。

(二) 会计核算举例

1. 人力资源成本发生的核算

【例15-1】 东方公司在某报刊上刊登招聘启事，招聘人才，发生了下列经济业务：

(1) 支付广告费10000元，作分录如下：

借：取得成本 10000

  贷：银行存款 10000

（2）企业对应聘人员进行考核，共发生试卷费等各项费用5000元，以转账支票支付。作分录如下：

借：取得成本 5000

  贷：银行存款 5000

（3）企业确定聘任人员后，支付安家费等20000元。作分录如下：

借：取得成本 20000

  贷：银行存款 20000

（4）企业对聘任人员进行岗前培训，培训期间支付资料费1000元，应付培训员工工资2000元，应付受训人员工资1000元，应摊销教育设备折旧费1000元。作分录如下：

借：开发成本 5000

  贷：银行存款 1000

    应付工资 3000

    累计折旧 1000

（5）企业已办好员工调动手续，并到岗工作。企业应将因聘任该员工而发生的全部取得成本和开发成本予以资本化。作分录如下：

借：人力资产——人力资源成本 40000

  贷：取得成本 35000

    开发成本 5000

2. 人力资源成本摊销的核算

企业资本化的人力资源成本应在人力资源的有效服务期内，按照收入与费用配比原则，采用适当的方法将确认的人力资源成本系统地摊销转入当期费用。人力资源成本摊销的过程实质上是人力资源成本从企业经营收入中获得补偿的过程。与固定资产折旧一样，影响人力资源成本摊销的因素有：人力资源原始成本、根据劳动合同确定的预期服务年限和企业选用的摊销方法。企业可比照固定资产计提折旧的方法摊销人力资源成本，如可采用平均年限法或其他认为合理的方法。

若企业采用平均年限法摊销，则各期的摊销额的计算公式如下：

人力资源成本年摊销额 = 人力资产原始成本/预计摊销年限

然后企业可根据其摊销额，借记“人力资产费用”账户，贷记“人力资产摊销”账户。

3. 人力资源减少的核算

人力资源减少是指企业的人力资源由于种种原因而离开企业，退出其服务的过程。人力资源减少一律通过“人力资产清理”账户进行核算。

企业人力资源因某种原因离开企业转入清理时，应按人力资源成本净额借记

“人力资产清理”账户，按人力资源成本的累计摊销额借记“人力资产摊销”账户；按人力资源的原始成本贷记“人力资产”账户。

支付各项清理费用时（如支付提前辞退职工的补偿金等），借记“人力资产清理”账户，贷记“银行存款”等账户。

收到员工的违约金等收入时，借记“银行存款”等账户，贷记“人力资产清理”账户。

由于员工死亡、因工伤而丧失服务能力等原因导致人力资源减少所形成的人力资源清理净损失，借记“人力资产损失”账户，贷记“人力资产清理”。

因员工辞职、调动等形成的人力资产清理净收益，应借记“人力资产清理”账户，贷记“人力资产转让损益”账户。若由以上原因形成人力资产清理净损失，应借记“人力资产转入损益”账户，贷记“人力资产清理”账户。

4. 期末损益结转的核算

期末结转人力资产费用、人力资产损失和人力资产转入净损失时，借记“本年利润”账户，贷记“人力资产费用”、“人力资产损失”、“人力资产转让损益”账户。期末结转人力资产转入净收益时，借记“人力资产转让损益”账户，贷记“人力资产清理”账户。

四、人力资源成本信息的揭示和报告

人力资源成本会计可看做是传统财务会计的一个组成部分，人力资源成本信息有助于企业会计信息使用者了解企业人力资源投资情况，从中了解企业经营管理当局对人力资源开发、利用和管理的重视程度以及企业人力资源的优劣情况，评估企业发展的后劲，预测未来的发展前景。因此，人力资源成本信息应当在对外公布的财务报表中揭示和报告。

考虑到人力资产的性质与固定资产相似，可在企业资产负债表的“长期资产”项目与“固定资产”项目之间插入“人力资产”项目。由于对人力资产的摊销采取了与固定资产折旧相似的会计处理程序，因此，在资产负债表中除了应列示人力资产的成本外，还应列示人力资产的摊销和人力资产净值的信息。同时，人力资源成本会计不仅影响企业的资产结构，而且对企业的损益也有重大影响，因而也必须在企业的利润表中全面反映当期确认的人力资产费用、人力资产损失和人力资产转让损益等信息。可以考虑将企业当期确认的人力资产费用列示于“期间费用”项目，企业当期确认的人力资产损失作为企业营业利润的减项列示于利润表的“投资收益”项目与“营业外收入”项目之间，人力资产转让净收益用正数列示，人力资产转让净损失用“－”列示。

尽管人力资源成本会计就核算程序而言并没有突破传统财务会计的范畴，但是，人力资源成本会计的意义在于它引进经济学的人力资本理论，将人力资源投资资本化为人力资产，揭示和报告人力资源成本信息，从而拓展了会计信息的经济内涵。

第三节　人力资源价值会计

一、人力资源价值的概念

人力资源具有提供未来经济利益或服务的潜力，因而具有资产的属性。但是，人力资源与物力资源不同，它是一种以人为载体的特殊资产，具有动态性、能动性、智力性、社会性等特点，是生产要素的“凝合剂”。因此，人力资源价值与物力资源价值有所不同。人力资源价值体现在人力资源的创造和贡献上，而这种创造和贡献是以人力资源的知识为前提条件的。因此，人力资源价值的衡量标准是人力资源提供未来经济利益或服务的潜力。从一个组织范围来看，人力资源价值就是人力资源为组织创造的价值即人力资源的产出值。以经济学的价值概念为基础，人力资源价值就是人力资源（包括个人和群体）预期留在组织的时间内可望为该组织提供的一系列未来经济利益或服务的现值。

人力资源价值是一个内涵十分丰富的概念，在理解这一概念时应注意以下几个方面：

（一）人力资源的基本价值（静态价值）和变动价值（动态价值）

任何能从事简单劳动的劳动者都有其基本价值，基本价值首先由维持劳动者生存的劳动报酬所决定。在基本价值之上，通过货币的和非货币的投入，劳动者的价值可以增值，这一部分构成人力资源的变动价值。对企业而言，整个企业的员工或企业中的群体或特定员工，在进入企业后人力资源价值是增长或减退，与企业及其他各方面的因素有关。企业应重视对员工的人力资源投资，不断提升员工的人力资源质量，促进人力资源价值的增长。

（二）人力资源的个体价值和群体价值

人力资源的个体价值是指员工个人在其预期服务期内所能提供的未来收益的估计现值。人力资源的群体价值是指特定组织全部单个人力资源所组成的群体在预期的存续期内所能提供的未来一系列收益的估计现值。要提高企业人力资源的个体价值，就必须注重对员工进行人力资源投资，并创造能使员工所拥有的人力资源得到充分体现的环境。要提高企业人力资源的群体价值，不但需要提高群体中每一个体的人力资源价值，还要注意发挥群体中成员的协同效应，因为人力资源群体价值不是群体中每一个体的人力资源价值的简单相加，而是所有个体相互联系、相互影响、相互作用的结果。

（三）人力资源的货币性价值和非货币性价值

企业员工为企业所创造的价值是他所拥有人力资源价值的体现。企业对人力资源价值的计量，也是从对人力资源载体在未来特定时期内为企业所创造的价值的计量着手进行的。企业员工为企业创造的价值有些是可以用货币计量的，如生产的产品和提供的服务的价值等；但也有些是无法用货币计量的，如员工为顾客提供优质服务所创造出的顾客忠诚度、由此所产生的对扩大企业知名度和提高企业美誉度的贡献等。这时就需要用非货币计量的方法来评估员工的活动为企业创造的价值。因此，人力资源价值的评估应当包括货币性计量方法和非货币性计量方法，因而人力资源价值也应当根据所采用的计量方法区分为人力资源的货币性价值和人力资源的非货币性价值两部分。

二、人力资源价值的影响因素

影响人力资源价值的因素主要有两个：人的素质和组织特征。

（一）人的素质

人的素质是指由技能、知识和业绩共同决定的素养，它是影响人力资源内在价值的决定因素。对技能、知识和业绩这三个因素不同的定位构成用人单位在人才市场上选择特定人力资源的具体标准。较长时间地从事某种工作、接受过较高层次的教育和培训、取得过较好的业绩都可以增加该劳动者的个体价值。

（二）组织特征

组织特征是决定人力资源价值的另一个重要因素。组织特征包括企业的组织结构、领导方式、企业文化等因素的基本状况。个体价值的发挥离不开企业，群体价值的大小更与企业密不可分。

1. 组织结构

企业的组织结构不同，员工在企业中的地位就不同，责、权、利的组合也就不同，企业的运作效率也会不同。良好的组织结构应当尽力创造出一种让员工心情愉快、最大限度地发挥其创造性的组织氛围，使员工乐意表现其外在价值。

2. 领导方式

民主分权式领导有助于充分发挥劳动者的积极性和创造性，营造一种团结、协作、轻松的工作氛围，易于激发员工战胜困难的工作热情，这样，内在价值就能得到充分的转化。专制集权式领导会抑制劳动者积极性和创造性的发挥。

3. 企业文化

健康的企业文化必然会形成尊重知识、尊重人才的组织氛围，企业的管理方式必然更加人性化，人际关系变得和谐，工作业绩能够得到客观的评价和公正的奖赏，自然满意度就会提高，人力资源的内在价值和外在价值都将提高。

三、人力资源价值的计量模型

影响人力资源价值的因素很多，这些因素有些可以用货币计量，有的则只能用非货币计量。但是，要全面反映人力资源价值，两者都不可偏废。因此，人力资源价值的计量模型包括货币计量和非货币计量两种。

（一）货币计量法

1. 未来工资报酬折现法

这种计量方法的创立者巴鲁夫·列夫和阿巴·施瓦茨认为，人力资源价值应该等于劳动者在未来特定时期提供的服务将得到的工资总额，那么劳动者目前的人力资源价值就是他在未来特定时期提供的服务将得到的工资总额的现值。该模型直接根据经济学概念来计量人力资源价值。用公式表示为：

$$V_N = \sum_{t=n}^{T} \frac{I(t)}{(1+r)(t-n)}$$

式中：V_N——年龄为 n 的员工的人力资源价值；

I（t）——该员工第 t 年的预计工薪收入；

t——该员工预期的未来服务期（或未来工作年限）；

r——适用于该员工的收益折现率；

T——员工退休年龄。

这种计量方法是以员工的工资支付额为基础，计算的是人力资源的交换价值，可以为人力资源成本提供未来预测信息，有利于企业的比较并及时调整人力资源成本，加强人力资源管理。但该计量方法的前提条件是某人在其全部服务生涯内不会离职，且此人在该企业中会终身从事一个职业。而事实上，人的工作岗位是有变动的，这种方法可能会高估或低估人力资源价值，影响其准确性。

2. 调整后的未来工资报酬折现法

1964 年，美国的赫曼森教授在美国密执安州立大学发表题为《人力资产会计》的论文，提出以效率因素作为未来工资报酬的调整值，以调整后的未来工资报酬折现值来计算人力资源价值。他认为，组织之间盈利水平的差异主要是由于人力资产素质的不同造成的。因此，可将员工未来工资报酬的现值乘以反映本组织盈利水平与本行业平均盈利水平差别的效率系数。作为人力资源价值确定的方法，效率系数可以用一定期间内某组织盈利水平与本行业平均盈利水平相比计算出的投资报酬率反映，其计算公式为：

$$E=\frac{5\frac{RF_0}{RE_0}+4\frac{RF_1}{RE_1}+3\frac{RF_2}{RE_2}+2\frac{RF_3}{RE_3}+\frac{RF_4}{RE_4}}{15}$$

式中：E——效率系数；

RE——现时年度全行业企业的投资报酬率；

RF——现时年度某企业的投资报酬率。

人力资源价值 = 未来工资报酬折现价值 × 效率系数

值得注意的是该效率系数中权数的确定。当前年度收益的权数为 5，往前推一年收益的权数为 4，以此类推。这样计算的目的是为了用更多年的综合业绩来评价企业人力资源的价值。在计算中，由于更强调当年的业绩，因此当前年度的权数最大。然后，用该效率系数调整预计未来五年工资报酬的现值以得到人力资源价值的近似值。这种计量方法的优点是在员工工资与企业价值之间存在确定关系的假设下，能够动态地反映人力资源产生的价值信息，但由于权数的确定带有人为的因素，同时人力资源质量差异虽然是引起效益差异的主要因素，但不是唯一因素，因此用这种方法计算人力资源价值也有一定的局限性。

3. 经济价值法

经济价值法是弗兰霍尔茨等人于 1968 年提出，该方法认为人力资源价值在于其能够提供未来收益。因此，将组织未来各期的收益折现，然后按照人力资源投资占全部投资比例，将组织未来收益中人力资源投资获得的收益部分作为人力资源的价值。其计算公式为：

$$V_N=H\times\sum_{t=n}^{T}\frac{R_t}{(1+r)^{t-n}}$$

式中：n——企业已经存续的年限；

T——预期企业未来的存续年限；

V_N——以未来收益现值表示的企业人力资源群体价值；

r——贴现率；

R_t——第 t 期的企业未来净收益；

H——人力资源投资占总资产投资的比例。

该方法以未来盈利作为计量基础，既符合资产的特征，又反映全面，有一定的合理性。通过该方法计算的人力资源群体价值，可以为企业管理人员了解企业的人力资源在未来的一定时期可能为企业创造的经济效益，有利于企业进行投资报酬分析，采取更有利的措施进行人力资源管理。同时，该计量方法在计量人力资源群体价值时，注重人力资源数量在整个投资中所占的比重，并可以比较人力资源和非人力资源对企业贡献的大小，以使企业有限的资金用于最佳决策。其缺点是未来收益是一个估计值，具有主观性和不确定性，且人力资源价值受多种因素影响，并不一定使投资比例呈线性关系。

（二）非货币计量法

当一些决定人力资源价值的特殊因素不能完全用货币计量，此时可以采用非货币计量方法。非货币计量主要是以人力资源的才干和运用知识的能力来决定其在企业中的价值，是根据主观预测和经验判断进行计量的。影响人力资源的非货币因素主要是人力资源接受教育的程度、经历或实际工龄、专长、技术职称或技术工种、取得的成果、年龄和健康状况等。人力资源的非货币计量就是依据以上因素，建立反映人力资源真实面貌和工作能力的人事管理档案，如人力资源能力一览表、绩效评价表、可塑性评估表等。运用非货币计量模型，人力资源的个体价值主要通过个人的生产能力、晋升能力和可调换能力等方面来评定；人力资源的群体价值则主要通过管理方式、组织结构、组织气氛等管理行为来评定。

四、人力资源价值的核算与报告

如果人力资源成本会计问题实际上主要是企业内部资源的应用问题，并不涉及企业资本结构的变动，那么，人力资源价值会计问题则涉及企业资本结构问题。根据人力资源价值的特性和企业管理需要，可以设立“人力资本”账户进行会计核算。“人力资本”账户类似于企业的“实收资本”或“股本”账户。当人力资本投入企业时，根据投资与被投资双方协商确定的价值，借记“人力资产”账户，贷记“人力资本”账户，并以此为基础参与企业经营所得的分享。根据人力资本数额大小分享企业经营所得时，借记有关费用账户，贷记“应付利润”账户，支付时再借记“应付利润”账户，贷记“现金”账户。人力资本所有者离职时，借记“人力资本”账户，贷记“人力资产”账户。每个会计期末，企业都应当编制“人力资本报告”，以此作为传统财务报告的补充。

应当强调的是，人力资源价值，不管是个体价值还是群体价值，不管是货币计量还是非货币计量，都应动态反映，并对影响人力资源价值的因素进行分析、预测，通过“人力资本报告”，为企业管理当局提供有关人力资源价值状况及其动态报表。同时，企业应当分别以人力资源的个体价值和群体价值为基础，编制“人力资本报告”。以人力资源个体价值为基础编制的“人力资本报告”是人力资源分享企业经营所得的基础，以人力资源群体价值为基础编制的“人力资本价值”则反映企业未来的发展潜力和竞争优势。

综合上述，人力资源产出值与投入值相联系，没有投入的保证，人力资源产出值就难以维持；而产出值的提高，又会促使人力资源投入的增加，以达到最大的产出。从这个意义上说，反映人力资源投入的人力资源成本会计与反映人力资源产出的人力资源价值会计是不可分割的整体，它们共同构成人力资源会计的基本内容。

思考与练习

思考题

1. 简述人力资源会计的产生原因。
2. 什么是人力资源会计？人力资源会计的基本职能和基本内容是什么？
3. 如何理解人力资产的概念？
4. 什么是人力资源成本？人力资源成本包括哪些内容？在会计上如何处理？
5. 人力资源成本的计量模式有哪些？各有何特点？
6. 简述应如何揭示和报告人力资源成本信息？
7. 如何理解人力资源价值概念？
8. 简述人力资源价值的计量模型。

第十六章　资本成本会计

自1973年美国会计学家罗伯特·N. 安东尼（Robert N. Anthony）教授在《哈佛商业评论》上发表了题为《权益资本成本会计》（Accounting for the Cost of Equity Capital）的论文之后，资本成本会计在西方会计理论界一度引起长时间的热烈论争，但主要局限于财务会计如何对资本成本进行核算，未涉及其较深层的理论问题，而且争论之焦点集中在现行财务会计实务是否应该确认和计量资本成本，尤其是权益资本成本，以及由此引起的一些相关问题。

资本成本会计（Accounting for the Cost of Capital）是以现代金融市场和企业制度为依托，以企业资本成本为对象，将企业成本概念及计量引入产权领域，全面确认、计量和报告企业资本成本信息的一个新的会计领域。而现行财务会计只确认、计量和报告企业债务资本成本而忽视权益资本成本，无疑难以反映企业资本成本信息的全貌。有鉴于此，本章简要介绍资本成本会计的一些基本内容。

第一节　资本成本会计的理论基础

一、现代会计主体概念

会计主体是现代会计学的基本概念，它是指会计信息所反映的特定单位。以现代企业制度为基础，从经济学的角度对会计主体进行探讨，有助于会计学界从更高层次理解和把握会计基本理论问题。

虽然企业的所有权与经营权分离大概到19世纪下半叶才在现代管理理论上得到正式承认，但是早在以盈利为目的的经营组织出现之时，独立会计已经孕育着这样的基本思想：企业必须是一个相对独立于其所有者的经济实体。从这个意义上说，会计主体假定促进了企业所有权与经营权的分离。当然，会计主体概念的真正确立必须以企业经营独立性为前提。在独资或合伙企业阶段，会计主体概念虽然产生，但仍不可能得到充分认识和应用。只有到了股份公司制度阶段，企业的所有权与经营权明显地分离了，会计主体概念才具有明确的实际意义。

在金融市场不发达和企业组织形式以独资或合伙形式为主体时，指导会计主体的基本理论是所有权观念。这时，单独确认和计量权益资本成本是没有多大意义的。相反，重要的是要确认和计量债务资本成本。因为从所有者的角度来看，债权人是唯一的、真正的“外来者”。而与发达的金融市场相联系的公司通过债务资本和权益资本两个渠道来筹集其所需要的资本。这时，从公司作为一个独立主体的角度看，无论是债权人还是股东相对公司这个独立的“人格化”主体而言，都是“外来者”。公司作为一个会计主体，以其全部资产对其债务承担责任，而股东则以其所认购股份对公司承担有限责任。

值得指出的是，现代财务会计一方面倾向于接受主体观念，另一方面却在会计实务中的某些领域继续采用所有权观念。权益资本成本的“待遇”就是其中一例。根据主体观念，无论是债务资本成本还是权益资本成本都是公司使用资本的代价，主体本身的经济活动与主体的所有者如股东以及其他主体必须区分开来。因此，从理论上说，利息费用、所得税和股利都是公司的成本或费用。但是，当前的财务会计理论却对它们进行分门别类，利息费用和所得税作为费用处理，而股利作为留存收益分配处理。把支付给股东的股利作为留存收益分配处理，违背了主体观念。它把公司这个主体的所有者（股东）与公司主体本身混淆起来了。因此，只有对股权资本成本进行单独的确认和计量才符合现代会计主体概念。

二、经济学中的成本、收益概念

经济学对于成本、收益的解释从来就有其理论的高度概括，而会计学则会因客观经济发展的需要在不同的历史时期赋予其各项要素以不同的构成内容。例如，在早期的铁路运输企业中，会计对机器设备等固定资产的折旧问题置若罔闻，业务处理中普遍不考虑折旧问题，认为折旧不是费用，只将维护费等现金支出作为收益的计量因素。随着企业规模的扩大，大型动力设备的广泛应用，使会计的问题转移到固定资产的运用上，进而导致了折旧会计的产生。但在经济学中却早已有了关于机器设备价值的有形损耗和无形损耗问题。自20世纪50年代以来，会计理论家们一直在尝试协调经济学和会计学上关于成本、收益的观点。而且，事实上也证明经济学上的成本、收益概念在会计理论探讨中一直处于支配地位。

经济学理论认为生产者所使用的任何生产要素（包括资本）都应计算费用。生产者自有的要素费用称为隐含费用，它也应同其他从市场上购置的要素一样进行费用核算，是“真正的费用”。“公司自有资本的利息，这是一个重要的费用项目。只有扣除隐含利息之后的剩余，才使公司真正盈利。”但会计实务中流行的成本与利润含义与经济学中的含义之间有显著区别。

就收益概念来说，从经济学的角度看，一个企业的收益应该是弥补其全部成本包括资本成本后的余额，即经济附加值。现行财务会计由于没有确认和计量股权资本成本，其对外报告的净收益实际上包括两部分：即股权资本成本和真实的利润（经济学收益）。

对于成本概念来说，成本是指在成本目标上耗费的全部资源的数额，如生产产品的人工成本、材料成本、机器设备的折旧成本等，但目前很少有人将生产过程中占用资本的成本视为产品成本的一部分，事实上，资本才是企业一切资源的起点，企业资本主要来源于债权人和股东，债权人和股东要求的回报，对于企业来讲就是使用资本的成本。在生产过程中占用资本的成本理应视为产品成本的一部分。现行财务会计不确认股权资本成本显然不符合成本概念。“要从会计利润中得到经济利润，我们必须扣除这些隐含费用。”将股利支出计为费用正是经济学的结论。

总之，现代企业制度下，会计主体是拥有一定经济资源、实行独立核算的经济实体。成本的承担主体应是企业，而不应是投资者，成本是以企业为主体的，是企业耗费的资本价值的总和，必须由企业的收入来补偿，这种成本与收入的相关关系只在企业中发生，不在所有者处存在。股息的支付与其他成本是一样的。如果没有这项成本的支付，也将导致企业收入的减少，或者使企业的其他成本上升（如利息支出）。所以，会计应以成本费用的性质对股利进行确认、计量和反映。

第二节　资本成本会计理论构想

一、资本成本会计理论构想的基本内容

公司资本来源渠道不外乎债务资本和权益资本两个方面。然而，在现行的财务会计实务中，仅仅确认债务资本成本，而没有确认权益资本成本。安东尼教授提出的资本成本会计理论构想旨在矫正这种缺陷。

（一）20 世纪 70 年代资本成本会计理论构想的诞生

1973 年，美国会计学家罗伯特·N. 安东尼（Robert N. Anthony）教授在《哈佛商业评论》上发表了题为《权益资本成本会计》（Accounting for the Cost of Equity Capital）的论文，正式提出了资本成本会计理论的构想。安东尼教授认为资本成本不仅包括债务资本成本，而且还应包括权益资本成本。权益资本成本与债务资本成本以及直接材料成本、直接人工成本、间接费用等成本项目在性质上并没有本质的区别，因为债权人不会为需要资本的公司提供资本，除非这样做他们可以得到回报，这个回报在会计上称为“利息”，就是公司使用债务资本的成本；而股东也不会为需要资本的公司提供资本，除非这样做他们也可以得到回报，这个回报就是公司使用权益资本的成本。根据主体观念，使用权益资本的成本与使用债务资本的成本没有什么区别，只不过是表现形式不同而已。从形式上看，权益资本成本属于隐

含成本，而债务资本成本属于显现成本。因此，资本成本会计理论构想实质上就是涉及会计信息系统的领域是否应该加以扩展，财务会计报告是否应该反映企业在生产经营过程中所发生的一切成本，也即在企业生产经营过程中，资本成本是否应该与企业的直接材料成本、直接人工成本、间接费用等项目一样计入存货成本和商品销售成本等问题。

安东尼教授提出的资本成本会计理论构想主要涉及两个问题：①资本成本，尤其是权益资本成本的计量问题。②资本成本会计本身的问题，即如何将权益资本成本计列于产品成本以及由此导致的一系列问题。

对于上述两个问题，安东尼教授分别提出了设想，对于第一个问题，他建议可以由财务会计准则委员会确定权益资本成本率；对于第二个问题，它在题为“权益资本成本”的论文中对资本成本的核算程度提出了具体的设想，这一部分将在本节后面的内容中重点论述。

（二）20世纪80年代资本成本会计理论构想的发展

1983年，安东尼在题为《还其本来面目——一个财务会计概念框架》的专著中进一步发展了其在20世纪70年代提出的资本成本会计理论构想。其主要思想是以股东为导向的企业资产负债表右边结构应该进行修正，把原来的股东权益（Shareholder Equity）分成两个部分：股东权益和主体权益（Entity Equity）。根据前述企业的性质以及会计信息系统的目标，财务报告应该报告主体本身的活动与状况，而不应该主要关心股东们的利益。如前所述，企业（公司）本质上是一系列契约的连接点，发达的金融市场把许多契约关系连接在企业（公司）这个连接点上，股东与公司的关系只不过是这一系列契约中的一个部分。作为一系列契约连接点的企业（公司），与外界存在许多的契约关系，这些契约关系所隐含的经济利益关系都是财务报告所应该报告的。

根据主体观念，会计主体被看成是独立于其所有者的，那么，会计主体而不是其所有者拥有资产、结欠外界负债。这样，某个会计主体的资产负债表应该报告会计主体的财务利益而不是其所有者（股东）的财务利益。从这点看，资产负债表的右边报告会计主体的资本来源，而左边列示的数额代表在某一时点资本投入的各种形态。在这里，资产负债表并不意味着反映各个利益集团和个人在会计主体中的利益或权利；相反，资产负债表只是企业整体投资和筹资活动的汇总报告。因此，资产负债表的会计恒等式应该是“资产=资本来源”。

按照上述思路，资产负债表右边要进行相应修改。这时，资本来源包括：

（1）负债。负债代表各种贷款人、供应商（以应付账款形式表现）、雇员（以应付工资及退休金等形式表现）和政府（以递延所得税形式表现）提供资本的数额。

（2）股东权益。现行资产负债表的股东权益部分并不代表股东所提供的资本数额。尽管实收资本项目反映股东原始投入的数额，但是，留存收益却不代表股东的贡献，盈余是会计主体本身赚取的，而不是股东赚取的。股东实际提供资本的数额大于资产负债表上列示的实收资本数额。除了实收资本这种直接投入外，股东提供的资本还扩大到与使用这些实收资本相联系而又尚未以股利的形式支付给他们的权益资本成本（权益利息）部分。尚未支付的普通股权益利息本应体现在资产负债表上，但是，在目前的资产负债表上并没有体现。目前公司对债券持有者的负债是按照其原始发生额加上尚未支付利息额进行计量的，普通股股东权益数额也理应如此计量。与美国财务会计准则委员会第3号概念公告的定义不同，股东权益不是一种剩余求索权，“股东权益代表着股东提供资本的数额。它包括他们直接投入的数额加上这些资本应计的利息。利息是使用资本的成本。权益利息是使用股东权益资本的成本。”

（3）主体权益。根据上述分析，会计主体实际上有三种类型的资本来源，除了负债和股东权益以外，还有会计主体本身努力所创造的资本来源，这就是主体权益。主体权益与现行财务会计程序下的留存收益并不是一回事。在一定时期内，某个会计主体本身的经营活动所创造的资本来源数额通过净收益来计量。净收益应该是各种收入（包括利得）与各种费用（包括损失和权益利息）之间的差额。正如现行的财务会计程序每个会计期间的净收益加到留存收益上去一样，每个会计期间的净收益应该加到主体权益上去。然而，由于权益资本成本作为一个成本项目加以确认，加到主体权益的数额比现行财务会计程序下加到留存收益的数额要小一些。某一特定时日的主体权益是截止到该时日为止的净收益之和。

因此，资产负债表的会计恒等式为“资产＝负债＋股东权益＋主体权益”。资产负债表左边反映某个会计主体的各项资产，而各资产项目反映各种资本形态的性质及其投入的资本数额；资产负债表右边反映取得资本的各项资本来源：负债、股东权益和主体权益。显然，资本成本会计理论构想提出的“主体权益”概念进一步强化了会计主体概念。

二、资本成本会计核算

（一）资本成本会计核算原则

根据安东尼20世纪70年代提出的理论构想，资本成本会计核算的总体原则有：

（1）将年度资本成本总额除以使用的资本总额，得到资本成本率。

（2）将计算出的资本成本率乘以各个成本目标所应用的资本数额，得到各成本目标所应分配的资本成本数额。

（3）资本成本是产品成本的一个组成部分，应像厂房和设备的折旧费用那样分配到各种产品中去。

（4）资本成本是新取得的厂房和设备的成本组成部分之一。

（5）若资产以存货的方式持有较长时间的话，则资本成本将成为这些资产的成本组成；当这些存货出售之后，便表现为销售成本。

（6）根据上述原则进行分配之后，年度资本成本总额中尚未分配出去的部分作为该年度的一般管理费用处理。

（7）普通股权益资本记入“留存收益”账户的贷方。

安东尼认为，资本成本作为一种间接费用可通过设立一个“利息汇总”(Interest Pool)账户来核算。“利息汇总”账户与间接成本账户相似，归集资本成本时，借记“利息汇总”账户，同时，视不同情况分别贷记“现金”、“应付利息”、“留存收益”等账户。期末，将“利息汇总”账户借方发生额之和除以使用中的资本总额，求得加权平均单位资本成本。分配资本成本时，以单位资本成本为分配系数，确定分配各成本目标的资本成本数额，分别借记“销货成本”、“存货”、“厂房设备”、“一般管理费用”等账户。“利息汇总”账户的结构如表16－1所示。

表16－1　　“利息汇总”账户的结构

借方　　贷方

借方	贷方
债务资本成本	分配到商品销售成本的数额
权益资本成本	分配到存货的数额
	分配到厂房和设备的数额
	分配到一般管理费用的数额
借方发生额合计	贷方发生额合计

下面，援引美国会计学家阿迈德·贝考伊教授所列举的经典例子说明资本成本的核算程序。

【例16-1】假设某酿酒公司的资本结构是：利率为5%的债券10000元，权益资本（普通股）为10000元。资产由15000元现金、5000元存货构成。假设该公司的权益资本成本率为10%。该公司制造的白兰地酒价值5000元须经过五年的发酵后才能按10000元的价格销售。

在现行财务会计实务理论之下，该公司未来五年的损益表和资产负债表分别如表16－2和16－3所示。

表16－2　　某酿酒公司损益表　　单位：元

项　目	前四年每年损益	第5年损益	合计
销售收入	0	10000	10000
减：销售成本	0	5000	5000
销售毛利	0	5000	5000

续表

项　目	前四年每年损益	第 5 年损益	合计
减：债务利息费用	500	500	2500
净收益	（500）	4500	2500

注：该公司今后五年都必须用现金支付公司债券的利息费用 500 元。

表 16－3　某酿酒公司资产负债表　单位：元

	第 1 年	第 2 年	第 3 年	第 4 年	第 5 年
现金	14500	14000	13500	13000	22500
存货	5000	5000	5000	5000	0
资产合计	19500	19000	18500	18000	22500
负债	10000	10000	10000	10000	10000
普通股	10000	10000	10000	10000	10000
留存收益	（500）	（1000）	（1500）	（2000）	2500
权益合计	19500	19000	18500	18000	22500

按照安东尼的资本成本会计核算程序，该公司今后五年的账务处理以及资产负债表数据如下：

该酿酒公司今后五年的账务处理如下：

第 1 年：

（1）用现金支付债务资本成本 500 元（10000×5%），会计分录如下：

借：利息汇总　500

　　贷：现金　500

第 2、3、4、5 年用现金支付债务资本成本 500 元通用上会计分录。

（2）确认权益资本成本 1000 元（10000×10%），会计分录如下：

借：利息汇总　1000

　　贷：留存收益　1000

至此，“留存收益”账户的余额为 1000 元。

（3）期末将“利息汇总”账户的余额 1500 元（500＋1000）分配到“存货”账户，会计分录如下：

借：存货　1500

　　贷：利息汇总　1500

第 2 年：

（1）确认权益资本成本 1100 元［（10000＋1000）×10%］，会计分录如下：

借：利息汇总　1100

贷：留存收益 1100

至此，“留存收益”账户的余额为2100元（1000+1100）。

（2）期末将“利息汇总”账户的余额1600元（500+1100）分配到“存货”账户，会计分录如下：

借：存货 1600

贷：利息汇总 1600

第3年：

（1）确认权益资本成本1210元［（10000+2100）×10%］，会计分录如下：

借：利息汇总 1210

贷：留存收益 1210

至此，“留存收益”账户的余额为3310元（2100+1210）。

（2）期末将“利息汇总”账户的余额1710元（500+1100）分配到“存货”账户，会计分录如下：

借：存货 1710

贷：利息汇总 1710

第4年：

（1）确认权益资本成本1331元［（10000+3310）×10%］，会计分录如下：

借：利息汇总 1331

贷：留存收益 1331

至此，“留存收益”账户的余额为4641元（3310+1331）。

（2）期末将“利息汇总”账户的余额1831元（500+1331）分配到“存货”账户，会计分录如下：

借：存货 1831

贷：利息汇总 1831

第5年：

（1）确认权益资本成本1464.1元［（10000+4641）×10%］，会计分录如下：

借：利息汇总 1464.10

贷：留存收益 1464.10

至此，“留存收益”账户的余额为6105.10元（4641+1464.10）。

（2）期末将“利息汇总”账户的余额1964.10元（500+1464.10）分配到“存货”账户，会计分录如下：

借：存货 1964.10

贷：利息汇总 1964.10

（3）将储存五年的白兰地酒以10000元的价格出售，会计分录如下：

1）借：现金 10000

贷：产品销售收入 10000

2）借：产品销售成本　13605.10
　　贷：存货　13605.10
3）借：产品销售收入　10000
　　收益汇总　3605.10
　　贷：产品销售成本　13605.10
4）借：留存收益　3605.10
　　贷：收益汇总　3605.10

至此，“留存收益”账户的余额为2500元（6105.10－3605.10）。

根据以上账务处理，该酿酒公司今后五年的损益表和资产负债表分别如表16－4和表16－5所示。

表16－4　某酿酒公司损益表　单位：元

项　目	前四年每年损益	第5年损益	合计
销售收入	0	10000	10000
减：销售成本	0	13605.10	13605.10
净收益（亏损）	0	(3605.10)	(3605.10)

表16－5　某酿酒公司资产负债表　单位：元

	第1年	第2年	第3年	第4年	第5年
现金	14500	14000	13500	13000	22500
存货	6500	8100	9810	11641	0
资产合计	21000	22100	23310	24641	22500
负债	10000	10000	10000	10000	10000
普通股	10000	10000	10000	10000	10000
留存收益	1000	2100	3310	4641	2500
权益合计	21000	22100	23310	24641	22500

本例表明，资本成本最终要按一定的标准分配到销售成本、存货、厂房和设备以及一般管理费用上。其中，分配计入存货、厂房和设备的部分资本化为相应资产的价值，作为资产项目列示于资产负债表上。

（二）资本成本会计对财务报表的影响

大卫·W. 杨（David W. Young）曾预言：若安东尼提出的资本成本会计理论构想付诸实施，将对企业财务报表产生重大影响，现行财务会计程序将发生以下四项重大变化：

(1) 对权益资本应与债务资本一样地计量其利息成本。

(2) 在销售商品成本中，应包括生产用厂房和设备所占用资本的利息成本。

(3) 若存货置存时间相当长的话，未来期间销售或使用的存货成本将包含置存时间的利息成本。

(4) 新的固定资产成本将包括其建造期间所占用的权益资本的利息成本。

下面举例说明这个问题：

【例 16-2】 假设某公司的“利息汇总”账户结构如表 16－6 所示。

表 16－6　“利息汇总”账户的结构

借方　　　　　　　　　　　　　　　　　　　　贷方

借方		贷方	
债务资本成本	10	分配到商品销售成本的数额	23
权益资本成本	30	分配到存货的数额	8
		分配到厂房和设备的数额	4
		分配到一般管理费用的数额	5
借方发生额合计	40	贷方发生额合计	40

说明：债务资本成本实际数额是 20 元，由于所得税的税率是 50%，其税后债务资本成本为 10 元，其余的 10 元记入“税收调整”账户。

根据上述资料，采用现行会计程序和方法与采用资本成本会计程序和方法编制的损益表、资产负债表如表 16－7 和表 16－8 所示。

表 16－7　基于不同会计程序的损益表比较　　单位：元

项　目	现行会计程序	资本成本会计程序
销售收入	1000	1000
销售成本	680	703
一般管理费用	220	205
税收调整	—	10
税前收益	100	82
所得税	50	50
税后净利润	50	32

表 16-8 基于不同会计程序的资产负债表比较 单位：元

资 产	现行会计程序	资本成本会计程序	负债及所有者权益	现行会计程序	资本成本会计程序
存货	150	158	流动负债	150	150
厂房及设备	300	304	长期负债	250	250
其他资产	300	300	股本	100	100
			留存收益	250	262
合计	750	762	合计	750	762

这里我们重点介绍“一般管理费用”与“留存收益”两个账户的变化。

“一般管理费用”：由于在资本成本会计程序下，20 元利息费用被分配到了具体的成本对象上，故一般管理费用减少 20 元；同时这个项目又分入了 5 元，综合这两个因素，一般管理费用净减少 15 元。“留存收益”的变化见表 16-9。

表 16-9 留存收益项目变动情况 单位：元

项 目	现行会计程序	资本成本会计程序	差异
净收益	50	32	-18
权益资本成本	0	30	+30
合计	50	62	+12

按照资本成本会计程序和方法，净收益较低，但是它将被增加的权益资本成本所抵消。由于有部分权益资本成本转化为存货、厂房及设备的成本，短期内不会刚好抵消；但从长远来看，两种会计程序和方法下的留存收益增加的总额大致相同。这时，留存收益总额将分为两部分：权益资本成本和净收益。

第三节 资本成本会计的理论价值及现实意义

一、构建资本成本会计对有关方面的影响

（一）对会计的影响

1. 对会计理论的影响

资本成本会计理论构想冲淡了传统资本要素的地位，冲破了现行会计理论与方

法以资本为中心的局限，强调公司主体权益，拓展了会计学的研究视野，沟通了会计学与经济学的关系，从某种意义上说，会计学就是产权经济学。

2. 对会计核算的影响

根据主体观念，资本成本会计的确认与计量，把会计恒等式变为：资产 = 负债 + 股东权益 + 主体权益，使债权人、投资者和经营者的权益在会计上得到充分的展现，改变了传统的会计观念。同时，使公司成本发生三大变化：

（1）利息费用将广义化为企业的资本成本，既包括债务资本成本也包括股权资本成本，而且不再是一项期间费用，而应将其视为一项成本核算处理；

（2）企业存货、销货成本中将包含占用的或生产产品所耗用的资本成本；

（3）自建固定资产的成本中将包含在建期间所占用的全部资本成本。

3. 对会计信息质量的影响

不管公司的盈亏，投资者都可以取得权益资本成本，所以公司的经营风险从投资者转向经营者，从而大大地降低了经营者提供虚假会计信息的可能性和必要性，有利于保证会计信息的质量；传统会计把股权资本成本当做净收益的组成部分，从而高估了净收益，使净收益的信息失去了真实性，可能导致公司管理阶层和股东等信息使用者决策失误。众所周知，会计信息系统应该反映主体的经营成果和财务状况，资本成本会计确认和计量股权资本成本，将有助于实现这个目标，提高会计信息的相关性。主要表现在：

（1）能够揭示有关市场风险的信息，而这方面的信息是目前净收益计量所无法揭示的。

（2）它消除了企业资本结构差异的效应，减少了传统的销售收益比率和净资产收益比率所产生的信息误导，提供有用的信息。

（3）将使公司报告的净收益数额不会因为资本来源差异而受到歪曲，从而提高了会计信息的可比性，当然将股权资本成本确认为成本，还将使公司自建的各项固定资产与外购或租赁的各项固定资产计价具有可比性，增强会计信息的决策功能。

（二）对公司的影响

通过资本成本会计的处理，公司的经营风险从投资者转向经营者，由于经营者要承担更多风险，必须赋予其更大的权力，所以经营者的权力得到进一步的强化，重大决策权发生了位移。

（三）对股市的影响

权益资本成本的确认与计量，大大降低了投资者的风险，使风险报酬率降低，投资者的报酬较为稳固，使股市真正成为投资者投资及转让股票的场所，而非投机的主要场所，投机应在金融期货、期权市场上，从而大大地减少了投机行为的发生，有利于股市健康平稳发展，同时也避免或降低了股市的泡沫，也就避免或降低了经济中的泡沫成分，有利于经济的健康平稳发展。

二、构建资本成本会计的现实意义

（一）资本成本会计是连接财务会计与管理会计的桥梁

管理会计确认和计量的成本包括显现成本和隐含成本；而现行的财务会计却仅仅确认和计量显现成本，对隐含成本却视而不见。两者之间缺乏统一性，既对会计学科的理论建设造成了不良影响，也给它们的实际应用带来诸多不便之处。例如：在投资项目立项时，按管理会计要求对此项目进行评价，当投资项目建成投产后，却由财务会计来评价和考核，由于两者的评价标准不一致，使得人们无法据以了解投资项目立项时，所要求达到的投资报酬率在以后的生产经营过程中是否实现。资本成本会计理论构想解决了这个无法回避而又亟待解决的问题。它不仅统一了财务会计与管理会计的“成本”口径，而且在一定程度上协调了财务会计和管理会计这两个会计分支学科，它“对内”可提供决策信息，以有效控制企业所有资金的使用，提高资金利用效益；“对外”可提供真实和相关的会计信息，不仅可让投资者更深入地了解企业的财务状况，还可为国家、主管部门和银行等提供制定有关政策的依据。

（二）资本成本会计的理论构想使企业的净利润更具有经济意义

经济学认为，企业所有资本的来源都是对一定资源的占用，应该是有偿的。资源的机会成本也应该是成本的一部分。

资本成本会计是两权分离的产物，权益资本成本实质上代表着一种机会成本，在经济学的收益计算中，它是被扣除的部分。然而在会计学中，权益资本成本却与债务资本成本一样，都是能较为直接地取得的社会资本形式，对资本所有者与使用者而言，其经济意义是相同的。而且，在会计上，在我国现行的现金流量表里，把利息收入和股利收入作为投资活动的现金流入，把利息支出和股利支出作为筹资活动的现金流出。这更加表明，权益资本成本与债务资本成本在本质上是相同的。因此，在资本成本会计中，将权益资本成本作为成本项目在收益中扣除，是与经济学相一致的。

（1）实现了对会计利润的经济学改造，使会计利润向经济利润靠拢，也拓展了会计学的视野，将会计学成本概念及其计量引入产权领域。在现行财务会计程序和方法下，净收益包括股权资本成本和真实的净收益两部分，虚增了企业的净收益，从而高估了企业的经营成果。资本成本会计理论构想还其本来面目，使企业的净收益真实地揭示了企业的经营成果，即公司扣除其使用的资本成本之后还赚了多少。这样，会计学的净收益实际上就是近年来最引人注目和广泛使用的企业业绩考核指标——经济增加值，它是企业息税前利润与企业全部资本成本之间的差额。从而消除了会计学与经济学对企业利润在认识上的差异。

（2）传统财务会计不确认股权资本成本，计算出的净利润包含股权资本成本，因此，净利润指标并不能真实反映企业的经营业绩，也就缺乏其应有的经济意义。引入股权资本成本会计后，在损益表上的净利润，就是扣除股权资本成本后的净利润，将更具有经济意义。

（三）资本成本会计的出现可以提高会计信息的决策价值，从而有利于企业形成正确的生产经营决策

在有效的市场经济环境中，企业的相关利益者需要获得决策有用的财务信息。资本成本会计旨在矫正会计信息对财务状况和经营成果的扭曲，改变和丰富了会计信息的内涵，增强了会计信息的管理决策导向功能。

尽管在财务会计中并未确认全部资本的成本，但在管理决策分析中早已认识到财务会计片面确认债务资本成本的局限性，考虑了全部的资本成本。在资本成本会计中，资本成本是资本预算中的重要参数，在企业的长期投资中起决定性作用。

（1）由于自有资本成本从企业利润中分离出来与借贷资本成本合为资本成本，可以通过资本成本与资本收益进行对比分析，形成投资等决策方案。

（2）计算了资本成本，使得自制资产与购入资产、租赁资产的成本可进行对比分析，决策时就有了统一的比较基础。

（3）企业资本成本结构（借贷资本成本与自有资本成本的比率）是一项非常有用的决策分析指标，当借贷资本成本低于自有资本成本时，企业利用债务（借贷）资本可降低资本总成本，增加企业的利润；当自有资本成本低于借贷资本成本时，企业应充分利用自有资本扩大其利润。

（四）资本成本会计的理论构想有助于公司结构的治理

资本成本会计的理论构想强调企业主体利益，更加全面地体现了会计主体观念。在资本成本会计下计算出来的净收益指标，有助于会计的焦点转向企业主体而不是基于股东进行信息披露。知识经济与人力资本会计则突出人力资本要素的地位，它们的结合，有助于我们构建与知识经济相适应的人力资本与非人力资本相结合的会计理论与方法体系。

资本成本会计的理论构想确认与计量资本成本，提供资本成本信息，将企业与外部经济环境有机地联系在一起，将收益与风险联系起来，反映企业实际已承担的风险与报酬，实质上体现了未来会计的发展方向，从而将企业内外经济环境的变化在会计信息上得到反映。在有效金融市场上，资本成本代表着金融市场的一般预期收益水平，标示着企业的市场地位，从某个侧面反映了社会资源的优化与配置。另外，在已实现的股权资本成本中用于再投资的可免税，用于发放股利的应补交所得税，有

利于鼓励投资者再投资。此外，通过在会计学科中确认与计量资本成本，有利于提高会计信息的相关性；有利于建立有效的资本市场并提高管理效能，使公司的价值在证券交易市场上得到合理的反映；有利于解决股东与经营者之间的代理矛盾，降低代理成本，从而约束代理人（经营者）短期行为、保守行为、“消费”行为和偷懒行为的发生；有利于促进职业经理（即经营者）人才市场的建设和发展。

总之，建立资本成本会计的理论构想，使经营者得到更大的权力，肩负起更大的责任。资本成本会计是以理想的奖励或激励报酬为基础，它使因（管理行为或决策）与果（主体权益的创造）紧密地联系在一起。另外，它使经营者从被利润束缚中解放出来，敢于投资于长期才能见效的项目，而不必顾及短期效益。明确经营者的受托责任，也有利于更好地在会计上反映经营者履行受托责任的情况。资本成本会计融合了经营者和股东双方的观点。

尽管 1979 年美国财务会计准则委员会发布的第 34 号财务会计准则公告否定了安东尼教授的资本成本会计理论构想，但是，安东尼教授提出的这一理论构想强调了主体权益概念，不仅进一步强化了会计主体概念，而且拓展了会计学的研究视野，突破了传统会计学只计量债务资本成本而不计量权益资本成本的局限，从而将会计学成本概念及其计量引入产权领域，全面计量产权成本。

思考与练习

思考题

1. 简述资本成本会计理论构想的主要内容。
2. 构建资本成本会计理论有何理论与现实意义？

附 表

附表 1

复利终值系数表（FVIF 表）

n, i	1%	2%	3%	4%	5%	6%	7%	8%	9%	10%	11%	12%	13%	14%
1	1.010	1.020	1.030	1.040	1.050	1.060	1.070	1.080	1.090	1.100	1.110	1.120	1.130	1.140
2	1.020	1.040	1.061	1.082	1.103	1.124	1.145	1.166	1.188	1.210	1.232	1.254	1.277	1.300
3	1.030	1.061	1.093	1.125	1.158	1.191	1.225	1.260	1.295	1.331	1.368	1.405	1.443	1.482
4	1.041	1.082	1.126	1.170	1.216	1.262	1.311	1.360	1.412	1.464	1.518	1.574	1.630	1.689
5	1.051	1.104	1.159	1.217	1.276	1.338	1.403	1.469	1.539	1.611	1.685	1.762	1.842	1.925
6	1.062	1.126	1.194	1.265	1.340	1.419	1.501	1.587	1.677	1.772	1.870	1.974	2.082	2.195
7	1.072	1.149	1.230	1.316	1.407	1.504	1.606	1.714	1.828	1.949	2.076	2.211	2.353	2.502
8	1.083	1.172	1.267	1.369	1.477	1.594	1.718	1.851	1.993	2.144	2.305	2.476	2.658	2.853
9	1.094	1.195	1.305	1.423	1.551	1.689	1.838	1.999	2.172	2.358	2.558	2.773	3.004	3.252
10	1.105	1.219	1.344	1.480	1.629	1.791	1.967	2.159	2.367	2.594	2.839	3.106	3.395	3.707
11	1.116	1.243	1.384	1.539	1.710	1.898	2.105	2.332	2.580	2.853	3.152	3.479	3.836	4.226
12	1.127	1.268	1.426	1.601	1.796	2.012	2.252	2.518	2.813	3.138	3.498	3.896	4.335	4.818
13	1.138	1.294	1.469	1.665	1.886	2.133	2.410	2.720	3.066	3.452	3.883	4.363	4.898	5.492
14	1.149	1.319	1.513	1.732	1.980	2.261	2.579	2.937	3.342	3.797	4.310	4.887	5.535	6.261
15	1.161	1.346	1.558	1.801	2.079	2.397	2.759	3.172	3.642	4.177	4.785	5.474	6.254	7.138
16	1.173	1.373	1.605	1.873	2.183	2.540	2.952	3.426	3.970	4.595	5.311	6.130	7.067	8.137
17	1.184	1.400	1.653	1.948	2.292	2.693	3.159	3.700	4.328	5.054	5.895	6.866	7.986	9.276
18	1.196	1.428	1.702	2.026	2.407	2.854	3.380	3.996	4.717	5.560	6.544	7.690	9.024	10.575
19	1.208	1.457	1.754	2.107	2.527	3.026	3.617	4.316	5.142	6.116	7.263	8.613	10.197	12.056
20	1.220	1.486	1.806	2.191	2.653	3.207	3.870	4.661	5.604	6.727	8.062	9.646	11.523	13.743
21	1.232	1.516	1.860	2.279	2.786	3.400	4.141	5.034	6.109	7.400	8.949	10.804	13.021	15.668
22	1.245	1.546	1.916	2.370	2.925	3.604	4.430	5.437	6.659	8.140	9.934	12.100	14.714	17.861
23	1.257	1.577	1.974	2.465	3.072	3.820	4.741	5.871	7.258	8.954	11.026	13.552	16.627	20.362
24	1.270	1.608	2.033	2.563	3.225	4.049	5.072	6.341	7.911	9.850	12.239	15.179	18.788	23.212
25	1.282	1.641	2.094	2.666	3.386	4.292	5.427	6.848	8.623	10.835	13.585	17.000	21.231	26.462
30	1.348	1.811	2.427	3.243	4.322	5.743	7.612	10.063	13.268	17.449	22.892	29.960	39.116	50.950
40	1.489	2.208	3.262	4.801	7.040	10.286	14.974	21.725	31.409	45.259	65.001	93.051	132.782	188.884
50	1.645	2.692	4.384	7.107	11.467	18.420	29.457	46.902	74.358	117.391	184.565	289.002	450.736	700.233

续表

n, i	15%	16%	17%	18%	19%	20%	21%	22%	23%	24%	25%	30%	40%	50%
1	1. 150	1. 160	1. 170	1. 180	1. 190	1. 200	1. 210	1. 220	1. 230	1. 240	1. 250	1. 300	1. 400	1. 500
2	1. 323	1. 346	1. 369	1. 392	1. 416	1. 440	1. 464	1. 488	1. 513	1. 538	1. 563	1. 690	1. 960	2. 250
3	1. 521	1. 561	1. 602	1. 643	1. 685	1. 728	1. 772	1. 816	1. 861	1. 907	1. 953	2. 197	2. 744	3. 375
4	1. 749	1. 811	1. 874	1. 939	2. 005	2. 074	2. 144	2. 215	2. 289	2. 364	2. 441	2. 856	3. 842	5. 063
5	2. 011	2. 100	2. 192	2. 288	2. 386	2. 488	2. 594	2. 703	2. 815	2. 932	3. 052	3. 713	5. 378	7. 594
6	2. 313	2. 436	2. 565	2. 700	2. 840	2. 986	3. 138	3. 297	3. 463	3. 635	3. 815	4. 827	7. 530	11. 391
7	2. 660	2. 826	3. 001	3. 185	3. 379	3. 583	3. 797	4. 023	4. 259	4. 508	4. 768	6. 275	10. 541	17. 086
8	3. 059	3. 278	3. 511	3. 759	4. 021	4. 300	4. 595	4. 908	5. 239	5. 590	5. 960	8. 157	14. 758	25. 629
9	3. 518	3. 803	4. 108	4. 435	4. 785	5. 160	5. 560	5. 987	6. 444	6. 931	7. 451	10. 604	20. 661	38. 443
10	4. 046	4. 411	4. 807	5. 234	5. 695	6. 192	6. 727	7. 305	7. 926	8. 594	9. 313	13. 786	28. 925	57. 665
11	4. 652	5. 117	5. 624	6. 176	6. 777	7. 430	8. 140	8. 912	9. 749	10. 657	11. 642	17. 922	40. 496	86. 498
12	5. 350	5. 936	6. 580	7. 288	8. 064	8. 916	9. 850	10. 872	11. 991	13. 215	14. 552	23. 298	56. 694	129. 746
13	6. 153	6. 886	7. 699	8. 599	9. 596	10. 699	11. 918	13. 264	14. 749	16. 386	18. 190	30. 288	79. 371	194. 620
14	7. 076	7. 988	9. 007	10. 147	11. 420	12. 839	14. 421	16. 182	18. 141	20. 319	22. 737	39. 374	111. 120	291. 929
15	8. 137	9. 266	10. 539	11. 974	13. 590	15. 407	17. 449	19. 742	22. 314	25. 196	28. 422	51. 186	155. 568	437. 894
16	9. 358	10. 748	12. 330	14. 129	16. 172	18. 488	21. 114	24. 086	27. 446	31. 243	35. 527	66. 542	217. 795	656. 841
17	10. 761	12. 468	14. 426	16. 672	19. 244	22. 186	25. 548	29. 384	33. 759	38. 741	44. 409	86. 504	304. 913	985. 261
18	12. 375	14. 463	16. 879	19. 673	22. 901	26. 623	30. 913	35. 849	41. 523	48. 039	55. 511	112. 455	426. 879	1477. 892
19	14. 232	16. 777	19. 748	23. 214	27. 252	31. 948	37. 404	43. 736	51. 074	59. 568	69. 389	146. 192	597. 630	2216. 838
20	16. 367	19. 461	23. 106	27. 393	32. 429	38. 338	45. 259	53. 358	62. 821	73. 864	86. 736	190. 050	836. 683	3325. 257
21	18. 822	22. 574	27. 034	32. 324	38. 591	46. 005	54. 764	65. 096	77. 269	91. 592	108. 420	247. 065	1171. 356	4987. 885
22	21. 645	26. 186	31. 629	38. 142	45. 923	55. 206	66. 264	79. 418	95. 041	113. 574	135. 525	321. 184	1639. 898	7481. 828
23	24. 891	30. 376	37. 006	45. 008	54. 649	66. 247	80. 180	96. 889	116. 901	140. 831	169. 407	417. 539	2295. 857	11222. 741
24	28. 625	35. 236	43. 297	53. 109	65. 032	79. 497	97. 017	118. 205	143. 788	174. 631	211. 758	542. 801	3214. 200	16834. 112
25	32. 919	40. 874	50. 658	62. 669	77. 388	95. 396	117. 391	144. 210	176. 859	216. 542	264. 698	705. 641	4499. 880	25251. 168
30	66. 212	85. 850	111. 065	143. 371	184. 675	237. 376	304. 482	389. 758	497. 913	634. 820	807. 794	2619. 996	24201. 432	191751. 059
40	267. 864	378. 721	533. 869	750. 378	1051. 668	1469. 772	2048. 400	2847. 038	3946. 430	5455. 913	7523. 164	36118. 865	700037. 697	11057332. 321
50	1083. 657	1670. 704	2566. 215	3927. 357	5988. 914	9100. 438	13780. 612	20796. 561	31279. 195	46890. 435	70064. 923	497929. 223	20248916. 240	637621500. 214

附表 2

复利现值系数表（PVIF 表）

n, i	1%	2%	3%	4%	5%	6%	7%	8%	9%	10%	11%	12%	13%	14%
1	0. 990	0. 980	0. 971	0. 962	0. 952	0. 943	0. 935	0. 926	0. 917	0. 909	0. 901	0. 893	0. 885	0. 877
2	0. 980	0. 961	0. 943	0. 925	0. 907	0. 890	0. 873	0. 857	0. 842	0. 826	0. 812	0. 797	0. 783	0. 769
3	0. 971	0. 942	0. 915	0. 889	0. 864	0. 840	0. 816	0. 794	0. 772	0. 751	0. 731	0. 712	0. 693	0. 675
4	0. 961	0. 924	0. 888	0. 855	0. 823	0. 792	0. 763	0. 735	0. 708	0. 683	0. 659	0. 636	0. 613	0. 592
5	0. 951	0. 906	0. 863	0. 822	0. 784	0. 747	0. 713	0. 681	0. 650	0. 621	0. 593	0. 567	0. 543	0. 519
6	0. 942	0. 888	0. 837	0. 790	0. 746	0. 705	0. 666	0. 630	0. 596	0. 564	0. 535	0. 507	0. 480	0. 456
7	0. 933	0. 871	0. 813	0. 760	0. 711	0. 665	0. 623	0. 583	0. 547	0. 513	0. 482	0. 452	0. 425	0. 400
8	0. 923	0. 853	0. 789	0. 731	0. 677	0. 627	0. 582	0. 540	0. 502	0. 467	0. 434	0. 404	0. 376	0. 351
9	0. 914	0. 837	0. 766	0. 703	0. 645	0. 592	0. 544	0. 500	0. 460	0. 424	0. 391	0. 361	0. 333	0. 308
10	0. 905	0. 820	0. 744	0. 676	0. 614	0. 558	0. 508	0. 463	0. 422	0. 386	0. 352	0. 322	0. 295	0. 270
11	0. 896	0. 804	0. 722	0. 650	0. 585	0. 527	0. 475	0. 429	0. 388	0. 350	0. 317	0. 287	0. 261	0. 237
12	0. 887	0. 788	0. 701	0. 625	0. 557	0. 497	0. 444	0. 397	0. 356	0. 319	0. 286	0. 257	0. 231	0. 208
13	0. 879	0. 773	0. 681	0. 601	0. 530	0. 469	0. 415	0. 368	0. 326	0. 290	0. 258	0. 229	0. 204	0. 182
14	0. 870	0. 758	0. 661	0. 577	0. 505	0. 442	0. 388	0. 340	0. 299	0. 263	0. 232	0. 205	0. 181	0. 160
15	0. 861	0. 743	0. 642	0. 555	0. 481	0. 417	0. 362	0. 315	0. 275	0. 239	0. 209	0. 183	0. 160	0. 140
16	0. 853	0. 728	0. 623	0. 534	0. 458	0. 394	0. 339	0. 292	0. 252	0. 218	0. 188	0. 163	0. 141	0. 123
17	0. 844	0. 714	0. 605	0. 513	0. 436	0. 371	0. 317	0. 270	0. 231	0. 198	0. 170	0. 146	0. 125	0. 108
18	0. 836	0. 700	0. 587	0. 494	0. 416	0. 350	0. 296	0. 250	0. 212	0. 180	0. 153	0. 130	0. 111	0. 095
19	0. 828	0. 686	0. 570	0. 475	0. 396	0. 331	0. 277	0. 232	0. 194	0. 164	0. 138	0. 116	0. 098	0. 083
20	0. 820	0. 673	0. 554	0. 456	0. 377	0. 312	0. 258	0. 215	0. 178	0. 149	0. 124	0. 104	0. 087	0. 073
21	0. 811	0. 660	0. 538	0. 439	0. 359	0. 294	0. 242	0. 199	0. 164	0. 135	0. 112	0. 093	0. 077	0. 064
22	0. 803	0. 647	0. 522	0. 422	0. 342	0. 278	0. 226	0. 184	0. 150	0. 123	0. 101	0. 083	0. 068	0. 056
23	0. 795	0. 634	0. 507	0. 406	0. 326	0. 262	0. 211	0. 170	0. 138	0. 112	0. 091	0. 074	0. 060	0. 049
24	0. 788	0. 622	0. 492	0. 390	0. 310	0. 247	0. 197	0. 158	0. 126	0. 102	0. 082	0. 066	0. 053	0. 043
25	0. 780	0. 610	0. 478	0. 375	0. 295	0. 233	0. 184	0. 146	0. 116	0. 092	0. 074	0. 059	0. 047	0. 038
30	0. 742	0. 552	0. 412	0. 308	0. 231	0. 174	0. 131	0. 099	0. 075	0. 057	0. 044	0. 033	0. 026	0. 020
40	0. 672	0. 453	0. 307	0. 208	0. 142	0. 097	0. 067	0. 046	0. 032	0. 022	0. 015	0. 011	0. 008	0. 005
50	0. 608	0. 372	0. 228	0. 141	0. 087	0. 054	0. 034	0. 021	0. 013	0. 009	0. 005	0. 003	0. 002	0. 001

续表

n，i	15%	16%	17%	18%	19%	20%	21%	22%	23%	24%	25%	30%	40%	50%
1	0.870	0.862	0.855	0.847	0.840	0.833	0.826	0.820	0.813	0.806	0.800	0.769	0.714	0.667
2	0.756	0.743	0.731	0.718	0.706	0.694	0.683	0.672	0.661	0.650	0.640	0.592	0.510	0.444
3	0.658	0.641	0.624	0.609	0.593	0.579	0.564	0.551	0.537	0.524	0.512	0.455	0.364	0.296
4	0.572	0.552	0.534	0.516	0.499	0.482	0.467	0.451	0.437	0.423	0.410	0.350	0.260	0.198
5	0.497	0.476	0.456	0.437	0.419	0.402	0.386	0.370	0.355	0.341	0.328	0.269	0.186	0.132
6	0.432	0.410	0.390	0.370	0.352	0.335	0.319	0.303	0.289	0.275	0.262	0.207	0.133	0.088
7	0.376	0.354	0.333	0.314	0.296	0.279	0.263	0.249	0.235	0.222	0.210	0.159	0.095	0.059
8	0.327	0.305	0.285	0.266	0.249	0.233	0.218	0.204	0.191	0.179	0.168	0.123	0.068	0.039
9	0.284	0.263	0.243	0.225	0.209	0.194	0.180	0.167	0.155	0.144	0.134	0.094	0.048	0.026
10	0.247	0.227	0.208	0.191	0.176	0.162	0.149	0.137	0.126	0.116	0.107	0.073	0.035	0.017
11	0.215	0.195	0.178	0.162	0.148	0.135	0.123	0.112	0.103	0.094	0.086	0.056	0.025	0.012
12	0.187	0.168	0.152	0.137	0.124	0.112	0.102	0.092	0.083	0.076	0.069	0.043	0.018	0.008
13	0.163	0.145	0.130	0.116	0.104	0.093	0.084	0.075	0.068	0.061	0.055	0.033	0.013	0.005
14	0.141	0.125	0.111	0.099	0.088	0.078	0.069	0.062	0.055	0.049	0.044	0.025	0.009	0.003
15	0.123	0.108	0.095	0.084	0.074	0.065	0.057	0.051	0.045	0.040	0.035	0.020	0.006	0.002
16	0.107	0.093	0.081	0.071	0.062	0.054	0.047	0.042	0.036	0.032	0.028	0.015	0.005	0.002
17	0.093	0.080	0.069	0.060	0.052	0.045	0.039	0.034	0.030	0.026	0.023	0.012	0.003	0.001
18	0.081	0.069	0.059	0.051	0.044	0.038	0.032	0.028	0.024	0.021	0.018	0.009	0.002	0.001
19	0.070	0.060	0.051	0.043	0.037	0.031	0.027	0.023	0.020	0.017	0.014	0.007	0.002	0.000
20	0.061	0.051	0.043	0.037	0.031	0.026	0.022	0.019	0.016	0.014	0.012	0.005	0.001	0.000
21	0.053	0.044	0.037	0.031	0.026	0.022	0.018	0.015	0.013	0.011	0.009	0.004	0.001	0.000
22	0.046	0.038	0.032	0.026	0.022	0.018	0.015	0.013	0.011	0.009	0.007	0.003	0.001	0.000
23	0.040	0.033	0.027	0.022	0.018	0.015	0.012	0.010	0.009	0.007	0.006	0.002	0.000	0.000
24	0.035	0.028	0.023	0.019	0.015	0.013	0.010	0.008	0.007	0.006	0.005	0.002	0.000	0.000
25	0.030	0.024	0.020	0.016	0.013	0.010	0.009	0.007	0.006	0.005	0.004	0.001	0.000	0.000
30	0.015	0.012	0.009	0.007	0.005	0.004	0.003	0.003	0.002	0.002	0.001	0.000	0.000	0.000
40	0.004	0.003	0.002	0.001	0.001	0.001	0.000	0.000	0.000	0.000	0.000	0.000	0.000	0.000
50	0.001	0.001	0.000	0.000	0.000	0.000	0.000	0.000	0.000	0.000	0.000	0.000	0.000	0.000

附表 3　　年金终值系数表（FVIFA 表）

n，i	1%	2%	3%	4%	5%	6%	7%	8%	9%	10%	11%	12%	13%	14%
1	1.000	1.000	1.000	1.000	1.000	1.000	1.000	1.000	1.000	1.000	1.000	1.000	1.000	1.000
2	2.010	2.020	2.030	2.040	2.050	2.060	2.070	2.080	2.090	2.100	2.110	2.120	2.130	2.140
3	3.030	3.060	3.091	3.122	3.153	3.184	3.215	3.246	3.278	3.310	3.342	3.374	3.407	3.440
4	4.060	4.122	4.184	4.246	4.310	4.375	4.440	4.506	4.573	4.641	4.710	4.779	4.850	4.921
5	5.101	5.204	5.309	5.416	5.526	5.637	5.751	5.867	5.985	6.105	6.228	6.353	6.480	6.610
6	6.152	6.308	6.468	6.633	6.802	6.975	7.153	7.336	7.523	7.716	7.913	8.115	8.323	8.536
7	7.214	7.434	7.662	7.898	8.142	8.394	8.654	8.923	9.200	9.487	9.783	10.089	10.405	10.730
8	8.286	8.583	8.892	9.214	9.549	9.897	10.260	10.637	11.028	11.436	11.859	12.300	12.757	13.233
9	9.369	9.755	10.159	10.583	11.027	11.491	11.978	12.488	13.021	13.579	14.164	14.776	15.416	16.085
10	10.462	10.950	11.464	12.006	12.578	13.181	13.816	14.487	15.193	15.937	16.722	17.549	18.420	19.337
11	11.567	12.169	12.808	13.486	14.207	14.972	15.784	16.645	17.560	18.531	19.561	20.655	21.814	23.045
12	12.683	13.412	14.192	15.026	15.917	16.870	17.888	18.977	20.141	21.384	22.713	24.133	25.650	27.271
13	13.809	14.680	15.618	16.627	17.713	18.882	20.141	21.495	22.953	24.523	26.212	28.029	29.985	32.089
14	14.947	15.974	17.086	18.292	19.599	21.015	22.550	24.215	26.019	27.975	30.095	32.393	34.883	37.581
15	16.097	17.293	18.599	20.024	21.579	23.276	25.129	27.152	29.361	31.772	34.405	37.280	40.417	43.842
16	17.258	18.639	20.157	21.825	23.657	25.673	27.888	30.324	33.003	35.950	39.190	42.753	46.672	50.980
17	18.430	20.012	21.762	23.698	25.840	28.213	30.840	33.750	36.974	40.545	44.501	48.884	53.739	59.118
18	19.615	21.412	23.414	25.645	28.132	30.906	33.999	37.450	41.301	45.599	50.396	55.750	61.725	68.394
19	20.811	22.841	25.117	27.671	30.539	33.760	37.379	41.446	46.018	51.159	56.939	63.440	70.749	78.969
20	22.019	24.297	26.870	29.778	33.066	36.786	40.995	45.762	51.160	57.275	64.203	72.052	80.947	91.025
21	23.239	25.783	28.676	31.969	35.719	39.993	44.865	50.423	56.765	64.002	72.265	81.699	92.470	104.768
22	24.472	27.299	30.537	34.248	38.505	43.392	49.006	55.457	62.873	71.403	81.214	92.503	105.491	120.436
23	25.716	28.845	32.453	36.618	41.430	46.996	53.436	60.893	69.532	79.543	91.148	104.603	120.205	138.297
24	26.973	30.422	34.426	39.083	44.502	50.816	58.177	66.765	76.790	88.497	102.174	118.155	136.831	158.659
25	28.243	32.030	36.459	41.646	47.727	54.865	63.249	73.106	84.701	98.347	114.413	133.334	155.620	181.871
30	34.785	40.568	47.575	56.085	66.439	79.058	94.461	113.283	136.308	164.494	199.021	241.333	293.199	356.787
40	48.886	60.402	75.401	95.026	120.800	154.762	199.635	259.057	337.882	442.593	581.826	767.091	1013.704	1342.025
50	64.463	84.579	112.797	152.667	209.348	290.336	406.529	573.770	815.084	1163.909	1668.771	2400.018	3459.507	4994.521

续表

n, i	15%	16%	17%	18%	19%	20%	21%	22%	23%	24%	25%	30%	40%	50%
1	1.000	1.000	1.000	1.000	1.000	1.000	1.000	1.000	1.000	1.000	1.000	1.000	1.000	1.000
2	2.150	2.160	2.170	2.180	2.190	2.200	2.210	2.220	2.230	2.240	2.250	2.300	2.400	2.500
3	3.473	3.506	3.539	3.572	3.606	3.640	3.674	3.708	3.743	3.778	3.813	3.990	4.360	4.750
4	4.993	5.066	5.141	5.215	5.291	5.368	5.446	5.524	5.604	5.684	5.766	6.187	7.104	8.125
5	6.742	6.877	7.014	7.154	7.297	7.442	7.589	7.740	7.893	8.048	8.207	9.043	10.946	13.188
6	8.754	8.977	9.207	9.442	9.683	9.930	10.183	10.442	10.708	10.980	11.259	12.756	16.324	20.781
7	11.067	11.414	11.772	12.142	12.523	12.916	13.321	13.740	14.171	14.615	15.073	17.583	23.853	32.172
8	13.727	14.240	14.773	15.327	15.902	16.499	17.119	17.762	18.430	19.123	19.842	23.858	34.395	49.258
9	16.786	17.519	18.285	19.086	19.923	20.799	21.714	22.670	23.669	24.712	25.802	32.015	49.153	74.887
10	20.304	21.321	22.393	23.521	24.709	25.959	27.274	28.657	30.113	31.643	33.253	42.619	69.814	113.330
11	24.349	25.733	27.200	28.755	30.404	32.150	34.001	35.962	38.039	40.238	42.566	56.405	98.739	170.995
12	29.002	30.850	32.824	34.931	37.180	39.581	42.142	44.874	47.788	50.895	54.208	74.327	139.235	257.493
13	34.352	36.786	39.404	42.219	45.244	48.497	51.991	55.746	59.779	64.110	68.760	97.625	195.929	387.239
14	40.505	43.672	47.103	50.818	54.841	59.196	63.909	69.010	74.528	80.496	86.949	127.913	275.300	581.859
15	47.580	51.660	56.110	60.965	66.261	72.035	78.330	85.192	92.669	100.815	109.687	167.286	386.420	873.788
16	55.717	60.925	66.649	72.939	79.850	87.442	95.780	104.935	114.983	126.011	138.109	218.472	541.988	1311.682
17	65.075	71.673	78.979	87.068	96.022	105.931	116.894	129.020	142.430	157.253	173.636	285.014	759.784	1968.523
18	75.836	84.141	93.406	103.740	115.266	128.117	142.441	158.405	176.188	195.994	218.045	371.518	1064.697	2953.784
19	88.212	98.603	110.285	123.414	138.166	154.740	173.354	194.254	217.712	244.033	273.556	483.973	1491.576	4431.676
20	102.444	115.380	130.033	146.628	165.418	186.688	210.758	237.989	268.785	303.601	342.945	630.165	2089.206	6648.513
21	118.810	134.841	153.139	174.021	197.847	225.026	256.018	291.347	331.606	377.465	429.681	820.215	2925.889	9973.770
22	137.632	157.415	180.172	206.345	236.438	271.031	310.781	356.443	408.875	469.056	538.101	1067.280	4097.245	14961.655
23	159.276	183.601	211.801	244.487	282.362	326.237	377.045	435.861	503.917	582.630	673.626	1388.464	5737.142	22443.483
24	184.168	213.978	248.808	289.494	337.010	392.484	457.225	532.750	620.817	723.461	843.033	1806.003	8032.999	33666.224
25	212.793	249.214	292.105	342.603	402.042	471.981	554.242	650.955	764.605	898.092	1054.791	2348.803	11247.199	50500.337
30	434.745	530.312	647.439	790.948	966.712	1181.882	1445.151	1767.081	2160.491	2640.916	3227.174	8729.985	60501.081	383500.118
40	1779.090	2360.757	3134.522	4163.213	5529.829	7343.858	9749.525	12936.535	17154.046	22728.803	30088.655	120392.883	1750091.741	22114662.642
50	7217.716	10435.649	15089.502	21813.094	31515.336	45497.191	65617.202	94525.279	135992.154	195372.644	280255.693	1659760.743	50622288.099	1275242998.428

附表 4　　年金现值系数表（PVIFA表）

n, i	1%	2%	3%	4%	5%	6%	7%	8%	9%	10%	11%	12%	13%	14%
1	0. 990	0. 980	0. 971	0. 962	0. 952	0. 943	0. 935	0. 926	0. 917	0. 909	0. 901	0. 893	0. 885	0. 877
2	1. 970	1. 942	1. 913	1. 886	1. 859	1. 833	1. 808	1. 783	1. 759	1. 736	1. 713	1. 690	1. 668	1. 647
3	2. 941	2. 884	2. 829	2. 775	2. 723	2. 673	2. 624	2. 577	2. 531	2. 487	2. 444	2. 402	2. 361	2. 322
4	3. 902	3. 808	3. 717	3. 630	3. 546	3. 465	3. 387	3. 312	3. 240	3. 170	3. 102	3. 037	2. 974	2. 914
5	4. 853	4. 713	4. 580	4. 452	4. 329	4. 212	4. 100	3. 993	3. 890	3. 791	3. 696	3. 605	3. 517	3. 433
6	5. 795	5. 601	5. 417	5. 242	5. 076	4. 917	4. 767	4. 623	4. 486	4. 355	4. 231	4. 111	3. 998	3. 889
7	6. 728	6. 472	6. 230	6. 002	5. 786	5. 582	5. 389	5. 206	5. 033	4. 868	4. 712	4. 564	4. 423	4. 288
8	7. 652	7. 325	7. 020	6. 733	6. 463	6. 210	5. 971	5. 747	5. 535	5. 335	5. 146	4. 968	4. 799	4. 639
9	8. 566	8. 162	7. 786	7. 435	7. 108	6. 802	6. 515	6. 247	5. 995	5. 759	5. 537	5. 328	5. 132	4. 946
10	9. 471	8. 983	8. 530	8. 111	7. 722	7. 360	7. 024	6. 710	6. 418	6. 145	5. 889	5. 650	5. 426	5. 216
11	10. 368	9. 787	9. 253	8. 760	8. 306	7. 887	7. 499	7. 139	6. 805	6. 495	6. 207	5. 938	5. 687	5. 453
12	11. 255	10. 575	9. 954	9. 385	8. 863	8. 384	7. 943	7. 536	7. 161	6. 814	6. 492	6. 194	5. 918	5. 660
13	12. 134	11. 348	10. 635	9. 986	9. 394	8. 853	8. 358	7. 904	7. 487	7. 103	6. 750	6. 424	6. 122	5. 842
14	13. 004	12. 106	11. 296	10. 563	9. 899	9. 295	8. 745	8. 244	7. 786	7. 367	6. 982	6. 628	6. 302	6. 002
15	13. 865	12. 849	11. 938	11. 118	10. 380	9. 712	9. 108	8. 559	8. 061	7. 606	7. 191	6. 811	6. 462	6. 142
16	14. 718	13. 578	12. 561	11. 652	10. 838	10. 106	9. 447	8. 851	8. 313	7. 824	7. 379	6. 974	6. 604	6. 265
17	15. 562	14. 292	13. 166	12. 166	11. 274	10. 477	9. 763	9. 122	8. 544	8. 022	7. 549	7. 120	6. 729	6. 373
18	16. 398	14. 992	13. 754	12. 659	11. 690	10. 828	10. 059	9. 372	8. 756	8. 201	7. 702	7. 250	6. 840	6. 467
19	17. 226	15. 678	14. 324	13. 134	12. 085	11. 158	10. 336	9. 604	8. 950	8. 365	7. 839	7. 366	6. 938	6. 550
20	18. 046	16. 351	14. 877	13. 590	12. 462	11. 470	10. 594	9. 818	9. 129	8. 514	7. 963	7. 469	7. 025	6. 623
21	18. 857	17. 011	15. 415	14. 029	12. 821	11. 764	10. 836	10. 017	9. 292	8. 649	8. 075	7. 562	7. 102	6. 687
22	19. 660	17. 658	15. 937	14. 451	13. 163	12. 042	11. 061	10. 201	9. 442	8. 772	8. 176	7. 645	7. 170	6. 743
23	20. 456	18. 292	16. 444	14. 857	13. 489	12. 303	11. 272	10. 371	9. 580	8. 883	8. 266	7. 718	7. 230	6. 792
24	21. 243	18. 914	16. 936	15. 247	13. 799	12. 550	11. 469	10. 529	9. 707	8. 985	8. 348	7. 784	7. 283	6. 835
25	22. 023	19. 523	17. 413	15. 622	14. 094	12. 783	11. 654	10. 675	9. 823	9. 077	8. 422	7. 843	7. 330	6. 873
30	25. 808	22. 396	19. 600	17. 292	15. 372	13. 765	12. 409	11. 258	10. 274	9. 427	8. 694	8. 055	7. 496	7. 003
40	32. 835	27. 355	23. 115	19. 793	17. 159	15. 046	13. 332	11. 925	10. 757	9. 779	8. 951	8. 244	7. 634	7. 105
50	39. 196	31. 424	25. 730	21. 482	18. 256	15. 762	13. 801	12. 233	10. 962	9. 915	9. 042	8. 304	7. 675	7. 133

续表

n, i	15%	16%	17%	18%	19%	20%	21%	22%	23%	24%	25%	30%	40%	50%
1	0.870	0.862	0.855	0.847	0.840	0.833	0.826	0.820	0.813	0.806	0.800	0.769	0.714	0.667
2	1.626	1.605	1.585	1.566	1.547	1.528	1.509	1.492	1.474	1.457	1.440	1.361	1.224	1.111
3	2.283	2.246	2.210	2.174	2.140	2.106	2.074	2.042	2.011	1.981	1.952	1.816	1.589	1.407
4	2.855	2.798	2.743	2.690	2.639	2.589	2.540	2.494	2.448	2.404	2.362	2.166	1.849	1.605
5	3.352	3.274	3.199	3.127	3.058	2.991	2.926	2.864	2.803	2.745	2.689	2.436	2.035	1.737
6	3.784	3.685	3.589	3.498	3.410	3.326	3.245	3.167	3.092	3.020	2.951	2.643	2.168	1.824
7	4.160	4.039	3.922	3.812	3.706	3.605	3.508	3.416	3.327	3.242	3.161	2.802	2.263	1.883
8	4.487	4.344	4.207	4.078	3.954	3.837	3.726	3.619	3.518	3.421	3.329	2.925	2.331	1.922
9	4.772	4.607	4.451	4.303	4.163	4.031	3.905	3.786	3.673	3.566	3.463	3.019	2.379	1.948
10	5.019	4.833	4.659	4.494	4.339	4.192	4.054	3.923	3.799	3.682	3.571	3.092	2.414	1.965
11	5.234	5.029	4.836	4.656	4.486	4.327	4.177	4.035	3.902	3.776	3.656	3.147	2.438	1.977
12	5.421	5.197	4.988	4.793	4.611	4.439	4.278	4.127	3.985	3.851	3.725	3.190	2.456	1.985
13	5.583	5.342	5.118	4.910	4.715	4.533	4.362	4.203	4.053	3.912	3.780	3.223	2.469	1.990
14	5.724	5.468	5.229	5.008	4.802	4.611	4.432	4.265	4.108	3.962	3.824	3.249	2.478	1.993
15	5.847	5.575	5.324	5.092	4.876	4.675	4.489	4.315	4.153	4.001	3.859	3.268	2.484	1.995
16	5.954	5.668	5.405	5.162	4.938	4.730	4.536	4.357	4.189	4.033	3.887	3.283	2.489	1.997
17	6.047	5.749	5.475	5.222	4.990	4.775	4.576	4.391	4.219	4.059	3.910	3.295	2.492	1.998
18	6.128	5.818	5.534	5.273	5.033	4.812	4.608	4.419	4.243	4.080	3.928	3.304	2.494	1.999
19	6.198	5.877	5.584	5.316	5.070	4.843	4.635	4.442	4.263	4.097	3.942	3.311	2.496	1.999
20	6.259	5.929	5.628	5.353	5.101	4.870	4.657	4.460	4.279	4.110	3.954	3.316	2.497	1.999
21	6.312	5.973	5.665	5.384	5.127	4.891	4.675	4.476	4.292	4.121	3.963	3.320	2.498	2.000
22	6.359	6.011	5.696	5.410	5.149	4.909	4.690	4.488	4.302	4.130	3.970	3.323	2.498	2.000
23	6.399	6.044	5.723	5.432	5.167	4.925	4.703	4.499	4.311	4.137	3.976	3.325	2.499	2.000
24	6.434	6.073	5.746	5.451	5.182	4.937	4.713	4.507	4.318	4.143	3.981	3.327	2.499	2.000
25	6.464	6.097	5.766	5.467	5.195	4.948	4.721	4.514	4.323	4.147	3.985	3.329	2.499	2.000
30	6.566	6.177	5.829	5.517	5.235	4.979	4.746	4.534	4.339	4.160	3.995	3.332	2.500	2.000
40	6.642	6.233	5.871	5.548	5.258	4.997	4.760	4.544	4.347	4.166	3.999	3.333	2.500	2.000
50	6.661	6.246	5.880	5.554	5.262	4.999	4.762	4.545	4.348	4.167	4.000	3.333	2.500	2.000

参考文献

1. 高等院校应用型特色规划教材，熊细银、熊晴海主编，严春容副主编：《管理会计》，清华大学出版社，2006 年版。

2. 现代财经系列简明丛书，陈工孟主编，刘运国、梁德荣、黄婷晖编著：《管理会计前沿》，清华大学出版社，2003 年版。

3. 中国人民大学会计系列教材，孙茂竹、文光伟、杨万贵主编：《管理会计学》（第四版），中国人民大学出版社，2006 年版。

4. 面向 21 世纪课程教材、高等学校会计学专业主干课程教材，毛付根主编：《管理会计》，高等教育出版社，2000 年版。

5. 东北财经大学会计学系列教材，吴大军、牛彦秀、王满主编：《管理会计》，东北财经大学出版社，2004 年版。

6. 北京工商大学会计系列教材，潘爱香主编：《管理会计学》（第二版），经济科学出版社，2002 年版。

7. 《马克思恩格斯全集》，第 23 卷，人民出版社，1972 年版。

8. 荆新、王化成、刘俊彦：《财务管理学》，中国人民大学出版社，2002 年第 3 版。

9. 吴大军、牛彦秀、王满：《管理会计》，东北财经大学出版社，2004 年第 1 版。

10. 余绪缨：《管理会计》，辽宁人民出版社，2001 年第 2 版。

11. 朱海芳：《管理会计学》，中国财政经济出版社，2000 年第 1 版。

12. 余绪缨：《管理会计学》，中国人民大学出版社，1999 年第 1 版。

13. ［美］DON R. HANSEN MARYANNE M. MOWEN 著，王光远等译：《管理会计》，北京大学出版社。

14. 谌新民、刘善敏：《人力资源会计》，广东经济出版社，2002 年版。

15. 高伟富、张文贤：《人力资源会计教程》，上海财经大学出版社，2003 年版。

16. 徐兴恩：《管理会计学》，首都经济贸易大学出版社，2000 年版。

17. 彭红云、沈菊琴：《人力资源价值会计货币计量方法综述》、《财会通讯》，2004 年第 4 期。

18. 胡玉明：《论资本成本会计》，中国财政经济出版社，1997 年版。